大阪の地名由来辞典

堀田暁生 編

東京堂出版

序に代えて

「大阪」と表現する場合に、どの地域を思い浮かべるだろうか。大阪府近辺に住む人たちは、大阪市域あるいは「キタ」や「ミナミ」の繁華街を思い浮かべるかも知れない。しかし、それ以外の地域の人々にとっての大阪はどのように意識されているのだろうか。たとえば吹田市や寝屋川市の人が、東京に出かけたときに、「お住まいは」と聞かれて、「大阪です」と答えることがある。吹田市や寝屋川市と言ったところで、はっきりと地域を認識してもらえないだろうから、「大阪です」と答えるのである。正確に答えるなら「大阪府の吹田市です」と言うべきなのだろうが、そこは省略してしまうのである。

さて、現在は大阪府・大阪市・東大阪市などと、「阪」の字を用いているが、江戸時代には「大坂」と記載することが多く、「坂」の字を使うのが一般的であった。大坂は、浄土真宗第八代宗主蓮《れん》如《にょ》が、明応五年（一四九六）九月に、上町《うえまち》台地の一角に御坊の建設を始め、そのことを翌年に門徒へ知らせた書状の中で、「抑《そもそ》も此在所大坂ニヲヒテ」と出て来るのが最初であるとされる。この場合の読みであるが、蓮如が記した和歌に「大坂」を詠んだものがあり、「おおさか」と読んでいたようである。しかし、当時の記録には「尾坂」「小坂」という表記もあり、「おさか」と読んでいたとも考えられる。一方『日葡辞書《にっぽ》』（一六〇三年発行）では、「vozaca」（ヲゥザカ）とも記されている。その「大坂」であるが、文字どおり大きな坂があったとする説、あるいは小字の「尾坂」「小坂」が転訛したなどの説がある。江戸時代には「大坂」を使うことが多いが、「大阪」を使った例もある。大坂の狂言作者浜松歌国（一七七六―一八二七）は、「摂陽落穂集」の中で、土偏の大坂は土に反るに通じるので、忌むべきことであり、阝偏《こざと》に書くべきであるという説のあることを記している。明治維新後、大阪府が慶応四年（一八六八）に設置されたときに、府名の印章が政府から示されているが、それは「大阪」であった。しかし、その後も公文書においてさえ、「大坂」と書かれることが多く、明治二十年前後のあたりまで、「大坂」と「大阪」の混用は続いた。

大阪府は旧国名では、摂津国（一部は兵庫県）・河内国・和泉国の三つの国から成っている（摂河泉《せっかせん》という場合もある。ただしこの場合は兵庫県の一部も含む）。国としての成立は河内国が最も早く、大化前代（六、七世紀頃）においても「凡河内《おおしこうち》」と表現され、後の河内国よりも広い範囲であったと考えられている。河内の地域には、百舌鳥《もず》古墳群や古市《ふるいち》古墳群など、大きな権力が存在したことでも知られており、日本の古代国家成立期に関して、大和とならび最も重要な地域の一つと言える。行政区域としては、天武天皇の初年（六七三）頃には国として成立していたが、のち河内国の三郡（和泉郡・日根郡・大鳥郡）をもって一時期和泉監《いずみのげん》（特別行政地域）ができた。和泉監の存在時期は霊亀《れいき》二年（七一六）から天平《てんぴょう》十二年（七四〇）であり、その後河内国に復したが、天平宝字元年（七五七）に、先の三郡をもって和泉国が成立した。

摂津国は事情が異なり、古代水上交通の結節点に位置しており、古い時期から上町台地には巨大な権力が存在していた。それは五世紀のものと推定される巨大倉庫群が、上町台地の一角（現在、大阪歴史博物館が所在する場所）で発見されたことからも窺え、その重要性は、大化改新後、難波に遷都が行われたことでも知られる。ここに造営された難波宮（前期・後期がある）は日本最古の都でもあり、奈良時代には副都と位置づけられ、延暦三年（七八四）の長岡京遷都まで存続した。この間摂津職が置かれた。摂津の「津」とは港であり、摂津職は、難波京を管轄するとともに、港を擁する重要な地域を管理する役所であった。平安遷都の後は重要性が幾分減じ、摂津職は国に代えられ、摂津国が成立した。

摂河泉は都に近いことから、常にそれぞれの時代において重要な役割を果たしていた。特に中世においては、南北朝の動乱期に摂河泉が戦場となり、一時期は住吉に南朝の行宮《あんぐう》（仮御所）が置かれたこともあった。室町・戦国時代においては、河内や和泉に根拠地を持つ守護大名の家督争いが応仁・文明の大乱を招いた。その間、堺は自治都市に成長し繁栄を誇った。また蓮如が営んだ大坂御坊は大坂本願寺に発展し、巨大な寺内《じない》町を形成したほか、摂河泉にはいくつかの寺内町ができた。織田信長は本願寺と一〇年にも及ぶ戦争を行い、京都の朝廷の斡旋による講和によってはじめて終結させたほど、本願寺は大きな勢力を誇っていたのである。講和によって本願寺は大坂を退去したが、信長の没後、羽柴（豊臣）秀吉は本願寺の跡地に大坂城を築くとともに、大坂の市街地形成をはかった。こうして大坂の地は、首都機能を備え、経済的にも重要な地位を得て、堺と共に繁栄した。大坂夏の陣（慶長二十年、元和元年、一六一五）で大坂が灰燼に帰した後、徳川幕府は大坂城の復興と市街地の整備を行い、西日本を監視する重要拠点として大坂を位置づけた。大坂の経済的重要さは江戸時代を通じて変わらなかった。江戸時代においては、摂津国や河内国の大半は幕府直轄領や預り地、皇室領・公家領・寺社領及び御三卿領や旗本領であり、大名領としては摂津では永井家（高槻）や麻田藩青木家（豊中）があった。河内では狭山藩北条家（大阪狭山）・丹南《たんなん》藩高木家（松原市）、和泉では岸和田藩岡部家（岸和田氏）・伯太《はかた》藩渡辺家（和泉市）があった程度である。摂河泉に大大名は置かれなかったのである。また、大坂城には城代以下、大坂城警備のために定番《じょうばん》や大番・加番が置かれ、旗本や譜代大名などから一定数の人数が詰めていた。大坂町奉行の下に与力・同心が配置され治安維持にあたっていたが、町の行政は、城代の指揮を受けた大坂町奉行の支配のもとで、大坂三郷（南組・北組・天満組）惣年寄および各町年寄がおこなっていた。堺においても同様で、堺奉行のもとに南北両惣年寄と各町年寄が民政を担当していた。一般に、大坂付近においては武士の数が少なく、大坂の中之島や堂島に各藩の蔵屋敷が多数あったが、その蔵屋敷に詰めている武士たちも、商人たちとの交流が多く、他の地域とは違った関係があった。たとえば、蔵屋敷では国元の神社等から分祀《ぶんし》を受けた稲荷や神を祀っていたが、その祭礼の日には蔵屋敷内に町人たちを入れ、共に楽しみ賑わうというようなことがあった。これらの気風は明治維新後も受け継がれていく。

江戸時代には摂河泉は産業の先進地帯であり、物資の集散加工地であった。諸国からあらゆる物資が大坂に集まり、加工されて再び諸国へ出荷されていった。京都や摂河泉など五畿内（摂河泉と山城国と大和国）は上方《かみがた》と呼ばれ、そこから出荷されて地方へいくものを「下るもの」、出荷されないものは、「下らないもの」と呼ばれたのである。

明治維新後、京阪の経済力及び立地条件に着目した新政府は、大阪遷都と大阪においての陸軍創業を構想した。しかし、遷都は京都の公家等の反対で実現せず、陸軍創業も当初は大阪に兵学寮や造兵司（後に大阪砲兵工廠）が設けられるなどその方向で進んだが、廃藩置県後、東京・仙台・大阪・熊本に鎮台が設けられて方向性が変わった。大阪には造幣局が設置されたが、それは経済都市大阪の重要性が考慮されたのであろう。しかし、幕末・維新期の御用金などで大阪は経済不振に陥り、西南戦争の特需まで回復できなかった。その間、大阪府域は維新後めまぐるしく変わったが、明治四年十一月には大阪府と堺県に統合された。一時は大和一国が明治九年（一八七六）に堺県に吸収されるが、その堺県も明治十四年に大阪府に併合された。明治二十年になって奈良県が分離し、ここに現大阪府域が成立することになる。そのころから紡績産業を中心に企業勃興がみられ、明治末年にかけて大阪を起点とする私鉄網のひろがりは、大阪市を核とする都市圏を形成するにいたった。大阪市周辺には、工場が建ち並び、そこで働く人々の流入もあって、農地から工場地帯への変貌も顕著になっていった。

戦後も高度経済成長期までは同様な傾向が続くものの、一方では住宅事情の変化も大きくなってきた。昭和三十年代には、市町村合併が促進されるようになり、大阪府のなかでも新しい市がいくつも誕生した。そうしたなかにあって住宅不足から団地やマンションなどの巨大集合住宅が各地にできはじめると、その地域では、旧住民と新住民との間に意識の相違が見られるようになる。そのような巨大集合住宅地の建設過程において、市街地が変貌を余儀なくされると共に、土地の形状が変わり、地名（町名）も新しく機械的に付け替えられることが多くなった。さらに高度経済成長期においては堺泉北コンビナートのように、巨大工場群が進出する地域があり、その地域では海岸線が大きく変化し、景観も大きく損なわれたところもある。阪神間は公害の煤煙で覆われた時期もあった。現在は、ある程度改善され、工場群も環境に配慮するなど大きく様変わりしている。そのようななかで、人々の意識も変化しているように思われる。住む場所への関心が薄れているように感じられるのである。大阪の地名について関心を持たれる時には、こういった大阪の歴史についても理解を深めてほしいと念じるものである。

なお、本書は博物館学芸員や自治体史にかかわっている人たち、および高等学校に勤務する研究者等の多大な力を得て成ったものである。また、東京堂出版の松林孝至氏、渡部俊一氏には種々御苦労をおかけした。編者として右の方々の労苦に深く謝意を表す次第である。

本書は、現在の地名に重点を置いて、その由来を示したものであるが、今後も行政による町域変更にともなう町名（地名）が予想でき、その場合には本書は未来における地名探求の手引きとなりえる。由緒ある地名とその由来を後代に伝える一助となれば幸いである。

二〇一〇年四月

編　者

目次

凡例

一、本書は、大阪府三三市九町一村の地名の由来について記したものである。ただし、大阪府のすべての地名（町名）について立項するのは不可能なので、政令市（大阪市・堺市）を中心とし、できるだけすべての市町村から立項するようにした。

一、項目は、次のような基準にしたがって選択した。

①住居表示として現在使用されている地名（町名）は、原則として立項した。ただし、地名（町名）の前後に東・南・西・北・上・中・下などが付されている場合は、これを省略して中心的な地名をあげ、その中で、東・南・西・北・上・中・下などの部分について触れるようにした。

②それぞれの地域において、住居表示の改正時期が異なるが、改正前の地名（町名）を、その歴史性や重要性において立項した場合もある。その場合、右肩に＊をつけて、現行地名と区別した。

③大阪市の区名は大阪市は略し、堺市の場合は堺市堺区などとした。

一、項目の配列は五十音順とした。同一名項目は市区名等の五十音順とした。

一、地名の由来については、できるだけ典拠史料名を本文中に（　）付で記した。伝承についても、その旨を記すようにした。

一、本書の立項・執筆に当たっては、『日本地名大辞典27　大阪府』（角川書店、一九八三）、『日本歴史地名大系28　大阪府の地名』（平凡社、一九八六）をはじめとする多くの参考文献を活用させていただいた。巻末に主要参考文献を付した。

◉執筆者一覧（五十音順）

足代健二郎（大阪府文化財愛護推進委員）
跡部　信（大阪城天守閣）
荒武賢一朗（関西大学）
飯沼雅行（大阪府立芥川高等学校）
生駒孝臣（大阪市史料調査会）
石原佳子（元大阪市史料調査会）
上田長生（大阪市史料調査会）
大澤研一（大阪歴史博物館）
尾﨑安啓（寝屋川市立中央図書館）
北川　央（大阪城天守閣）
小谷利明（八尾市文化財調査研究会）
曽我友良（貝塚市教育委員会）
田村正孝（豊中市教育委員会）
中山　潔（大阪府立三国丘高等学校）
西田敬之（箕面市史料調査員）
野高宏之（大阪市史料調査会）
橋本孝成（適塾記念会）
馬部隆弘（枚方市立中央図書館市史資料室）
藤田　実（大阪市史編纂所）
古川武志（大阪市史料調査会）
別所秀高（鴻池新田会所）
堀田暁生（大阪市史編纂所）
松永友和（関西大学大学院文学研究科博士後期課程）
豆谷浩之（大阪歴史博物館）
宮本裕次（大阪城天守閣）
室田卓雄（流通科学大学非常勤講師）
森下　徹（和泉市教育委員会）
八木　滋（大阪歴史博物館）
山中吾朗（岸和田市教育委員会）
吉井克信（大阪狭山市教育委員会）
吉田洋子（元大阪市史料調査会）
吉田　豊（堺市博物館）
吉村智博（博物館学芸員）

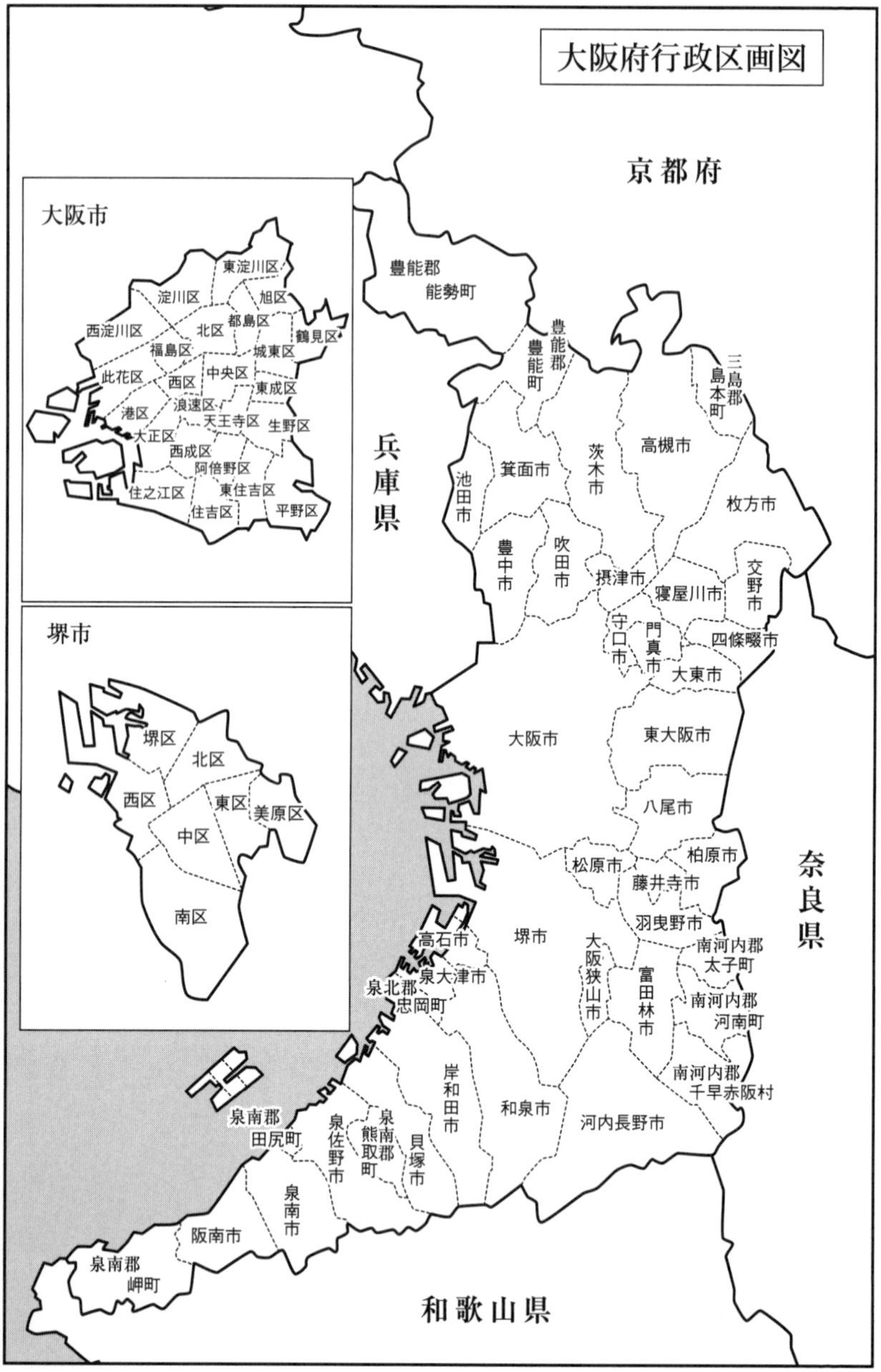
大阪府行政区画図
京都府
兵庫県
奈良県
和歌山県
大阪市
東淀川区
淀川区
旭区
西淀川区
北区
都島区
鶴見区
福島区
城東区
此花区
西区
中央区
東成区
港区
浪速区
天王寺区
生野区
大正区
西成区
阿倍野区
住之江区
東住吉区
住吉区
平野区
堺市
堺区
北区
西区
東区
美原区
中区
南区
豊能郡
能勢町
豊能郡
豊能町
三島郡
島本町
高槻市
茨木市
箕面市
池田市
枚方市
豊中市
吹田市
摂津市
交野市
寝屋川市
守口市
門真市
四條畷市
大東市
大阪市
東大阪市
八尾市
柏原市
松原市
藤井寺市
羽曳野市
高石市
堺市
大阪狭山市
南河内郡
太子町
泉大津市
富田林市
泉北郡
忠岡町
南河内郡
河南町
岸和田市
南河内郡
千早赤阪村
泉南郡
田尻町
泉佐野市
泉南郡
熊取町
貝塚市
和泉市
河内長野市
泉南市
阪南市
泉南郡
岬町

大阪の地名由来辞典

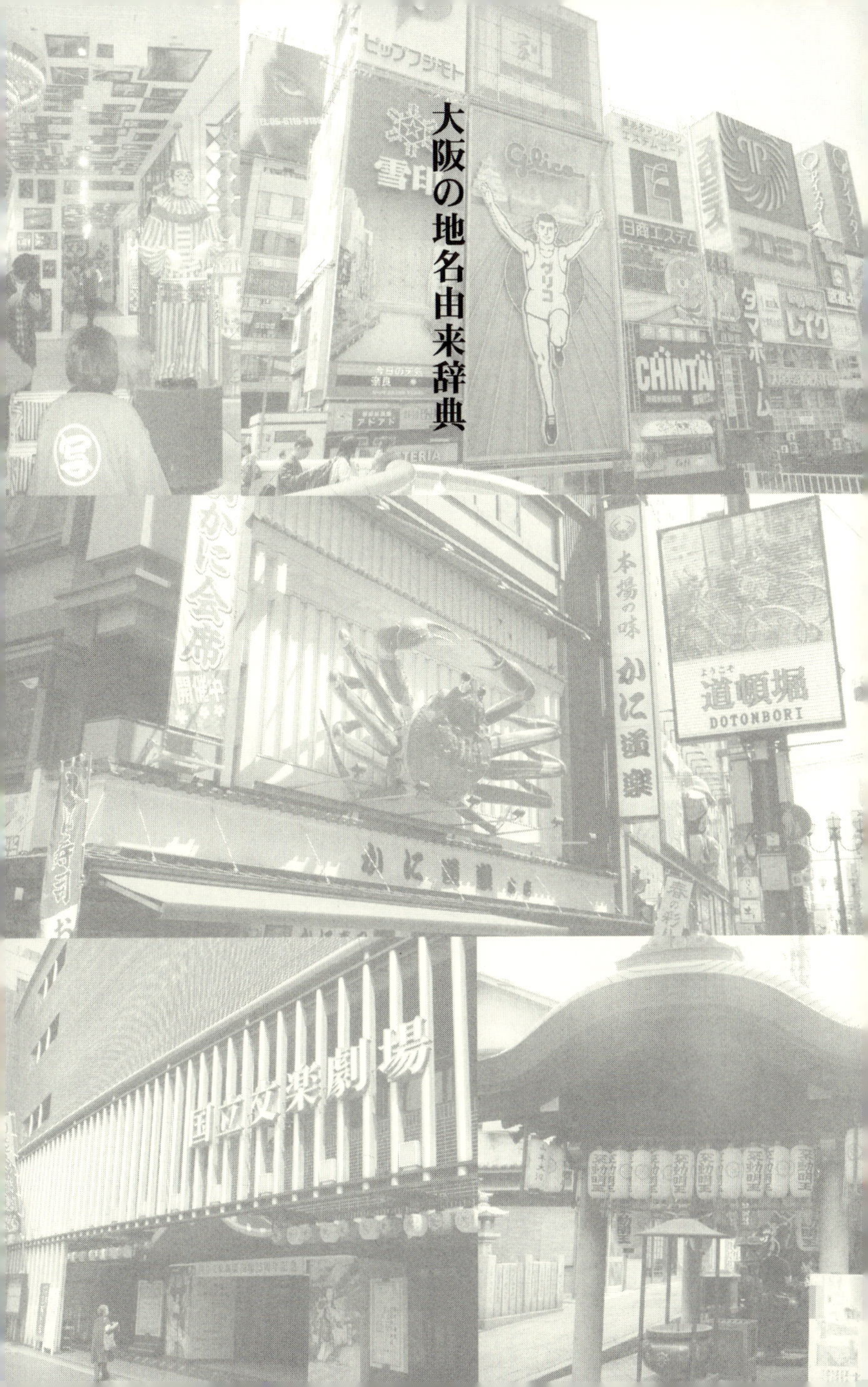
ビッグフジモト
雪印
Glico
グリコ
日商エステム
CHINTAI
かに会席
開催中
本場の味
かに道楽
ようこそ
道頓堀
DOTONBORI
国立文楽劇場

あ行

安威《あい》（茨木市）

安威は『和名類聚抄』にみえる安威郷に由来する地名であり、『新撰姓氏録』にみえる中臣藍連《なかとみのあいむらじ》の本貫地と考えられている。『多武峰《とうのみね》略記』には藤原鎌足は当初嶋下《しましも》郡阿威山に葬られたとあり、当地にある将軍塚古墳（西安威二丁目）が古くから鎌足の墓所と信じられてきたが、この古墳は六世紀の築造と考えられ、年代が符合しない。初見は『玉葉』文治四年（一一八八）正月十一日条。中世には安威荘が成立。国人安威氏の根拠地であり、安威氏は南北朝時代には守護赤松光範の守護使、その後は室町幕府奉行人、細川家被官として活動、一族の安威了佐《のりすけ》は豊臣秀吉の右筆として活躍した。安威荘の領域は近世には安威村に継承され、万治元年（一六五八）十日市村・桑原村を分村したが、その後も村高千五百石を超える大村であった。明治二十二年（一八八九）十日市村との合併によって成立した安威村の大字となり、昭和二十八年（一九五三）茨木市に編入された。安威のつく現行町名には安威（大字・一丁目から四丁目）、東安威、西安威、南安威がある。

〔飯沼〕

相合橋《あいあいばし》（中央区）

道頓堀川に架かる橋の一つ。本来の呼び方は「あいおいばし」だが、「あいあいばし」と呼ばれることの方が多い。貞享年間（一六八四～八八）ごろに架けられたという。道頓堀の芝居町に近いこともあり、橋の名の由来は、北の遊女町と南の芝居町の仲をとりもつ意との説がある。また別の説には、長堀にかかる中橋からのびる道筋に出会う意からとともいう（『角川日本地名大辞典27 大阪府』）。その一方で、この橋を男女が連れ立って渡ると必ず縁が切れることから「縁切橋」とも呼ばれたという（『摂陽奇観』）。

〔豆谷〕

*相生町《あいおいちょう》（都島区）

江戸時代から昭和四十四年（一九六九）までの町名。都島区南部。京橋北詰の東側で南は寝屋《ねや》川、北は鯰《なまず》江《え》川にはさまれていた地域。町域を京街道が通る。近世初期には街道の北側にだけ町並みが展開したことから京橋片原《かたはら》町と称し、東町と西町に分かれていた。やがて両側ともに町並みを形成するに至り、相生西町・相生東町と改称した。こうして街道をはさんで二筋の町並みが生まれたことに由来するという伝承がある。また一説に京街道沿いに植えられた相生の松に由来するとも考えられる（『大阪の町名』上）。明治五年（一八七二）に東西が合併して相生町となり、昭和四十四年（一九六九）に片町《かたまち》一～二丁目となる。町域の北側を流れていた鯰江川は昭和五年（一九三〇）から八年にかけての改修工事で野田橋から下流が、同三十三年から四十三年の工事で上流が埋め立てられ消滅した（『都島区史』）。 ［野高］

相生通《あいおいどおり》（阿倍野区） 昭和四年（一九二九）、阿倍野町・天王寺町の各一部が相生通一～三丁目となり、昭和四十二年（一九六七）から相生通一～二丁目となり現在に至る。由来は、当地の西方にある天神《てんじん》の森（西成区）から東に延びる町並みと東の阿倍野からの町並みとが相合うところにある坂の通称名「相生坂」にちなむ。また、かつて当地に多生していた松林との連想から縁起のよい意味として用いられる「相生の松」を根拠とするとの説もある（『大阪の町名』上）。 ［生駒］

相川《あいかわ》（東淀川区） 町名は安威《あい》川と神崎《かんざき》川に挟まれた安威川沿いの地域であることによる。安威川は、京都府亀岡市の東掛《とうげ》川に発し、下音羽川・茨木川などを集め、神崎川に合流する。流域である三島地域は藍の栽培地で、古代に藍野・藍原の名があった。江戸時代の江口村・小松村・西大道《だいどう》村・南大道村・北大道村の錯雑地にあたり、昭和六年（一九三一）八月相川一～二丁目、相川北通・中通・南通の各一～二丁目となった。昭和五十五年に相川一～三丁目となり、一・二丁目の間を阪急京都線が縦貫している。 ［上田］

安威川南町《あいがわみなみまち》（摂津市） 昭和五十九年（一九八四）七月の町名変更で、大字鳥飼八防《とりかいはちぼう》・鳥飼野々《のの》・新在家《しんざいけ》などの各一部をもってできた町名で、安威川の南岸に位置することに由来すると思われる。中世の鳥飼郷のうちで、明治二十二年（一八八九）の町村制施行により鳥飼村、昭和三十一年（一九五六）に同村と味舌《ました》町・味生《あじふ》村との合併により三島町、四十一年（一九六六）の市制施行により摂津市の一部になった。淀川・安威川・千間《せんげん》縄手《なわて》に囲まれた低湿地にある鳥飼地区の一部で、北端を安威川左岸に沿い東西に、高槻市南部と摂津市北部の幹線水路である鳥飼井路・番田井路が流れている。鳥飼井路は高槻市三箇牧《さんがまき》地区と鳥飼地区の境界である千間縄手から安威川と平行して両地区の排水を集めた長大な水路である。慶安四年（一六五一）から承応二年（一六五三）にかけて高槻藩により開削された。大正二年（一九一三）に完成した安威川改修にともない、同川の旧河道に番田井路・三箇牧井路と並行して流れるように付け替えられた。町域全体がJR西日本の新幹線鳥飼基地で、昭和三十九年（一九六四）の基地建設に関連して三島平野用排水改良事業が着工し、鳥飼井路も改修されて幹線水路になった。［石原］

愛染坂《あいぜんざか》（天王寺区） 上町台地西斜面の坂で、大江神社の境内に南接して夕陽丘町四番地と下寺町二丁目を結ぶ。天王寺七坂の一つ。この坂の上に天台宗勝鬘《しょうまん》院があり、その本尊が愛染明王であることから同院は「愛染さん」の愛称で呼ばれており、坂の名はそれに由来する。一名「勝鬘坂」とする説があるが（『天王寺区史』）、江戸時代には勝鬘坂は愛染坂の北にあって、直接、大江神社の境内につながる石段を指した用例がある（『摂津名所図会』）。［大澤］

阿保《あお》（松原市） 平城天皇の第一皇子阿保《あぼ》親王（七九二〜八四二）に由来する地名と伝えられる。親王は、大同五年（＝弘仁元年、八一〇）に起こった薬子《くすこ》の変に連座して大宰権帥《だざいごんのそち》として九州に左遷されたが、天長元年（八二四）に許されて帰京し、同十年三月に三品《さんぼん》に叙された。翌承和元年（八三四）に親王は河内国丹比郡田坐《たい》に別荘を営んだと伝えられるが、この田坐の地が現在の松原市田《た》井城《いじょう》から阿保あたりに相当する。産土神《うぶすながみ》である阿保神社の本殿北には親王の殿館跡から遷座したと伝えられる親王社が祀られ、既に埋め立てられてしまったが、集落南方にあった親王池は親王の殿館の内に造られた泉池であったといい、巨大前方後円墳の河内大塚山古墳は親王の陵墓であると伝承されてきた（『河内鑑名所記』『倭漢三才図会』他）。［北川］

＊粟生《あお》（箕面市） 箕面市東部に位置し、東は茨木市に接する。康治元年（一一四二）十二月二十四日の「佐伯小犬丸譲状」（勝尾寺文書『箕面市史』史料編一）に「嶋下《しましも》郡中条粟生村」とあるものが初見。地名の由来については、『粟生村

誌』に農夫が所々の原野を開拓して栗を作り、これにより栗生ノ野といったことが村名の起源となったことが記されている。現在栗生の地名は、箕面市の栗生間《ま》谷《たに》・栗生外院《げいん》・栗生新家《しんけ》と茨木市の栗生岩阪《いわさか》などに残る。　　　　［西田］

青谷《あおたに》（柏原市）

大和川の亀瀬峡谷の北に位置する山村である。地名の由来は不明。青谷の市営グラウンド付近では奈良時代の瓦が出土し、この地を竹原井頓宮《たかはらいのかりみや》とする説もある。村内には『延喜式』神名帳にみえる「金山彦神社」（神名帳「金山孫神社」）がある。『河内名所図会』では別名を「八大金剛童子社」という。これは「中山先達廿八品の行所」とするから（『河内鑑名所記』）、山岳修験の行場があったことがわかる。　　　　［小谷］

赤川《あかがわ》（旭区）

赤川一～四丁目。旭区西部。北は淀川に面し、南端は城《しろ》北《きた》川（運河）、西端はＪＲ城東《じょうとう》貨物線が通る。かつてこの地域に天台宗の古刹赤川寺という大寺院があり、この寺名に由来するとされる（『東成郡誌』）。赤川寺は西成郡柴島《くにじま》（東淀川区）に別所をもつ有力寺院であったという。満願寺（兵庫県川西市）所蔵の「大般若経」巻五十二の嘉禄元年（一二二五）の奥書に「榎並《えなみ》赤河村」という村名が記されている。また同巻四百十の寛喜元年（一二二九）の奥書にある「西成郡榎並下御庄大金剛院」は赤川寺と考えられ、中世には榎並庄に属していた。同寺は室町頃、淀川の洪水によって流失したと考えられる（平凡社『日本歴史地名大系28　大阪府の地名』）。四丁目の淀川河川敷には「赤川廃寺跡」があり、市の埋蔵文化財包蔵地に指定されている。近世は「赤川土」という土と杜若《かきつばた》で有名であった（『澱（淀）川両岸一覧』）。また特産品に解熱剤として利用される河骨《ここつ》がある。　　　　［野高］

赤阪《あかさか》（千早赤阪村）

葛《かつら》城山《ぎさん》（標高九五九メートル）西麓で千早川支流の水越川流域に位置する。水銀原鉱で朱の原料となる辰砂《しんしゃ》を含有した赤土の坂に由来すると考えられる。南北朝期に楠木正成が桐山の丘陵に居館を構えた本拠地で、辰砂の産地でもある。このことから、その採掘権を掌握した楠木氏が広域で商業・流通にかかわっていたとの説がある。桐山の上赤坂城跡（国史跡）は、楠木氏の本城として楠木城ともよばれた。森屋の下赤坂城跡（国史跡）は、楠木氏居館の北西方の丘陵

先端にある。現在の水分《すいぶん》・二河原辺《にがわらべ》・川野辺《かわのべ》・森屋《もりや》・桐山《きりやま》にあたる。〔吉井〕

芥川《あくたがわ》（高槻市）

「芥」は上流域に位置する服部連《むらじ》の集落から流された塵芥に由来するという説と、式内社阿久刀《あくと》神社に由来するという説がある。鎌倉時代後期には芥川宿が形成され、この宿を拠点とする国人芥河氏が芥川城を築いた。応仁の乱以降、芥川宿は衰退したらしく、西国街道（山崎通）の人馬継立地を定めた慶長十一年（一六〇六）の片桐且元判物《かたぎりかつもとはんもつ》に芥川宿は含まれていない。その後寛永年間（一六二四～四四）までに近世宿駅としての整備がなされたと考えられている。郡山宿など西国街道の他の宿駅は大坂町奉行から宿駅高札を下付されていたのに対し、芥川宿は高槻藩から高札を与えられていた点に特色がある。また芥川宿は芥川村と宮田村の立会となっていて、御定人馬二十五人・二十五疋のうち、三分の二を芥川村が、三分の一を宮田村が負担することになっていた。芥川一里塚（芥川町三丁目他）は西国街道に現存する唯一の一里塚である。芥川村は明治二十二年（一八八九）に郡家《ぐんげ》村を併合、昭和四年（一九二九）町制施行、昭和六年（一九三一）高槻町と合併した。芥川のつく現行町名は、芥川・芥川町・南芥川町がある。〔飯沼〕

浅香《あさか》（住吉区・堺市北区・堺市堺区）

住吉浜の南に連なり、弓削皇子《ゆげのおうじ》（?～六九九）の歌に「夕さらば潮満ち来なむ住吉の浅鹿の浦に玉藻刈りてな」（『万葉集』）とある通り、古代浅香（浅鹿）は広く住吉の地域に含まれる海岸地名だった。巡礼で当地に至った聖徳太子が、浜に打ち上げられた香木を焼き、「浅からぬ香り」と語ったという伝承もある。江戸時代初期の郷帳には「浅香山村」とある。宝永元年（一七〇四）の大和川付け替えによって村域が流路に分断され、地名は現在、右岸の大阪市住吉区浅香、左岸の堺市北区東浅香山町・堺区浅香山町に引き継がれる。〔宮本〕

浅香山町《あさかやまちょう》（堺市堺区）

大正十一年（一九二二）に、堺市向井町大字北庄のうちその北東部に成立した。「浅鹿の浦」、「朝香潟」など、『万葉集』にも記された名所として著名な浅香のあたりであることにより命名したと思われる。大正十四年（一九二五）には、大阪市住吉区に浅香町も成立している（昭和五十六年〈一九八一〉に浅香と

改称）。なお、丘陵としての浅香山は、現在の北区東浅香山町の北西部にあった。〔吉田豊〕

＊麻田《あさだ》（豊中市）　地名の由来は不明である。『新撰姓氏録』右京諸蕃下に登場する麻田連は、豊島郡《てしまぐん》麻田と関わりをもっていたと推測されている（『豊中市史』二）。元徳二年（一三三〇）十月十三日藤原基信（カ）請文案では「麻田御園」を確認でき（勝山清次編『南都寺院文書の世界』）、室町時代に至ると、当地を地盤とする麻田氏の活動がみえる（今西家文書など）。江戸時代には当地に麻田藩青木氏の陣屋が置かれた。明治四年（一八七一）七月の廃藩置県に伴い「麻田県」が設置されたが、同年十一月には大阪府の管轄に移った。昭和十一年（一九三六）、豊中市の大字となる。昭和三十～四十年代に町名改正が進み、蛍池《ほたるがいけ》（北・西・中・東・南町）・清風荘《せいふうそう》などの町名が誕生するなかで「麻田」の名称は次第に消えていき、現在では「石橋麻田町」に名が残るのみである。〔田村〕

旭《あさひ》（西成区）　区の中央部に位置する。町名は今宮町の小字名による（『大阪の町名』上）。小字の由来は不詳。南は梅南《ばいなん》一～三丁目、北は鶴見橋一～三丁目に接する。東西に長い町域。明治当初は西成《にしなり》郡木津村の一部であったが、明治三十年（一八九七）四月一日、今宮村元木津の一部となった。大正二年（一九一三）十二月十日、大字木津の一部となり、同六年九月一日に今宮町大字木津の一部、同十一年四月一日に今宮町旭南通・北通となった。同十四年四月一日、大阪市に編入され、西成区旭南通・北通となった。東境を国道二十六号線（地下は地下鉄四つ橋線）が通り、地下鉄花園町駅（二丁目）がある。西境を阪神高速大阪堺線、二・三丁目境を主要地方道大阪伊丹線が通る。住宅地域。〔古川〕

旭区《あさひく》（大阪市）　旭区は昭和七年（一九二七）十月一日に東成区から城東区とともに分離独立した区である。区名については、大阪市の東部に位置していることから、旭日昇天の如く将来において輝くことから命名された（「旭区史」）。〔堀田〕

＊朝日橋通《あさひばしどおり》（此花区）　大正十年（一九二一）～昭和五十年（一九七五）の町名で、はじめ西区、大正十四年からは此花区の町名。昭和五十年に西九条一～七丁目となった。町

名は六軒家《ろっけんや》川に架かる朝日橋からつけられた。文久三年（一八六三）に、大坂と尼崎を結ぶ道に交わる川にそれぞれ橋が建設され、朝日橋も大阪湾の警衛にあたっていた岡山藩により架けられた。その名前は、岡山藩の城下を流れる旭川に因んで名付けられたという。現在の此花《このはな》区朝日は、朝日橋通の対岸にあたる地に昭和五十一年に成立した町名であるが、これも朝日橋を由来としている（『角川日本地名大辞典27　大阪府』・『西成郡史』・『大阪の町名』下）。　〔吉田洋〕

旭町　あさひまち　（阿倍野区）

町名は上町《うえまち》台地崖下に下る谷筋《たにすじ》の旧村道の「あさひ通」に由来するが、あさひと名付けられた理由は不明（『大阪の町名』上）。ただし、現在も「阿さひ通」と刻まれた道標が残る。当町は明治初頭、東《ひがし》成《なり》郡天王寺村の一部であったが、大正十四年（一九二五）に当町域を含む地域が、大阪市に編入され住吉区天王寺町となったのを経て、昭和十八年（一九四三）に現在の地名となった。　〔生駒〕

*朝日町　あさひまち　（北区）

区の南東部に位置した町。現在の天満二丁目に含まれる。明治五年（一八七二）に町域町名の大変更が行われた時に、天満四丁目と金屋町のそれぞれ一部で新たに設けられ、昭和五十三年（一九七八）まで存続し、同年に町名改称が行われた。　〔八木〕

安治川　あじかわ・あじがわ　（西区）

区の西端部に位置する。安治川は堂島川と土佐堀川の合流点から大阪湾まで約二・九キロの川の名である。貞享元年（一六八四）に、河村瑞賢《かわむらずいけん》（軒）が幕命により九条島を開削して、流路を直線化し、河口から中之島方面への連絡を便にした。当初新川と呼ばれ、元禄元年（一六八八）に左岸の町割りが行われ、新川南一～四丁目が成立した。元禄十一年に新川を安治川と改称したのに伴い、安治川南一～四丁目となった。安治川の名は、新しい川が「安けく治まる」という期待を込めて命名されたという。別に瑞賢の別称からともいう。昭和五十二年（一九七七）の町名改称で、安治川一～二丁目ができた。　〔堀田〕

芦原　あしはら　（浪速区）

鼬《いたち》川とその低湿地に所在し、芦（葦《あし》）が群生していたことに由来し、かつては難波を冠称していた。鼬川にはかつて橋が架かっており、難波芦原町と木津北島町を結んでいた（『大阪府全志』二）。大阪市電三宝《さんぽう》線もこの橋を併用し、堺市の三宝へ向かう起点の停留所があったが、昭和二十八年（一九五三）に鼬川が埋め立てられて姿を消した。昭和四十一年（一九六五）に国鉄大阪環状線（現JR）が開通して以降は芦原橋駅があり、南海汐見橋線にも芦原町駅がある。［吉村］

味原町《あじはらちょう》（天王寺区）　明治三十三年（一九〇〇）以来、現在に至るまでの町名。最初は東区に属したが、昭和十八年（一九四三）より天王寺区となった。味原は摂津国東成《ひがしなり》郡内の郷の一つとして古代からその名がみえるが（『和名類聚抄』）、『日本書紀』白雉元年（六五〇）条の「味経宮」や『万葉集』の「味原の宮」を参考にすると、その読みはもともと「あじふ」であった。その由来は、当郷内に含まれたと推測される式内社比売許曽《ひめこそ》神社《じんじゃ》の祭神下照比売《したでるひめ》の兄である味耜高彦根命《あじすきたかひこねのみこと》の「味耜」によるとする説がある（『大阪府全志』二）。［大澤］

***足代**《あじろ》（生野区）　東足代（東大阪市）と西足代（大阪市生野区）があった。西足代は巽西足代と称された。現在の巽西・巽北・巽中・田島などの各一部にあたる。河内国渋川郡西足代村の名を継承。西足代村は明治二十二年（一八八九）町村制施行の時に、巽村の大字となった。昭和三十年（一九五五）に大阪市に編入されたときに、巽村の大字であったところは巽の冠称がつけられ、生野区巽西足代町となった。「四天王寺御手印縁起」に物部守屋から没収して四天王寺領とした土地に「渋川郡足代地（中略）八条梓里」などと記され、また平安時代、延久四年（一〇七二）の太政官牒（『石清水文書』）に、石清水八幡宮の荘園・大地庄の散在地の一つに「七条足代里」の名がみえる。南北朝時代には、正平五年（一三五〇）の「後村上天皇綸旨案」（『妙心寺文書』）に「河内国網代庄」の文字がみられ、その後の文献や金石文に網代庄・足代庄の用例が混在する。同じ河内国渋川郡に属した東足代（現・東大阪市足代付近）と西足代（現・生野区巽中一丁目を中心とした一帯）の両村は隣接してはいないが、共に河内国の西の縁辺部に位置し、同郡三ノ瀬村や摂津国東成《ひがしなり》郡深江村・片江村・腹見村字小瀬など水辺にちなむ地名の土地と近接している点に地形的な共通性がうかがえる。『布施町誌』では「当地域の川瀬に大小幾多の網代木《あじろぎ》を敷設していた時代があってそれが地名化したのではないか」とし、『広辞苑』では「網代」の語義の一つとして「網漁業

を行なう漁場。天皇供御《くご》の魚類を採る所が多い」と説く。網代木の網代は網の代用であるが、「代《しろ》」には糊代・苗代のように一定のエリア（場）を指す例もあるので、網漁業の漁場→網場《あみば》→網代《あみしろ》→あじろ、という変遷も考え得るのではなかろうか。東大阪市御厨《みくりや》との関係も想像されるが、証拠はない。『大阪府全志』（四）に「莎草《すげ》で作った（当地の）笠を世に足代と呼ぶ。渋川郡の村落中、特に東足代・西足代はその生産の中心地で、地名をとって笠の名としている（大意）」と記されているように、この地の特産品である菅笠のブランド名を足代笠と称したのであろう（これは菅を糸で縫い付けて作る縫い笠であって、竹やへぎ板を組んで作る「網代《あじろ》笠《がさ》」とは別のものである）。なお、口碑の伝える所によれば「四天王寺の五重の塔を建てるとき、東足代村が東の足場を組み、西足代村が西の足場を組む役を受け持った」（『わが郷土　巽を語る』（生野区役所・二〇〇〇年）など）とし、これは「足代」を「あししろ（＝足場）」の意味に解したもので、伝説とはいえ一考に価しよう。

［足代］

足代《あじろ》（東大阪市）

東大阪市の西端に位置し、大阪市東成区および生野区に隣接する。足代一～三丁目、足代北一～二丁目、足代新町、足代南一～二丁目がある。現在の近鉄布施駅を大正十一～十四年まで足代駅と称した。足代一丁目付近が近世の東足代村であり、市境を越えた生野区巽中一丁目付近にも西足代村があった。いずれも「足代庄（網代庄）」に含まれていたのであろう。網代は竹を編んで作った定置網の一種で、転じて漁場の意味ももつが、当地が漁撈活動と関係していたのかどうかはっきりしない。「四天王寺御手印縁起」（寛弘四年〈一〇〇七〉発見）には「足代地」とみえ、すでに十一世紀には一帯が足代と呼ばれていた。また、『石清水（田中家）文書』延久四年（一〇七二）九月五日の太政官牒によると、石清水八幡宮領大地庄の一部として七条「足代里」が記されている。中世には北畠親房をはじめ、教興寺、妙心寺などに知行が移る（『妙心寺文書』）。もとは字北町にあったとされる足代地蔵尊には「永禄五年（一五六二）」や「足代庄」の銘があり、境界を明示していたと推測されている（『布施市史』）。周辺一帯は古くからの菅笠の産地で、「難波菅笠」（『万葉集』巻第十二）として知られていた。とくに足代の北側にある深江は笠縫氏の移住地として伝承され、ここで生産された菅笠は「深江笠」と呼ばれていた（『摂津名所図会』）。いっぽう、足代で生産された菅笠は中世には「河内カサ」（『布施市史』）、のちに「足代（籃《あじろ》）笠」と呼ばれた（『河内志』）。『河内名所図会』には両村界を通る暗越《くらがりごえ》奈良街道で笠を買い、伊勢へ参詣する人々でにぎわう様子が描かれている。　〔別所〕

飛鳥　あすか（羽曳野市）

『古事記』の履仲天皇即位前記にみえる「近《ちか》つ飛鳥《あすか》」の比定地とされ、奈良県明日香村の「遠《とお》つ飛《あす》鳥《か》」と対比される。難波からの地理的関係による地名と考えるのが通説であるが、二箇所ともに大和にあてる説もある。この地の飛鳥の地名そのものは、古代の「安宿《あすかべの》郡《こおり》賀美郷《かみごう》」（『和名類聚抄』）、「飛鳥戸神社」（『延喜式』）の存在からも、確実に古代に遡ることができる。「飛鳥戸神社」はこの地を本貫とする百済系渡来氏族飛鳥戸氏の氏神で、貞観元年（八五九）八月十三日に無位から正四位下に叙し、同二年官社に列した（『三代実録』）。また、神社周辺には飛鳥千塚と呼ばれる横穴式石室を主体とする古墳群があり、中でも終末期の観音塚古墳は特に見事な切石墳で国指定史跡となっている。中世には太子御廟叡福寺領の飛鳥庄があった。　〔中山〕

安土町　あづちまち（中央区）

大阪の町名には、他地域の地名を冠したものが数多く見られる。豊臣秀吉によって大坂城と城下町が建設された際、各地から住民が呼び寄せられて都市が拡大していったことから、そうした町名は住民の移住元に由来していると言われている。安土町についても、織田信長の城下町であった近江の安土から町人が移住してきたためにつけられたとする説がある。ただしこれには異説がある。すなわち、天正年間（一五七三〜九二）に当地で弓術の修練が行われ、射場の「あづち—積み土」があった、とする説である（『摂津名所図会大成』）。　〔豆谷〕

*吾妻町　あづまちょう（港区）

昭和二年（一九二七）から同四十三年の町名。地名の由来は、旧日本海軍巡洋艦吾妻の名による（『港区誌』）。昭和二年に市岡町の一部が吾妻町となる。昭和二十五年の港湾地帯高潮対策事業に伴う安治《あじ》川拡張工事によって、町内の一部が安治川の水面下となる。昭和四十三年に磯路・弁天・石田の一部となる。　〔松永〕

我孫子《あびこ》（泉大津市）

明治二十年（一八八七）五月、辻村と長井村が合併した際、中世の郷名を採って我孫子村となった。初見は、『北野社家《きたのしゃけ》日記』長享三年（一四八九）七月四日条「西芳寺《さいほうじ》領和泉国我孫子」。十世紀前半、天皇へ海産物を貢進する網曳御厨《あびきのみくりや》が泉州の海浜一帯に設置されたが、この地に網曳御厨の中核施設である政所《まんどころ》が置かれ、「網曳《あびき》」が訛って「我孫子」となったという（河音能平『大阪の中世前期』）。町内に泉穴師《いずあなし》神社神宮寺「薬師寺」があった。薬師寺は宝亀年中（七七〇～七八二）に小津《おづ》の浦に漂着した薬師如来を本尊として創建されたと伝えられ、歴代天皇の勅願寺となり七堂伽藍五重塔が建ちならび、その姿が穴師の池に映ったという。天正十三年（一五八五）、秀吉の根来《ねごろ》攻めの際、兵火にあったが、延宝八年（一六八〇）、薬師堂（穴師堂）として再建されたと伝えられる。明治の神仏分離により廃寺となり、明治五年（一八八二）六月、寺跡に、泉大津市内で最初の小学校「池浦小学」（現穴師小学校）が設立された。明治二十二（一八八九）年には穴師村の大字となり、現在、泉大津市我孫子。平成十年（一九九八）には、町内の一部が我孫子一丁目～二丁目となる。

［森下］

我孫子《あびこ》（住吉区）

現在の住吉区南東部から松原市天美《あまみ》あたりにかけての広い区域は、古代「よさみ」（羅・依網・依羅などの字をあてる）と呼ばれ、その歴史は大和朝廷成立期までさかのぼる。『古事記』『日本書紀』には「依網之阿毘古」「依網吾彦垂水《たるみ》」「依網屯倉《みやけ》阿弭古」といった人物がみえ、この「よさみのあひこ」はこの地の有力氏族で、「あひこ」（もしくは「あびこ」）は、もともとは天皇家と密接な関係をもった地方の官職名だったと推定されている。律令制下における地方制度の整備によって「よさみ」は摂津国住吉郡の大羅《おおよさみ》郷と河内国丹比《たじひ》郡の依羅郷とに分かれ、『続日本紀』天平勝宝二年（七五〇）八月十六日の記事に登場する「依羅我孫忍麻呂《おしまろ》」は住吉郡大依羅郷を本拠としていた。この「あひこ」が地名化し、用字や読みも次第に「我孫子《あびこ》」に定着する。

［宮本］

阿倍野《あべの》（阿倍野区）

四天王寺（天王寺区）以南、住吉神社（住吉区）に至る街道沿いの広大な台地面の原野の総称。史料上、「阿部野」あるいは「安倍野」などとも表記される。地名の由来については、区内に鎮座する阿倍王子《あべおうじ》神社や安倍晴明《あべのせいめい》神社などの諸説があるが、当地を根拠とした豪族阿倍氏の本拠であったことによるとする説がもっとも有力視されている（『阿倍野区史』）。確実な初見は、『山槐記《さんかいき》』永万元年（一一六五）四月二十七日条であり、ここでは四天王寺と住吉大社が「安部野堺」に関わる相論を起こしていたことが記される。当地は四天王寺と住吉大社の中間に位置しており、両者の当地の領有をめぐる相論は鎌倉期に至っても続いている。また当地は熊野街道が通る交通の要衝であったため、たびたび合戦場ともなっている。とりわけ南北朝期における北朝の高師直《こうのもろなお》軍と南朝の北畠顕家《きたばたけあきいえ》軍による暦応元・延元三年（一三三八）の合戦は著名であり、顕家は阿倍野で戦死したとされる。しかし、顕家の戦没地については堺市の石津《いしづ》とする説もある。江戸時代以後は、阿倍野村として大坂三郷の近郊農村の位置にあったが、明治二十二年（一八八九）には天王寺村の大字となる。この頃から、鉄道の敷設、道路の改良、天王寺駅開設による市街地の進出などにより急速に住宅化が進行し、発展を遂げることとなった。現在では、JR天王寺駅・近鉄あべの橋駅を中心に大阪南東部の玄関口となっており、また大阪市内で梅田（北区）・難波（浪速区）につぐ一大繁華街として栄えている。

〔生駒〕

安満《あま》（高槻市）

隣接する旧成合《なりあい》村にあった金龍寺の旧称安満寺に由来するという伝承（『大阪府全志』三）があるが、古代淀川の海士《あま》が居住した地とする説（『高槻市史』）もある。初見は『類聚国史』天長九年（八三二）三月二日条にみえる「安満勅旨田《ちょくしでん》」。この勅旨田を母体として、中世には安満庄と総称される広大な荘園が成立、安満庄は近世初頭までに安満・下《しも》・古曽部《こそべ》・別所・野田・東天川《ひがしあまかわ》・西天川に分村した。江戸時代には中世の安満縄手が八丁松原として整備され、参勤路に用いられたことから、八丁松原と西国街道（山崎通）の結合点に新町が成立した。この一帯が現在の安満新町である。安満村は明治二十二年（一八八九）に近隣五か村と合併して磐手《いわて》村の大字となり、昭和六年（一九三一）近隣四か町村と合併して高槻町となった。平成九年（一九九七）、高槻市公園墓地の拡張に伴う発掘調査で発見された安満宮山古墳（安満御所の町）からは、青龍三年銘鏡・三角縁神獣鏡など青銅鏡五面や鉄刀・鉄斧などが出土し、出土品は国の重要文化財に指定されている。安満のつく現行町名は、安満新町の他に安満北の町・安満中の町・安満東の町・安満磐手町・安満御所の町がある。 ［飯沼］

阿間河滝町《あまかだきちょう》（岸和田市）

津田川中流域の左岸に位置し、右岸の土生滝《はぶたき》とともに江戸時代には滝村とも称した。滝とは意賀美《おがみ》神社（土生滝町）境内にある雨降の滝のことで、古来、滝壺前で雨乞い神事が行われた。当地は津田川流域の八田《はった》・神須屋《こうずや》・流木《ながれき》・畑《はた》・極楽寺とともに阿間河谷（天下谷）と呼ばれる惣荘的な関係を有し、矢代寸《やしろぎ》神社（八田町）を惣社として宮座を構成している。「あまか」の称は古代の有間香邑《ありまかむら》に由来する。『日本書紀』崇峻天皇即位前紀に、物部守屋が蘇我氏に滅ぼされた際、守屋の資人《とねり》捕取部 万《ととりべのよろず》が妻の本拠のある当地に逃れたが敗死し、有間香邑に葬られたとの記事がある。『新撰姓氏録』和泉国神別にみえる安幕 首《あまくのおびと》も当地に関わる氏族とみられ、また、阿理莫《ありまか》神社（貝塚市久保）も近隣に鎮座する。明治二十二年（一八八九）から昭和十五年（一九四〇）まで、行政村としての有間香村が存在した。 ［山中］

天野《あまの》（河内長野市）

天野山（標高二二七メートル）をふくむ丘陵部と、西除川《にしよけがわ》（天野川）の源流一帯の天野谷からなる。高所（天）にあるゆるやかな傾斜地（野）に由来すると考えられる。初出は延久四年（一〇七二）九月五日付「太政官牒《だじょうかんちょう》」にみえる「天野里」。谷の奥には平安末期創建の金剛寺（真言宗御室《おむろ》派）がある。天野谷を南下して滝畑《たきはた》・蔵王谷《ざおうだに》を経て蔵王峠を越え、紀ノ川を渡ると、慈尊院から町石道《ちょういしみち》を経て高野山・熊野方面へ通じる。金剛寺門前から天野街道を北上すると堺方面へ通じる。 ［吉井］

余部《あまべ》（堺市美原区）

江戸時代は河内国丹南《たんなん》郡に属し、南北に分かれていた。明治二十二年（一八八九）、黒山・太井・南余部・北余部・阿弥の五か村が合併して黒山村となり、その大字になる。昭和三十一年（一九五六）に南河内郡美原町、平成十七年（二〇〇五）に堺市の大字となる。地名の由来は、丹比《たじひ》郡のうちに鎌倉時代からみえる余部《あまるべ》郷にちなむものと思われる。 ［吉田豊］

天美《あまみ》（松原市）

明治二十二年（一八八九）の町村制施行により、池内・城連寺《じょうれんじ》・油上《ゆかみ》・芝・我堂《がどう》・堀の六か村が合併して新たに「天美村」が成立した際に名付けられた地名で、阿麻美許曾《あまみこそ》神社にちなむ。阿麻美許曾神社は大阪市東住吉区矢田七丁目に鎮座し、池内・城連寺・油上・柴（現、松原市）と枯木《かれき》・矢田部《やたべ》・住道《すんじ》（現、大阪市東住吉区）の計七か村の産土社《うぶすなしゃ》で、『延喜式』神名帳に載る古社である。天美地区周辺一帯は、古代には「依羅《よさみ》郷」と呼ばれ、依羅連《よさみのむらじ》という古代氏族が居住していた。この依羅連は百済からの渡来氏族で、『新撰姓氏録』によると「素禰志夜麻美乃君《そましやまみのきみ》」を祖としたという。阿麻美許曾神社の「阿麻美」は、この「素禰志夜麻美乃君」の「夜麻美」が訛《なま》ったものではないかと考えられている。ちなみに「許曾」は古代朝鮮語で祭祀や神社の森を意味する言葉である。〔北川〕

網島町《あみじまちょう》（都島区）

江戸時代からの町名。都島区南部。町域の西側は淀川と接する。『摂津名所図会大成』が「此地は淀川のつゝみにして漁家つらなり鮮魚を多く市に出す。さる程に軒毎に終日網を干すゆへ」と地名の由来を記しているように、かつては細流の多い島状の土地で、淀川上流の島下《しましも》郡吹田村と東成《ひがしなり》郡野田村の網干場として利用されたことから、「網島」と呼ばれるようになった（『大阪府全志』二）。寛文年間（一六六一～七三）の飢饉のときに、幕府の助成を受けるため大坂三郷《さんごう》北組に編入されることを望み、町名を称するに至ったと言われている（『大阪の町名』上）。近松門左衛門の浄瑠璃『心中天の網島』の舞台として知られた地名である。〔野高〕

*雨山《あめやま》（熊取町）

町の西南部の山。竜王社（雨山神社）が祀られ、江戸時代には雨乞いの儀式が行われた地である。室町時代前期には南北朝の騒乱で攻防戦が繰り広げられた雨山城がある。〔曽我〕

綾井《あやい》（泉大津市）

南北朝期からみえる地名で、王子川の中流域、和泉郡と大鳥郡の境界にあり、両郡にまたがって村域が展開していた。綾井高石村とも称されたが、元禄年間（一六八八～一七〇四）までに、高石北、高石南、市場《いちば》、南出《みなみで》、大園《おおぞの》、土生《はぶ》、新家《しんけ》が分村した。これらの村は大鳥郡に属すが、和泉郡内にあった村高が綾井村となった。綾井村には人家はなく、周辺村の出作地であったと思われる。明治二十二年（一八八九）には上

条村、昭和六年（一九三一）に大津町の大字となる。地名の由来は不明。〔森下〕

綾園《あやぞの》（高石市）　昭和四十一年（一九六六）に、高石町綾井や同町大園などにより高石市綾園が成立。高石が町から市に移行する昭和四十年から四十一年にかけて、域内の地名が全面的に改称されたうちの一つ。綾井と大園の一字づつをとったものであろう。綾井は、和泉郡と接する大鳥郡南西部の地名として、南北朝期からみえる。江戸時代は綾井高石村とも呼ばれ、慶安元年（一六四八）に綾井村と高石村に分かれ、さらに寛文五年（一六六五）に綾井村は、大鳥郡域の市場・南出・大園・新家・土生《はぶ》村と和泉郡綾井村の計六か村に分かれる。明治十八年（一八八五）に、市場村と南出村が合併して綾井村になる。〔吉田豊〕

綾羽《あやは》（池田市）　昭和十九年（一九四四）四月一日、戦時体制強化により町内会整備としてつけられた町名である。綾羽の由来は五月山の麓に鎮座する伊居太《いけだ》神社の御祭神、穴織《あやは》大明神によるものである。伊居太神社は地元では通称「上の宮さん」とも呼ばれている。『延喜式』（九二七年完成）神名帳には河辺郡に伊居太神社として記載されているため、豊島郡である現在地には川辺郡（兵庫県）から移転したという説がある。江戸時代においては、さまざまな呼称があり、秦上社《はたのかみ》、漢織社、穴織宮、穴織神社、穴織社などと諸文献では紹介されている。漢織、穴織はいずれも「あやは」とか「あやおり」、「あやはとり」と読んでいたと思われる。穴織は機織《はたおり》の織姫であり、『日本書紀』応神天皇四十一年の条に呉《くれ》から呉織《くれはとり》らと共にわが国にやって来たと記されている。漢織・穴織の字をそのまま町名として使用すると読みにくいため綾羽の字をあてた。〔室田〕

鮎川《あゆかわ》（茨木市）　「あいかわ」と称されることもあり、安威《あい》川の転訛であると考えられている。初見は文和元年（一三五二）二月十八日の「総持寺寺領散在田畠目録写」（常称寺文書）。近世初期にはおおむね嶋上《しまかみ》郡に属すると見られていたが、近世中期以降は嶋上郡鮎川村と嶋下《しましも》郡鮎川村に分けられ、明治五年（一八七二）に嶋上郡鮎川村は嶋下郡に編入された。明治二十二年（一八八九）近隣七か村と合併して三島村の大字となり、昭和二十三年（一九四八）茨木市の成立によって、その大字と

なった。現在の町名には鮎川一丁目から四丁目がある。〔飯沼〕

*蟻通神社《ありとおしじんじゃ》（泉佐野市）

泉佐野市長滝に鎮座する神社。紀貫之が紀州からの帰途、馬が病に倒れ、当社に「かき曇りあやめもしらぬおほ空にありとほしをば思ふべしやは」の歌を奉納して馬が平癒したという（『紀貫之集』九）。また『枕草子』第二二六段に社名の由来を次のように記す。昔、日本への侵攻を企てた唐土の帝から朝廷に対し、幾重にも曲がった穴の開いた玉に糸を通せとの難題を持ちかけられた。某中将は老親の教えによって蟻を使って玉に糸を通すことに成功し、唐は日本人の知恵深さを知って侵攻を断念した。後に中将が神と化し、蟻通社に参詣した人の前に現れて「七曲《ななわだ》にまがれる玉の緒をぬきてありとをしとはしらずやあるらん」と託宣したという。この説話は『枕草子』以後広く知られ、室町時代には世阿弥が謡曲「蟻通」を作った。なお、正和五年（一三一六）「日根野村荒野絵図」（『九条家文書』）には「穴通」と記されている。〔山中〕

阿波座《あわざ》（西区）

区の中央東端に位置する。豊臣期に蜂須賀家の屋敷があったことから阿波の商人が集住したという説（『大阪市史』）、秀吉から阿波屋西村太郎助が所領として与えられたことによるという説（「大阪地名辞彙」）がある。慶長五年（一六〇〇）には西横堀川から百間堀川の間に阿波堀川が開削された。豊臣期には阿波座と呼ばれたが、江戸時代には阿波座は西横堀川から西、阿波堀川から南で薩摩堀川より北の地域一帯を総称していた。また、阿波堀川の南側に阿波町や阿波堀町があった。阿波座の町名は明治五年（一八七二）の町名改称によってつけられた（『布達及布告』）。現在は、阿波堀川・百間堀川は埋め立てられている。阿波座は一～二丁目があるが、立売堀三～六丁目も阿波座の一部であった。〔堀田〕

淡路《あわじ》（東淀川区）

町名は、当地に所在した淡路荘に由来する。淡路荘の初見は、藤原頼長《よりなが》に淡路荘が譲られたという頼長の日記『台記』天養二年（一一四五）十月二日条とされ、これ以前に淡路荘が成立していたことがわかり、室町期には石清水八幡宮領となった。また、古代に孝徳天皇がおいた味経宮《あじふのみや》の転訛とする説もある。淀川下流域であるため、古来島々からなる地であったが、中世末期に干拓が進められた。慶長十年（一六〇五）「摂津国絵図」に馬嶋（増島《まじま》）村・高畠《たかばたけ》村・淡路荘・引江村とあるように、江戸初期には周辺に四か村があったとみられるが、元禄期までに淡路荘は高畑村に、引江村は増島村に統合された。明治四年（一八七一）には両村は合併して淡路村となり、明治二十二年（一八八九）蒲田《かまた》・柴島《くにじま》村等とともに西中島村となった。その後、昭和十四年（一九三九）淡路新町、昭和三十三年淡路本町の町名が生れた。　　　　〔上田〕

淡路町　あわじまち　（中央区）

大阪近辺で「淡路」といえば、まず瀬戸内海に浮かぶ淡路島が思い起こされる。また、現在の大阪市東淀川区にも「淡路」の地名がある。こちらは中世の荘園である「淡路荘」に由来する地名である。大阪の船場にある「淡路町」は、これらと何らかの関係のある地名と推測されるが、残念ながらそれを示す記録や伝承などは見あたらない。同町には周辺の産土神《うぶすながみ》として知られる御霊神社があり、明治時代には文楽座が置かれるなど文化の拠点でもあった。また同町は天保八年（一八三七）の大塩平八郎の乱の主戦場となったことでも名高い。なお、大阪では東横堀川をはさんで東西に相対する町名について、東側を旧城内という意味で頭に「内」を冠する場合があり、淡路町の東には内淡路町がある。こうした場合には、原則として東横堀川に東西の道をつなぐ橋が架かるが、当町のみ橋がない。　　　　〔豆谷〕

＊阿波堀通　あわぼりどおり　（西区）

阿波堀川は慶長五年（一六〇〇）に開削された運河で、阿波座の名前によって付けられた。西横堀川と百間堀川の間を流れていた。阿波堀通はその南岸の町に、明治五年（一八七二）の町名改称の時につけられた（『布達及布告』）。現在の西本町一丁目～三丁目になる。　　　　〔堀田〕

安　堂　あんどう　（柏原市）

古代の河内六寺のひとつ、家原寺があったといわれ、集落の東に廃寺跡がある。『続日本紀』天平勝宝八年（七五六）二月二十五日条に、孝謙天皇が河内六寺に巡拝したとある。地名の由来もこれにかかわると思われるが明確ではない。　　　　〔小谷〕

安堂寺町《あんどうじまち》（中央区）

町名の安堂寺は、古代の寺院である安曇寺《あづみでら》から転じたものと言われる。すなわち安曇寺を音読みした「あんどんじ」から転じて「あんどうじ」となったとする説である。安曇寺の名は、『日本書紀』孝徳天皇白雉四年（六五三）条に、「僧旻法師、安曇寺において病臥す」と現れている。また、同地の明善寺にあった「油掛地蔵」の背面には「天平十一年（七三九）安曇寺」との銘が刻まれていたという（『摂津名所図会大成』）。ただし、安曇寺の推定地はほかにも、船場の高麗橋付近や北区の太融寺付近などいくつかの説があり、確定していない。当町の東横堀川より東には、旧城内の意を示す「内安堂寺町」があり、安堂寺橋によってつながっている。〔豆谷〕

安立《あんりゅう》（住之江区）

安立一～四丁目。区の南東部に位置する。東は阪堺電軌阪堺《はんかい》線、南は大和川、西は南海本線、北は住吉川で囲まれた地域。二丁目の安立南公園内には「霰松原《あられまつばら》」の碑がある。もと住吉村に属した。津守《つもり》氏邸宅の西に位置したことから、当地は俗に西町とも呼ばれた（『大阪府全志』三）。慶長十年（一六〇五）の「摂津国絵図」に「住吉之内安立町」とみえ、この頃には町場が展開していたことがわかる。江戸時代は行政上、村の扱いを受けたが、安立町と呼びならわされた。古代から中世にかけて、当地付近は住吉と堺を結ぶ街道で「岸辺の道」といわれた。松原がつづく砂浜の景勝地であり、「角の松原」とも「霰の松原」とも称された。文武天皇が難波宮に行幸した時、供奉した長皇子が「あられ打つあられ松原住吉の弟日娘と見れど飽かぬかも」という和歌を詠んだ（『万葉集』）。室町時代末期からは紀州街道が通じ、江戸時代には町域の南端に本陣がおかれた。地名の由来として、元和年間（一六一五～二四）に官医の最上席である典薬頭の半井《なからい》安立という名医がいて、この地で医療活動を行ったことから各地から患者が集まり、彼らの仮住居が集落に発展したという説がある（『住吉松葉大記』）。また一説には安立という僧が住吉浦の松原を開発したという伝承がある（『大阪府全志』三）。寛永元年（一六二四）、三栖屋新右衛門がこの地で始めた「みすや針」は有名である。また一丁目の小町茶屋では長柄の杓に茶碗を載せて茶を勧めたことで有名であった。〔野高〕

伊賀《いが》（羽曳野市）

南北朝の頃、丹下庄司義貫に伊賀局を賜ったことにより起こった（黒岡家文書）とか、足利方の伊賀国出身の軍勢が駐屯したから（平凡社『日本歴史地名大系28大阪府の地名』）と伝えるが、定かではない。古くは丹《たじ》比郡丹下郷《ひのこおりたんげごう》（『和名類聚抄』）の一画に含まれたと考えられる。　［中山］

*猪飼野《いかいの》（東成区・生野区）

現在の大阪市生野区北西部から東成区南西部にかけての地域にあった。明治二十二年（一八八九）町村制施行に際して、猪飼野村は東成《ひがしなり》郡鶴橋村の大字となった。大正十四年（一九二五）の大阪市編入の時には、大阪市東成区猪飼野町となった。昭和十八年（一九四三）の行政区画変更に伴い、当時の関西急行鉄道（現近畿日本鉄道）の線路の北側以南が大阪市生野区となった。昭和四十八年（一九七三）の住居表示施行に伴う町域町名の変更で、由緒ある猪飼野の名前が消えた。『日本書紀』仁徳天皇十四年条に「猪甘《いかい》の津《つ》」、「四天王寺金堂舎利講記録」（応永三十一年〈一四二四〉）に「猪養野《いかいの》庄」の名がみえる。猪甘・猪養・猪飼はすべて同訓同義で、朝廷に献上するための猪《いのこ》（中国で家畜化されたブタともいうが不明）の飼育を任務とした「猪甘部《いかいべ》」の居住地であったと考えられている。飛鳥時代以後、殺生を禁ずる仏教の教えが普及するのに伴って猪甘部も廃絶し、地名だけが残ったようである。大正八年（一九一九）に始まる「鶴橋耕地整理」（平野川付け替え工事を含む）以降、当地は宅地化が急速に進み、大正十一年（一九二二）十月に済州島〜大阪直行便が開通したことと相まって朝鮮人住民が増加していった。現在、日本最大の在日コリアンの集住地として名高く、かつては朝鮮からの郵便が「ニッポン・イカイノ」の宛書で届いたとも言われている。旧集落北端の「御《み》幸森《ゆきのもり》天神宮」と新平野川の「御幸橋」とを結ぶ御《み》幸通《ゆきどおり》商店街の中心部分はかつて「朝鮮市場」の名で呼ばれていたが、平成五年（一九九三）以降、「百済門」などの額を掲げたゲートが建ちカラー煉瓦舗装の施されたコリア・タウンとして生まれ変わった。そして韓流ブーム以降、一層賑わいを増している。また平成二十一年（二〇〇九）、仁徳天皇を祭神とする「御幸森天神宮」境内に、王仁博士「難波《なにわ》津《づ》の歌」和文・ハングル歌碑が建立され、猪飼野の新名所として脚光を浴びている。　［足代］

伊加賀《いかが》（枚方市）

伊加賀の地名は古く、『和名類聚抄』にも茨田《まんだ》郡伊香郷の名が確認できる。また行基は、伊香村に救(枚)方院と薦田尼院を建立したという（「行基年譜」）。中世から現在に至るまで、枚方地域の中心部は現在の枚方丘陵より北側に展開するが、古代には淀川の氾濫原となっており、この地域の中心は丘陵から南側に向けて展開していたものと推測される。救方院が伊香村に設置された背景もそこにあるといえよう。伊加賀一帯は、河内国の国衙《こくが》領で、後鳥羽院政期には藤原秀康が知行していた。承久の乱後、この所領は鎌倉幕府に没収され、鎌倉御家人の土屋氏が地頭職を拝領した。このころになると、伊香賀郷と表記されることが多い。土屋氏による当地の支配は戦国時代まで続き、河内守護代の遊佐順盛《ゆさのぶもり》が土屋氏に対して伊香賀堤の修復を命じていることなどが確認できる。江戸時代に入ると伊加賀の表記にほぼ統一される。［馬部］

生江《いくえ》（旭区）

生江一～三丁目。旭区西部。北は淀川、南は城北《しろきた》川（運河）・阪神高速大阪守口線にはさまれた地域。三丁目に城北公園がある。この付近はかつて荒生《なぎ》と呼ばれた大字であった。この中を南北に江が走り、「荒生江」と呼ばれた。大正十四年（一九二五）大阪市に編入されたとき、「荒」の文字を除いて、生江町と命名された（『大阪の町名』上、旭区ホームページ）。江戸時代の荒生村は葱《ねぎ》の産地であった。［野高］

生玉町《いくたまちょう》（天王寺区）

明治三十三年（一九〇〇）から現在に至るまでの町名。大正十四年（一九二五）までは東区で、それ以降天王寺区となった。地名としては、明治二十一年（一八八八）に「字生玉」として確認できる（内務省地理局、大阪府「大阪実測図」）。その由来は同地に鎮座する式内社難波坐生国咲国魂神社《なにわにいますいくくにさきくにだま》（現生国魂神社《いくくにたま》）である。同社の初見は『日本書紀』の孝徳天皇即位前紀である。同社はもと大坂城の地にあって、中世はその周辺が生玉荘と呼ばれていたが、豊臣秀吉の大坂城・城下町の建設に伴い移転を余儀なくされ、最終的に慶長十一年（一六〇六）頃までに現在地へ遷座・造営を完了した。［大澤］

井口堂《いぐちどう》（池田市）

慶長十年（一六〇五）の「摂津国絵図」に井口村と記されている。天保七年（一八三六）の「摂津国名所旧跡細見大絵図」には井口堂村となっていることから、江戸時代から村名としてあり、麻田藩の支配下にあった。この村の南には箕面川が流れていることから井口堂は川と関係が深い。『日本国語大辞典』（小学館）によれば、「井口」は「中世の灌漑制で河川など用水路から田地へ引く、用水の取り入れ口のこと」としている。また、「堂」は「①川の合流点、②堰《せき》、③用水路などの水門、④ため池」と説明している。いずれも川や用水路と関係が深い地名である。井口堂村は箕面川の右岸に接した所である。そして、この村には狭間《はざま》池《いけ》や烏《からす》ヶ池《がいけ》という大きな溜池があった。これらの溜池はすでに埋め立てられ、敬老会館や住宅地に変わった。井口堂の由来は箕面川や溜池などの水の関係からついた地名と思われる。［室田］

生野　いくの　（生野区）

生野東と生野西がある。区の南西に位置する。区名ともなっている生野の地名は、舎利寺村「舎利尊勝寺」に伝わる「生野長者」の伝説に由来し、明治二十二年（一八八九）町村制施行に際し、東成《ひがしなり》郡舎利寺・林寺・林寺新家・国分・田島の五か村が合併して、生野村と名づけられたことに始まる（「舎利寺」の項参照）。生野村は大正十四年（一九二五）、大阪市域編入に伴い、舎利寺町・林寺町・生野新家町・生野田島町・生野国分町（旧国分村の東半分。同村の西半分は現在天王寺区国分町）となる。昭和四年（一九二九）、舎利寺町・生野国分町の各一部が北生野町に、林寺町・生野国分町の各一部が南生野町となった。昭和四十八年（一九七三）から現在に至る標記の町域は、北・南生野町を併せた範囲にほぼ該当し、これを東西に区分し直したもの。［足代］

池浦　いけうら　（泉大津市）

和泉国名の由来となった和泉清水《いずみしみず》（和泉市府中町）から流れる水をうける溜池にちなむと思われ、当地一帯にはかつては数多くの溜池が存在していた。これらの溜池は、府中の外港である大津の内港（船溜《ふなだま》り）であった可能性も指摘されている（『泉大津市史』一－上）。昭和五十一年（一九七六）五月一日、住居表示実施により、池浦町一～五丁目が、虫取《むしとり》・我孫子《あびこ》・豊《とよ》中《なか》・宮《みや》・下条《げじょう》の各一部を含め新設された。また、池浦地内にあった溜池の一つである要池《かなめいけ》は、昭和四十七年（一九七二）に埋め立てられ、昭和五十年（一九七五）六月、大阪府営泉大津要池住宅が建設された。平

成十二年（二〇〇〇）十二月三日、住居表示が実施され、「要池住宅《かなめいけじゅうたく》」となった。〔森下〕

池島《いけじま》（港区）　三十間堀《さんじゅっけん》川の右岸に位置。地名の由来は、もともと同地は三十間堀川・八幡屋《やはたや》運河・新池田井路によって、三方を囲まれ島状をなし、その中央に大きな池があったことによる（『港区誌』）。大正十四年（一九二五）に新池田町の一部が池島町一〜三丁目となる。昭和四十三年（一九六八）に入舟町・新池田町・八幡屋元町・夕《ゆう》凪《なぎ》町の各一部を合わせて、現在の池島の町域となる。〔松永〕

池尻《いけじり》（大阪狭山市）　市域北部で狭山池の北・東に位置する。地名は六一六年ごろ築造された狭山池《さやまいけ》の下流域（尻）にあることに由来する。初見は弘仁六年（八一五）成立の『新撰姓氏録』にみえる池尻を本貫地にした「池《いけ》後臣《じりのおみ》」。嘉元四年（一三〇六）六月十二日付「昭慶門《しょうけいもん》院御領目録《いんごりょうもくろく》」に皇室領の宝樹院《ほうじゅいん》領の「半田池尻」とみえるが、大半は興福寺領狭山荘《さやまのしょう》に属したと考えられる。南河内の開発《かいほつ》領主である大中臣《おおなかとみ》氏の助長《すけなが》が池尻に拠点を置いて「池尻先生権守《いけじりせんじょうごんのかみ》」（「和田《みきた》系図」）と名乗っており、鎌倉後期と推測される居館状遺構の池尻城（第Ⅰ期）や、鎌倉時代の屋敷跡である東池尻の庄《しょう》司庵《じあん》遺跡とのかかわりで注目できる。南北朝期にしばしば戦場となり、幕府軍の拠点となった池尻城は、堀・土塁を設けて城郭化したと推定される（第Ⅱ期）。「池尻地頭」を楠木正成が追い落とし（「楠木合戦注文」）、延元三年（一三三八）に池尻半田で合戦があり（和田文《みきたもん》書《じょ》「高木遠盛軍忠状案《たかぎとおもりぐんちゅうじょうあん》」）、正平二年（一三四七）に楠木《くすのき》正行《まさつら》が池尻合戦を行った（「和田助氏《みきたすけうじ》軍忠状」）。戦国期の永禄年間（一五五八〜七〇）、守護畠山氏の有力家臣の安見宗房《やすみむねふさ》が、狭山池改修に着手して副池《ふくいけ》の谷に底樋《そこひ》を埋設したが未完成のまま中断した（「狭山池西樋板銘拓影」など）。文禄三年（一五九四）に北条氏規《ほうじょううじのり》の領地となり（「知行目録」）、近世を通じて狭山藩北条氏領となる。元和二年（一六一五）に北条氏が陣屋《じんや》を着工すると、藩政の中心地となった。明治二十二年（一八八九）に狭山村の大字となり狭山村役場・狭山町役場が設置された。現在は池尻北一〜二丁目、池尻中一〜三丁目、東池尻一〜六丁目、池尻自由丘一〜三丁目がある。〔吉井〕

池園町《いけぞのちょう》（泉大津市）

もとは、泉大津市助松《すけまつ》、千原《ちはら》、北曽根、森の一部で、昭和四十六年（一九七一）九月一日、住居表示実施により新設された。森の古池《ふるいけ》、助松の二牧池《にまきいけ》を埋め立てて造成された住宅地であることにちなむ。〔森下〕

池田《いけだ》（寝屋川市）

かつての河内国茨田《まった》郡に属す。承平年間（九三一～九三八）成立の『和名類聚抄』巻六の茨田郡八郷に池田がみえる。貞応年間（一二二二～一二二四）と推定される「宣陽門院所領目録」に池田荘がみえる。その後上西門院領を経て西園寺領となる。江戸時代は池田村となり、寛延年間（一七四八～五一）に池田中村・池田下村・池田川村の三つに分村する。明治十六年（一八八三）三か村は再び合併して池田村となる。明治二十二年（一八八九）に九個荘《くかしょう》村の大字となり、昭和十八年（一九四三）一月九個荘町、同四月に寝屋川町、昭和二十六年（一九五一）に寝屋川市の一部となる。地名の由来は、『日本書紀』にみえる茨田池が涸れて田野と化したことから池田となった（『寝屋川市誌』）という。〔尾崎〕

池田市《いけだし》（池田市）

大阪府の北西部に位置する。地名の由来については、一説に、もと川辺郡小坂田《おさかでん》村にあった伊居太《いけだ》神社が当地に遷座したことによるとも、当地に勢力を持っていた豪族池田氏によるともいう。同名の伊居太《いこた》神社が尼崎市にもある。〔堀田〕

***池田町**《いけだまち》（北区）

江戸時代から明治五年（一八七二）までの町名。天神橋筋の夫婦町の北に続く町で、町場の北端に位置する。他の三方は川崎村領となっている。〔八木〕

石ヶ辻町《いしがつじちょう》（天王寺区）

明治三十三年（一九〇〇）以来、現在までの町名。ただし大正十四年（一九二五）までは南区の天王寺石ヶ辻町であり、それ以降天王寺区の現町名となった。地名としては、明治二十一年（一八八八）刊の「大阪実測図」（内務省地理局、大阪府）に「字石ヶ辻」としてその名がみえる。その名は、かつてこの地に野中観音堂があって、その門前の地蔵堂に祈願者が墨汁を注ぐと利益が得られるという石仏が立っており（『摂津名所図会大成』）、それにちなんで石仏の辻と呼ばれていたことに由来するという説（『大阪の町名』下）

と、往古この地が桃林や桑畑の広がる場所であったが、そこに石がむき出しになっていたためにこの名がつけられたとする説がある（『大阪史蹟辞典』）。 ［大澤］

石切《いしきり》（東大阪市） 東大阪市の東部に位置する。北石切町、東石切町一～六丁目、西石切町一～七丁目、上石切町一～二丁目がある。近鉄石切駅、近鉄新石切駅がある。東石切町一丁目に「デンボ（腫れ物・でき物の意）の神様」として知られる式内石切劔箭《つるぎや》神社が鎮座する。昭和二十五年（一九五〇）に旧大戸《おおえ》村の町制施行にあたり命名された町名であり、この時に初めて「石切」という名称が地名に採用された。これは石切劔箭神社への参拝客が急増したことと関係しているのだろう。現在は旧大戸村の範囲に「石切」の地名が残っている。石切劔箭は「石《いわ》をも切り裂く剣と矢」という意味で、武器や祭祀に関わった物部氏と関係が深い。やや時期が遡るものの、神社門前の神並《こうなみ》遺跡で五世紀中頃の製鉄遺構や鏡・玉・剣（三種の神器）の石製模造品が多数出土していることは、物部氏との関連を示す証左となろう。江戸時代には石切から善根寺にかけての生駒山山中に石切場が存在し石材が生産されていたが、地名とは関係がない。 ［別所］

石田《いしだ》（港区） 安治《あじ》川の下流左岸に位置。地名の由来は、江戸時代に石田新田を開発した石田三右衛門の名による（『西成郡史』）。石田新田は、明和元年（一七六四）に豊島《てしま》郡才田《さいだ》村（現池田市）の石田三右衛門が開発した新田で（『大阪市史』（一）には明和五年とある）、幕末の村高は百二十二石余である（『旧高旧領取調帳』）。天保十年（一八三九）刊「大坂湊口新田細見図」によると、当時地主は、石田新田安次郎とある。その後、安土町一丁目（現大阪市中央区）の外村与左衛門の所有となる。明治二十二年（一八八九）の町村制施行に際して、川南村の大字名となる。明治三十年に大阪市西区に編入されるが、大正十四年（一九二五）には港区に編入。昭和二十五年（一九五〇）の港湾地帯高潮対策事業に伴う安治川拡張工事によって、町内の一部が安治川の水面下となる。昭和四十三年に石田一～三丁目となる。 ［松永］

石津《いしづ》（堺市堺区・西区） 江戸時代の和泉国大鳥郡上石津村、下石津村を中心とした地域。石津川の下流部分である。古代には石津郷、中世には石津庄がみえる。地名の由来は、難波長柄豊前朝廷の御領である伊岐宮を造るための石を、讃岐国から当津へ運んできたことにちなむという。あるいは、蛭児命《ひるこのみこと》が当地の海岸に漂着し五色の神石を置いたことに由来するとする説もある（『角川日本地名大辞典27　大阪府』）。やや上流にある上石津村は、明治二十二年（一八八九）に神石村の大字、昭和十三年（一九三八）からは堺市の大字となる。現在の堺区石津町あたりである。下流にある下石津村は、明治二十二年に浜寺村の、昭和十七年（一九四二）からは堺市の大字になる。現在の西区浜寺石津町あたりである。

［吉田豊］

石津《いしづ》（寝屋川市）

かつての河内国茨田《まった》郡に属す。中世までの史料には石津はみえず、江戸時代になり石津村として史料に名をみせる。明治二十二年（一八八九）友呂岐《ともろぎ》村の大字となり、昭和十八年（一九四三）寝屋川町、同二十六年（一九五一）寝屋川市の一部となる。地名の由来は旧淀川分流の中洲に発達した集落であったことから、中州の船着場で磯津と呼ばれたのが転訛して石津となった（『寝屋川市誌』）とする。

［尾崎］

石橋《いしばし》（池田市）

市立石橋南小学校の正門を入った右手に大きな一枚石がある。幅一・九メートル、高さ一・一三メートル、厚さ〇・二八メートルもあり、中央に丸く浅い穴がある。この大きな石から石橋の名前がついたという。石のあった元の場所は、阪急石橋駅南約二百二十メートルの所にある踏切の横、旧西国街道と旧能勢街道が交わる西側の小川に架かっていた。『北豊島村誌』には「明治四十年頃までは、幅約二間（約三・六メートル）、長さ約一間（約一・八メートル）の一枚石であった。現石橋の地名はこれに基づいたものといわれている」と書かれている。永享元年（一四二九）の「春日社神供料所摂州桜井郷本新田畠帳」（今西家文書『豊中市史』資料編二）の中に桜井郷（現豊中市）への出作者の中に「石橋　左衛門次郎」「石橋　助三郎」等の名前が記述されている。このことから石橋村は室町時代にはすでに存在していたと思われる。阪急石橋駅周辺を石橋一丁目、二丁目として四丁目までである。

［室田］

泉尾《いずお》（大正区）

区の西部中央より北の部分に位置する。泉尾一～七丁目がある。江戸時代初期の頃は、湿地帯であり葭《あし》が生えるところで、砂州もあった。元禄時代（一六八八〜一七〇四）に北村六右衛門が開発し、新田を開いた。出身地が和泉国鋸《つくの》尾《お》村であるところから、和泉の泉と鋸尾の尾をとって、泉尾新田とした。地割により整然とした区画に分けられ、縦横に水路が走り、米・麦のほか、キュウリ・ウリ・スイカ・綿などが栽培された。泉尾新田の創始者、北村家は明治に入り、北村銀行を設立したが、明治三十二年（一八九九）の金融恐慌で破産したため、新田は負債償却を目的として設立された土地会社の所有となった。［堀田］

五十鈴町《いすずちょう》（茨木市）　昭和四十年（一九六五）に大字馬場・二階堂の地名改正を行った際に、佐保の小字馬場との混同を避けるために、この地に所在する溝咋《みぞくい》神社の祭神五十鈴《いすず》媛命《ひめのみこと》にちなんで付けられた町名。溝咋神社は式内社。現在の社殿は寛保二年（一七四二）地元の両替商米屋喜兵衛の造営。安威《あい》川の北側にあった上宮と現在地の下宮に分かれていたが、明治四十二年（一九〇九）上宮は下宮に合祀された。五十鈴媛命はもとは上宮の祭神である。［飯沼］

泉原《いずはら》（茨木市）　集落の背後に位置する泉原山の名は山腹に源泉があることによるとされる（『摂津名所図会』）。中世には仁和寺領忍頂寺《にんちょうじ》辺五ヶ庄の中の一村であった。江戸時代には高槻藩領。明治二十二年（一八八九）近隣三か村と合併して清渓《きよたに》村の大字となる。昭和三十年（一九五五）茨木市に編入された。茨木市の山間部では唯一の中学校（北辰中学校）所在地であり、かつては府立春日丘高校の分校も存在したが、平成六年（一九九四）廃校となった。［飯沼］

泉《いずみ》（住之江区）　泉一〜二丁目。昭和四十九年（一九七四）、住之江区が住吉区から分区した際、新しく誕生した町名。もとはほぼ南加賀屋と北島の各一部であった。区の中央部に位置する。東は住之江公園（南加賀屋一丁目）に接する。南は住之江通とニュートラム南港ポートタウン線が通る。北は住吉川が流れる。南東端に市営地下鉄住之江公園駅がある。「泉」の名称は住之江区発足と同時に住民の意見によって採用されたものである。［野高］

泉大津市《いずみおおつし》（泉大津市）　大阪府の南部に位置し、大阪湾に面する。

昭和十七年（一九四二）に泉北郡大津町が市制施行のときに、古くからの地名である大津に旧国名の和泉を冠した。また滋賀県の大津との混同を避ける意味もあったと思われる。なお、大津は古くは小津あるいは小津の浦、小津の泊と呼ばれ、「土佐日記」にもその名がみえる。　〔堀田〕

泉佐野市《いずみさのし》（泉佐野市）

大阪府南部に位置し、大阪湾に面する。市名は市の中心地である佐野に旧国名（和泉）を意味する泉を冠したものである。中世に佐野荘が見え、建仁元年（一二〇一）の文書に「サ野王子」の記載がある（「後鳥羽院熊野御幸記」）。佐野は、狭い原野を表す「狭野」が佐野になったといわれる。中世の佐野には和泉守護所も置かれ、和泉国南部の主要地であった。　〔堀田〕

和泉市《いずみし》（和泉市）

市名の由来は、旧国名の和泉による。和泉の由来は、清水が多く湧出することにより、泉井上神社の境内にある「和泉清水」から由来する。元は泉であったが、和銅六年（七一三）に二字の嘉名をつけることとされたため和泉に改められたとされる。　〔堀田〕

泉町《いずみちょう》（吹田市）

昭和三十九年（一九六四）の町名変更による新町名で、一丁目ないし五丁目からなる。昭和三十六年の「最新吹田市精図」による改正前の町名（通称）は、堅田、南泉町、北泉第一～第三町、麦酒町、西之庄町（一部）、西泉町、中泉町の各一部など。同地は千里丘陵の南端から神崎川に至る緩丘上の、糸田川東岸に位置して古来豊かな湧水に恵まれ、町名もこれに由来する。東隣りに泉殿神社がある。社伝によれば貞観十一年（八六九）に甚だしい旱魃があり、奉遷のため同地に滞在していた素盞烏《すさのお》大神に降雨を祈願したところ、土中から清水が湧き出て田野を灌漑することができた。これを喜んだ里民が大神を勧請して社殿を設け、社名もこれにちなんだという（『大阪府全志』三）。区域内には井関という旧字名もある。すぐ東にアサヒビール吹田工場が操業するのも一帯の豊かな水源による。近世は吹田村、明治二十二年（一八八九）の町村制施行後も同村、四十一年に吹田町、昭和十五年（一九四〇）に吹田市になった。東南を阪急電鉄千里線とJR東海道線に、西側を糸田川に、南側を大阪内環状線（豊中吹田線）に区切られた地域で、東角に吹田市役所庁舎

と阪急吹田駅がある。〔石原〕

和泉町《いずみまち》（中央区）
伏見町人の移住によって成立した町で、もと「伏見和泉町」と称した。「和泉」の地名を冠するが、町名の由来については不詳である。当町には「雪踏《せった》屋町」の異称がある。これは江戸時代の住人に鴻池一族など富裕な町人が多かったため、「尻に金がある」の意を「雪踏」にかけたものとする説がある（「浪華百事談」）。近年発見された寛永年間（一六二四～四四）頃の古絵図（「佐藤恭敏家文書」）に、すでに「せきた町」の名が現れており、江戸時代でもかなり早い時期からこの名があったことがわかっている。〔豆谷〕

出雲町《いずもちょう》（寝屋川市）
もとは寝屋川市木田の一部だったが、当地の開発により住民が増えたため昭和四十一年から地域住民と行政側が相談の上、縁起の良い名称をということで出雲町となる。〔尾崎〕

＊伊勢町《いせまち》（北区）
区中央から東南よりに位置した江戸時代から昭和五十三年（一九七八）までの町名。天満堀川西岸の堀川町の北に続く筋と難波橋筋の二筋からなる。明暦元年の「大坂三郷町絵図」にも名前がみえる。町名の由来は、神明社（伊勢の内外宮を勧請した神社）にちなむという（神明町《しんめいちょう》の項参照）。堀川沿いの寺町橋南西角に堀川戎社がある。現在の西天満付近にあたる。〔八木〕

磯路《いそじ》（港区）
JR大阪環状線「弁天町」駅の東南に位置。地名の由来は、みなと通（旧築港《ちっこう》大道路）の町域内井路に架かる磯路橋の橋名による（『港区誌』）。磯路の由来は新田開発時、海に面した道であったことによる。昭和二年（一九二七）に市岡町の一部が磯路町となる。昭和二十五年の港湾地帯高潮対策事業に伴う安治《あじ》川拡張工事によって、町内の一部が安治川の水面下となる。昭和四十三年、魁町《さきがけちょう》・市岡元町・千代見町・吾妻町・市場通・音羽町・桂町・西市岡町の各一部を合わせて、現在の町域となる。〔松永〕

磯島《いそしま》（枚方市）
磯島は淀川左岸にありながらも、かつては摂津国島上郡に属していた。その理由は、渚が現在の淀川流路から東側に離れてしまっているように、かつては磯島の東側に淀川の本流が流れていたためである。その名のとおり、磯島は淀川に浮かぶ島であった。磯島と同様、その北にある上島・下島なども元来川中島である。上島・下島は、豊臣秀吉によって築かれた文禄堤に取り込まれたが、磯島は文禄堤の外にあることから、江戸時代になって完全な陸続きとなったようである。〔馬部〕

井高野《いたかの》（東淀川区）

寛正二年（一四六一）「中嶋崇禅寺領目録」の乳牛《ちちうし》牧内に「板加野」の名が見え、江戸時代には南大道《だいどう》村の小字として名が残ったが、地名の具体的な由来は不詳である。明治二十六年（一八九三）十月江口村・西大道村・南大道村・北大道村の一部が井高野町となった。西・北は安威《あい》川に囲まれた地域で、現在は井高野一～四丁目となっている。〔上田〕

立売堀《いたちぼり》（西区）

区のほぼ中央に位置する。大阪の難読地名によく取り上げられる。元和六年（一六二〇）に開削が始まり、宍喰屋《ししくいや》次郎右衛門の尽力で寛永三年（一六二六）に完成した運河（立売堀川ともいう）に由来する。西横堀川から西流し、百間堀川と木津川の合流点を結んでいた。昭和三十一年（一九五六）に埋め立てられている。地名の由来については四説がある。①大坂の陣当時に、伊達家が堀を作り、それを初めは伊達堀《だてぼり》、のちに字の通りに伊達堀《いたちぼり》と呼んだが、材木の立て売りが許可されるようになって立売堀に改めたという（『摂津名所図会大成』）。②元は阿波座の阿波屋西村太郎助家の所有地であったが、新町の郭が出来たときに敷地を割って売ったので、断売堀《たちうりぼり》、あるいは居断堀《いたちぼり》というとの説。③イタチがいたので鼬堀と呼んだのが転化して立売堀になった。④材木の立て売りが行われたので、立売堀と書いていたちぼりと呼んだ。現在は立売堀一～六丁目がある。〔堀田〕

市岡《いちおか》（港区）

尻無川の下流右岸に位置。地名の由来は、江戸時代に市岡新田を開発した市岡与左衛門の名による（『西成郡史』）。市岡新田として開発される以前は、淀川河口に形成された砂洲で、九条島浦と呼ばれた。元禄十一年（一六九八）、伊勢国桑名（現三重県桑名市）の市岡与左衛門が、地代金五千九百五十両で幕府の許可を得て、百十六町三畝二十歩の田地を開発した。しかし、上納金を含む二万両の開発費に加え、たび重なる暴風雨などの被害によって経営不振になる。寛延二年（一七四九）に与左衛門の子伝左衛門は、当新田を廻船問屋の和田久左衛門（屋号は辰巳屋）に質入し、以後、新田は和田家の所有となる。天保十年（一八三九）刊「大坂湊口新田細見図」によると、当時の地主は、吉野屋丁辰巳屋弥吉とある。新田の農作物ではスイカが有名（『港区誌』）。市岡新田は西成《にしなり》郡最大の新田であり、幕末の村高は千三百二十七石余（『旧高旧領取調帳』）。明治二十二年（一八八九）の町村制施行に際して、川南村の大字名となる。明治三十年に大阪市西区に編入されるが、大正十四年（一九二五）には港区に編入。現在、町名は市岡のほかに市岡元町、南市岡がある。

［松永］

＊**一条通**《いちじょうどおり》（港区） 明治四十年（一九〇七）から昭和四十三年（一九六八）の町名。地名の由来は、築港《ちっこう》埠頭埋立地に町名をつける際に、安治《あじ》川左岸沿岸から順番に、一条から八条までの路線名を付したことによる（『大阪の町名』上）。明治四十年に大阪湾築港埠頭埋立地の一部が西区一条通となる。明治四十三年に西区天保町を一条通一丁目に編入。大正十四年（一九二五）には港区に編入。昭和四十三年に築港の一部となる。
［松永］

＊**市之町**《いちのちょう》（北区） 江戸時代から昭和五十三年（一九七八）までの町名。「初発言上候帳面写」によれば、天満八丁目と九丁目から分かれたという。町域の大川沿いの浜側は「天満青物市場」にあたり、町名も同市場に由来するものと考えられる。大阪天満宮の南から大川までの間にあり、現在の天神橋一丁目に含まれる。
［八木］

市之町《いちのちょう》（堺市堺区） 旧市域（環濠内）南組の町名。古代以来の堺のまちの幹線東西道である大小路《おおしょうじ》のすぐ南に位置し、市《いち》が開かれていたことに由来するといわれる。旧市域の町名としては古く、文明十七年（一四八五）の『蔗軒日録』から「市小路」がみえる。永禄九年（一五六六）からは「市町」という表記も現れ、江戸時代からは「市之町」が多くなる。
［吉田豊］

＊**市場通**《いちばどおり》（港区） 昭和二年（一九二七）から同四十三年までの町名。地名の由来は、大正十三年（一九二四）に創設された市岡公設市場が、通りに面して所在していたことによる（『港区誌』）。昭和二年に市岡町の一部が市場通となる。昭和二十五年の港湾地帯高潮対策事業に伴う安治《あじ》川拡

張工事によって、町内の一部が安治川の水面下となる。昭和四十三年に磯路・石田・弁天の一部となる。〔松永〕

＊一丁目筋《いっちょうめすじ》（中央区）

東西・南北の道路で区画された大阪市中では、原則として東西道を「通」、南北道を「筋」と呼ぶ。一丁目筋は船場にあり、東横堀川から西へ二筋目の南北道である。船場では東西の「通」に面した両側が一つの町を形成し、東から西に「一丁目、二丁目、…」の順に通し名がつけられるのが通例であった。よって船場の東端に近いこの道は、各町の一丁目を貫く形になるためこの名がつけられたのであろう。この筋沿いで長堀川を渡る新橋は、別名「板屋橋」とも呼ばれており、橋から南の島之内では「板屋橋筋」とも呼ばれることがあった。〔豆谷〕

糸屋町《いとやまち》（中央区）

大手通の一筋南の東西道に沿った町で、伏見町人の移住により成立したと言われる。現在の町名は明治以後に命名されたもので、江戸時代後半には「糸屋町」の名はなく、「松尾町」ほかいくつかの町に区分されていた。ただし、「松尾町」は江戸時代前半に「糸屋町」または「上糸屋町」と呼ばれていたといい（「初発言上候帳面写」）、その意味では昔の町名に戻ったということができるかもしれない。なお、町名は糸屋など同業者が集まっていたことをうかがわせるが、直接これを示す記録などはない。〔豆谷〕

稲《いな》（箕面市）

箕面市の南端に位置し、南は豊中市に接する。地域の中央を西国街道が横断している。地名の由来は定かではないが、『続日本紀』宝亀十一年（七八〇）五月十一日条に「摂津国豊嶋郡人韓人稲村」とあり、古くから伝わる地名。中世では萱野郷に属し、応永十一年（一四〇四）十二月三日の「如法経奉加帳」（勝尾寺文書『箕面市史』史料編二）に「イナ臼井殿」とある。寛永から正保（一六二四～四八）頃に村切されて東・西稲村となったが、明治十六年（一八八三）に東西合併により稲村に戻った。〔西田〕

稲荷《いなり》（浪速区）

町内にある赤手《あかて》拭《ぬぐい》稲荷《いなり》神社に由来し（『大阪府全志』二）、かつては難波を冠称していた。同社の祭神は、豊受皇大神《とようけのおおかみ》など三神で、紅染の手拭を祠前に供えたことから「赤手拭稲荷」といわれるようになった（『浪速区史』)。明治時代には人力車夫のストライキの集会会場ともなった。昭和二十年(一九四五)の大阪大空襲で御神体を残して焼失し、昭和二十三年(一九四八)に社殿は再建されたが、付近住民との社地をめぐる騒動が持ち上がり、境内が縮小した。〔吉村〕

*犬鳴山《いぬなきさん》 (泉佐野市)

大木にある真言宗寺院七宝滝寺《しっぽうりゅうじ》の山号。寛平二年(八九〇)、猟師が犬を連れて山内で獲物を射ようとしたとき、岩上の大蛇が猟師を襲おうとしていた。犬が吠えたために獲物は逃げ、怒った猟師は犬の首を刎ねたが、犬の首が大蛇を噛み殺した。猟師は犬に助けられたことを悟って発心し、寺に田地を寄付したという(「七宝滝寺縁起」)。現在は温泉地としても知られ、犬鳴山《いぬなきやま》温泉と呼ばれている。〔山中〕

茨木市《いばらきし》 (茨木市)

大阪府の北部淀川右岸に位置する。地名の由来については、イバラの木が多いことから生じたという説、「味木《うまらき》の里」が訛ったという説、坂上田村麿が茨を切り取り、「荊切りの里」を作ったことによるとの説がある。西国街道が通り、中世には茨木城があった。〔堀田〕

*今池町《いまいけちょう》 (西成区)

町名は、今宮町の小字名による。同所に、今池という池が所在した(『大阪の町名』上)。明治初頭、西成郡今宮村の一部であったが、明治三十年(一八九七)四月一日今宮村元今宮の一部となった。大正二年(一九一三)十二月十日大字今宮字今池となり、同六年九月一日に今宮町大字今宮の一部、同十一年四月一日に今宮町字今池となった。同十四年四月一日大阪市に編入され、西成区今池町となった。昭和十三年(一九三八)五月六日に隣接の海道町《かいどうまち》との間で相互編入が行われた。昭和四十八年(一九七三)十一月に天下茶屋北一～二丁目・太子一～二丁目・山王二～三丁目・萩之茶屋二～三丁目の各一部になった。〔古川〕

今市《いまいち》 (旭区)

今市一～二丁目。旭区東部。東は守口市に隣接し、北と西は国道一号線が通る。かつては東成《ひがしなり》郡の北東端、河内国茨田《まった》郡との国境であった。森小路《もりしょうじ》村との間を京街道が通り、北は淀川の平田の渡し(上辻村と対岸の平田村を結ぶ)につながる交通の要地であった。「今市」の名称は古く鎌倉時代にさかのぼる。正和四年(一三一五)十一月付の「兵庫関悪党交名注進状案」

(『東大寺文書』)には、東大寺領兵庫関以下三津の関銭増徴に反対する摂津商人の一人として「今市住」の九郎太郎の名前があがっている。しかし町名の由来は次のように伝えられている。当地はもと東成郡古市郷であった。やがて京街道沿いに物資集散の集落が形成された。これを本郷の「古市」に対し、新しい市の意味で「今市」と命名したという(『大阪の町名』上)。近世は白瓜・薬種の産地であり、淀川中洲の今市島では桑・茶・綿・藍などが栽培された。 [野高]

***今井町**《いまいちょう》 (北区) 江戸時代から昭和五十三年(一九七八)までの町名。区の南東部に位置する。もと天満二丁目から北に続く二筋の両側町で、十七世紀の終わりに天満二丁目から分離した。西の筋は天満橋筋にあたる。町名は天満組惣年寄今井利左衛門が居住していたことによる。現在の天満一丁目に含まれる。 [八木]

今川《いまがわ》 (東住吉区) 当地を流れる今川にちなんで付けられた地名。幕末に暁鐘成《あかつきのかねなる》が著した『摂津名所図会大成』では、『万葉集』に「鳰鳥《におどり》の息長川《おきながかわ》は絶えぬとも君に語らん言尽きめやも」と詠まれた息長川が今川であるとし、俗に「翁《おきな》川」とも呼ばれていると記している。江戸時代に築かれた堤防の上には櫨《はぜ》の木が植えられ、秋には行楽の人々が多く訪れて紅葉を楽しんだという。大正十四年(一九二五)の市域編入の際、地元の要望で北百済村大字今在家が今川に改称され地名が成立した。 [跡部]

***今木**《いまき》 (大正区) 現在の大正区三軒家東二丁目にあった町名。木津川にあった難波島の北西部分にあった寄洲であったが、宝暦年間(一七五一~六四)に岡島嘉平次が開発を始め、のち天明年間(一七八一~八九)に山崎善右衛門が継承した。今木新田と称された。地名の由来は不詳である。この寄洲には刑場(今木刑場)も設けられており、大坂の蘭学者らによって解剖が行われたこともある。明治時代に入り、船囲い場が作られたため、大部分がその敷地となった。昭和五十一年(一九七六)に三軒家東に含まれた。船囲い場は三軒家川の一部を拡幅したもので、船舶の冬期の繋留場であったが、現在は水路の一部が残るだけで、北側部分は埋められている。 [堀田]

今熊《いまくま》（大阪狭山市）

市域西南部に位置し、古くは「別所《べっしょ》」とも称したと伝え、中世には狭山郷《さやまごう》日置荘《へきのしょう》に属した。この地にあった金蔵寺《こんぞうじ》の鎮守として中世に熊野権現を勧請してきた「今熊野《いまくまの》」という名称が、地名の由来と考えられる。鎮守の後身にあたる三都《さんと》神社の付近に西室院・金蔵院・地蔵院などの金蔵寺関係の小字地名が残り、平安末期の瓦が出土する。小集落「上今熊《うえいまくま》」「三ツ家」を含み、集落の東を西高野街道、西の尾根筋上を天野街道が通る。文禄三年（一五九四）に北条氏規の領地となり（「知行目録」）、元禄十二年（一六九九）に三都村《さんとむら》の幕府領となる。明治二十二年（一八八九）に三都村の大字となり、昭和六年（一九三一）に狭山村の大字となる。狭山ニュータウンの建設により、一部が昭和四十八～六十二年（一九七三～八七）に西山台一～六丁目、大野台一～七丁目になる。現在は今熊一～七丁目など。

［吉井］

*今里《いまざと》（東成区）

中世には四天王寺三昧院領の新開庄に含まれていたとされる。地名の由来については定かではないが、文明年間（一四六九～八七）に作成された「四天王寺執《し》行政所引付《ぎょうまんどころひきつけ》」に今里庄の名前が登場する。その後、大今里・東今里・西今里に分かれたと思われる。文禄三年（一五九四）の検地帳写によれば「東成郡大今里村」とあることから、少なくとも江戸時代に入るまでには三ヵ村に分村していた。奈良街道（暗峠《くらがり》越え）が大今里村の北西から南東にかけてほぼ斜めに通じる。慶長十年（一六〇五）の「摂津国絵図」に「東今里村」と「西今里村」の地名がみえる。現在の大今里四丁目にある妙法寺は聖徳太子の創建といわれるが、天正年間（一五七三～九二）の織田信長と大坂本願寺との合戦において大部分を焼失した。その後、真言宗寺院として再建され、慶安三年（一六五〇）、のちに著名な国学者となった契沖が入寺し、延宝七年（一六七九）には再び住持として当寺へ戻った。産土神《うぶすながみ》は、熊野十二社権現（現・熊野大神宮）で、同社の創建は用明天皇二年（五八七）と伝えられる。境内は大坂冬の陣につき、徳川方の京極若狭守忠高の陣所であった。江戸時代初期より、大坂城代が就任時や領内巡見時に必ず同社を参拝した。明治四十二年（一九〇九）、西今里にあった八剣《やつるぎ》神社は本庄の八王子神社に合祀され、東今里の八剣神社は同四十四年に大今里の熊野大神宮に合祀された。明治時代後期から大阪近郊の住宅地として発展、鉄道の整備などでさらに都市化が進展する。
→新今里 〔荒武〕

今津《いまづ》 （鶴見区）

一般に「今津」とは新しい港の意である。当地は大和川付け替え前には新開池・楠根《くすね》川に接しており、河川港・渡河地として発達した集落と考えられる。また、かつて今津寺という寺院があったともいう（『大阪府全志』三）。元亀元年（一五七〇）九月九日、闇《くらがりごえ》越奈良街道を経て大坂へ向かっていた二条宴乗《えんじょう》が今津渡で渡河しており（『二条宴乗記』）、これが同時代史料の初見であろう。 〔藤田〕

今橋《いまばし》 （中央区）

「今橋」は東横堀川で北から二番目に架かっている橋の名である。橋から西に続く道沿いの町も「今橋」の町名で呼ばれる。地名の由来は「新しい橋なので「今橋」と呼ぶ」（『摂津名所図会大成』）という。ただし、橋が架けられたのは元和・寛永年間（一六一五～四四）と伝えられるので、新しいと言っても江戸時代のかなり早い時期のことになる。江戸時代のこの地は、両替商など富裕な町人の屋敷が建ち並んでいたことで知られる。このうち今橋一丁目は、大阪を代表する豪商の天王寺屋五兵衛と平野屋五兵衛の屋敷が並んでいたため、五兵衛と五兵衛を足して「十兵衛横町」の異名で呼ばれた。また今橋二丁目には、同じく豪商として著名な鴻池善右衛門の屋敷があった。現在では両替商の屋敷は姿を消したが、かわって証券会社のビルが建ち並んでおり、大阪の金融の中心地として繁栄している。 〔豆谷〕

*今開町《いまひらきちょう》 （福島区）

現在の野田・吉野にあった町。由来は字名により、寛正二年（一四六一）の「中嶋崇禅《そうぜんじ》寺領目録」には「今開公田」の記載がある（『吹田市史』四）。明治初頭は西成《にしなり》郡野田村の一部であったが、明治三十年（一八九七）に大阪市に編入、明治三十三年に西野田今開町となる。大正十四年（一九二五）には此花《このはな》区に編入、昭和十八年（一九四三）に福島区となる（『大阪の町名』下）。 〔吉田洋〕

今福《いまふく》 （鶴見区）

貞応三年（一二二四）の「宣陽門院所領目録」（「島田文書」）にみえる「久岐今福御厨」を当地に比定する見解もあるが、現尼ケ崎市の今福に比定する説もある。確実な同時代史料の初見は、『二条宴乗記《えんじょう》』元亀元年（一五七〇）九月九日。地名は新しい所領という意味の「今封戸」の転訛ではないかともいわれるが、明瞭ではない。当地付近の大和川北岸の堤防を蒲生《がもう》堤または今福堤という。大坂冬の陣のとき、木村重成が一躍名をあげた、いわゆる鴫野《しぎの》今福合戦の舞台となったのが、この今福堤である。　〔藤田〕

＊今船《いまふね》（西成区）　西今船町と東今船町がある。町名は旧字名と、当地付近まで海浜が迫り、船舶の出入りが多かったという伝承に基づく（『大阪の町名』上）。明治初頭、西成郡今宮村の一部であったが、明治三十年（一八九七）四月一日に今宮村元今宮の一部となった。大正二年（一九一三）十二月十日大字今宮の一部となり、同六年九月一日今宮町の大字今宮の一部となった。同十一年四月一日に阪堺電車線路敷により東西に分割され、今宮町字東今船および西今船となった。同十四年四月一日大阪市に編入され、西成区東今船町・西今船町となった。昭和十八年（一九四三）四月一日の行政区画の変更に伴い、関西線以南が西成区東今船町および西今船町となった。昭和四十八年（一九七三）十一月に天下茶屋一丁目・天下茶屋北一～二丁目・天下茶屋東一～二丁目の各一部となった。　〔古川〕

＊入舟町《いりふねちょう》（港区）　大正十四年（一九二五）から昭和四十三年（一九六八）の町名。地名の由来は、三十間堀川の河口に臨み、船の出入りが頻繁であったことによる（『港区誌』）。大正十四年に新池田町の一部が入舟町となる。昭和四十三年に池島・八幡《やはた》屋の一部となる。　〔松永〕

＊入船町《いりふねまち》（西成区）　西入船町と東入船町がある。町名は旧字名と、当地付近まで海浜が迫り、船舶の出入りが多かったという伝承に基づく（『大阪の町名』上）。明治初頭、西成郡今宮村の一部であったが、明治三十年（一八九七）四月一日に今宮村元今宮の一部となった。大正二年（一九一三）十二月十日大字今宮の一部となり、同六年九月一日今宮町の大字今宮の一部となった。同十一年四月一日に阪堺電車線路敷により東西に分割され、今宮町字東入船・西入船となった。同十四年四月一日大阪市に編入され、西成区東入船町・西入船町となった。昭和十八年（一九四三）三月三十一日の行政区画の変更に伴い、関西線南側以南が西成区東入船町・西入船

町となった。昭和四十八年（一九七三）十一月に萩之茶屋一丁目の一部となった。　［古川］

＊岩井町《いわいちょう》（北区）　江戸時代から昭和五十三年（一九七八）までの町名。区の南東部に位置する。天神裏門筋（東西）の両側町。「初発言上候帳面写」には魚屋町が岩井町になったとある。『北区史』によれば、きれいな水がわいたが、岩盤が固く井戸を掘るのに苦労したことからその名がついたという。現在の東天満一丁目および天満二～三丁目の付近になる。　［八木］

岩　田《いわた》（東大阪市）　東大阪市の中央に位置する。岩田町一～六丁目、西岩田一～六丁目がある。近鉄若江岩田駅がある。かつて式内社石田《いわた》神社北方の田んぼに二つの塚があり、塚には船に似た大きな岩が埋もれていた。これらの岩は難破した岩船の残がいであるという。また、欽明天皇の御代に足仲彦尊《たらしなかつひこのみこと》、誉田別尊《ほむたわけのみこと》、息長足姫尊《おきながたらしひめのみこと》がこの岩船に降臨したと伝わっている。地名の由来はこれら岩船伝説に拠るものであろう。神社南側に隣接する瓜生堂《うりゅうどう》遺跡では多数の埴輪片が出土していることから、これら岩船は周辺に点在した横穴式石室の残がいであると考えられる。岩田町五丁目にある岩田墓地は行基が開いた河内七墓の一つである。　［別所］

岩　室《いわむろ》（大阪狭山市）　市域北西部で陶器山《とうきやま》丘陵の北方に位置し、古墳の石室にちなむ地名の可能性もあるが、地区内に古墳は現存しない。中世には狭山郷日置荘《さやまごうへきのしょう》に属した。尾根筋上の西高野街道をはさんで、西側の和泉国大鳥《おおとり》郡岩室村（堺市南区岩室）と接する。　［吉井］

印田町《いんだちょう》（枚方市）　印田は近代以前は犬田と表記し、江戸時代には村野村の出郷であった。犬田の初見は『大乗院寺社雑事記』文明十五年（一四八三）九月六日条で、畠山義就と畠山政長の間で争われた河内の覇権を巡る攻防戦の中に犬田城の名がみえる。政長方の野尻氏は、犬田城にしばらく籠城したが、義就勢に包囲され同月二十六日に落城、野尻氏は切腹している。この攻防戦の最中、淀川堤防が切られ大量の水が流れ入ったと『大乗院寺社雑事記』に記されることから、犬田城攻めは日本攻城戦史上初の水攻めとされることもあるが（『大阪府史』四）、切断された箇所は犬田よりかなり下流の千町鼻（寝屋川市）で、犬田との間には香里《こうり》丘陵が広がることから、堤防の切断と犬田城攻めは直接は関係しない。なお、犬田城の明確な遺構は残されていないが、段丘上にある印田町の旧集落部分が城域と思われる（『図説近畿中世城郭事典』）。　［馬部］

上汐《うえしお》（天王寺区）

もともと、菅原道真が大宰府へ左遷される際にこの地で潮待ちをしたことにちなみ、塩町と名づけられたとする（『摂津名所図会大成』）。豊臣秀吉が天正十一年（一五八三）に建設した平野町のうち西側の筋にあたり、明暦元年（一六五五）段階では「塩や町すじ」と呼ばれた（「大坂三郷町絵図」）。元禄十四年（一七〇一）の『摂陽群談《せつようぐんだん》』に南北平野町村の俗名として「上塩町」と称するのが初見か。船場の塩町と区別するために「上」を冠したという（『大阪府全志』二）。近代に入り、大正十五年（一九二六）に東区上汐町が誕生したが、昭和十八年（一九四三）には一〜二丁目が南区へ属した。上汐への改称は昭和五十六年（一九八一）から翌年にわたって行われ、現在では一〜二丁目が中央区、三〜六丁目が天王寺区に属している。　［大澤］

上野芝町《うえのしばちょう》（堺市西区）

昭和十四年（一九三九）、百舌鳥《もず》高田町・百舌鳥夕雲《せきうん》町・百舌鳥百済《くだら》町・百舌鳥西之町の各一部により成立。地名は、上野芝向ヶ丘経営地などの住宅地開発のため、阪和《はんわ》電気鉄道（現在のＪＲ阪和線）会社が昭和四年（一九二九）に開業した上野芝駅による。あるいは、東京の上野と芝をとったものともいう（『角川日本地名大辞典27　大阪府』）。昭和二十四年（一九四九）、墳丘長で百五十九メートルもあった前方後円墳の大塚山古墳が、この地の宅地開発によってほぼ消滅した。　［吉田豊］

上之宮町《うえのみやちょう》（天王寺区）

明治三十三年（一九〇〇）以来、現在までの町名。ただし、大正十四年（一九二五）までは南区の天王寺上之宮町であり、それ以降天王寺区の町名として現在の名称になった。その名は、同地（旧上之宮町字上之宮）の産土神《うぶすながみ》であり、天王寺七宮の一つであった上之宮に由来する。地名としては、明治二十一年（一八八八）段階で「字上ノ宮」が確認できる（内務省地理局、大阪府「大阪実測図」）。なお、上之宮は明治四十年（一九〇七）に夕陽丘町の大江神社に合祀された。　［大澤］

上本町《うえほんまち》（天王寺区）

上本町筋（上町筋）に沿って南北に延びる町。この南北筋は平野町の東隣にあり、天正十一年（一五八三）、豊臣秀吉の大坂城・城下町建設に伴い設置された上町台地上の幹線の一つで、古くは八丁目条（筋）と称し、その中央部付近には八丁目寺町があった。町名の初見は慶長二十年（一六一五）の「大坂濫妨人并落人改帳」であるが、その町域は明らかでない。明暦元年（一六五五）「大坂三郷町絵図」では、この筋のもっとも北の大坂城番場から南へ向けて上本町一丁目～四丁目、堀外札辻町、東高津町すじ、の書き込みがみられる。その名は上町において初源的な町であったことに由来すると考えられている（平凡社『日本歴史地名大系28　大阪府の地名』）。江戸時代は大坂三郷南組に属した。明治五年（一八七二）に町名が上本町一丁目と上本町筋二～三丁目に改称され、同十二年（一八七九）に上本町一丁目は東区に属した。現在では上本町一丁目～九丁目までの町域が長堀通以南に限定されており、すべて天王寺区に属している。［大澤］

上町《うえまち》（中央区）

大阪城を先端として南へ続く高台を上町台地と呼んでいる。この上町とは、文字通り上に位置する町、標高の高い場所にある町の意である。『難波丸綱目』では、「住吉大江の岸の上筋であるため、東横堀より西の船場に比べると、町に坂があって岸沿いの道筋が高い。それゆえ上町という」とされている。このように標高の低い船場（＝「下町」）に対して、「上町」の名が使われており、かなり広い範囲を指す地名であったと言える。町名としては、台地の最も高い位置に沿って南北に伸びている上町筋沿いが「上本町」と呼ばれていた。ただし、江戸時代には豊臣時代の大坂城内にあたる四丁目まで（空堀より北）であり、ここまでが大阪市中（大坂三郷）であった。また、町の範囲も道路に面した部分だけで、その奥にあった城代屋敷などの武家地は含まれていなかった。町名としての「上町」の歴史は比較的新しい。すなわち昭和十九年（一九四四）に上本町一丁目の一部が改称されて「上町」となって以後のことで、これが現在の町である。［豆谷］

植松《うえまつ》（八尾市）

長瀬川（旧大和川）の左岸に位置し、長瀬川沿いに奈良街道が村の中を通るなど、交通の要衝に当たる。地名の由来は不明。永徳二年（一三八二）の「僧都覚有一跡配分目録」（『熊野那智大社文書』）に、「同国植松慶満阿闍梨跡旦那」とあるのが最も早い事例である。『大乗院日記目録』文明十五年（一四八三）八月二十二日条には畠山義就（「よしひろ」または「よしなり」）が植松堤を切ったとあり、日本最初の水攻めが行われた場所である。この付近から旧大和川が北へ蛇行するため、治水の要にもなっていた。〔小谷〕

浮田《うきた》（北区）　区の北部中央に位置し、浮田一～二丁目がある。明治三十三年（一九〇〇）からの地名。もと豊崎村大字本庄字浮田・同長刀が明治三十三年に本庄浮田町となった。その字が町名となった。昭和五十三年（一九七八）に、浮田町から浮田となった。〔八木〕

***牛滝山**《うしたきさん》（岸和田市）　大沢町にある大威徳寺の山号で、寺周辺の山地を牛滝山と呼んでいる。大威徳寺は役行者《えんのぎょうじゃ》開創とされる葛城修験の霊場で、「牛滝縁起」（『岸和田市史』六）によれば、比叡山の恵亮和尚が当地で大威徳法を修した際、第三の滝より騎牛の大威徳明王が現出し、恵亮は一刀三礼をもって大威徳明王像を造立し、以来、この滝を牛滝と呼ぶようになったという。紅葉の名所としても知られ、大阪府の名勝に指定されている。〔山中〕

丑寅《うしとら》（茨木市）　摂津の国人三宅氏の居城三宅城の丑寅（東北）方向にあたることから生まれた地名とされる。中世には三宅荘の一部であったが、元禄年間（一六八八～一七〇三）に分村。正徳三年（一七一三）幕府領、延享四年（一七四七）に一部が閑院宮《かんいんのみや》家領となり、幕末に至る。明治二十二年（一八八九）近隣六か村と合併して三宅村の大字となる。昭和三十二年（一九五七）茨木市に編入されたが、一部は昭和四十八年（一九七三）摂津市に編入された。現在の町名としては丑寅一丁目・二丁目がある。〔飯沼〕

***牛丸町**《うしまるちょう》（北区）　明治三十三年（一九〇〇）から昭和五十三年（一九七八）までの町名。区の北西部に位置する。現在の芝田二丁目、大深町に含まれる。もと西成《にしなり》郡北野村の字名で、明治三十年（一八九七）の第一次大阪市域拡張で大阪市に編入され、明治三十三年に元の大字北野を冠して北野牛丸町となった。大正十三年（一九二四）に北野の冠称が取れた。〔八木〕

碓井《うすい》（羽曳野市）

この地にかつてあった威（井）徳院の臼の形をした井戸、「清泉碓井」に由来すると伝わる。『河内鑑名所記』には威徳院と井戸の図が掲載されている。応永元年（一三九四）の「西琳寺領田畠目録」（西琳寺文書）には「碓井田」の地名が見える。また、明治期には、当地の松倉貢が新種「碓井豌豆」を発見し、以後エンドウ豆の代表品種となって、「碓井」の名は全国に広まった。現在、碓井一～四丁目。〔中山〕

*臼屋町《うすやまち》（北区）

区の南東部に位置する。現在の天満一丁目に含まれる。江戸時代から昭和五十三年（一九七八）までの町名。天満一丁目の西にあり、南北に伸びる両側町。北は与力屋敷となっていた。町名の由来は臼製造の職人が集住していたことから、その名があると考えられる。〔八木〕

宇多《うだ》（泉大津市）

府中付近から板原《いたはら》村、宇多大津村、下馬瀬《しもまぜ》村、忠《ただ》岡《おか》村一帯に設けられた荘園、宇多荘（八条院領のち興福寺一乗院領）にちなむ。近世には宇多大津村、明治八年（一八八五）、大津村の大字となり、昭和三年（一九二八）四月一日、大字宇多大津から宇多に改正された。大津川河口右岸、紀州街道沿いに位置し、綿織物業が盛んであった。なかでも、当村の河合又兵衛が堺から技術を伝え、正徳年間に始めたという真田織《さなだおり》が知られる。近世から町場が発達し、村内には、上之町《うえのちょう》、下《した》之町《のちょう》などの町があった。また、大正十一年（一九二二）には、宅地開発により清水町《しみずちょう》が誕生した。昭和十九年（一九四四）には、宇多の大部分が、戎町《えびすちょう》、高津《たかつ》町《ちょう》、上之町、下之町、式内町《しきないちょう》、清水町などの新町名に改称した。現在の宇多は、旧大字宇多のうちの一部分のみで、板原町と我孫子《あびこ》に挟まれた一角に位置する。〔森下〕

歌島《うたじま》（西淀川区）

明治二十二年（一八八九）、野里・加島・御幣《みて》島《じま》の三か村が合併し、歌島村が成立する。村名は、大字となった加島が歌島と呼ばれていたことによる。この地名は、同地に所在する香具波志《かぐはし》神社の連歌殿でさかんに連歌が行われていたことから、また古歌のなかで歌島と称されていたことに由来する。大正十四年（一九二五）、大阪市西淀川区の一部となり、旧三か村が同区の町名に継承されたため、歌島の地名は消滅するが、昭和四十七年（一九七二）、旧野里・御幣島の一部が歌島一～四丁目と町名変更になり、現在に至る。大正十五年（一九二六）に完成をみた歌島橋は中島水道に架けられたが、水路自体は埋め立てられ、同橋は国道二号線の橋梁として残されている。埋め立て地は大野川緑陰道路として市民のくつろぐ空間になり、歌島橋周辺は西淀川区役所など区の中心地を形成している。［荒武］

打上《うちあげ》（寝屋川市）　かつての河内国交野郡に属す。地名としての打上の初見を『長禄記』（文明十四年〈一四八二〉以前成立）の記述とする説がある。天正十二年（一五八四）の「河内国御給人之内より出米目録」に金森五右（金森長近か）の知行として打上村がみえる。元禄七年（一六九四）村高のうち三百十石は小田原藩（大久保氏）領、四十七石は寛永十七年（一六四〇）から旗本長井氏領となり幕末まで継続した。明治二十二年（一八八九）水本村の大字となり、昭和三十六年（一九六一）寝屋川市と合併し、その一部となる。戦後宅地化が進み昭和五十四年（一九七九）出屋敷《でやしき》に国鉄（現ＪＲ西日本）片町線東寝屋川駅が開設。地名の由来は、南北朝期に楠木正行が北朝方と戦ったとき、当地まで追い打ちをかけ戦いを打ち上げたことによる（『寝屋川市誌』）とするが根拠なし。地元の郷土史研究者が全国の「打上」地名を検討した結果、共通した特徴として、①川沿いで洪水のときに流れてきた物が打ち上げられる場所、②土地の隆起したところ、③呼称が「ウチアガリ」であるところが多い、という分析結果を示している。［尾崎］

内淡路町《うちあわじまち》（中央区）→淡路町

内安堂寺町《うちあんどうじまち》（中央区）→安堂寺町

内久宝寺町《うちきゅうほうじまち》（中央区）→久宝寺町

内平野町《うちひらのまち》（中央区）→平野町

***内骨屋町筋**《うちほねやまちすじ》（中央区）　大阪の町名で先頭に「内」のつくものは、東横堀をはさんで西側の「内」のつかない町名と対応しているのが常であるが、「内骨屋町」だけはこの例に当たらない。それは、この町が東西ではなく南北の道に沿っていたからである。町並みが東横堀と

平行であるため、堀をはさんだ向こう側が存在しないのである。したがって「内」をつけて区別する必要はないのであるが、周辺の地名に合わせて「内」の字を冠したのであろうか。また、京都などの例では「骨屋町」は扇の骨をつくる職人が集まっていることに由来するという。大阪でもおそらく同じような理由でこの名があるのだろう。

〔豆谷〕

内本町《うちほんまち》（中央区）

大阪市中を南北に流れている東横堀川は、豊臣時代の大坂城の外堀の名残である。この川をはさんで東は城内、西は城外となる。大阪で「内」を冠した町名は、もともと城内に属していたことを表しており、それぞれ「内」のつかない町名が城外、すなわち船場側にある。さらに、「内」を冠する町は、内淡路町をのぞいて、東横堀川に橋が架かっており、「内」をつけない町と道がつながっているという共通点がある。これらを含めて、大阪では堀川に橋のある道が主要な道であり、それに面した町が主要な町と位置づけられている。なお、淡路町については、上町側で一筋南の大手筋に大手橋（江戸時代には思案橋）が架けられており、船場側の道筋には対応していない。これは発達の経緯が異なる上町側と船場側で、道の対応関係に多少の誤差が生じていること、橋を架ける際に大坂城の「大手」という点が重視されたことなどが理由として考えられるが、子細はわからない。その中内本町は、船場の「本町」に対応する町名である。両町をつなぐ「本町橋」は、慶長十九年（一六一四）大坂冬の陣において、豊臣方の塙団右衛門らによる夜討ちの舞台として名高い。なお、当町が「本町」と名付けられた由来は不明であるが、豊臣期の大坂城二の丸（現在の外堀）から西に伸びる主要な道筋であり、かつ、発掘成果などによれば、この付近から北側が比較的早い段階で町場となっていたことが判明しており、こうした事情と関係があるのかもしれない。

〔豆谷〕

内代町《うちんだいちょう》（都島区）

内代町一〜四丁目。「うちだい」とも発音する（『摂津志』）。『摂陽群談《せつようぐんだん》』は「世俗宇知牟代と称す」と記している。都島区のほぼ中央から東部に位置する。大川（旧淀川）と寝屋《ねや》川の合流点から北西にあり、東はＪＲ城東《じょうとう》貨物線をはさんで旭区、南は城東区と接する。内代の名は寛永二十年（一六四三）から幕府代官支配地となったことに基づくとされる（『大阪の町名』上)。以来、村名に採用され現在に至っている。京街道沿いに集落が展開した(平凡社『日本歴史地名大系28 大阪府の地名』)。

[野高]

靭《うつぼ》(西区) 区の東部中央よりやや北部に位置する。江戸時代には新靭町であった。江戸時代、現在の中央区高麗橋一丁目あたりに魚商人が集住し、靭町と称していたが、水利の便を求めて、下船場へ移住し新靭町と称した。元和八年(一六二二)に成立した。江戸時代には塩魚・干魚・昆布・干鰯《ほしか》等を扱う問屋が集まっていた。その物資を揚げるところとして永代浜があり、今は記念碑が建っている。靭の由来は、豊臣秀吉が、塩干魚市売り商人の「やすい、やすい」という声を聞いて、「やす(矢巣)とは靭(矢を入れる道具)であろう」と言ったことから、秀吉の命として町名にしたという(『浪花百事談』『靭の歴史』『大阪の町名』下)。現在は、靭本町一～三丁目がある。靭公園にはバラ園・テニスコートなどがある。
[堀田]

鵜殿《うどの》(高槻市) 『古事記』崇神天皇の段にみえる「鵜川」が転訛したものとする伝承(『大阪府全志』三)があるが、鵜匠の居住地であったとする説もある。初見は『平家物語』承平五年(九三五)二月九日条。鵜殿関は中世の淀川河関として有名。葭《あし》の産地としても名高く、とくに篳篥《ひちりき》の蘆舌(吹き口)として珍重されてきた。なお道鵜町《どううちょう》は鵜殿と道斎《どうさい》(旧梶原村の集落名)の合成町名である。
[飯沼]

***鰻谷**《うなぎだに》(中央区) 「島之内の鰻谷も旧《ふる》き名にして谷間のごとき所にてありしとぞ」(『摂陽奇観』)とあるように、地名は谷状の地形に由来している。現在は平坦に見える船場・島之内界隈も、もともとは随所に自然の起伏があった。市内で「～谷」と称する地名は、この名残といえる。「鰻」については、鰻が生息するような水辺であったということであろうか。地名との直接の関係はわからないが、東横堀のあたりは周辺よりも土地が低く、江戸時代初期に市街地化が進むまでは湿地のような状態であったと言われており、まさに「鰻」のいる「谷」であったのかもしれない。現在でも大阪の繁華街として印象的な地名であるが、近年の地名変更によって住所表記からは消えてしまっている。
[豆谷]

宇野辺《うのべ》　（茨木市）

宇野辺は『延喜式』に見える井於《いのべの》神社の社名が転訛したものとされる（『大阪府全志』三）。中世には三宅荘の一部であったが、元禄年間（一六八八～一七〇三）に分村。宝暦十三年（一七六三）下総古河藩領となり、幕末に至る。明治二十二年（一八八九）近隣六か村と合併、三宅村の大字となり、昭和三十二年（一九五七）茨木市に編入された。宇野辺のつく現行町名には宇野辺一丁目・二丁目、東宇野辺町がある。〔飯沼〕

***梅ヶ枝町**《うめがえまち》　（北区）

区の中央部に位置する。もとは西成《にしなり》郡川崎村であったが、明治三十年（一八九七）の第一次大阪市域拡張のときに大阪市域に編入された。明治三十三年（一九〇〇）に川崎村字梅ヶ枝・砂原・才田が東梅ヶ枝町、同字才田が西梅ヶ枝町となり、大正十三年（一九二四）に合わせて梅ヶ枝町となった。昭和五十三年（一九七八）に町域町名改称が行われたとき、町名が消滅した。天満宮に近く菅原道真が愛好した梅にちなんで名づけられた。〔八木〕

梅田《うめだ》　（北区）

区の西部に位置する。一～三丁目がある。江戸時代から現在までの地名・町名。梅田のあたりはもともと低湿地で、これを埋め立てたので「埋田」と呼ばれ、それに「梅田」の字を当てたという。寛正二年（一四六一）の「中嶋崇禅寺領目録」の「曽禰崎平田分」に「埋田之内角田」と出てくる。ここが今の梅田だとは断定はできないが、「曽禰崎」「角田」など付近の地名もでてくることなどから可能性は高いだろう。また、梅田は梅田宗庵（のち後藤徳助と改名）という人物の所有地であったともいわれている。江戸時代は西成《にしなり》郡曽根崎村に属していたが、明治三十年（一八九七）の第一次大阪市域拡張の時に大阪市に編入され、同三十三年（一九〇〇）に梅田町となった。昭和五十三年（一九七八）に梅田となった（『大阪の町名』上）。〔八木〕

***梅通**《うめどおり》　（西成区）

町名は、今宮町の小字名による（『大阪の町名』上）。小字の由来は不詳。明治初頭、西成郡木津村の一部であったが、明治三十年（一八九七）四月一日、今宮村元木津の一部となった。大正二年（一九一三）十二月十日大字木津の一部となり、同六年九月一日に今宮町大字木津の一部、同十一年四月一日に今宮町梅通一～九丁目となった。同十四年四月一日に大阪市に編入され、西成区梅通一～九丁目となった。昭和四十八年（一九七三）十一月に梅南《ばいなん》一～三丁目・旭一～三丁目・花園南一丁目の各一部となった。〔古川〕

梅町《うめまち》（此花区）

明治初頭、大阪港内の公有水面（国の所有に属するもの）であったが、埋め立てにより昭和六年（一九三一）三月二十一日に此花《このはな》区梅町一～二丁目が成立し、同九年七月十四日に三丁目が成立した。その後も昭和十・十一・十四年に公有水面埋め立て地を編入する。町名は「桜島町」先の埋め立て地であることから名付けられた。桜と梅をめでる風俗によるという（『大阪の町名』下）。〔吉田洋〕

***梅本町**《うめもとちょう》（西区）

元は中之島の西側に存在した島洲で、戎島《えびすじま》と称したが、慶応三年（一八六七）、大阪開市を控えて戎の字が好ましくないとして、梅本町と改称、一～二丁目があった。竹林寺境内の香《におい》の梅《うめ》にちなむという。大阪の開市（慶応三年）・開港（慶応四年）後は、外国人居留地に隣接していた雑居地となった。大阪最初のホテルである外国人止宿所（自由亭ホテル）もこの地に建てられた。明治六年（一八七三）に梅本町二丁目が梅本町となり、もとの一丁目は梅本町一～三番町となったが、明治七年には本田町《ほんでんちょう》一～三番町と改称された。梅本町は昭和五十二年（一九七七）に本田《ほんでん》一～四丁目等となった。〔堀田〕

宇山《うやま》（枚方市）

江戸時代初頭に、上山から現在の宇山に改められた。天文二十四年（一五五五）の「牧一宮神田帳」、文禄三年（一五九四）の検地帳（上山家文書）など、それ以前の史料ではいずれも上山とみえる。蝦夷の首長アテルイを当地で処刑したとする説があるが、信用に足らない。『日本紀略』は、写本によって処刑地を「河内国椙山」「河内国植山」とするものがあり、宇山説は後者を採択したものだが、後者は椙山を誤写したものである（『歴史と伝承』）。加えて、当時ここは天皇の狩猟場であったため、そこを穢すことなど毛頭考えられない（『史敏』三）。〔馬部〕

***浦江**《うらえ》（北区）

中世からの村名。『摂津志』によれば承久三年（一二二一）の大般若経跋文に「摂津国西成郡鷺島庄浦江村勝楽寺」がみえるという。貞治二年（一三六四）に将軍足利義詮《あしかがよしあきら》の住吉参詣のときに「たみの島」に着岸したとあり、この「たみの（田蓑）の島」が浦江村の南にあったと比定されることから、義詮が着岸したのは浦江であると考えられる（平凡社『日本歴史地名大系28 大阪府の地名』）。当村は江戸時代以降は中津川や大川に必ずしも面していないが、戦国時代には城も築かれるなど要害の地であったようだ。当時は淀川下流の三角州地帯で島状になっており、船の停泊場所もあったのであろう。それにより浦江の名があると推測される。江戸時代は大坂から尼崎へ行く道が通り、煮売屋もあったようだが、稲と麦を主に生産する農村であった。村内には隣の大仁村から移された王仁《わに》の墓と伝えられる塚がある。また、江戸時代からカキツバタの名所として知られる浦江聖天（了徳院）（福島区）があるなど、故地とされる場所も多い。昭和三十八年（一九六三）、大仁町とともに大淀町となり、地名としては消えた。　［八木］

瓜破《うりわり》（平野区）

江戸時代の延宝八年（一六八〇）に東瓜破・西瓜破の二か村に分かれ、その東瓜破村を中高野《なかこうや》街道が通過する。中高野街道は、東高野街道・西高野街道・下高野街道とともに大阪府下を通る四本の高野山参詣道の一つで、久安四年（一一四八）に京都・仁和寺《にんなじ》の覚法《かくほう》法親王《ほっしんのう》がこの道を利用して高野山参詣を果たしたことが知られる古い街道である。『河内鑑名所記』『河内名所図会』などによると、「瓜破」という地名は、弘法大師がこの中高野街道を通った際、喉《のど》を潤《うるお》してもらおうと、村人が瓜を割って進上したことに由来するという。その一方で、地元に伝わる「船戸録」によると、大化年中（六四五～五〇）に道照（道昭）法師が三密行《さんみつぎょう》法《ほう》を修した折、煌々《こうこう》と光り輝いて天神尊像が現れたので、道照が傍らにあった瓜を割って、尊像に供えたことに由来すると伝えられる。道照（六二九～七〇〇）は河内国丹比郡の人で、俗姓を船連《ふなのむらじ》といい、出家して飛鳥の法興寺（元興寺）に入り、遣唐使について入唐し、玄奘三蔵《げんじょうさんぞう》に師事して法相唯識《ほっそうゆいしき》を学んだ。わが国における法相宗の祖とされる高僧で、初めて火葬された人物としても名高い。この道照は、当地の出身と伝えられ、真宗大谷派の敬正寺《きょうしょうじ》は道照の創建になる永楽寺の後身とされる。永楽寺の本尊であった石造の五智如来は平安期の作で、今は大日如来坐像と阿弥陀如来坐像の二体が残り、ともに大阪府の指定文化財となっている。永楽寺・道照地・大門地・経塚・花塚とい

った字名も伝えられてきた。　〔北川〕

***嬉ヶ崎町**　うれしがさきちょう（此花区）　もとは西成《にしなり》郡野田村の一部であったが、明治三十年（一八九七）に大阪市に編入され、北区西成野田字嬉ヶ崎となった。地名の由来は貞享年間（一六八四〜八八）の安治《あじ》川新堀開削に伴い、従来の淀川流末で中津川との合流地点であった当地が陸化し、水流に煩わされることがなくなったことを喜んだことによる。明治三十三年（一九〇〇）、西野田嬉ヶ崎町となり、大正十四年（一九二五）に此花《このはな》区嬉ヶ崎町となった。現在は朝日一〜二丁目の一部となっている（『大阪の町名』下）。　〔吉田洋〕

***永楽町**　えいらくちょう（北区）　区の西部に位置する。現在は曽根崎新地一丁目に含まれる。もとは西成《にしなり》郡曽根崎村の字名であった。明治三十三年（一九〇〇）から昭和五十三年（一九七八）の町名で、昭和十九年（一九四四）までは曽根崎を冠称していた。　〔八木〕

永　和　えいわ（東大阪市）　東大阪市西部に位置する。永和一〜三丁目がある。近鉄河内永和駅、JR河内永和駅がある。江戸時代、享保年間（一七一六〜三六）に荒川村の枝郷となった横沼、長堂、三ノ瀬の三郷は、本村からの独立を代官所へ願い出ていた。明治六年（一八七三）に堺県は三郷の独立を認め、「永久に平和であれかし」との意味を込めて三郷を「永和《ながにこ》」村と命名した。しかし、同二十年（一八八七）には、長堂が東足代村へ、三ノ瀬が荒川村へ再び組み入れられ、横沼だけが永和村として残り（『東大阪市史』近代Ⅰ）、いつしか「えいわ」と音読みされるようになった。なお、横沼はもともと二つの集落に分かれており、現在の永和がもとの荒川村枝郷、その南にある横沼町は「北蛇草村ノ内横沼村」（「稲葉丹後守知行絵図」）であった。　〔別所〕

恵我之荘　えがのしょう（羽曳野市）　昭和初年に沿線住宅地として計画的に開発されたときに、駅名とともに付けられた地名。近世の集落名でいえば、丹下・西川が主として恵我之荘、東大塚・今在家《いまざいけ》・西向野《にしむかいの》が主として南恵我之荘となっている。「恵我」の地名は『古事記』『日本書紀』にも陵墓の所在地や「餌我市」「会賀市」として多数見えているが由来は不詳。その範囲は現在の藤井寺市から羽曳野市西部・松原市東部におよぶ広大な地域を指していようである。中世には後院領「会賀・福地牧」の地名がみえる。近代になって、松原市の東北一帯（現在の別所・大堀など）が「恵我村」と称したことが、恵我之荘の地名の直接の起源であろう。全域が丹比郡丹下郷《たじひのこおりたんげごう》（『和名類聚抄』）に含まれたと考えられるが、このうち、丹下はその遺称地名。西川は東除川《ひがしよけ》の西にあること、西向野は向野の西にあることによるものであろう。東大塚は、丹下城の跡とされる大塚山古墳の前方部に集落を形成していたが、昭和初年に陵墓参考地となったため、現在地へ移転した。現在は恵我之荘一～六丁目、南恵我之荘一～八丁目。〔中山〕

江口《えぐち》（東淀川区）

地名は淀川の河口に位置することにちなむとされるが、『日本書紀』『続日本紀』などにみえる江口を当地に比定するかどうかは議論が分かれており、現在では福島区福島周辺をあてる説が有力である。確実なところでは、延暦四年（七八五）淀川と三国川が水路で結ばれることで交通の要衝として栄えた。平安中期以降、四天王寺・住吉社参詣や熊野詣が盛んになると、江口は宿泊地となり、神崎《かんざき》・蟹島《かしま》などとともに遊女が多数がいたため、大江匡房《おおえのまさふさ》『遊女記』に「天下第一之楽地也」と謳われた。貴族たちと遊女らの華やかな遊興は『遊女記』等に詳しく、『栄花物語』『梁塵秘抄』にも江口の名がみえる。鎌倉期以降でも藤原定家の歌など枚挙に暇がない。当時の遊女は、歌舞音曲に秀で教養を備えた才人であった。とりわけ遊女妙之前（光相比丘尼）と西行法師の歌問答は有名で、妙の歌は『新古今集』『山家集』などにも採録されている。江口の君堂とも呼ばれる寂光寺《じゃっこうじ》は妙が建てた庵であったといわれる。鎌倉中期以降は東海道の宿駅や兵庫・堺の港湾が発達することで、江口宿は次第に衰退していった。しかし、引き続き交通の要衝であった室町期には江口五ヶ庄が存在して関所が置かれ、応仁・文明の乱でもその支配をめぐって戦闘があった。現在の南江口町にあたる地には三好政長が江口城を築き、天文十八年（一五四九）三好長慶がこれを落とした。その後、浅井・朝倉氏と戦う織田信長を江口の船頭衆が助けたことなども知られている。江戸時代には大根の生産で有名な農村となったが、たびたびの水害に悩まされた。明治十一年（一八七八）神崎川の付け替えが行われ、一津屋から別府へ流れる急流に代わって、当村から西流する水路が開削された。明治二十二年（一八八九）

中島村に組み込まれ、大字名として江口が残った。〔上田〕

江坂町《えさかちょう》（吹田市）　昭和四十一年（一九六六）の町名変更で、榎坂《えさか》と垂《たる》水《み》の一部が江坂町一〜五丁目になった。町名の「江坂」はこの旧地名「榎坂」から来ている。古代・中世の「榎坂郷」に由来し、長保三年（一〇〇一）の「中納言平惟仲手印文書案」に、京都の白川寺喜多院に「摂津国豊島郡榎坂家一処」施入と記載されたのが初見である（『高野山文書』）。文治五年（一一八九）の春日社領太田文「春日社領垂水西牧榎坂郷田畠取帳」（「今西家文書」）によれば、千里丘陵の南西端から神崎川に至る垂水西牧のうちで、「榎坂」というのは垂水牧に生い茂る榎にちなんだという（亘節『地名の由来』）。近世は榎坂村と垂水村に属し、明治二十二年（一八八九）の町村制施行によって豊津村の大字になり、昭和十五年（一九四〇）に吹田市に編入された。吹田市域の西端に位置して西・北部は豊中市に接し、新御堂筋と北大阪急行電鉄および名神高速道路が中央部を走っている。新御堂筋に沿う北大阪急行電鉄が江坂駅で大阪市営地下鉄御堂筋線と直結するという交通至便の地にあって、銀行・保険会社・商社など企業のビルや商業施設が建ち並び、吹田市の中で最も繁華な地域である。〔石原〕

餌差町《えさしまち》（天王寺区）　明治三十三年（一九〇〇）以来、現在に至るまでの町名。昭和十八年（一九四三）までは東区に属したが、それ以降は天王寺区となる。初見は明暦元年（一六五五）「大坂三郷町絵図」の「ゑさし町」で、天保十三年（一八四二）『大坂町鑑』によれば東高津堀村内の町名であるとする。明治二十一年（一八八八）には「字餌差」の字名が確認できる（内務省地理局、大阪府「大阪実測図」）。餌差とは一般に鷹の餌とする小鳥を捕らえることを意味するが、当地での由来は明らかでない。〔大澤〕

***越中町**《えっちゅうまち》（中央区）　大阪城の南東に位置する玉造地区は、豊臣氏の大坂城の時代に、大名屋敷が建ち並ぶ地区であった。町名にもその由緒を伝えるものが多い。当町には細川「越中守」忠興の屋敷が置かれていたと伝えられることから、のちに「越中町」の名がつけられた。この屋敷は慶長五年（一六〇〇）関ヶ原合戦のときに焼失し

たとされるが、現在も屋敷内にあったという井戸（越中井）が残っている。また、敬虔なキリスト教徒であり、関ヶ原合戦で屋敷と命運をともにしたガラシャ夫人をしのんで、同地にあるカトリック玉造教会内に銅像が置かれている。［豆谷］

江戸堀《えどぼり》（西区） 区の東部北寄りに位置する。元和三年（一六一七）開削の江戸堀川にちなむ町名。西横堀川から西流し、百間堀川と結んでいた。開削の時に、日本最初の銀札が発行されている（『大阪市史』二）。銀札には「攝州大坂江戸堀川銀札、萬民用之、永代重寳也」と記してあり、開削当初から「江戸堀川」であったことがわかるが、命名の由来は不詳である。昭和三十年（一九五五）に埋め立てられた。江戸堀一～三丁目がある。江戸期には、三田・高鍋・長門・津和野などの蔵屋敷も置かれていた。江戸堀一丁目は頼山陽の生誕地でもある。［堀田］

***榎並**《えなみ》（城東区） 榎並はもともと特定の村落ではなく、広域的な地域呼称であった。古くは平安時代に成立した荘園、榎並荘がある。同時代史料の初見は『水左記』承暦四年（一〇八〇）六月二十五日で、この頃に摂関家領となったらしい。同荘はおおむね摂津国東成《ひがしなり》郡の北東部に展開していたが、一部河内国内の在所（現守口市の高瀬など）も含んでいた。鎌倉時代後期から室町時代にかけて、丹波猿楽の系統を引くとみられる有力な猿楽の一座（榎並猿楽）があったことでも知られる。戦国時代には三好政長が一時支配し、榎並城を築いた。同時期にはほかに本願寺の門徒集団「榎並四村」があり、こちらは滓上江《かすがえ》・善源寺・辻・放出《はなちで》を指した。江戸時代以降も、摂津国東成郡内の淀川・鯰江《なまずえ》川に挟まれた地域を指して榎並荘と呼称した。また明治二十二年（一八八九）から大正十四年（一九二五）まで榎並町があったが、こちらは大字関目・内代・野江から成ったもので、近世以前の榎並荘よりは範囲がだいぶ小さい。［藤田］

***江成町**《えなりちょう》（福島区） 現在の吉野二～四丁目・大開《おおひらき》一～二丁目にあった町。由来は字名により、寛正二年（一四六一）の「中嶋崇禅寺《そうぜんじ》領目録」には「本田江成」の記載がある（『吹田市史』四）。明治初頭は西成《にしなり》郡野田村の一部であったが、明治三十年（一八九七）に大阪市に編入、明

治三十三年に西野田江成町となる。大正十四年（一九二五）には此花区《このはな》に編入、昭和十八年（一九四三）に福島区となる（『大阪の町名』下）。〔吉田洋〕

江之子島《えのこじま》（西区）

木津川と百間堀川の間にあった島。百間堀川は昭和三十九年（一九六四）に埋め立てられている。江之子島一丁目と二丁目がある。江ノ洲、狗子島《いのこ》とも称した。由来については、昔の呼び方の「犬子島」が転訛したという説、形状から「へのこ島」と呼ばれたという説、「難波江の小島」という言い方から「難波」が取れたという説（『摂津名所図会大成』）がある。井原西鶴の『日本永代蔵』には「難波江の小島」とある。明治七年（一八七四）に大阪府庁が建設された。造幣局首長キンドルの設計であった。大阪府庁は大正十五年（一九二六）までこの地にあった。〔堀田〕

*江野町《えのちょう》（旭区）

昭和四十六年（一九七一）の住居表示変更前の町名。現在は同区中宮三丁目の一部。旭区の中央に位置する。江戸時代は東成《ひがしなり》郡江野村であった。慶長十年（一六〇五）の「摂津国絵図」には「江ノ島村」と記されている。大正十四年（一九二五）、大阪市への編入により東成区江野町の一部となった。当町は淀川沿いの低地に位置し、農地の中を多数の細いクリーク（細江）が走っていた。こうした立地から「江野」の地名が生まれたとされる。細江の代表的な例として江野川があるが、現在阪神高速守口線となっている（『大阪の町名』上）。〔野高〕

家原寺町《えばらじちょう》（堺市西区）

江戸時代の和泉国大鳥郡家原寺村。家原村とも呼んだ。地名の由来について、元禄十三年（一七〇〇）『泉州志』では『三代実録』記載の家原氏を引用し、家原氏が住んでいたから家原村か、家原村に住んでいたから家原氏かについては不詳であるとしている。「行基年譜」によれば、行基三七歳のときに自らの生家を家原寺としたといい、鎌倉時代の絵伝などにも家原寺がみえる。地名の家原が最初にあって家原寺となり、家原寺村となったのであろうか。明治二十二年（一八八九）八田荘《はんだのしょう》村の大字、昭和十七年（一九四二）から堺市の大字、翌年家原寺町になる。〔吉田豊〕

海老江《えびえ》（福島区）

現在の福島区海老江・同大開《おおひらき》・西淀川区柏里《かしわざと》・同花川《はなかわ》・同姫里《ひめさと》に、海老江村があった。古くは海中にあって、海老洲《えびす》と呼んでいたことに由来するという(『大阪府全志』三)。海老江の名は、元亀元年(一五七〇)の織田信長による三好氏討伐の記録にみえる。これによると、三好衆が守る海老江は信長により攻め落とされ、信長の本陣となったという(『言継《ときつぐ》卿記』『信長公記』)。江戸時代は幕領であり、また北西部中津川東岸には海老江新家があった。明治二十二年(一八八九)に、鷺洲《さぎす》村大字海老江となったが、同二十九年度からの淀川改修工事により、その一部は淀川河川敷となった。大正十四年(一九二五)に大阪市に編入され、西淀川区海老江町となり、その後変遷を経て、昭和五十年(一九七五)に現在の形となった(『日本歴史地名大系28 大阪府の地名』・『大阪の町名』下)。

[吉田洋]

恵美須《えびす》 (浪速区)

商売繁盛の神様で「十日戎《えべっさん》」で知られる今《いま》宮戎《みやえびす》神社(『蘆分船《あしわけぶね》』では「今宮夷」と記す)に由来する。恵美須西にある同神社には毎年一月九日~十一日になると「商売繁盛笹持ってこい」の掛け声とともに福笹を求める参拝者が多数訪れる。祭神は、天照大神《あまてらすおおみかみ》、事代主命《ことしろぬしのみこと》、素戔嗚命《すさのおのみこと》、稚日女命《わかひるめのみこと》の四神で、各種の商業組合、青物市場、魚市場などの幅広い信仰を集めている(『大阪府全志』二)。また、恵美須東には、大阪のシンボル的存在の通天閣があり、明治四十五年(一九一二)にパリのエッフェル塔をモデルに建設され、全国的にも著名となっている。「天に通ずる塔」という意味から名付けられた通天閣は、産業振興の目的で開かれた第五回内国勧業博覧会の会場跡地を利用してルナパーク開園と同時に建造された。初代は火災のあと、昭和十八年(一九四三)に解体されたが、同三十一年(一九五六)に再建され、高さ一〇三メートルの現在のものは二代目にあたる。また、通天閣を中心とした一大歓楽街である新世界の一角を占める南陽通商店街(通称、ジャンジャン横丁)は、かつて浪速区でもっとも賑わった繁華街であり、「南陽新地」として知られた花街でもあったため(『新世界興隆史』)、その名残で、居酒屋、串カツ屋、食堂などの飲食店や、囲碁・将棋の施設やゲームセンターなどが密集している(『浪速区史』)。通称のジャンジャン横丁は、昭和戦前に訪れる多様な客に、仲居がジャンジャンと三味線を弾いていたからであるという。大正八年(一九一九)に東京両国の国技館に対抗して、鉄筋コンクリート・煉瓦造、建築面積約二〇〇〇平方メートル、ドーム型の大阪国技館が新世界の南側に位置する南霞町《みなみかすみちょう》に建設されたが、第二次世界大戦前に解体された。また、紀州街道沿いの旧恵美須二丁目には公共の職業紹介所も開設され就労斡旋を行っていた。戦後、恵美須三丁目の南海鉄道の線路際には、馬渕町《まぶちちょう》や水崎町《みずさきちょう》と同様に、不況でこの地に住み着いた不安定就労者がバラックを建てて生活していた。しかし、一九六〇年代初めには住環境が整備され、現在は学校や公園をはじめ民間のマンションやアパートが立ち並んでいる。［吉村］

戎島町《えびすじまちょう》（堺市堺区）　旧市域の町名。寛文四年（一六六四）に大小《おおしょう》路《じ》西部の北浜に砂洲が形成され、同六年に戎神の石像を海中より得て蛭児《ひるこ》神社を建て、島の鎮守としたことに由来する。同八年に堺北本郷浜分に、元禄六年（一六九三）からは堺北組に所属した。島の周辺に、堺港が整備された。神社は明治維新後に恵美須神社と改称され、明治四十一年（一九〇八）に菅原神社の境外末社とされた。昭和二十六年（一九五一）には菅原神社境内に遷《うつ》されて、戎神社とされた。［吉田豊］

戎　町《えびすちょう》（泉大津市）　昭和十九年（一九四四）の町名改正により誕生した。もと泉大津市宇多・下条《げじょう》の一部。町内にあった戎神社にちなむ。戎神社は明治四十一年（一九〇八）、大津神社に合祀され、跡地には大津尋常小学校が新築移転された。のち戎小学校となり、同校は平成十八年（二〇〇六）三月、宇多小学校と統合し、河原町《かわはらちょう》に移転した。［森下］

戎之町《えびすのちょう》（堺市堺区）　旧市域（環濠内）北組の戦国時代からみえる町名。貞享元年（一六八四）刊行の『堺鑑』に、戎之町東にある天神宮（菅原神社）の末社として「戎宮一社」がみえるが、これに由来するものであろうか。菅原神社では、昭和二十六年（一九五一）に西部の戎島町から戎神社も遷《うつ》している。［吉田豊］

戎　橋《えびすばし》（中央区）　道頓堀川のうち心斎橋筋にかかる橋。江戸時代初期には浄瑠璃芝居へ渡る橋との意から「操《あやつり》橋」と呼ばれていた。「戎橋」の名称となるのは寛文年間（一六六一〜七三）頃と考えられている。名前の由来には、①毎年正月九・十日に橋の南詰で西宮戎の新像の開帳が行われたことにちなむ、②今宮戎神社への参詣の道筋にあたる、との説がある（『摂津名所図会大成』）。

いずれにしても戎参詣の流行を背景として橋の名が定着したものと思われる。［豆谷］

戎本町《えびすほんまち》（浪速区）　もとは、大国町《だいこくちょう》、貝柄《かいがら》町《ちょう》、宮津町《みやづちょう》、馬渕町《まぶちちょう》、水崎町《みずさきちょう》などの一部であったが、東に近接する商売繁盛の神様で「十日戎《えべっさん》」で知られる今宮戎《いまみやえびす》神社にちなんで昭和五十五年（一九八〇）に町名変更された。西《にし》浜町《はまちょう》や栄町《さかえまち》とのかかわりで、戦後は皮革関連業者（原皮・靴・毛皮など）が多く店を構えるようになり、現在は、国道二六号線に面して大阪皮革産業会館（アルフィック大阪）が建っている。［吉村］

尾井千原町《おいちはらちょう》（泉大津市）　和泉郡信太《しのだ》郷内の上条郷《じょうじょうごう》千原村出作地で、「出作千原」として、尾井村が年貢を捌いていたが、のちに「尾井千原村」となった。昭和四十八年（一九七三）二月一日、住居表示の実施により、大部分は千原町一丁目、二丁目となる。また、昭和五十九年（一九八四）、大阪府住宅供給公社北助松団地の開発に伴い、尾井千原の一部から、尾井千原町を設け住居表示を実施した。［森下］

老原《おいばら》（八尾市）　永徳二年（一三八二）の「僧都覚有一跡配分目録」（『熊野那智大社文書』）に、「河内国ヲイハラ」とみえるのが初見である。また、当村は、戦国期には浄土真宗の盛光寺《じょうこうじ》が活躍する。盛光寺には、天文七年（一五三八）十二月十一日付本願寺証如の裏書のある親鸞聖人画像があり、証如の日記『天文日記』にも盛光寺が本願寺の正月の能の演者として活動しているなど、本願寺宗主に近侍する河内の有力な坊主であった（天文五年正月二日条など）。地名の由来は不明。［小谷］

***老松町**《おいまつちょう》（北区）　区の南部に位置する。江戸時代から昭和五十三年（一九七八）までの町名。明暦元年の「大坂三郷町絵図」には「住吉町」とある。『摂陽群談《せつようぐんだん》』には、「西成郡天満老松町の民家にあり、俗伝に云、住吉大神影向の松にて、往昔樹下に祠あり。仍て住吉号す。…今老松町に転ず」とある。すなわち、当町の民家に住吉大神影向の老松があり、それにちなんで住吉町と名付けられたが、のち老松町となった。元禄期の「三郷町絵図」には「老松町」とある。老松は江戸時代の間に焼失し、神社も明治末年には廃止された。なお、この老松には、

神功皇后が筑紫から船で帰る際、この木の所に停泊したという伝承があるようだ。現在の西天満三～四丁目に含まれる。〔八木〕

扇　町《おうぎまち》（北区）　区の中央部付近にある。扇町一～二丁目、南扇町がある。もとは野崎町、天神橋筋一～二丁目などであったが町域町名変更され、大正十三年（一九二四）にできた町名で東扇町・西扇町・南扇町・北扇町があった。昭和五十三年（一九七八）の町名町域改称で、現町名となった。大正十二年（一九二三）に扇町公園が開園し、昭和二十五年（一九五〇）には扇町プールができている。現在の扇町公園は堀川監獄があったところである。町名は、佳名による。〔八木〕

逢　阪《おうさか》（四条畷市）　逢阪の地名は、河内国と大和国からの道が清滝峠で急峻な坂になり行き合うことに由来するという。「河州交野小松寺縁起并願文」（東寺観智院金剛蔵聖教）の保延四年（一一三八）「勧進奉加帳」や久安元年（一一四五）「小松寺修二会勤行事」には「大坂郷」とある。これの年記などは信憑性に問題があるが、当地に現存する延元元年（一三三六）の銘のある五輪塔に「大坂」とあることから少なくとも南北朝期には「大坂」であったことがわかる。しかし江戸時代には「逢坂」と記されるようになる。江戸時代、中野村の分郷であったが貞享元年（一六八四）頃に分立した。明治十五年（一八八二）、行政村として独立する際に「逢阪村」とした。〔尾﨑〕

逢　阪《おうさか》（天王寺区）　昭和五十六年（一九八一）から現在に至るまでの町名。ただし、明治三十三年（一九〇〇）から昭和五十六年までは、逢阪上之町・逢阪下之町が存在しており、これらは当初南区に属したが、大正十四年（一九二五）より天王寺区となった。町名の由来は、四天王寺の西門・石鳥居から西へ上町台地を下る同名の坂であるが、聖徳太子と物部守屋が互いに信じる法を比べた合法四会にちなんで合坂と呼ばれたとする説がある（『摂陽群談』）。明暦元年（一六五五）「大坂三郷町絵図」に「相坂」としてその名が確認できるのが古く、天王寺七坂の一つ。〔大澤〕

王　子《おうじ》（貝塚市）　市の北西部に位置し、泉佐野市に隣接する。「後鳥羽院熊野御幸記」によれば、建仁元年（一二〇一）

十月七日、後鳥羽院は吉祥音寺（吉祥園寺）で昼食をとり、胡沐《こぎ》新王子に参詣している。この胡沐新王子をはじめ、それ以前からあったであろう熊野九十九王子の一つである近木《こぎ》王子（旧王子）が地名の由来と考えられるが、その地の確定には至っていない。　［曽我］

王子町《おうじちょう》（阿倍野区）

町名は、熊野街道に祀られた九十九《くじゅうく》王子《おうじ》社の一つ阿倍《あべ》王子《おうじ》神社（阿倍野区阿倍野元町《あべのもとまち》）に由来する。当社は「阿倍王子権現縁起」（同社蔵）によれば仁徳天皇の時代の創建とされ、一説には当社地付近を本願とした阿倍氏の創建とも伝えられる。平安時代以後、歴代上皇・法皇等が熊野参詣に際し当社へ遙拝《ようはい》・奉幣《ほうへい》を行っており、建仁元年（一二〇一）十月六日には後鳥羽上皇が当社に参詣したことが知られる（「後鳥羽院熊野御幸記」）。また当社は、大阪府内で唯一、旧地に現存する王子社である。　［生駒］

大井《おおい》（藤井寺市）

由来は不詳であるが、古代の志紀郡井於《いのへ》郷（『和名類聚抄』）の地名の比定地とされることと関係する地名であろう。『日本霊異記』には「河内の市の辺の井上寺の里」（下巻）とみえる。市は『日本書紀』雄略天皇十三年条にみえる「餌我市」、『続日本紀』宝亀元年（七七〇）条にみえる「会賀市」のことと考えられるから、大津道沿いにあったと推定できよう。大井の名の初見は、応永三年（一三九六）の教興寺領大井荘（八尾市教興寺文書）である。なお、近世の大井村は大和川付け替えで分断され、大和川以北の地が現在は川北一～三丁目となっている。大和川以南は大井一～五丁目、西大井一～二丁目。　［中山］

*大川町《おおかわまち》（中央区）

船場の北端部、大川に面した一帯は「北浜」と称されるが、地形が北にやや張り出している心斎橋筋より西では、さらに北側に町が成立した。これが大川町である。地名は、同町が面している土佐堀川、通称「大川」に由来する。江戸時代初期の同町には、豪商として知られる淀屋の屋敷があった。淀屋は材木の売買や大名の蔵米の販売を通じて富を築いたという。同町から中之島に架かる淀屋橋は、淀屋が商売の関係上設けたのが起源だと言われている。のちに近代以後には、住友銀行（現三井住友銀行）の本店が置かれるなど、住友財閥の拠点となった、このように同町は、大阪の金融・商業の一大中心であった。現在は統合されて北

浜四丁目の一部になっている。　　　　　　［豆谷］

大窪《おおくぼ》（八尾市）

八尾市の東部に位置する。地名の由来は不明。村中を信貴山から八尾に至る「おと越え」の道が通る。保元三年（一一五八）十二月三日付の官宣旨（『石清水八幡宮文書』）には、河内国窪庄がみえる。これを当地に比定するかどうか、郡名が不明のため確定できない。より確実な史料としては、元亀元年（一五七〇）織田信長と三好三人衆との合戦のとき、信貴山城主の松永久秀は高安に、その家臣竹下秀勝が「大クホ」に陣取ったとあるのが早い事例となろう。　　　　　　［小谷］

大久保町《おおくぼちょう》（守口市）

市の北東部に位置する。中一～五丁目がある。中世以前は「大窪」。『和名類聚抄』の河内国茨田《まった》郡八郷の一つであり、『文徳天皇実録』嘉承三年（一一〇八）十二月三十日条にある「津嶋女神」は郷内の延喜式内社である津嶋部神社を指すと思われる。鎌倉～室町期には荘園名としてみえ、寛喜元年（一二二九）十一月二十六日の将軍藤原頼経袖判安堵下文（『鎌倉遺文』三九〇二）がその初見である。南北朝期には畠山氏が当荘の領家職の半分を石清水八幡宮に寄進しており、当地域と石清水八幡宮との繋がりは浅くない。近世には東村・北村・藤田村・金田村・梶村が成立し、大久保（大窪）荘（郷）と称した。この五か村は明治二十二年（一八八九）に佐太・大日・大庭七番・八雲村と合併し、庭窪村となった。地名は大久保（大窪）荘に由来すると考えられる。　　　　　　［橋本］

大阪狭山市《おおさかさやまし》（大阪狭山市）

大阪府の東南部に位置する。市名は市内にある狭山池にちなむ。狭山池は、七世紀前半に作られた日本最古の溜池であり、河内国南部等の水利源となっていた。現在、狭山池博物館が所在する。昭和六十二年（一九八七）に狭山町が市制を施行するに際し、埼玉県の狭山市と混同されるのを避けるため大阪狭山市とした。「和名類聚抄」に河内国丹比郡十一郷の一つに狭山郷が見える。また、「新撰姓氏録」には「狭山連」がある。「住吉大社神代記」にも狭山の地名が見える。（『角川日本地名大辞典27　大阪府』）。［堀田］

大阪市《おおさかし》（大阪市）

大阪湾に面し、大阪府のほぼ中央に位置する。大阪府の府庁所在地。大阪府の成立は、慶応四年（一八六八）五月二日であるが、大坂三郷といわれた中心市街地は、東・南・西・北の大組《おおくみ》に分けられた。明治十二年には それぞれが区になり、明治二十二年の市制施行に際して、この四区を市域として大阪市が成立した。大阪の初見は、明応七年（一四九八）に、本願寺第八世法主の蓮如が書いた「御文《おふみ》」で、明応五年に「大坂トイフ在所」に坊舎を開いたとある。由来については諸説あり、上町台地の北側を大江といい、そこの坂を「大江の坂」といったのが大坂と短縮されたという説、付近を「尾坂」「小坂」と呼んだのが「大坂」になったという説などがある。なお江戸時代までは大坂という表記が多いが、大阪の用例もある。大阪府の成立時に製作された印章は大阪であったが、明治十年代後半ころまで、公式文書にも大坂の表記は使われていた。

〔堀田〕

大阪城《おおさかじょう》（中央区）

現在の大阪城公園一帯を含む地名。地名の由来は文字通り大阪城が所在することによる。ただし、江戸時代の大坂城は、もっぱら金城あるいは錦城と呼ばれることが多く、古地図などでも「御城」と書かれるだけで、地名として「大坂城」が使われることはなかった。町名としての「大阪城」が用いられたのは、昭和五十四年（一九七九）になってからのことである。なお、現在の大阪城天守閣の住所は大阪市中央区大阪城一番一号である。

〔豆谷〕

大　隅《おおすみ》（東淀川区）

当地域は『日本書紀』安閑天皇二年条で大隅嶋に牛を放つことが命じられているように、古くから淀川河口の砂州状の島を利用した牛の放牧地であった。また、『大阪府全志』（三）では、応神天皇二十二年条に大隅宮が置かれたとする記事は、当地を指すと解している。こうした大隅宮が所在したという伝承から、昭和九年（一九三四）以降当地の町名となった。当地域は江戸時代は西・北・南大道《だいどう》村と小松村の一部で、明治二十二年（一八八九）大道村・中島村となり、昭和九年大隅通一～二丁目、昭和五十五年の住居表示で大隅となった。

〔上田〕

*大瀬町《おおせちょう》（生野区）

昭和四十八年（一九七三）まであった町名。ほぼ現在の小路《しょうじ》東一～三丁目にあたる。旧・東成《ひがしなり》郡腹見村の枝郷である字大瀬（小瀬とも書く）の地名を継承。小瀬の地名は「四天王寺御手印縁起」記載の物部氏旧領「摂津国　於勢《をせ》地」、「天王寺執行政所引付」（文明四年

（一四七二）記載の「於世庄」に該当するという（『布施市史 第一巻』・『中世四天王寺周辺の村と庄』）。大瀬または小瀬の地名の由来については、三ノ瀬や荒川（ともに東大阪市）の地と近接している点から、大和川などの古い流路の川瀬であった時代の名残とも考えられる。

〔足代〕

太田《おおた》（八尾市）

八尾市南部に位置する。地名の由来は不明。初見は、明応二年（一四九三）に、室町幕府将軍足利義材の河内攻めに際して諸軍が陣立てしたときの記録に「一、大田、みやけ、勢数五百」とあるものである。三宅は太田の近村であるため、「大田」は太田だと考えられる（『蔭涼軒日録』明応二年三月二日条）。太田村は、宝永元年（一七〇四）の大和川付け替えの際、新大和川が村内を通り、村が分断された。この村には大和川付け替え工事に関わる資料が豊富にある（「柏原家文書」府立中之島図書館蔵）。

〔小谷〕

大町《おおちょう》（堺市堺区）

旧市域（環濠内）南組の戦国時代からみえる町名。初見は天文四年（一五三五）で、「大道町」と記されていることから、大きな道が通る町という意味であろうか。旧市域の中心部を南北に通る紀州街道は、大道《だいどう》あるいは大道筋と称され大町の中心部も通っているが、それとの関連が推定される。

〔吉田豊〕

大塚《おおつか》（高槻市）

清和上皇がこの地を訪れて淀川の風景を眺めたときに、冠を傍らの松の木に掛けたまま帰ったので、村民がこれを埋めて塚をつくり、上皇が亡くなるとそこに社殿が建てられて、塚は「王塚」と呼ばれたことが地名の由来とする伝承や、この地で亡くなった百済王敬福を葬った塚を「王塚」と呼んだことに由来するという伝承がある（『大阪府全志』三）。中世には日野家領大塚荘が成立。大塚庄は近世には大塚村となったが、正保三年（一六四六）に番田村、天和三年（一六八三）に大塚町が分村した。大塚町は対岸の枚方宿との間を結ぶ大塚渡しの発着地周辺に形成された町場であり、「町」を称しているが、高槻藩からは村方として扱われていた。このあたりは古くからの水害頻発地帯で、淀川の堤防が何度も決壊しているが、大正六年（一九一七）の洪水は「大塚切れ」と呼ばれ、近代の淀川三大洪水の一つとされている。大塚のつく現行町名は、大塚・大塚町がある。

〔飯沼〕

*大塚《おおつか》 （東住吉区）

現在の阿倍野区美章《びしょう》園《えん》から東住吉区北田辺、桑津、山坂にかけての一帯には大きな古墳群があった。これらは現存しないが、「大塚」や「赤塚」、「鑵子《かんす》塚」などの名が伝わるが、「大塚」は一千平方メートル余りの円墳で、大正のころには松や笹が植わっていたという。昭和二十六年（一九五一）に桑津町や北田辺町、西田辺町の一部を再編してつくられた大塚町の名は、この「大塚」に由来する。昭和五十五年（一九八〇）に北田辺になった。 ［跡部］

大塚《おおつか》 （松原市）

集落内に巨大前方後円墳（河内大塚山古墳）があったことからついた地名で、江戸時代には古墳中央を境に西側に西大塚村（現、松原市西大塚）、東側に東大塚村（現、羽曳野市南恵我ノ荘《みなみえがのしょう》）があった。河内大塚山古墳は、百舌鳥《もず》古墳群と古市・誉田《こんだ》古墳群の中央に位置し、墳丘の長さは三百三十五メートルで、仁徳天皇陵古墳（堺市）・応神天皇陵古墳（羽曳野市）・履中天皇陵古墳（堺市）・備中《びっちゅう》造山《つくりやま》古墳（岡山市）に次いで、わが国第五位の規模を誇る。江戸時代には、平城天皇の第一皇子で、在原業平《ありわらのなりひら》の父である阿保《あぼ》親王の陵墓（『河内鑑名所記』『和漢三才図会』他）、あるいは聖徳太子の弟来目《くめ》皇子の陵墓（『河内志』他）とされ、近代以降は宮内庁が雄略天皇陵とする羽曳野市島泉の高鷲《たかわし》丸山古墳に対し、こちらこそが本当の雄略陵であるとする考え方が一般的になったが、近年は雄略天皇の活躍時期よりも一世紀遅れる六世紀後半の築造とする考え方が有力になっている。南北朝時代から戦国時代にかけては、河内の国人領主丹下《たんげ》氏が墳丘を利用して丹下城を築き、本拠とした。河内大塚山古墳は大正十年（一九二一）三月に国指定史跡となり、同十四年九月に陵墓参考地となった。その結果、前方部にあった民家数十戸は昭和三年（一九二八）までに濠外に移転させられた。また、後円部の墳丘頂上には産土神《うぶすながみ》である大塚社（天満宮）が鎮座したが、明治四十年（一九〇七）十二月に柴《しば》籬《がき》神社（松原市上田）に合祀された。 ［北川］

大手通《おおてどおり》 （中央区）

地名は文字通り「大阪城大手門に続く道」との意である。ただし、通りの名としての「大手筋（または追手筋）」は江戸時代から使われていたが、町名としての「大手通」は明治五年（一八七二）以後に用いられた。豊臣秀吉によって大坂城が建設されたころの最初の城下町は、大坂城と四天王寺・堺を結ぶ南向きの方向を主軸としていた。これと同時に中世以来港町として栄えていた渡辺に向かう西向きの方向も重視されていたという。やがて船場の町が開発されると、城下町の主軸は南向きの方向から西向きの方向へと移ってゆく。大手通をはじめとする大阪の街区が東西道を主体としているのは、こうした事情を反映したものといえる。なお、現在の内久宝寺町《うちきゅうほうじまち》に「追手町（資料により大手町）」があったが、本来の大手門前からはかなり南にあたる。〔豆谷〕

大手前《おおてまえ》（中央区）

地名は、文字通り「大阪城大手門の前」の意である。豊臣期大坂城では三の丸に含まれており大名屋敷が建ち並んでいたと推定されている。江戸時代には東町奉行所ほか幕府諸役の屋敷地となっていた場所である。現在は大阪府庁など官公庁や学校などの用地となっている。大阪城の大手前は城の西側に広がっており、こちらが城の正面であることを示している。これは、大阪の町が城から西向きの方向を主軸として発達したことの表れである。〔豆谷〕

大利《おおとし》（寝屋川市）

かつては、河内国茨田《まった》郡に属す。中世の史料としては東寺観智院金剛蔵聖教の「河州交野小松寺縁起并願文」（『続群書類従』二七）に「大利郷」の名がみえるが、久安元年（一一四五）二月という年記その他に問題がある。また、下って永禄九年（一五六六）二月十七日の『多門院日記』に「大利」が見えるが前後の関係は不詳。江戸時代から大利村と称し、明治二十二年（一八八九）から九個荘《くかしょう》村の大字となり、昭和十八年（一九四三）二月九個荘町、同年四月から寝屋川町となる。昭和二十六年（一九五一）から寝屋川市の一部となる。地名の由来は、当地の大利神社の祭神の一つである大歳神にちなむ（『寝屋川市誌』）とするが、詳細は不詳。〔尾﨑〕

*大友町《おおともちょう》（生野区）

現在の小路《しょうじ》二〜三丁目にほぼ該当する。東成《ひがしなり》郡大友村の村名は江戸時代初期からみられ、初見は慶長十年（一六〇五）の「摂津国絵図」。明治二十二年（一八八九）、大友村は町村制施行に伴う合併により、「小路村大字大友」となり、大正十四年（一九二五）「大友町」となった。当地には、氏神・天武天皇宮

（現・清見原神社）にまつわる「吉野見《よしのみ》」の伝説がある。天皇が皇居である飛鳥浄御原《きよみはら》宮から難波《なにわ》に行幸されたとき、ここでしばし御休憩になり「吉野はどの辺りになるだろう」と振り返られたというので、今に「吉野見通り」（中高野街道の一部）の名を残している。大友の村名の由来は、天武天皇の臣・大伴氏にちなむと言われている（『清見原神社社記』）。また、『東成郡誌』には「大友皇子が当地に在住したとも、大友金村の所領があったためともいうが信ずるに足らず」とある。なお、近郷ではかつては「おおとも」ではなく「おども」と呼称した。〔足代〕

鳳　おおとり　（堺市西区）　江戸時代の和泉国大鳥郡大鳥村を中心とした地域。集落の南側に、和泉国一の宮大鳥大社がある。古代には大鳥郷大鳥里があり、中世においても大鳥庄の中心集落であった。地名の由来は、域内に大鳥社があることによると思われる。大鳥にちなみ、その吉字として鳳を当てたのであろう。大鳥社の宮寺である神鳳寺《じんぽうじ》に由来するという説もある。明治二十二年（一八八九）に大鳥村の他、北王子・長承寺・野代《のしろ》の四か村が合併し、大鳥郡鳳村の各大字となる。大鳥村は、同二十九年（一八九六）に泉北郡鳳村大字大鳥、大正九年（一九二〇）に泉北郡鳳町大字大鳥、昭和十七年（一九四二）に堺市鳳町大鳥、翌十八年に堺市鳳北町などになる。〔吉田豊〕

大野　おおの　（大阪狭山市）　市域南西端に位置し、高位段丘面・丘陵・開析谷《かいせきこく》からなる。西は堺市南区、南は河内長野市と接する。河内・和泉の国境周辺に存在した大野ケ原《おおのがはら》・大野《おおの》新開《しんかい》とよばれた広大な野（ゆるやかな傾斜地）に由来する。初見は『山槐記』保元三年（一一五八）九月二十八日条の「大野々口辺《おおののぐちあたり》」という記事。関連地名は、堺市中区の「大野芝《おおのしば》」から南へ展開し、大阪狭山市では山本の「口大野《くちおおの》」「大野台」を経て「大野」まで分布する。中世には狭山《さやま》郷日置荘《へきのしょう》に属した。江戸時代の元禄期に新田村落として開発された。昭和四十年代からの狭山ニュータウン開発を経て、現在は大野東、大野中、大野西、大野台一〜七丁目などがある。〔吉井〕

大野　おおの　（西淀川区）　地名は、「大なる野原」の意から名付けられたとされる。源平の戦いで、源義経が突風のため大和田の浦に打ち寄せられ、軍勢を立て直した地として、現在の大野下水処理場正門前に「判官松の跡碑」が建立されている。江戸時代は摂津国西成《にしなり》郡大野村と称していたが、その成立年代は不詳である。産土神《うぶすながみ》の住吉神社は正保元年（一六四四）に勧請、浄土真宗本願寺派乗願寺は同四年（一六四七）、祐存《ゆうそん》によって開基された。この事実関係から、正保年間（一六四四～一六四七）に開発が進められたと考えられる。乗願寺の記録では、大坂御船手（幕府役人）小浜民部によって開発が行われたとあるほか、播磨国樋ノ口村樋口伊兵衛が手がけたとの説もある（『西成郡史』）。江戸時代から漁業がさかんで、とりわけ大野の鯉漁は有名であった。農業も大阪の近郊蔬菜栽培を主体として活発に行われていた。明治十六年（一八八三）、南隣の助太夫開《すけだゆうびらき》を編入し、同二十二年（一八八九）に近隣四か村と合併して千船村大字大野となる。〔荒武〕

*大野 おおの （福島区）

由来は不明。寛正二年（一四六一）の「中嶋崇禅《そうぜん》寺《じ》領目録」に「大野」「大野新堤」「大野南崎」などが記載されている（『角川日本地名大辞典27 大阪府』）。明治三十三年（一九〇〇）～昭和五十年（一九七五）には町名としてみられた。はじめ北区、大正十四年（一九二五）此花《このはな》区、昭和十八年（一九四三）からは福島区となる。昭和五十年、野田一～五丁目の一部となった。〔吉田洋〕

大野芝町 おおのしばちょう （堺市中区）

土師《はぜ》町《ちょう》の東南東にあり、もと和泉国大鳥郡土師村に属した。寛文元年（一六六一）に開拓され大野新田と呼ばれたが、後に土師新田と改称された（『大阪府全志』五）。昭和十八年（一九四三）に、堺市東《ひがし》百舌鳥《もず》村大字土師新田、および同村大字土師の一部を独立させて成立した。地名は、当地から東部の河内国側までの一帯を、古くより大野ヶ原、大野新開と呼んだことによる（『角川日本地名大辞典27 大阪府』）。〔吉田豊〕

大蓮 おおはす （東大阪市）

東大阪市南西に位置する。大蓮北一～四丁目、大蓮東一～五丁目、大蓮南一～五丁目がある。かつては「おばつじ」・「おわつじ」と呼んだ。明治六年（一八七三）に廃寺となった大蓮寺《だいれんじ》付近（大蓮東一丁目二十～二十三）に大蓮地《おおはすち》という小字があり、これが転じたものである。村名は、中将姫が字渕ノカハ（渕ノカハという小字）にあった池の蓮から取った糸で曼荼羅を織ったことに由来するという伝承があるが、後世の創作であろう。『持斎念仏人数目録』（文永八年〈一二七一〉）に「河内国衣摺庄大蓮九十二人」とみえるのが初見。なお、天保八年（一八三七）の大塩平八郎の乱のときに、大蓮寺に乱の一味がかくまわれたことから、同寺の僧（平八郎の門弟）が連座して牢死するという事件が起きている。　［別所］

*大庭町《おおばちょう》（守口市）

市の北部に位置する。一・二丁目がある。奈良期に大庭造が居住したことに由来するという。史料上古くは、行基が造営した堀の一つとして「河内国茨田郡大庭里」（「行基年譜」）とみえ、また、『住吉大社司解』に長柄船瀬の四至として「東限高瀬大庭」とみえる（『住吉大社神代記』）。平安～室町期には荘園名としてみえる。近世には大庭一番～九番・南十番・北十番・下島（十一番）村の十二か村に分かれた。村の数字はおそらく開墾され、村として成立した順番を示していると思われる。近代にはそれぞれが合併し、佐太（大庭一番・二番・五番）・大日・大庭七番・八雲村となり、明治二十二年（一八八九）には大久保の五か村と合併し、庭窪村の一部となった。佐太東町の大庭北遺跡では古墳時代後期の古墳が発見されたほか、正和四年（一三一五）の年号をもつ木簡は末尾に花押のあるものとしては国内最古の例である。　［橋本］

大浜《おおはま》（堺市堺区）

旧市域の海岸部。堺の大浜という地名は、大きく分けて二種類ある。一つは江戸時代の大浜で、堺のまちの中心道路である紀州街道（大道《だいどう》筋）から二つ浜側の道路を中浜筋、四つ浜側の道路を大浜筋と称した。もう一つは、江戸時代の堺湊新地の浜側で堺旧港に面した入船町、夕映町などが、明治五年（一八七二）に大浜通一～四丁になり、さらに同十二年（一八七九）には大浜公園が整備されたことによるもの。宝永元年（一七〇四）の大和川の付け替えで堺のまちの海岸部に土砂が溜まり、江戸時代後期にそこが湊新地として整備されるが、さらに浜側は明治時代においても新地付きの附洲新田であった。しかし大浜公園の整備後、明治三十六年（一九〇三）に大阪の天王寺公園を中心に行われた第五回内国勧業博覧会の第二会場として大浜公園に東洋一の水族館が開館するなど、大阪市からも日帰りで楽しめる都市リゾートとしてにぎやかさを増した。大正十一年（一九二二）、附洲新田の地名が大浜北町、大浜南町に改称される。北町には、大浜公園のほか、昭和四十七年（一九七二）に国史跡に指定された旧堺灯台もある。　［吉田豊］

大開《おおひらき》（福島区）　寛正二年（一四六一）の「中嶋崇禅寺《そうぜんじ》領目録」にその名がみえる。由来の詳細は不明。明治初頭は野田村の一部であった。明治三十年（一八九七）大阪市に編入され、北区西成《にしなり》野田字大開となり、同三十三年に字大開の一～六をもって西野田大開町となった。大正十四年（一九二五）に此花《このはな》区に編入、昭和十八年（一九四三）に福島区に編入された。昭和五十年（一九七五）、福島区大開となる（『大阪の町名』下）。　［吉田洋］

大深町《おおふかちょう》（北区）　区の北西部に位置する。明治三十三年（一九〇〇）からの町名。もと西成《にしなり》郡北野村の字名で、明治三十年（一八九七）の第一次大阪市域拡張により大阪市域となった、同三十三年に北野大深町となった。北野の冠称は大正十三年（一九二四）までである。「深《ふけ》」は「深田《ふけだ》」のことで、泥深い田や低い湿地を意味する。東には「小深《こふか》」があり、南には「梅田（埋田）」もあった周辺一帯が低湿地帯であったところからついた地名であろう。JRの貨物駅であったところであるが、再開発事業が進んでいる。　［八木］

大宮《おおみや》（旭区）　大宮一～五丁目。旭区の中央部。北は淀川、南は城北《しろきた》川（運河）・阪神高速森小路《もりしょうじ》線、東は国道一号線に囲まれた地域。大宮が行政上の町名として現れるのは昭和四年（一九二九）からである（当時は大宮町一～八丁目）。この地には南島《みなみしま》・森小路・今市・千林《せんばやし》・貝脇《かいわき》・江野・中宮《なかみや》・生江《いくえ》・友淵《ともぶち》内代《うちんだい》を氏子地区とする大宮八幡宮（南島神社）が昭和初期まであった。町名はこの神社の名に由来する。なお当社は現在大宮三丁目に移転鎮座し、大宮神社となっている。　［野高］

大宮《おおみや》（鶴見区）　昭和十四年（一九三九）に北河内郡諸堤《もろつつみ》村・古宮村が合併して茨田《まった》町となった際、古宮村大字下《しも》が茨田町茨田大宮となった。地名は大宮神社があることによる。大宮神社は伊勢神宮の末社で、かつては大神社と呼ばれており、通称を「大宮」ともいったが、昭和十二年（一九三七）にこれを正式な社名とした。［藤田］

大淀《おおよど》（北区）　昭和十八年（一九四三）から平成元年（一九八八）まで

の大阪市の区名。現在の北区の北西部に位置している。昭和十八年に東淀川区から新淀川南岸が分区され、ほかに西淀川区の浦江・大仁地区、北区・此花区の一部と合わせて大淀区ができた。それまでは大淀という地名はなかった。区名決定の際、「中津区」「長柄区」「豊崎区」などの案が出されたが、区内の特定地域の名称だということでなかなか決まらなかった。結局、淀川近接地域選出の市会議員の集まりである「大淀会」にヒントを得て、新たに「大淀区」の名がつけられた（『大淀区史』）。昭和三十八年（一九六三）には大淀区内の浦江町・大仁町が「大淀町」となった。大淀区は平成元年二月に北区と合併して、その名が消滅したが、大淀町は大淀北一・二丁目、大淀中一～五丁目、大淀南一～三丁目として現在も残っている。〔八木〕

大和田《おおわだ》（門真市）

『吾妻鏡』寿永三年（一一八四）四月六日条からみえる荘園名で、本所が建春門院平滋子であった。正応二年（一二八九）二月に久我通基《くがみちもと》が相続し、当庄は久我家領となった。室町期に久我家から北野社日供料所に寄進され、八箇所の一つとなった。近世村名としては残らず、明治二十二年（一八八九）に北島・横地・打越・野口・常称寺の五か村が合併した際に大和田村として成立した。昭和三十一年（一九五六）に門真町の一部となり、大字として残る。〔橋本〕

大和田《おおわだ》（西淀川区）

古来より神崎《かんざき》川河口の湊として栄えていたと思われ、『万葉集』巻六にも「大和田」の地名がみえる。源平の戦いで、平家追討のため船出した源義経が突風によって大和田の浦に打ち寄せられ、軍勢を立て直した地として、現在大和田住吉神社境内に「判官松伝承碑」が建立されている。同神社は正和二年（一三一三）勧請と伝えられる。中世には住吉社領大和田庄という荘園であったといわれる（『住吉松葉大記』）。戦国時代には、この地にあった大和田城が畿内・西国の軍事的要衝として各勢力（三好一党、大坂本願寺、織田信長など）による争奪戦が繰り広げられる。慶長十年（一六〇五）の「摂津国絵図」にも「大和田」の地名が記され、村高約六百五十九石とある。村高は次第に増加し、幕末期には千石を超える。神崎川における漁業がさかんで、とくに近隣村々と同様に鯉漁がその代表であり、「大和田の鯉つかみ」として名高い（『摂津名所図会』）。漁業は神崎川流域に限らず、慶長年間（一五九六〜一六一五）に徳川家康が摂津多田神社参詣の際、大和田村と佃村の漁師が神崎川の渡しなどを行った功績により、全国規模での漁業特権を幕府から与えられた。明治二十二年（一八八九）、近隣四か村と合併して千船村大字大和田となり、大正十四年（一九二五）に大阪市西淀川区の一部となる。昭和五年（一九三〇）には大和田公設市場が開設（同十六年に廃止）される。

〔荒武〕

岡《おか》（藤井寺市）

古代の志紀郡長野郷《しきぐんながの》（『和名類聚抄』）の地と推定されるが、中世以降は丹南郡《たんなん》に属したようである。羽曳野丘陵の北の末端部に位置する地形的特色からの地名であると推定される。延元二年（一三三七）三月の「岸和田治氏軍忠状」（和田文書）に「岡村北面」とあるのが初見である。この地には興福寺東金堂領岡村庄があり、庄内に剛琳寺（葛井寺《ふじい》）があること、春日社が祭られていることなどが知られる（『大乗院寺社雑事記』長禄二年〈一四五八〉七月十一日および八月三日条）。春日社は現在の辛国《からくに》神社のことで、現在の春日丘一〜三丁目、春日丘公団の地名はこれに由来する。近世には、南町・北町・新町の三つの集落から成っているが、それが元になって岡一〜二丁目、北岡一〜二丁目に編成された。なお、恵美坂一〜二丁目もかつての岡の範囲である。

〔中山〕

小垣内《おがいと》（熊取町）

町の東寄りに位置する。古くは大垣内と表記し、「おほがち」と読んだといわれる。和泉国の四人の長者の一人、大垣内長者はここ大垣内の人で、熊取町久保にある大森神社の五十四名座の名前書の筆頭には「長者様」と記されている。戦国時代に和泉国守護の被官行松氏の居館が置かれていた。大垣内から小垣内への変化は明らかではないが、江戸時代には「小垣内」と表記し「おがいと」と呼んでいた。明治二十二年（一八八九）熊取谷の村々は合併し熊取村が誕生した。また昭和二十六年（一九五一）に人口増加により熊取町となった。昭和三十九年（一九六四）、国鉄阪和線熊取駅に急行（のち快速）が停車するようになったことで、大阪のベッドタウンとして宅地開発が進み、人口が急増した。都市計画もないまま急速に宅地化が進んだため、平成三年（一九九一）より住居表示整備事業が実施され、八つの大字に一〇七の町を新設した。小垣内はそれを受けて、小垣内一〜四丁目、希望が丘

一～四丁目、自由が丘一・二丁目などに分けられた。［曽我］

恩加島《おかじま》（大正区）　北恩加島一～二丁目と、南恩加島一～七丁目がある。北恩加島は区の中央西部に位置し、尻無川に接する。南恩加島は区の南部に位置し、木津川及び木津川運河に接する。もともと大阪湾に浮かぶ寄洲であったが、東成《ひがしなり》郡千林村の岡島嘉平次により文政十二年（一八二九）および天保二年（一八三一）に開発されて新田となった。当時の代官岸本武太夫は、岡島を恩加島と改め、恩加島新田と称させたという（『大阪府全志』二）。大正時代まで北恩加島・南恩加島とも新田地帯であったが、明治三十六年（一九〇三）の大阪築港《ちっこう》と大桟橋開放以後、大正後期から昭和前半にかけて次第に工場地帯化した。その以前、大正三年（一九一一）十一月から同六年二月まで、第一次世界大戦で青島《チンタオ》にいたドイツ兵の収容所が南恩加島にあった。また、第二次世界大戦末期、南恩加島国民学校の生徒十六名が疎開先の徳島県で火事により焼死し、徳島県では十六体の地蔵を作って法要が毎年営まれている。［堀田］

岡町《おかまち》（豊中市）　岡町は、能勢街道沿いの原田神社境内に形成された町場である。寛文年間（一六六一～七三）頃より原田郷七か村（原田・曽根・岡山・福井・桜塚・走井《はしりい》・勝部《かつべ》）から人々が集まり始め（原田村野口家文書）、天和二年（一六八二）には大坂町奉行所の直轄支配を受ける町場となった。地名の由来は諸説ある。その主なものは、①岡山村の住人が最初に願い出て移住したことによる（『豊中市史』三）、②初代の岡町年寄役の屋号（あるいは出身村名）にちなむ（『大阪府全志』三）、③岡は「丘」であり、丘墳（古墳）が多いところだからという説（『同』）、である。明治二十二年（一八八九）に豊中村の大字となり、昭和二十五年（一九五〇）、大字から町名に改まる。［田村］

岡山町《おかやまちょう》（岸和田市）　戦国時代に当地に存在した真宗寺院岡山御坊にちなむ。岡山御坊は、文亀二年（一五〇二）頃に本願寺第九世実如《じつにょ》が当地で布教した際に建立したと伝え、天正八年（一五八〇）織田信長方の寺田又右衛門・松浦安太夫の軍勢に焼かれて廃絶した。わずか八十年足らず存続したにすぎないが、焼失を免れた本尊（方便

法身像）等は近隣の真宗寺院八か寺で構成される岡山講で現在まで伝えられている。〔山中〕

＊岡山町《おかやままち》（中央区）　大阪城の南東にある玉造周辺は、豊臣時代に大名屋敷が建ち並んでいたと伝えられ、それに由来する町名が多い。当町もその一つで、備前岡山の大名であった宇喜多秀家の屋敷が置かれていたことに由来する町名という。宇喜多秀家は豊臣秀吉に寵愛され、徳川家康らとともに豊臣政権の五大老の一人に数えられた。関ヶ原合戦で西軍に属し、戦後に改易・絶家となったため子細を知ることのできる記録に乏しいが、大坂屋敷は前田利長邸の隣にあり（「細川忠興軍功記」）、前田邸は玉造にあった（『川角太閤記』）とされることから、宇喜多邸は当町付近にあったことが、わずかながら残された記録からうかがえる。〔豆谷〕

＊恩貴島《おきしま》（此花区）　元禄年間（一六八八～一七〇四）に、大坂の大宮仁左衛門が、幕府に地代金七百二十五両を納めて開発した。宝暦九年（一七五九）、正蓮寺《しょうれんじ》川の開削により、当新田は南北に二分された。もとは沖島と言ったが、波浪のためたびたび堤防が決壊したため、安永七年（一七七八）、恩貴島の字をあてることを願い出て許可されたという（『西成郡史』）。明治二十二年（一八八九）に、川北村大字恩貴島新田の一部となり、同三十三年（一九〇〇）に西区恩貴島北野町・同南之町となり、大正十四年（一九二五）此花《このはな》区に編入。昭和五十年（一九七五）には、春日出《かすがで》中三丁目、春日出北一～三丁目、島屋《しまや》一・三丁目、酉島《とりしま》一・三丁目となった（『大阪の町名』下）。〔吉田洋〕

＊御蔵跡町《おくらあとちょう》（中央区）　地名の由来は、江戸時代後期にこの地に幕府米蔵が置かれていたことによる。同地は江戸時代には天王寺村の一部であった。この地では、元文五年（一七四〇）に幕府の許可を得た徳倉長右衛門・平野六郎兵衛が鋳銭所を設け、寛永通宝（元字銭）を鋳造した。この鋳銭所が廃止されたのち、宝暦二年（一七五二）には幕府用地となり、ここに米蔵（天王寺御蔵、高津御蔵ともいう）が設置された。しかし、同地は湿気が多く米蔵の立地としては不適当であったため、寛政三年（一七九一）、米蔵は難波御蔵の隣接地に移された。「御蔵跡町」の町名が用いられたのは、明治時代に入ってからのことである。昭和十八年（一九四三）に町域が

南区と浪速区に分かれ、南区の部分は昭和五十八年二月の住居表示変更で日本橋二丁目、高津三丁目の各一部となった。また南区は平成十三年に中央区となった。　［豆谷］

＊御蔵跡町《おくらあとちょう》（浪速区）　宝暦二年（一七五二）に設けられた幕府の米蔵であった天王寺御蔵の名に由来し（『大阪府全志』二）、蔵跡の一帯と東にあった天王寺村入地を編入して明治六年（一八七三）にできた町。現在の日本橋《にっぽんばし》三丁目の日本橋公園の北側には多数の履物問屋が集まっており、履物問屋街（はきはきタウン）とよばれ全国的に有名である。大正時代に下駄職人が御大師売（毎月二十一日）したことが好評となり、小店で製造販売するようになった（『大阪御蔵跡とその周辺』）。守護神を祀る「はきもの神社」もある。昭和十八年（一九四三）に町域が南区と浪速区に分かれ、浪速区の部分は昭和十九年に御蔵跡南之町となった。現在は日本橋三丁目、日本橋東一丁目付近となる。　［吉村］

大黒《おぐろ》（羽曳野市）　古代の石川郡大国郷《いしかわのこおりおおくにごう》（『和名類聚抄』）の遺称地とされ、「大国」が「大黒」に転じ、「おぐろ」に転じたと伝える。近世は古市郡に属した。地区内に曹洞宗大黒寺があり、寺伝では役小角《えんのおづの》が大黒天を作り祭ったことに始まる。その後兵火にかかり衰退したが、近世中期に再建された。　［中山］

小曽根《おぞね》（豊中市）　地名の由来は不明である。文治五年（一一八九）春日社領垂水西牧榎坂《えさか》郷検注加納田畠取帳（今西家文書）に「小曽祢」がみえる。中世の小曽根村は、一村としての小曽根村のほかに、浜・長島・北条《きたじょう》・寺内《てらうち》・石蓮寺《せきれんじ》の村々も含んで呼ばれることもあり、近世には「小曽根郷六か村」とも総称された。鎌倉時代後半から春日大社領垂水西牧の現地支配にあたった南郷《なんごう》目代《もくだい》今西氏は浜に屋敷を構えた（国史跡今西氏屋敷）。明治二十二年（一八八九）には小曽根郷六か村が合併し、「小曽根村」が成立した。昭和二十二年（一九四七）に豊中市の大字となる。昭和三十〜四十年代の町名改正により、豊南町《ほうなんちょう》（東・西・南）・小曽根・浜・北《きた》条町《じょうちょう》・若竹町《わかたけちょう》・服部緑地・寺内・東寺内町が誕生した。　［田村］

彼方《おちかた》（富田林市）　石川右岸で嶽山《だけやま》（標高二七八メートル）の北側

山麓に位置する。嶽山側の急傾斜の「おち」(崖)に由来すると考えられるが、なぜ「彼方《かなた》」と表記して「おちかた」と読ませるかは未詳。初出は正平七年(一三五二)六月日の「和田助氏軍忠状」にみえる高師《こうのもろ》泰《やす》軍と楠木方が戦った「彼方佐美谷口所々合戦」という記載。「滝谷不動」として知られる明王寺(真言宗智山派)が、山間部の府道森屋狭山線沿いにある。〔吉井〕

小津島町《おづしまちょう》(泉大津市)　昭和四十七年(一九七二)、「泉北六区」の埋め立てが始まり、その一部が昭和五十四年(一九七九)四月一日竣工し、新設された。大津の地名は、小津より転化したものといわれるが、その旧名を復して小津島と名付けられた。大阪泉大津フラワーセンター(花卉《かき》卸売市場)やフェリーターミナル、外航コンテナバースなどが建設され、公共埠頭として整備が進められた。〔森下〕

***音羽町**《おとわちょう》(港区)　昭和二年(一九二七)から同四十三年の町名。地名の由来は、旧日本海軍巡洋艦音羽の名による(『港区誌』)。昭和二年に市岡町の一部が音羽町となる。昭和二十五年の港湾地帯高潮対策事業に伴う安治《あじ》川拡張工事によって、町内の一部が安治川の水面下となる。昭和四十三年に磯路・弁天・石田の一部となる。〔松永〕

鬼住《おにずみ》(河内長野市)　石見《いしみ》川の下流域に位置し、山間に三キロメートルの細長い村域をもつ。嘉元四年(一三〇六)十二月二十一日付「僧慶順田地売券《そうきょうじゅんでんちばいけん》」にみえる「錦部郡観心寺御庄領小西見《おにしみ》郷」が初見。小河川の流れる西方向へ視界が開けており、これが「小西見」の由来と考えられる。ところが、応仁二年(一四六八)十月二十九日付「僧定俊寄進状」にみえる「小西見」は、寛正五年(一四六四)三月十一日付「鬼住村地下契状」以降、次第に「鬼住」と記される。この「鬼住」への表記変更に加え、中世廃絶の延命寺(延宝五年〈一六七七〉に浄厳が再興)の年中行事で追儺会《ついなえ》(鬼追い式、駆鬼の式)を行っていたためか(後述『大阪府全志』四)、鬼住の伝承が発生したと考えられる。『河内鑑名所記』に「鬼住《おにしみ》　昔は鬼住けるとておそろしき所有」とみえ、『大阪府全志』(四)に「往古鬼ありて此の地に住みけるを、里人九人集りて退治せしかば、其れより歳々駆鬼の式を行い来りしも今は其の式絶えたり」と記す。現在の神が丘。〔吉井〕

男里《おのさと》（泉南市）

市の西部に位置し、阪南市と接する。一〜七丁目がある。『日本書紀』神武天皇即位前紀によれば、神武天皇が日向より東征してきて、河内国の孔舎衙《くさか》坂の戦いで敗れ、天皇の兄の五瀬命《いつせのみこと》が矢を受けて傷つき、紀州へ向かう途中、茅渟《ちぬ》の「山城水門《やまきのみなと》」（山井水門《やまのいのみなと》）まで来たときに矢傷が痛んで雄誥《おたけび》をあげたことから、「雄水門《おのみなと》」といったと記されている。しかし、『古事記』には「紀国《きのくに》の男之水門《おのみなと》」とあり、齟齬している。男《おの》神社の摂社浜の宮が「雄水門」の旧跡として顕彰される一方、「紀国の男之水門」の旧跡として五瀬命を祭神とする竈山《かまやま》神社（現在の和歌山市和田）が挙げられているほかにも、いくつかの候補地が存在している。地名はこの伝承との関わりから付けられたものかは不明だが、律令制下において日根郡呼唹《おお》郷の宿駅が当地に置かれたと推定され、古代における交通の要衝であった（『泉南市史』通史編）。〔曽我〕

小野原《おのはら》（箕面市）

箕面市の東端に位置し、東は茨木市、南は吹田市に接する。地域の北部を西国街道が横断している。建武二年（一三三五）二月二十六日の「頼全畠地寄進状」（勝尾寺文書『箕面市史』史料編二）に「小野原村内妙算谷上池之北上西依也」と記されているものが初見。地名の由来については、『小野原村誌』に孝徳天皇の御宇（御代）に小野明麿という人がこの土地に住み始め、その後人々が移住し、天智天皇の代に初めて小野原村と号したことが記されている。〔西田〕

小橋町《おばせちょう》（天王寺区）

昭和四十年（一九六五）に誕生し、今に至る町名。明治三十三年（一九〇〇）に発足した小橋東之町、小橋西之町などを合併して成立した。その由来としては、仁徳天皇十四年に猪甘津《いかいのつ》に渡した橋の名である小橋《おば》（『日本書紀』）、あるいは同天皇の時に開削した「小椅江《しのえ》」（『古事記』）が挙げられる。平安時代には京都法性寺領小橋庄が存在し、慶長十年（一六〇五）「摂津国絵図」には「木橋村《ママ》」としてその名がみえる。〔大澤〕

大庭寺《おばでら》（堺市南区）

「行基年譜」に、天平勝宝二年（七五〇）大庭大庭院を和泉国大鳥郡上神《かみつみわ》郷大庭村に起立すると記されている。この大庭村は、上神谷《にわだに》下条四ヵ村の一つであり、江戸時代は大庭寺村、大場寺村、大場村とも称された。古代の大庭院（行基院）は、江戸時代には来迎寺とも大庭寺（観音堂）とも呼ばれたらしい。地名は、この寺名と関係する由来と思われる。江戸時代の一時期（一六九八～一七二七年）、渡辺丹後守一万石余の陣屋があり大庭寺藩と称したが、泉郡伯太村（和泉市）に移り伯太藩になった。〔吉田豊〕

御祓筋《おはらいすじ》（中央区）　谷町筋と松屋町筋の中間にあり、上町台地の上を通る南北道路である。地名の由来には、①この道が中世の熊野街道に該当し、熊野詣でのために天皇が通過した際に御祓いを行ったためとする説、②豊臣秀吉が京都の聚楽第を大坂（「聚楽町」の由来とも言う）に移した際に、毎年六月の住吉神社の御祓いに合わせて、大坂・堺の町々から出された練りものなどが必ず表通りを通ったこととする説とがある。〔豆谷〕

尾生町《おぶちょう》（岸和田市）　延暦二十三年（八〇四）十月に桓武天皇が遊猟した「藺生野《いぶの》」（『日本後紀』）を当地に比定する見解がある（『泉州志』）。江戸時代の地誌類には、隣接する下松村の名産品として藺笠（編笠）が挙げられ、古来当地周辺が藺生野と呼ぶにふさわしい景観を示した可能性はあるが、確証はない。地内に福田・中尾生などの通称町があり、永禄元年（一五五八）頃に十河《そごう》一存《かずまさ》から感状を与えられた福田九郎左衛門（「拾遺泉州志」）は当地の地侍と推定される。〔山中〕

遠里小野《おりおの》（住吉区・堺市堺区）　柿本人麻呂の歌に「すみの江の遠里小野の真萩もて」（『万葉集』）とあるなど、この地は古くから歌枕として知られている。歌の中での読みはいずれも「とをさと・おの」で、住江（住吉）の周縁部の原野、といった意味が込められているが、「とをさと」は韻律を整える和歌独特の言い回しとみられ、元来は「をりおの」だった可能性が高い。「を」と「う」、あるいは「お」と「う」の読みの混同により、「うりうの」とも呼ばれ、現行地名の読みが「おりおの」に確定するまでは両様に呼ばれていた。『太平記』の「住吉合戦」の項では「瓜生野」の字があてられ、さらに江戸時代この地域が瓜の産地として知られていたこともあって、瓜に由来する地名とも考えられた。宝永元年（一七〇四）の大和川付け替えにより、遠里小野村は流路によって南北に分断され、現在北側は大阪市住吉区遠里小野、南側は堺市堺区遠里小野町となっている。〔宮本〕

恩智《おんぢ》 （八尾市）

八尾市東部山麓部南に位置する地域で、「延喜式神名帳」に恩智神社の名があり、平安時代には武士的な活動をする恩智氏がいた（長徳三年〈九九七〉六月十一日付「美努兼倫解状」『北山抄裏文書』）。地名としては、『山槐記』応保元年（一一六一）九月十七日条に平岡・恩智両庄園が大江御厨《おおえのみくりや》領であることが確認されており、御厨子所《みずしどころ》・内蔵《くら》寮領の恩智庄があったことがわかる。江戸時代には綿作が盛んで、貝原益軒『南遊紀行』には「山根木綿」が京都で評判の木綿であると紹介されている。［小谷］

か行

貝掛《かいがけ》 （阪南市）

市のほぼ中央部に位置する。貝掛松の伝承に由来するという。その伝承とは、昔盗人が神於寺（現在の岸和田市神於町《こうのちょう》にある寺院）の宝物である法螺を奪い、当地を通ったところ、吹いてもいないのに法螺が音を出したため、これを不思議に思い道端の松に法螺を掛けて立ち去ったというものである。そのため「貝掛松」と呼ばれ、そののち村名になったと伝える。［曽我］

海岸通《かいがんどおり》 （港区）

安治《あじ》川と尻無川に挟まれた河口に位置。地名の由来は、みなと通（旧築港《ちっこう》大道路）の海岸に位置していたことによる。大正九年（一九二〇）に大阪湾築港埠頭埋立地が西区北海岸通・南海岸通となる。大正十四年には港区に編入。南海岸通は昭和二年（一九二七）に公有水面埋立地（公の水面を埋め立てて造成された土地）を、同十一年には当町地先埋立地を編入した。昭和四十三年、北・南海岸通は、海岸通・築港の一部となる。近年、同地域には海遊館や大観覧車、サントリーミュージアムなどが建設され、集客力のあるベイエリアとして変貌を遂げた。〔松永〕

*貝　田《かいた》（泉佐野市）　江戸時代の鶴原村内の一小村で、垣田が転訛して貝田となったという（『大阪府全志』五）。延暦二十三年（八〇四）十月、桓武天皇が遊猟したという「垣田野」（『日本後紀』）は当地を指すと考えられ、地内に鎮座する式内社加支多《かきた》神社の社名に旧名を残している。〔山中〕

貝塚市《かいづかし》（貝塚市）　大阪府南部に位置し、大阪湾に面する。市名の由来は、天文年間（一五三二〜五五）に創建された貝塚寺内に由来する。もと海塚とも記されていた。考古学上の貝塚との関係については、市内には貝塚の遺跡は発見されていないので不詳である。永享三年（一四三一）の高野山文書には「海塚」とある。〔堀田〕

*海道町《かいどうちょう》（西成区）　町名は、今宮町の小字名による（『大阪の町名』上）。小字名の由来は不詳。明治初頭、西成郡今宮村の一部であったが、明治三十年（一八九七）四月一日今宮村元今宮の一部となった。大正二年（一九一三）十二月十日大字今宮の一部となり、同六年九月一日に今宮町大字今宮の一部、同十一年四月一日に今宮町字海道となった。同十四年四月一日大阪市に編入され、西成区海道町となった。昭和四十八年（一九七三）十一月に萩之茶屋一〜三丁目、旭一〜三丁目、花園南一丁目の各一部となった。〔古川〕

*海部堀川《かいふほりかわ》（西区）　寛永元年（一六二四）に商人海部《かいふ》屋の出願によって開削された運河。流路は、現在の靫《うつぼ》本町一丁目のなにわ筋あたりで阿波堀川から北へ分流し、すぐに西へ折れ、雑喉《ざこ》場《ば》付近で京町堀川と合流し、百間堀川に注いでいた。現在の靫本町二〜三丁目に含まれる。昭和二十六年（一九五二）に埋め立てられた。阿波堀川から西へ折れるまでの間は永代堀《えいたいぼり》とも呼ばれ、その岸は永代浜と称され干鰯《ほしか》を揚げる場所として知られた。現在、靫本町二丁目の楠永《くすなが》神社の横に永代浜跡の碑が建っている。〔堀田〕

***貝脇町**《かいわきちょう》（旭区）　昭和四十六年（一九七一）の住居表示変更前の町名。現在は清水一～三丁目。旭区の東部。摂津国東成《ひがしなり》郡に属し河内国と接し、野崎《のざき》街道沿いにあった。江戸時代は貝脇村であった。元和年間（一六一五～二四）の「摂津一国高御改帳」には「海脇村」と記されている（平凡社『日本歴史地名大系28　大阪府の地名』）。大正十四年（一九二五）、大阪市編入に伴い東成区貝脇町となる。昭和七年（一九三二）から同四十六年まで旭区に属す。この一部が昭和十八年（一九四三）に城東区に編入され貝脇町を称した。さらに同四十九年鶴見区に編入されるに際して町名を緑一～四丁目に変更している。この地には弥生時代前期から古墳時代にかけての集落遺跡と推定される森小路《もりしょうじ》遺跡がある。地名の由来については、垣側《かきわき》が転訛したとする説（『東成郡誌』）と、付近の森小路遺跡から貝類が多く出土することから貝脇の地名がついたという説がある。ちなみに、貝脇村から淀川堤までを「ばいから堤」と称した。堤上の道は淀川堤で京街道に合流した。「ばいから」は「埋骸」の意味で、茨田堤《まんだのつつみ》修築で人柱となった武蔵の強頸《こわくび》の亡骸を埋めたという伝承がある（平凡社『日本歴史地名大系28　大阪府の地名』）。『東成郡誌』は「垣側《かきわき》なるべし。貝脇は一の絶間《たえま》の直ぐ東脇にあり」と記す。　［野高］

加賀屋《かがや》（住之江区）　東加賀屋一～四丁目、南加賀屋一～四丁目、西加賀屋一～四丁目、北加賀屋一～五丁目、中加賀屋一～四丁目に分かれる。東は阪神高速堺線、南は大和川、西は新なにわ節、北は木津川に囲まれた地域。中央を東西に住吉川が流れる。江戸時代に開発された加賀屋新田の開発者加賀屋甚兵衛の屋号に由来する地名。加賀屋甚兵衛は河内国石川郡貴志《きし》村（現富田林市貴志町）の生まれ。大坂に出て淡路町の両替商加賀屋嘉右衛門の店で奉公し、正徳四年（一七一四）に別家し加賀屋を名乗る。延享二年（一七四五）に加賀屋新田の開発に着手した。南加賀屋町四丁目の加賀屋新田会所跡（愉園）には現在、建物と庭園が残る（『大阪府全志』三、『住之江区史』）。　［野高］

楽音寺《がくおんじ》（八尾市）　八尾市東北部に位置し、建永二年（一二〇七）七月十八日付「僧深慶某寺領注進状」（正木直彦氏所蔵文書）に「河内国末寺楽音寺　高安河内両郡境」とある。また、本願寺証如の日記「証如上人日記」によれば、楽音寺教正が本願寺に役を果たしており、有力な本願寺門徒であった。楽音寺は、他の高安郡が融通念仏宗地帯であったのに対し、唯一の真宗勢力の拠点であった。地名の由来は『河内名所図会』では、昔、寺院があったが廃寺となり、名前だけが伝わったとする。〔小谷〕

角田町《かくたちょう》（北区）　区の中央やや西寄りに位置する。もと西成《にしなり》郡北野村の字名で、明治三十年（一八九七）の大阪市第一次市域拡張で市域に編入され、明治三十三年（一九〇〇）に北野角田町となった。寛正三年（一四六二）の「中嶋崇禅寺領目録」の「曾禰崎平田分」に「埋田之内角田三百歩」と見え、埋田（梅田）の地、この地名が字名として残ったものだと推測される。〔八木〕

額原町《がくはらちょう》（岸和田市）　古くは「とどろき」と呼ばれた地と言われる。この地を北東から南西に熊野街道が通る。平安時代末期、熊野参詣のためこの地を通った白河上皇が、熊野街道沿いにある積川《つがわ》神社遥拝所の鳥居の額字を揮毫し与えたとの伝承があり、額原の地名もこの伝承にちなむと考えられる。なお行政町名ではないが、額町《がくちょう》という地区も隣接している。〔山中〕

***笠屋町**《かさやまち》（中央区）　三休橋筋《さんきゅうばしすじ》沿いの島之内南半にあった旧町名で、現在は統合されて東心斎橋の一部となった。笠屋町の町名は明治以後のことで、江戸時代後半には町の北半を「南笠屋町」と称した。さらに元禄年間（一六八八～一七〇四）以前は「南新笠屋町」と呼んだ。これは、市中の北部に別の「笠屋町」（のち岡山町となる）が存在したため呼び分けたものである。町名の由来は同業者が集まっていたためと推測されるが裏付ける資料は見つかっていない。〔豆谷〕

加治《かじ》（貝塚市）　加治・神前《こうざき》錯雑地として名前が残っている。市の北西部近くにある。奈良時代は近義《こぎ》郷のうちにあり、その後近木荘《こぎのしょう》のうちとなった。江戸時代には鍛治村とも表記された。伝承によれば、垂仁天皇の頃、里人が御剣を鍛えて献上したことで、鍛治村の名を賜ったとの説がある（『大阪府全志』五）。また、西宮の嘉治穂《かじほ》神社を勧請し、梶帆神社と称したものが村名になり、のちに「かじ」となったとする説もある（神前《こうざき》・加神《かしん》参照）。〔曽我〕

樫井《かしい》（泉佐野市）　古くは「籾井」と記され、建仁元年（一二〇一）十月七日、後鳥羽院の熊野詣に供奉した藤原定家が籾井王子に参拝した記事（「熊野道之間愚記」）が初見。江戸時代の地誌学者石橋直之は、かつて村内に籾を浸す井があり、籾井または浸井《かしのい》と呼んだ、あるいは井の近くに樫木があったため樫井と呼んだと解釈しているが（『泉州志』）、「杻井」の誤記との説もある（平凡社『日本歴史地名大系28　大阪府の地名』）。　〔山中〕

加島《かしま》（淀川区）　難波八十島の一つ仮島に由来するとされる。淀川と三国川を結ぶ水路を開鑿《かいさく》したとする『続日本紀』延暦四年（七八五）一月十四日条に「神下」という地名があることから、これが転訛したとする説もある。この地に多くの鍛冶が住んでいたことにちなんで鍛冶ヶ島、村内にある香具波志《かぐはし》神社にちなんで神島、また同社で盛んに行われた連歌から歌島《うたじま》などとも呼ばれた。中世には、仁和寺塔頭青蓮寺領から西園寺家領になった賀島庄があり、貞応二年（一二二三）には市が開かれていたことを示す史料がある。室町時代には当初、守護細川氏領であったが、石清水八幡宮の訴えにより同社領とされ、細川氏との間で同庄の引き渡しをめぐって明応年間（一四九二〜一五〇一）まで紛争が続いた。江戸時代になると、元文三年（一七三八）から延享二年（一七四五）まで銭座が置かれ、寛永通宝が鋳造された。また、香具波志神社には、神職藤氏との縁で安永二年（一七七三）から四年まで上田秋成が居住していた。これは、秋成が幼いころに当社の加護で病が治まったことを感謝したためである。当地と神崎《かんざき》川対岸の神崎との間に架かっていた神崎橋はすでに南北朝期には存在したと考えられ、江戸時代には大坂から西国街道へ向かう渡しがあった。現在の橋は、大正十三年（一九二四）に架けられた神崎橋が再建・改修されたものである。　〔上田〕

鍛冶屋町《かじやちょう》（和泉市）　中世以来鍛冶業が営まれていたことにちなむ。鎌倉期には、現在の鍛冶屋町、万町《まんちょう》、浦田町《うらだちょう》、納花《のうけ》町《ちょう》一帯は箕田《みのだ》村と呼ばれていた。地元には、俊乗《しゅんじょう》坊重源《ぼうちょうげん》が谷山《たにやま》池を築いたという伝承が伝わっている。讃岐《さぬき》の人々が飢饉に苦しんでいたのを重源が救ったことがあり、その恩に応えるため、谷山池築造の際、讃岐の農民が労役奉仕をかってでたという。鍛冶屋町内には讃岐姓も多く、中世末の史料にみえる「讃岐田村」は、近世には鍛冶屋村の一部となった。近世から戦前期の史料には「鍛冶屋」（にすい）、「鍛冶屋」（さんずい）ともみえるが、現在は鍛冶屋（さんずい）と記す。いつから鍛冶屋になったのかはっきりしないが、町村制施行による町村区域名称等を定めた大阪府令第十七号（『大阪府公報』第一五一号、明治二十二年二月二十日）には、南池田村の大字として「鍛冶屋村」（にすい）とある。また、昭和三十一年（一九五六）、和泉市合併に伴い市の字名が告示されたが、それによれば南池田村大字鍛冶屋（さんずい）を和泉市鍛冶屋町（さんずい）とする、という（大阪府告示第五二二号『大阪府公報』第一三〇二号、昭和三十一年九月十二日）。〔森下〕

樫山《かしやま》（羽曳野市）

由来は不詳。慶長十七年（一六一二）の「狭山池水割符帳」（田中家文書）では隣村の野村の村高に含まれているが、正保郷帳の写本と考えられる「河内国一国村高控帳」（浅尾家文書）では別々の村として扱われている。〔中山〕

＊鍛冶屋町《かじやまち》（中央区）

島之内東部にあった旧町名で、現在は統合されて島之内の一部となった。明暦元年（一六五五）の「大坂三郷町絵図」（大阪歴史博物館蔵）では、町の北部が「はものうち（刃物打）町」と呼ばれていたことがみえる。江戸時代には一丁目・二丁目があり、ともに仕置者（処刑される者）があったときに鉄物（鋤・鍬・鎌など）を供出する代わりに御用人足役を免除される四町に含まれており、実際に鍛冶屋の居住が多かったことがうかがえる。町名もそこから名付けられたものであろう。〔豆谷〕

嘉祥寺《かしょうじ》（田尻町）

町の北東部に位置する。嘉祥寺は嘉祥寺領日根荘の中心であったことに由来する。嘉祥三年（八五〇）に崩御した仁明天皇の菩提を弔うため、仁明天皇領の脇に建てられた寺院である。また、「御室御所高野山御参籠日記」の久安三年（一一四七）から五年の京・高野山の旅程に出てくる「日根湊」は、樫井川河口に位置する嘉祥寺にあったと推測されている（『田尻町史』）。〔曽我〕

柏里《かしわざと》（西淀川区）

神功皇后がこの地を訪れた際、餅を柏の葉に載せ、野咲きの花束を添えて歓迎の意を表したという伝承に基づく。また、神功皇后が槲《かしわ》の葉に和歌を書いて海に流したものが、この地に漂着したからだとする伝承もある。昭和十九年（一九四四）一月、西淀川区西塚本町一〜三丁目が町名変更により、柏里町一〜三丁目となる。同四十七年（一九七二）、一部が歌島一〜四丁目となり、同四十八年（一九七三）に、もとの柏里一〜二丁目と花川南之町・北之町の一部を含め、現在の柏里一〜三丁目を形成している。〔荒武〕

柏原《かしわら》（柏原市）　大和川と石川が合流し、北流するところに位置する。地名の由来は不明。柏原村は、江戸時代、柏原船が運航した場所で、「河州志紀郡柏原村荒地開新町取立大坂より船致上下候様子書」（『柏原市史』五）によれば、元和六年（一六二〇）の洪水によって、「淵川砂山」となった柏原村を復興させるため、幕府は大坂までの船運を認め、柏原船が成立した。柏原村は本郷・古町・新町に分かれ、本郷は古くからの集落で、古町は柏原新家ともいい、奈良街道沿いの村で、新町は柏原船営業により出来た村である。〔小谷〕

梶原《かじわら》（高槻市）　中世から近世初頭には「梶折」と呼ばれた。この地名は、往古に唐船が淀川を上って入津した際に、このあたりで梶が折れ、帆を失ったことにちなむと伝えられる（『大阪府全志』三）。天平勝宝八年（七五六）、造東大寺司が瓦六千枚を発注した梶原寺は、現在の畑山神社付近（梶原一丁目）にあったと考えられている。近世に入って西国街道（山崎通）の一里塚が設置された。現在その跡地（梶原二丁目）には地蔵堂が建っている。〔飯沼〕

加神《かしん》（貝塚市）　市の北西部に位置する。一〜二丁目がある。昭和五十六年（一九八一）に錯雑していた加治《かじ》・神前《こうざき》を中心に畠中・澤・脇浜・石才《いしざい》の一部を一円的にまとめてできた町名。加治と神前から一字ずつを取った。〔曽我〕

春日《かすが》（太子町）　町域北東部で二上山《にじょうさん》（標高は雄《お》岳五一七メートル、雌《め》岳四七四メートル）西麓の丘陵地に位置し、飛鳥川が北流する。二上山北麓の穴虫峠《あなむし》（標高一〇〇メートル）で大和方面へ通じる。地名は古代の春日氏・春日部に由来する説があり、春日仏師の宅地跡の伝承（『大阪府全志』四）もあるが、詳細は未詳。初見は建武四年（一三三七）十一月日付「土屋宗直軍忠状」（土屋文書）の「打通春日太子」との記載。用明天皇陵に治定される方墳の向山《むかいやま》古墳、当初は円墳と推定されている太平《おおひら》塚《づか》古墳がある。　［吉井］

春日町《かすがちょう》（寝屋川市）

もとは寝屋川市葛原・対馬江・高柳の一部だったが、都市化による新住民増加のため昭和四十三年（一九六八）から春日町となる。春日の名称は地元と協議の上、良い名前をということで決められたが、当地に春日神社はない。　［尾崎］

春日出《かすがで》（此花区）

もとは四貫島《しかんじま》浦と言い、葭《あし》の群生するところであったが、元禄十一年（一六九八）に大坂の雑賀屋《さいかや》七兵衛が開発を行い、元禄十五年の検地の際に春日出新田と名付けられた。地名は、開発の際に、草むらから突然出てきて殺された鹿を見て、七兵衛がこれを歎き、春日明神の使いとして祀ったことに由来するという。明和四年（一七六七）の六軒家《ろっけんや》川の開削によって一部が川床となり、湊屋《みなとや》新田（現港区）で代地が与えられている。この地の経営は享保十五年（一七三〇）に和泉《いずみの》国《くに》日根《ひね》郡佐野村（現泉佐野市）の豪商食野《めしの》氏が譲り受けて行った。またこの地には紀伊徳川家から食野氏が拝領した八州軒《はっしゅうけん》があり、その庭園は浪華二名園として名を馳せていた。春日出新田は明治以後、春日出《かすがで》町《ちょう》・春日出町上《かみ》・春日出町中《なか》・春日出町下《しも》などを経て、現在、春日出北《かすがでぎた》・春日出中《なか》・春日出南《みなみ》・梅香《ばいか》三丁目・島屋一丁目の一部となっている（『西成郡史』・『大阪の町名』下）。　［吉田洋］

＊霞町《かすみちょう》（浪速区）

当地はもと西成郡であったが、明治三十年の第一次大阪市域拡張に伴って大阪市に編入され、同三十三年に字水田および八田を町域として北霞町・南霞町の新町名が付された。町名は佳名による。明治三十六年（一九〇三）に第五回内国勧業博覧会が、天王寺・今宮一帯を敷地として開催された。博覧会後、敷地の大部分は天王寺公園となったが、公園地に含まれなかった部分（柵外地）は、民間の業者に払い下げられ、明治四十五年（一九一二）に新世界が開業した。この場所が、霞町にあたる。その南に位置する南陽商店街（通称、ジャンジャン横町）は、大正七年開業の飛田《とびた》新地（西成区、遊郭）へと通じる繁華街として大手の土地建物会社が大正時代に開発したものである。なお新世界南端には、東京に対抗して建てられた国技館があり、相撲興行などで賑わった。昭和五十五年に恵美須東一～三丁目の一部となった。現在は阪堺電気軌道阪堺線の南霞町駅にその名を残すだけとなっている。 ［大澤・吉村］

***片江**《かたえ》（東成区） 平安時代には「榎江」とも書き、アシの生える沢であったことから、「浜江」とも称した。片江は、入江の中の船着場に由来する地名だと考えられる。「四天王寺御手印縁起」や「聖徳太子伝暦」に榎江の地名がみえる。これらの文献から、『摂陽群談《せつようぐんだん》』は榎江を江戸時代の片江村に比定している。江戸時代には綿作のほか、天満青物市場に出荷する野菜、豆類の産地であった。明治二十二年（一八八九）、小路村大字片江となったあと、昭和四十五年（一九七〇）に東成区の町名からは姿を消す。 ［荒武］

***堅上・堅下**《かたかみ・かたしも》（柏原市） 明治二十二年（一八八九）の町村制施行時の旧村名。地名としては現存しないが、JR河内堅上駅、近鉄堅下駅のほか、小中学校に名称がある。令制国下の大県（「おおがた」または「おおあがた」）郡を二分する呼称で、すでに『続日本紀』には「河内國堅下堅上二郡。更号大縣郡。」とある。おおむね高尾山東側の生津川《なまつがわ》より東側を堅上、西側を堅下と呼ぶ。「持斎念仏人数目録」（文永八年〈一二七一〉）には河内国「大方下条淳和寺」とみえることから、堅下・堅上は大縣の上《かみ》および下《しも》という意味であろう。 ［別所］

交野市《かたのし》（交野市） 大阪府の東北部北河内に位置する。市名は交野郡に由来するが、「新撰姓氏録」には交野郡を本拠とした肩野連（肩野物部氏）の名が見える。また『和名類聚抄』には加多野と記され、淀川から見ると高い台地の端が肩のように見えることから肩野と呼ばれたとの説もある。 ［堀田］

片町《かたまち》（都島区） 片町一～二丁目。都島区南部。東はJR大阪環状線を境に旭区、南と西は寝屋《ねや》川をはさんで中央区と接する。京橋北詰の東側で南は寝屋川、北は鯰江《なまずえ》川にはさまれた細長い地域。寝屋川北岸を古堤（ふるづつみ）街道（京街道）が走る。近世には公儀橋の一つである野田《のだ》橋が架かっていた。近世初期には街道の北側にだけ町並みが展開したことから京橋片原《きょうばしかたはら》町と称した（『角川日本地名大辞典27　大阪府』)。その後、街道の両側に町場が展開するに至り、相生町《あいおいちょう》と改称した。昭和四十四年（一九六九）の住居表示変更に際して、かつての「京橋片原町」から「片町」の名称を採用したと考えられる。
〔野高〕

片山町《かたやまちょう》（吹田市）

もと片山村で、明治二十二年（一八八九）の町村制施行によって佐井寺村と合併して千里村の大字になった。延応二年（一二四〇）の三船恒道田地寄進状に「垂水御牧片山村」とあるのが初見（『勝尾寺文書』）。北部に千里丘陵を負い、他の三面は平坦なことから「片山」といわれるようになったという（『大阪府全志』三）。『摂津志』村里条に「片山属邑四」とあり、旧片山村には旧字天道・出口・山の谷・原の四字があった。昭和十一年（一九三六）に産業道路（現在の主要地方道大阪高槻京都線）が開通したことで、沿道のこの地域に片山商店街が誕生した。十五年に吹田市に編入され、四十年の地名表示変更により片山町一～四丁目になった。もと大字片山の町名は、ほかに出口町、山手町一～四丁目、朝日が丘町、藤が丘町・天道町・原町一～四丁目などがある。

〔石原〕

勝部《かつべ》（豊中市）

地名の由来は不明である。『新撰姓氏録』摂津国諸蕃にみえる勝姓氏族は豊中市勝部と関係すると推測されている（『新修豊中市史』通史一）。応永六年（一三九九）六車郷《むぐるまごう》内東重国田数注文（大宮文書）に「勝部」が登場し、この頃には村として成立していたとみられる。明治二十二年（一八八九）には南《みなみ》豊《て》島村《しまむら》の大字となる。昭和四十八年（一九七三）、住居表示の実施に伴い町名となり、その後、大阪国際空港の敷地内は南《みなみ》空港町《くうこうちょう》として分離された。

〔田村〕

勝山《かつやま》（天王寺区）

四天王寺の東隣に位置する町名で、生野区の勝山北・南へと続く。その由来は生野区にある御勝山《おかちやま》という五世紀前半の前方後円墳で、もともとこの山は岡山という名であったが、慶長十九年（一六一四）から翌年にかけての大坂の陣の際に徳川方が着陣し（『駿府記』など）、勝利を収めたため、名を御勝山に改めたという（『摂陽群談』、『摂陽奇観』）。町名としては、明治三十三年（一九〇〇）から大正十四年（一九二五）までは南区の天王寺勝山通、大正十四年から昭和五十六年（一九八一）までは天王寺区の勝山通、それ以降

は勝山として現在に至る。〔大澤〕

＊桂町《かつらちょう》（港区）　昭和二年（一九二七）から同四十三年の町名。地名の由来は、旧日本海軍駆逐艦桂の名による（『港区誌』）。昭和二年に市岡町の一部が桂町となる。昭和二十五年の港湾地帯高潮対策事業に伴う安治川《あじ》拡張工事によって、町内の一部が安治川の水面下となる。昭和四十三年に磯路・弁天・石田の一部となる。〔松永〕

門真《かどま》（門真市）　戦国期にみられる河内国茨田郡の荘園名に始まる地名。ただし、門真荘地域は室町末までは普賢寺と呼ばれていたと考えられる。普賢寺は平安末期から室町期に存在した寺院で、応永十四年（一四〇七）十一月日の年紀がある大般若経の奥書（『大日本古文書』七―九）に「河内国茨田郡普賢寺庄」とみえる。「願得寺記」には「河内国茨田郡普賢寺庄古橋」とあり、文明十年（一四七八）三月に蓮如が地内に古橋御坊を創建した旨が記されている。門真の名は、天正十年（一五八二）十月の羽柴秀吉禁制が初見である（『門真町史』）。近世以降、門真庄は門真一番上・一番下・二番・三番・四番村となった。明治十九年（一八八六）には前述の五か村が合併して門真村となり、三年後には桑才《くわざい》村とも合併。昭和十四年（一九三九）には町制施行で門真町となり、同三十一年に大和田・四宮・二島の三か村を合併し、同三十八年に市制施行で門真市となった。また、垣内《かきうち》町・幸福町には普賢寺遺跡と普賢寺古墳がある。遺跡は弥生時代前期（約二千三百年前）の遺構が確認され、市内で最も古くに定住していた集落遺跡である。古墳は古墳時代後期（約千五百年前）のもので日本で最も低いところに築造された古墳と思われる。〔橋本〕

金岡町《かなおかちょう》（堺市北区）　河内国八上郡金田《かなた》村、同長曾根《ながそね》村が明治二十二年（一八八九）に合併し、金岡村が成立。明治二十九年（一八九六）からは南河内郡に所属。昭和七年（一九三二）、当村の北西端に阪和電鉄金岡駅（昭和四十年〈一九六五〉に堺市駅と改称）ができる。昭和十三年（一九三八）堺市の一部となり、堺市金岡村大字金田、同大字長曾根になる。翌年、大字金田を改称し、堺市金岡町となる。地名の由来は、大和絵師の祖といわれる巨勢《こせ》金岡がこの地に住んだと伝え、産土神《うぶすながみ》の金田宮を金岡神社とも呼んだことなどによると思われる。

［吉田豊］

＊金屋町《かなやちょう》（北区） 区の東部に位置する。江戸時代から昭和五十三年（一九七八）までの町名。天満四丁目から北に続く二筋の両側町で、十七世紀の終わりに天満四丁目から分離した。町名は天満組惣年寄金屋氏（のち金谷）が居住していたことによる。現在の東天満一丁目および天満二丁目に含まれる。［八木］

河南町《かなんちょう》（河南町） 大阪府の東南部に位置する。町名は旧国名の河内南部に属するということからきている。［堀田］

包近町《かねちかちょう》（岸和田市） 国衙《こくが》領包近名《みょう》にちなむ地名。和泉国衙の有力在庁の開発所領を国衙領に取り込んで成立した別名で、包近は別名主の仮名《けみょう》と考えられる。包近名の初見史料は宝治二年（一二四八）十二月五日の関東下知状（「久米田寺文書」）だが、その発生は国衙領再編が行われた平安時代後期にまで遡るのは確実である。鎌倉時代後期には得宗御内人安東氏が久米田寺領に寄進し、久米田寺領となった。現在、桃の名産地として知られる。［山中］

＊兼平町《かねひらちょう》（福島区） 現在の野田四・六丁目にあった町。明治初頭西成《にしなり》郡野田村の一部であったが、明治三十年（一八九七）大阪市に編入され、北区西成野田字兼平となり、同三十三年、西野田兼平町となった。大正十四年（一九二五）此花《このはな》区に編入され、昭和十八年（一九四三）に福島区に編入された。昭和五十年（一九七五）、野田四・六丁目の一部となる。地名の由来は小字名による（『大阪の町名』下）。［吉田洋］

加納《かのう》（東大阪市） 東大阪市北端に位置する。加納一～八丁目がある。地名は新たに開発されて寄進された荘園に由来していると考えられる。土地の人のなかには「かんの」と呼ぶ人がいる。平成五年（一九九三）の住居表示までは南側の川田《かわだ》を含めて加納と呼んでいた。江戸時代には加納・川田をそれぞれ、大加納・小加納、あるいは上加納・下加納と呼ぶことがあった。加納の一部は「水走文書」の「藤原忠持処分目録」（建長四年〈一二五二〉）にみえる水走氏の私領「九条津辺里」に含まれる。［別所］

＊釜口《かまぐち》（住之江区）　昭和四十九年（一九七四）の住居表示変更前の町名。現平林《ひらばやし》北一〜二丁目、平林南一〜二丁目。「釜口」は開発者釜口政吉の姓に由来する。明治三十九年（一九〇六）、南加賀屋の住人釜口政吉が南加賀屋地先に展開する海面を埋め立てる許可を得て開発に着手し、同四十五年（一九一二）に完成。大正元年（一九一二）には東成《ひがしなり》郡敷津《しきつ》村に編入され、翌年開発者にちなんで敷津村大字釜口となる（『大阪府全志』三）。大正十四年（一九二五）大阪市住吉区に編入され、釜口町となった。平林北一丁目の正平橋北詰には釜口政吉の業績などを記した釜口町の由来碑がある。［野高］

＊神合町《かみあいちょう》（西成区）　北神合町と南神合町がある。町名は、今宮町の小字名による（『大阪の町名』上）。小字名の由来は不詳。明治当初、西成郡今宮村の一部であったが、明治三十年（一八九七）四月一日今宮村元今宮の一部となった。大正二年（一九一三）十二月十日に大字今宮の一部となり、同六年九月一日に今宮町大字今宮の一部、同十一年四月一日に今宮町字南神合・北神合となった。同十四年四月一日大阪市に編入され、西成区南神合町・北神合町となった。昭和四十八年（一九七三）十一月に天下茶屋一丁目の一部となった。［古川］

神於町→こうのちょう《こうのちょう》（岸和田市）

神路《かみじ》（東成区）　大今里から深江を通る奈良街道を、神武天皇東征の通路「神路」であったとする伝承による。大正五年（一九一六）、東成郡南新開荘村を神路村に改称したところから、この地名の歴史が始まる。同十四年（一九二五）、大阪市東成区の一部となり、三大字（大今里・東今里・深江）が町名になったため神路の地名はなくなるが、昭和十四年（一九三九）より神路町一〜四丁目となるが、同四十五年（一九七〇）には神路一〜四丁目となり、現在に至る。［荒武］

＊上島町《かみしまちょう》（福島区）　明治初頭、西成《にしなり》郡野田村の一部であったが、明治三十年（一八九七）大阪市に編入された。同三十三年、西成野田の字上島田・字曽根島・字土信をもって西野田上島町となった。大正十四年（一九二五）此花《このはな》区に編入され、上島町となり、昭和十八年（一九四三）福島区に編入された。昭和五十年（一九七五）、大開《おおひらき》四

丁目の一部となる。由来は、小字名の合成による（『大阪の町名』下）。〔吉田洋〕

上新田《かみしんでん》（豊中市）　寛永三年（一六二六）、幕府代官間宮三郎右衛門の指図により、山田下村の吉田五郎右衛門・田中安右衛門・吉田権兵衛の三人が頭取となって開発し、「上新田村」と「下新田村」が成立したという（「新田由来記」）。豊中市域の村々のほとんどが豊島《てしま》郡に属したなか、上新田は唯一島下《しましも》郡（後に三島郡）に所属していた。明治二十二年（一八八九）、上新田村と下新田村が合併し「新田村」となった。ところが、新田村の住民の間では、地理的条件や行財政的能力の問題から豊中市か吹田市への合併が望まれていた。そして、昭和二十八年（一九五三）に上新田村を豊中市へ、下新田村を吹田市へと、分村合併するに至った。この時、上新田は豊中市の大字となり、その後、同四十八年に住居表示が実施された際に町名に改めた。〔田村〕

神洲《かみす》（豊中市）　昭和三十八年（一九六三）、大字菰江《こもえ》と洲到止《すどうし》の一部をもって「神洲町《かみすちょう》」が誕生した。町名は、昭和十年（一九三五）に洲到止と大阪市三津屋北の間の神崎《かんざき》川に架けられた神洲橋に由来する。「神洲」は神崎川と大字洲到止のそれぞれ頭文字を取っている。〔田村〕

上之郷《かみのごう》（泉佐野市）　古代の賀美郷に由来する。允恭天皇が寵姫衣通郎姫《そとおしのいらつめ》のために造営した茅渟宮《ちぬのみや》の跡地とされる地が当地内にある。茅渟宮跡地は伝承にすぎないが、当地は樫井川中流域に位置し、日根郡の中でも最も早くから開発が進んだ地域と考えられている（『泉佐野市史』）。「かみ」の呼称は、日根郡中で最も早くから開発された「泉州の旧邑」に対する尊称とする説がある（吉田東伍『大日本地名辞書』）。〔山中〕

＊上辻町《かみのつじちょう》（旭区）　昭和四十六年（一九七一）の住居表示変更前の町名。現在は今市二丁目、清水二～三丁目の一部。旭区の東部に位置する。摂津国東成《ひがしなり》郡の北東端、河内国と接する。江戸時代の上辻村。大正十四年（一九二五）、大阪市に編入され東成区上辻町の一部となった。その後昭和七年（一九三二）に旭区に編入された。また一部が昭和十八年（一九四三）に城東《じょうとう》区に編入されたが、同四十九年（一九七四）に鶴見区緑一～四丁目となっ

た。「上辻」の由来には四つの説がある（『東成郡誌』、『大阪の町名』、『角川日本地名大辞典27　大阪府』、平凡社『日本歴史地名大系28　大阪府の地名』、『旭区政誌』）。①下辻《しものつじ》村（現鶴見区）に対する名称である。京街道から分かれて河内国へ入る道路が上つ道（北の道）と下つ道（南の道）の二本あった。摂津と河内を分ける辻の摂津側の境に上辻村・下辻村の二村がある。明治十九年（一八八六）刊の仮製二万分一『大阪近傍図』（陸軍参謀本部）に両村を結ぶ道が記されている。②茨田堤《まんだのつつみ》絶間《たえま》を修築する堤（剣《つるぎ》堤）が構築されたことから上・下（上の辻・下の辻）の呼称が生まれた。③上辻村の村社八幡大神宮の「神の辻」が「上辻」に転訛した。④放《はな》出《てん》村の阿遅早雄《あちはやお》神社（現鶴見区）への参道にあたる「神の辻」であった。　［野高］

神　山　→こうやま（河南町）／こやま（能勢町）

神山町《かみやまちょう》（北区）　区のほぼ中央に位置する。もとは西成《にしなり》郡北野村に属した。明治三十年（一八九七）の大阪市第一次市域拡張の時に市域に編入され、北野東之町、北野野崎町の一部であったが、大正十三年（一九二四）の町域町名改称によりできた町名。北野村字神山からついた。町内に綱敷天神社がある。同社の社伝によれば、承和十年（八四三）源《みなもとの》融《とおる》が父嵯峨《さが》天皇を追悼するため字神山に社殿を建立し、天皇の諱「神野」をとって「神野大神宮」と称した。これが「神山」の由来だとする。ちなみに、綱敷天神社の名は菅原道真が九州に左遷されるときに、太融寺に詣でた際に梅花をめでるため、船の綱を敷いて座り、休憩したことが由来であるという。　［八木］

＊上綿屋町《かみわたやまち》（天王寺区）　上綿屋町は明治三十三年（一九〇〇）以来、昭和五十六年（一九八一）までの町名。ただし、大正十四年（一九二五）までは東区に属し、それ以降天王寺区となった。現在の上本町九丁目、上汐六丁目、六万体町、四天王寺一丁目を横断する位置にあった。もともと繰綿業者が集住し、通称で綿屋町と呼ばれていたという（『角川地名大辞典27　大阪府』）。南綿屋町（中央区）と区別するため、上町にあるという意味で「上」を冠したと推測されるが、詳細は不明。　［大澤］

亀　井《かめい》（八尾市）　八尾市東部に位置し、奈良街道が村の中を通る。

地名の由来は『大阪府全志』（四）に清泉亀井があったことによるとする。西大寺叡尊の記録「感身学正記」文永五年（一二六八）八月条では、叡尊が亀井を訪れ「十重禁戒」を講じている。また、同月二十八日条では、同村「釈迦堂」六百五十人に菩薩戒を授けている。弘安元年（一二七八）九月二十日付の円覚上人導御の「持斎念仏人数目録」（「清水寺文書」）でも「亀井庄百二人」に融通念仏勧進を行っていることがわかる。明徳二年（一三九一）九月二十八日の西大寺末寺帳（「極楽寺文書」）には、「東亀井　千光寺」とあり、釈迦堂は千光寺という寺名となった。また、西亀井には河内守護畠山満家によって畠山氏の菩提寺真観寺が応永年間（一三九四～一四二八）に創建された。江戸時代には、東西亀井村と跡部村、真観寺門前の四村に分かれた。〔小谷〕

蒲生《がもう》（城東区）
『集古群類』に「摂津国榎並蒲生薬師寺」と刻した文保元年（一三一七）の鐘銘が採録されているが、薬師寺なる寺院は現存しない。戦国時代、『私心記』天文十六年（一五四七）三月二十一日に、「カマウ」で本願寺の荷が奪われた事件がみえる。当地は低湿地で、蒲穂をよく産したことが『摂津誌』『五畿内物産図会』などにみえており、それが地名の由来であると考えられている。〔藤田〕

＊鷗町《かもめちょう》（浪速区）
町内の鷗町公園には「折口信夫生誕の地」の碑と文学碑がある。国文学者・歌人・民俗学者として知られる折口は、明治二十年（一八八七）二月、医師折口秀太郎の四男として当時の西成郡木津村市場筋に生誕した。昭和二十八年（一九五三）九月に六十歳で亡くなり、願泉寺《がんせんじ》に分骨埋葬された。『大阪詠物《よみもの》集』などには生誕地の木津鷗町を詠んだ作品も遺されている（『浪速区史』）。大阪市制七十周年記念として文学碑が建立され、折口の随筆の一節が刻まれている。〔吉村〕

加守町《かもりちょう》（岸和田市）
古代の掃守郷《かにもりごう》に由来し、掃守連《むらじ》氏に関わる地名といわれる。海神の女《むすめ》の豊玉毘売命《とよたまひめのみこと》が海浜で彦瀲命《ひこなぎさのみこと》（神武天皇の父）を出産する際、掃守連の遠祖天忍人命《あめのおしひとのみこと》が箒を作って産所周りの蟹を払ったことから、後に蟹守を称し、宮殿の掃除を職掌としたという（『古語拾遺』・『新撰姓氏録』）。鎌倉期以後は加守郷と表記されることが多い。加守町一丁目から三丁目ま

である。〔山中〕

萱島《かやしま》（寝屋川市）

江戸時代に寝屋川の中洲を新田開発した萱島流作新田の地、河内国讃良《ささら》郡に属した。新田は、享保二十年（一七三五）に南寺方村《みなみてらかたむら》庄右衛門が開発着手、元文三年（一七三八）伊勢桑名出身の長嶋七郎兵衛兄弟により完成。萱島流作新田は検地後新田村として掌握され、明治二十二年（一八八九）寝屋川村の大字となる。明治四十三年（一九一〇）新田を取って萱島流作と改称、昭和十八年（一九四三）寝屋川町、同二十六年（一九五一）寝屋川市の一部となる。地名の由来は、川中にあるカヤの生い茂った島（『寝屋川市誌』）だからという。〔尾崎〕

萱野《かやの》（箕面市）

箕面市のほぼ中央に位置し、西国街道が横断している。「栢野」と記載している文献もある。元暦元年（一一八四）九月日の「垂水西牧萱野郷百姓等解案」（『春日神社文書』二）に「垂水西御牧萱野郷百姓等解」と記されているものが初見。萱野の地名は、平安時代から郷名として見られ、江戸時代においては白島《はくのしま》・西宿《にしじゅく》・芝・今宮・東稲・西稲・石丸の七か村の共同体を萱野郷、これに外院《げいん》・如意谷《にょいだに》・東坊島《ひがしぼうのしま》・西坊島の四か村を加えた共同体を萱野谷と称した。また、この十一か村を萱野十一か村と称し、中世以来の共同体名として江戸時代の文書に数多く用いられている。また、近代行政村においてもその郷名を村名として継承している。現在萱野の範囲は、萱野十一か村の芝村のあたりに位置している。〔西田〕

萱振《かやふり》（八尾市）

弘安元年（一二七八）九月二十日付の円覚上人導御の「持斎念仏人数目録」（『清水寺文書』）に「萱振郷」とあるのが地名の初見である。室町期に入ると、萱振村の中に本願寺末の恵光寺が創建され、大坂本願寺以前の大坂御坊時代の与力寺院「大坂六人坊主」のひとりとして恵光寺住持賢心がみえる。その後、天文七年（一五三六）に証如の外祖父蓮淳の孫、延深が入寺し、河内の本願寺門徒の有力寺院に成長した。この時期、萱振には河内下郡代であった萱振賢継の本拠があり、米銭充満して国中の果報と呼ばれたという（『興福寺大般若経（良尊一筆経）奥書』）。萱振寺内町の経済力をうかがわせる。なお、この史料の含め、萱振は「カイホリ」と呼ばれており、中世までは、この呼び方が一般的であったと考えられる。織田信長と本願寺が戦った石山合戦では、萱振は本願寺方の最前線となった。近世では、在郷町としての発展はないが、在郷商人は散見された。地名の由来は、『和漢三才図会』に当村午頭天王社（現、加津良神社）の祭日に萱を束ねて松明《たいまつ》になし、数十を振り行くため、村名となったとする。

〔小谷〕

*唐居《からい》（東成区）

神功皇后が建てたと伝えられる外国要人用の迎賓館「難波館《なにわのむろつみ》」が、この地域を中心とする一帯にあったという伝承による。もとは東区中本大字中道のうち、字唐屋敷・唐居殿・唐屋敷黒門と呼ばれた地域を唐居町と称した。明治二十八年（一八九五）に開設された玉造駅、その後の日之出商店街の南伸によって発展を遂げた。昭和十八年（一八四三）、一部を天王寺区に編入、同四十五年（一九七〇）に東小橋一～三丁目と変更になる。

〔荒武〕

空清町《からきよちょう》（天王寺区）

昭和四十年（一九六五）に空堀通と清堀町が合併し、現在に至る町名である。両町から一文字ずつを採って命名された。空堀通は当地にあった大坂城の惣構堀《そうがまえぼり》が水なしの堀であったことにちなむもので、昭和十八年（一九四三）からの町名であった。一方、清堀町は清水谷と、当地周辺にあり堀村と俗称された吉右衛門肝煎地から、それぞれ「清」と「堀」をとって命名され、当初、明治十五年（一八八二）に村名として成立したが、昭和十八年に天王寺区の町名として誕生した。

〔大澤〕

唐国町《からくにちょう》（和泉市）

『新撰姓《しょう》氏《じ》録《ろく》』にみえる韓国連《からくにのむらじ》の居住地であったことにちなむ。韓国連は平安後期に松尾川上流の春《はる》木《き》へ本拠を移し春木荘一帯（春日社興福寺領）の開発を進めた。一方、唐国は、在庁官人仲原氏によって再開発が進められ、十四世紀段階で二十七町余の水田を有していた。仲原氏は刀禰《とね》として再開発を主導したが、建長四年（一二五二）、刀禰職は横山の岡を本拠とする岡氏の手に渡った。同年、唐国村の百姓との連名で置《おき》文《ぶみ》が作成されて、農作業や年中行事の負担をめぐって細かい取り決めがなされた。また、置文は唐国の妙《みょう》楽《らく》寺の蔵に保管し、蔵の扉には封をつけ、開く際は百姓と刀禰の双方が立ち会うことも確認している。岡家は、近世には大庄屋を務めた。また、妙楽寺には、明治五年（一八七二）六月十五日、堺県十四学区の郷学《ごうがく》分校が設置された（現北松尾小学校）。明治二十二（一八八九）年には北松尾村の大字となり、村役場が置かれた。

［森下］

唐崎《からさき》（高槻市）

唐崎は『古事記』神武天皇の段に見える「訶夫羅《かぶら》前《まえ》」が転訛したもの、あるいは古代に唐などの船が入津したことに由来するという伝承がある（「唐崎村村誌」）。唐崎浜は江戸時代には淀川舟運の河港として栄え、寒天の原料天草などが荷揚げされ、酒・寒天などが積み出されるとともに、この地域の幕領からの年貢米津出しの中心でもあった。唐崎のつく現行町名は、唐崎・唐崎北・唐崎南・唐崎西・唐崎中がある。

［飯沼］

烏ヶ辻《からすがつじ》（天王寺区）

地名としては、明治二十一年（一八八八）発行の『大阪実測図』（内務省地理局、大阪府）に「東・西烏ヶ辻」が字名として確認できるのが初見か。その後、明治三十三年（一九〇〇）に南区の天王寺烏ヶ辻町が誕生。大正十四年（一九二五）には天王寺区の烏ヶ辻町となり、さらに昭和五十六年（一九八一）には烏ヶ辻と改称して現在に至る。この地名は、かつてこの近辺には桃林が広がり、烏が群生していたことに由来するという（『大阪史蹟辞典』）。

［大澤］

空堀町《からほりちょう》（天王寺区）

豊臣秀吉は大坂城の防備を固めるため、文禄三年（一五九四）、その最も外側の防御ラインとして惣《そう》構《がまえ》堀《ぼり》を設定した。大坂城の南方では上町台地の開析谷を利用する形で、現在の空堀商店街の南側を東西に伸びている。この堀は水をたたえていなかったため空堀と呼ばれ、慶長十九年（一六一四）の大坂冬の陣の講和後、徳川方によって埋められた。空堀町や空清《からきよ》町《まちょう》はこの空堀跡にあたる。この空堀にちなむ天王寺区空堀町は昭和四十年（一九六五）以来の町名である。

［大澤］

*唐物町《からものまち》（中央区）

船場の中央付近に位置する町である。四十間四方の正方形を基本とする船場の街区にあって、この町は南北がかなり狭く、周囲とは異なった経緯で成立したことがうかがえる。町名からは唐物屋が集まっていたことが想像できる。ところが、江戸時代の記録（『難波丸綱目』）によると、この町には将棋駒・革細工・皮足袋屋・馬道具職人・兜羅袋足袋・白粉師釜元・江戸積蠟燭問屋・剣先船組頭など多様な職種の者が居住していたことがわかるが、唐物屋に関する記載は見られない。また、『摂津名所図会』では伏見町にあった唐高麗物屋を挿図つきで紹介しているが、唐物町については特に記すところがない。このように同町が「唐物町」と呼ばれるにふさわしい由緒は記録されていないのである。もともと何らかの由来があったのかもしれないが、時代が進むにつれてその色合いが薄れていったということなのであろうか。昭和三十六年（一九六一）の中央大通拡幅に伴って町域の大部分が道路となり、のちに町名も姿を消した。　［豆谷］

苅田《かりた》（住吉区）

坂上苅田麻呂が住んでいたともいわれるが定かでなく、古代の耕地開発にちなむと推定される。文明三年（一四七一）十月付の「摂津五箇庄内我孫子屋次郎跡坪付注文」（『大徳寺文書』一二二九）の内、五箇庄内の田地を列挙した中に「苅田畠」「苅田内」とみえる。苅田（刈田）とは、一般に稲を刈り取った後の田を指すが、鎌倉時代以後は合戦時に敵方の田の稲を不法に刈り取る狼藉行為を指すようにもなった。「かつた」とも読むことから「勝田」の字をあてることもあった。　［宮本］

雁屋《かりや》（四条畷市）

元は、四條畷市南野の一部であったが、昭和四十九年（一九七四）雁屋北町・雁屋西町・雁屋南町となる。雁屋は南野村を構成する一集落であり、寝屋川水運の船着場である雁屋浜があった。在郷剣先舟を所持し昭和七年（一九三二）まで舟運にたずさわる家があった。雁屋の地名は雁屋浜に由来するらしいが詳細は不明。　［尾崎］

雁多尾畑《かりんどおばた》（柏原市）

柏原市の北東部に位置する。難解地名の一つ。河内国と大和国を結ぶ竜田《たつた》道が集落を通る。集落の南西には鉱山・製鉄の神である式内金山媛神社が鎮座する。当地にある光徳寺が南都北嶺の戦いで「雁林堂《かりんどう》」一宇のみが焼け残り、これが地名の由来となったという説がある。真福寺の鐘銘にみえる「河内国大方郡雁多尾新福寺鐘」（乾元二年〈一三〇三〉）が初見である。　［別所］

軽里《かるさと》（羽曳野市）

近代までは「軽墓」と称したが、それは日本《やまと》武《たけるのみこと》尊の「仮の墓」が転じたとか（平凡社『日本歴史地名大系28　大阪府の地名』）、文武天皇の臣下の軽の大臣の墳墓に求める（『河内鑑名所記』）考えもあるが、定かではない。初見は元亀元年十一月三日付「遊佐信教書状」（武富保一氏所蔵文書）。地区内の西端、峰塚古墳の西側に「伊岐谷」があり、近世初頭まで「伊岐宮」（現在の古市の白鳥《はくちょう》神社）があった。『河内鑑名所記』によれば、白鳥神社は「雪の宮」とも「白鳥の宮」とも称して「やまとたけるの尊鷺になり飛びたまひし」と伝えている。明応二年（一四九三）三月二日の『蔭涼軒日録』によれば、「ゆきのみや　にしの浦のそば」とみえる。なお、白鳥の地名は、記紀にみえる日本武尊の白鳥伝説によるものである。現在の軽里一～三丁目、翠鳥園《すいちょうえん》、栄町、白鳥《はくちょう》一丁目の範囲である。

［中山］

川勝町《かわかつちょう》（寝屋川市）

もとは秦《はだ》村、国松村の一部。地内に江戸時代初期のものと思われる秦河勝五輪塔があり、昭和四十八年（一九七三）これを由来に川勝町となる。この五輪塔の地輪四面には各面一〇行合計四七四文字の銘文があり、秦《はた》氏の末裔が慶安二年（一六四九）に建碑したことがわかる。銘文によれば、もとはここに基壇をめぐらす立派な五輪塔が建っており、そこには銘文が刻まれていたが、豊臣公（秀吉）が文禄堤を築造するために五輪塔の石も持ち去り、淀川の堤防に埋めてしまったので、後に子孫が旧記を写して再建したものだという。寝屋川市秦には秦氏の末裔とする家があり、そこには「秦河勝廣隆卿略伝」という略伝が遺されている。これには、末尾に五輪塔銘文と同じ内容の文章が記されている。これとほぼ同じ内容の日野資茂《すけしげ》（一六五〇～一六八七）の書写になる略伝が『先代御便覧』（全二八冊のうち第一九冊）として宮内庁書陵部に存在する。ただし、これには五輪塔銘文部分が記されていない。また、銘文にある慶安二年は日野資茂が生まれる前であるから某家本を写して『先代御便覧』に収載したとは考えられない。ともに別の親本の存在が想定されるが、少なくとも秦河勝の子孫と称する人が江戸時代初期から当地にいたことは疑いない。

［尾崎］

*川上町《かわかみちょう》（福島区）

現在の吉野一丁目にあった町。明治初頭、西成《にしなり》郡浦江村の一部であったが、明治二十二年（一八八九）鷺洲《さぎす》村の大字浦江の一部となった。大正十四年（一九二五）大阪市に編入され、西淀川区浦江町の一部となり、昭和三年（一九二八）川上町となった。昭和三十六年（一九六一）川上町の一部は海老江《えびえ》上一丁目・鷺洲南二丁目の各一部となった。町名の由来は井路《いじ》川の上流部に位置したためとの見解がある（『大阪の町名』下）。〔吉田洋〕

＊川岸町《かわぎしちょう》（此花区）明治三十三年～昭和五十年（一九〇〇～七五）まであった町名。町名は、安治《あじ》川右岸の川岸に町域が位置したことに由来する。当町は明治初頭、西成《にしなり》郡南新田・春日出《かすがで》新田の各一部であったが、明治三十年に大阪市に編入され、同三十三年に川岸町となった。大正十四年（一九二五）に此花《このはな》区に編入され、翌年、川岸町一～三丁目となった。昭和五十年、桜島一～二丁目・島屋《しまや》六丁目・春日出南三丁目の一部となった（『大阪の町名』下）。〔吉田洋〕

河北《かわきた》（寝屋川市）かつての河内国讃良《ささら》郡に属す。宝永年間（一七〇四～一一）、深野池の池床を河内屋源七が干拓し新田開発した地で、同人が別に開発した河内屋南新田に対して河内屋北新田と称した。明治二年（一八六九）に河北村となり、明治二十二年寝屋川村の大字となる。昭和十八年（一九四三）寝屋川町、同二十六年（一九五一）に寝屋川市の一部となる。地名の由来は河内屋北新田を略称して河北と称したことによる。〔尾﨑〕

川口《かわぐち》（西区）区の北西部に位置する。中之島の北側を流れる堂島川と、南側を流れる土佐堀川が中之島の西端で合流し、九条島によって安治《あじ》川と木津川に分流する。その島の先端部分を川口という。江戸時代には中之島方面に通行する船舶を監視するための船番所が置かれ、また船手奉行の屋敷および与力・同心の家宅もあった。明治維新に際し、川口には居留地が置かれ、川口居留地と称された。明治三十二年（一八九九）に居留地が撤廃されたあと、大阪市西区に編入された。当時、居留地のほかに富島町・古川町・梅本町・本田《ほんでん》一番町～三番町が雑居地になっていたが、現在は川口一～四丁目となっている。〔堀田〕

＊川口《かわぐち》（淀川区）村名は、昔淀川の河口にあったためとされているが詳細は不明である。中津川の右岸にあり、対岸の本庄村との間に川口渡（本庄渡）がある。正保年間（一六

四四～四八）以降延宝四年（一六七六）までに川口新家村が分村独立した。明治二十九年（一八九六）の淀川改修工事で村域のほとんどが新淀川の川敷となったため、住民は西中島村大字南方へ移住したが、引き続き「川口」を称した。明治二十二年（一八八九）には南方・西・山口などとともに西中嶋村になった。［上田］

*川崎《かわさき》（北区）

北区の南東部の一帯。大坂三郷天満組の北東部で、大川が東に湾曲して南下する西岸の張り出した一帯を指す地名。地形に由来する地名と考えられる。もともと川崎村としてあったものが、十五世紀末の天満寺内町の建設に伴って集落部分が市街地化したと考えられる。江戸時代以降も二百八十二石あまりの畑地があった。大川西岸周辺には、江戸時代に御蔵、材木蔵、破損奉行屋敷、町奉行所与力・同心屋敷、川崎東照宮などが置かれた。この周辺は明治八年（一八七五）に新川崎町となった。すでに明治五年（一八七二）に天満一丁目は川崎町となっていた。また、明治六年（一八七三）には市街地周辺の川崎村領が市街地に編入され、末広町・大工町・天神橋筋・富田町・西堀川町・木幡町の一部となった。［八木］

*河内《かわち》（東大阪市）

律令制下の国郡名。天平宝字元年（七五七）までは和泉国を含んだ。旧枚岡市域が河内郡に相当する。府藩県三治制下の明治二年（一八六九）に河内県が置かれたが、同年に堺県に編入され消滅した。東大阪市中部の旧市名。昭和三十年（一九五五）に中河内郡盾津町・玉川町・英田《あかだ》村・三野郷《みのごう》村、若江村が合併し河内市が成立した。同時期に枚岡市が市制を開始し、本市域から中河内郡の名称がなくなった。現在、東大阪市東部に河内町がある。令国制下の河内国は大阪府東部を占め、国府は現在の藤井寺市国府《こう》に、国分寺および国分尼寺は柏原市国分に置かれた。河内国では淀川や大和川の分流（長瀬川、玉串川など）、寝屋川、石川などの諸河川が河内平野中央部に向かって流れていた。地名は国中を幾筋もの河川が流れる「川の地」であったことに由来すると考えられ、旧国内には水辺を連想させる地名や和歌、治水にまつわる寓話が数多く残っている。河内平野には約三千年前までは大阪湾とつながる内海があり（『大地のおいたち―神戸・大阪・奈良・和歌山の自然と人類』）、古代には茨田《まんだ》池、中世には廣見《ひろみ》池、近世には深野《ふこの》池および新開《しんかい》池としてその名残をとどめていた。河内の確実な初見は隅田八幡宮（和歌山県橋本市）所蔵の人物画像鏡の金石文にみえる「開中費直《かわちのあたい》」であり、この鏡は五〇三年に斯麻《しま》（百済国武寧《ぶねい》王）が男《お》弟《おと》王（のちの継体天皇）の長寿を祈念し、開中費直らを遣わせ、作らせたという。開中費直は『三国史記』「百済本紀」にみえる「加不至費直《かふちのあたい》」、『日本書紀』にみえる伽耶《かや》系技術者集団の「西漢才伎《かわちのあやのてひと》」、「凡河内《おおしこうちの》直《あたい》」、「河内馬飼直《かわちうまかいのあたい》」、「川内連《かわちのむらじ》」などと同族あるいは枝族と考えられる。考古学的には五世紀半ばに生駒山西麓や石川流域で突如として渡来系の集落が多数出現するが、この時期が河内古市を本拠とした西漢才伎の渡来時期と一致し、興味深い。河内町字河内寺《こんでら》にあった河内寺は河内氏の氏寺であったとみられ、発掘調査により七世紀後半から十二世紀にかけて存続したことが明らかになっている。河内寺が河内郡の郡衙《ぐんが》機能を備えていたという説があるいっぽう、東高野街道（南海道）と暗越《くらがりごえ》奈良街道の交差点付近（南荘町・箱殿町）にある鬼塚遺跡では、奈良時代から鎌倉時代にかけての多数の建物跡や墨書土器が確認されていることから、こちらが郡衙であるという説もある。［別所］

河内長野市《かわちながのし》（河内長野市）

大阪府の南東端に位置する。昭和三十四年（一九五九）、南河内郡の一町五村が合併し、市制を施行した時に中心である長野町を採用し、かつ中部地方の長野市との混同を避けるため、旧国名の河内を冠した。なお、長野の地名は「山塊記」保元三年条に見える。→長野 ［堀田］

*河内町《かわちまち》（北区）

江戸時代から昭和五十三年（一九七八）までの町名。江戸時代は大坂三郷天満組に属した。明暦元年の「大坂三郷町絵図」では東木挽町とある。『北区史』によると、河内の人が大川を渡ってここで商売をしたことからついたという。現在の東天満一〜二丁目、天満四丁目に含まれる。［八木］

*川西町《かわにしまち》（東成区）

現在の東成区中道三丁目の一部の旧町名。区の範囲の変更により、中央区から現在は東成区に含まれる。上町台地の東縁を北流していた旧猫間川《ねこまがわ》の西岸に位置することから生じた地名と考えられる。宝永元年（一七〇四）に付け替えられる以前の大和川は、上町台地の東をいくつも分流しながら北に向けて流れていた。

猫間川はそのうち最も西寄りを流れていた。また、室町時代の記録に見える荘園「河西荘」が同地にあったとも考えられている（『角川日本地名大辞典27　大阪府』）。〔豆谷〕

*河原町《かわはらちょう》（浪速区）

黒門市場本通から難波本通あたりを東西に流れる溝があり、その溝の両側が河原になっていて、北の磧《かわら》・南の磧と称していたことに由来するという。北部を含む大部分は、浪速区から南区に再編入になった。戦前には大阪松竹少女歌劇団の本拠地だった大阪劇場（大劇）があり、アルバイトサロン（アルサロ）の元祖などが入店していた。南海電車の難波駅にも近接していることから、劇場、映画館、飲食店、風俗店などの出店が相次ぎ、南の一大歓楽街として栄えてきた。現在、北部の一区画は中央区となっている。〔吉村〕

河堀町《かわほりちょう》（天王寺区）

北河堀町と南河堀町に分かれる。ともに明治三十三年（一九〇〇）に南区の町名として誕生した。大正十四年（一九二五）までは天王寺を冠したが、同年、天王寺区の発足とともに現町名となって現在に至っている。堀越町同様、その名は延暦七年（七八八）に和気清麻呂《わけのきよまろ》が河内平野から西方の海へ河内川の新流路として開削しようとした堀川に由来する。その名は「川堀村」としてすでに十五世紀に確認できる（「天王寺金堂舎利講記録」）。明治二十一年（一八八八）には「河堀」と「北河堀」の字名が確認できる（内務省地理局、大阪府「大阪実測図」）。〔大澤〕

河原城《かわらじょう》（羽曳野市）

元弘の乱の頃に楠木正成の武将河原弘成が築いた河原城に由来すると伝えられる。現在の丹比《たんぴ》小学校の南側一帯に「城山」「城ノ前」「城ノ北」「城ノ下」などの小字地名があり、この付近に城跡が想定される。〔中山〕

瓦町《かわらまち》（中央区）

大坂市中には「瓦」を用いた町名が二つある。一つは船場にある瓦町、もう一つは上町にある瓦屋町である。このうち瓦屋町は、瓦大工の棟梁であり大坂三町人の一人に数えられた寺島家ゆかりの場所である。しかし、瓦町の方はそうした事実は知られていない。江戸時代の当町には、角細工商や戸棚屋、湯風呂細工職人、戸障子商、襖骨商など建築に関係する商工業者が多かったという（『角川日本地名大辞典27　大阪府』）。しかし、瓦を扱う商人・職人がいたという記述はなく、町名との関係もわからない。なお、『言経卿記《ときつねきょうき》』天正十五年（一五八七）の記事に「瓦町」の名がみえる。船場は慶長三年（一五九八）以後に大坂城の城下町として整備が進んだとされるが、この記事が現在の瓦町と同じ場所を指しているとすれば、本格的な開発以前に町が成立していたということになる。［豆谷］

瓦屋町《かわらやまち》（中央区）

町名は、この地が瓦職人の集住地、かつ生産拠点であったことに由来する。この地では、瓦づくりに適した良質な土が採取され、四天王寺にも近い立地であることから、伝統的に瓦づくりの盛んな場所であった。江戸時代になると御用瓦師を務めた寺島家を筆頭に、瓦の一大産地となっていった。寺島家は紀州根来《ねごろ》の出自とされるが、のちに四天王寺に移り瓦づくりに従事した。豊臣秀吉に仕えて大坂城の瓦生産にも携わったが、大坂の陣では徳川家康に味方し、その功績をもって名字・帯刀を許され大坂三町人の一人に任じられ、瓦の土取場として広大な土地を与えられた。これが現在の瓦屋町の起こりである。近年の発掘調査で、瓦生産以外に陶磁器やベンガラ生産、鋳物など金属加工に関わる多様な資料が見つかった。それらから、当町が江戸時代の大坂における加工業の中心地であったことがうかがえる。［豆谷］

菅栄町《かんえいちょう》（北区）

区の東部に位置する。もとは北区国分寺町のうち、昭和十八年（一九四三）の大淀区分区のとき北区に残った部分が昭和十九年（一九四四）に菅栄町とされた。菅原道真ゆかりの地ということで菅栄町と名付けられたが、南の紅梅町に対して白梅町とする案もあったようだ（『北区誌』）。［八木］

神前 →こうざき（貝塚市）

神崎町《かんざきまち》（中央区）

江戸時代初期に伏見町人の移住により成立した町で、もとは南聚楽町といった。町内に朝日神明社があり、町名はこの社の「さき」に位置することに由来するという。朝日神明社は別名「逆櫓社《さかろのやしろ》」とも呼ばれる。源平合戦の時に平家追討のため出発しようとした源義経と梶原景時との間で撤退を前提とした「逆櫓」の是非をめぐって論争が起こった一件で、義経が戦勝を祈願したと伝えられる。現在では神社はこの地にな

いが、地名は今でも引き継がれている。〔豆谷〕

＊勘助町《かんすけちょう》（浪速区）　江戸時代初期に困難を極めた木津川《きづがわ》開発を請け負い、さらに寛永年間（一六二四～四四）に畿内一帯を襲った大飢饉に際して、幕府の蔵米を開いて救民を行ったという伝承のある中村勘助の名に由来し、かつて木津勘助町一～三丁目と称された。二丁目には浪速区で最古刹《こさつ》の願泉寺《がんせんじ》と二番目に古い唯専寺《ゆいせんじ》がある（『大阪府全志』二）。願泉寺は小野多嘉丸義持《おののたかまるよしもち》（小野妹子《おののいもこ》の子）が創建し、はじめ無量寿寺《むりょうじゅじ》と称していた。建立は四天王寺建立直後という古刹で、枯山水の庭園は大阪府の名勝に指定されている。また、唯専寺は、用明天皇の時代に天種子命《あめのたねこのみこと》の末裔にあたる迹見赤摂《とみいちひ》が、草庵を構えたのが始まりと伝えられ、のちに光重《こうじゅう》（三十三世）が蓮如上人の弟子となって坊舎を建立、天正七年（一五七九）に唯専寺の号と安阿弥《あんあみ》作の木像を授与された。明治四十四年（一九一一）には本山から由緒寺として認められ、境内には梵鐘や木津（中村）勘助の墓がある（『浪速区史』）。〔吉村〕

菅相塚町《かんそうづかちょう》（寝屋川市）　もとは、寝屋川市郡《こおり》の一部であったが、昭和四十二年（一九六七）に菅相塚町となる。当地は、京阪香里園《こうりえん》駅の東一キロメートル弱の高台で枚方市と境を接しているが、ここに古墳があったとする（『寝屋川市誌』）。地名の由来は、菅原道真が大宰府へ赴く際に当地へ立ち寄り、信任厚かった宇多上皇の尽力により左遷中止の使者が来ないかと京都の方を見ていた（『寝屋川市西北地域史　鞆呂岐』）場所だからという説がある。地名としての菅相塚は江戸時代にも見出せず、また当地の古墳状の高台をいつ頃から「菅相塚」と呼んでいたのかも含め詳細は不明。〔尾﨑〕

神田　→こうだ（池田市）

神立　→こうだち（八尾市）

＊神田町《かんだちょう》（浪速区）　かつて難波を冠称しており、西道頓堀川と鼬《いたち》川を南北に結ぶ用水路を挟んで東西二町で構成される南北に長い町並みであった。東神田町は町内を明治二十二年（一八八九）開通の大阪鉄道（現JR関西本線）が縦貫しており、西神田町の三方には水路が張り巡らされており、鼬川を挟んで南側には三島町があった。現在

は塩草《しおくさ》と称しており、JR関西本線の地下化に伴い、道路をはじめ街区整理が行われ、一部が公園施設なっている。［吉村］

神内 →こうない（高槻市）

観音寺町《かんのんじちょう》（和泉市）

村内の浄土宗観音寺にちなむ。建武五年（一三三八）七月十六日付の「日根《ひね》野道悟《のどうご》軍忠状」によれば、同年五月二十二日、観音寺城・箕形《みがた》城に引き籠もった南朝方を、道悟が攻撃したという。元禄九年（一六九六）の「泉邦四県石高寺社旧跡并地侍伝」に、「此村南山之上に古城跡あり、何時何人之居城と云事不知」とあり、近世前期には観音寺城跡が存在していたことがわかるが、現在、その場所は不明である。［森下］

上牧《かんまき》（高槻市）

古代の淀川右岸に存在した上中下の三つの牧のうち、上ノ牧に由来するとされる（『大阪府全志』三）。近世初頭の上牧村は烏丸《からすま》家領と高槻藩領との入組支配。その後は井尻村などを分村するとともに入組支配が進み、最終的には烏丸家領と旗本鈴木家領・美濃加納藩領の三給となった。明治二十二年（一八八九）、近隣六か村と合併して五領村の大字となり、昭和二十五年（一九五〇）には高槻市と合併した。この間の昭和九年（一九三四）には新京阪鉄道（現在の阪急京都線）の上牧桜井（現在の上牧）駅が開設された。上牧のつく現行町名には、上牧・上牧町・東上牧・上牧北駅前町・上牧南駅前町・上牧山手町がある。［飯沼］

木川《きがわ》（淀川区）

明治十六年（一八八三）十一月木寺村と川口新家村が合併した際に、両村の頭文字を合わせて村名とした。木寺村の南部には能勢街道（池田道）が通っているが、中津川対岸の光立寺《こうりゅうじ》村との間には渡しがなかった。明治六年（一八七三）木橋が架けられたが、同二十九年淀川改修による川幅拡張で渡しになった。川口新家村は川口村の属邑で、川口新田村・新田とも呼ばれ、正保年間（一六四四～四八）以降延宝（一六七三～八二）初年までに川口村から独立した。現在は木川西之町・東之町がそれぞれ一～六丁目まである。［上田］

私部《きさべ》（交野市）

古代に后妃のために置かれた后部《きさいべ》に由来するといわれるが、その実態は史料もなく不明。交野郡のうち天野川左岸一帯は、中世には石清水八幡宮領の大交野荘となるが、右岸の私部もいつしかそこに組み込まれるようになった。戦国時代になると、私部の住人たちは石清水八幡宮に対して自立的な動きをみせるようになり、次第にこの地域の中心的な場となっていく。その後、北河内の有力領主であった安見氏は、織田政権下に属するとその権威を背景に私部を掌握して交野城を築き居城とした。さらに城下には、室町将軍家の祈願寺で勅願寺でもあった光通寺や、交野郡における浄土真宗の中心的な存在となる無量光寺なども組み込まれた（『史敏』六）。江戸時代になると、当地の北田家は旗本畠山氏の代官を勤めた。同家の家屋は国指定の重要文化財となっている。なお、私部の歴史を語る際にしばしば引用される「安見家系譜」や「北田家系譜」は、江戸時代後期に創られた椿井文書という偽文書である（『ヒストリア』一九四）。〔馬部〕

岸里《きしのさと》（西成区）

区の中央部に位置する。北は花園南二丁目に接する。交通の要所であり、東の境界を南海本線が通り、北東に天下茶屋駅（天下茶屋三丁目）、南東方に岸ノ里駅（玉出東一丁目）がある。二・三丁目の境界は南海高野線が通る。西の境界は国道二十六号（地下は地下鉄四つ橋線）が通り、一丁目に地下鉄四つ橋線の岸里駅がある。一丁目の北東部はかつて南海電鉄天下茶屋工場が占めていた。国道沿いは官公庁・会社が並び、それ以外は商店と住宅が混在する。最近では大阪フィルハーモニー会館があることで知られている。地名の由来については、古代の新羅系渡来士族難波《なにわの》吉士《きし》が居住しており、吉士が岸に変化したという説がある。また、海辺（岸）にある里から、岸里になったとする説もある。岸の松原といわれたことによるともいう。岸里《きしのさと》東《ひがし》は区の南東部に位置する。北は天下茶屋三丁目に接する。交通の要所であり、南海本線が西境界を、南海高野線が南西境界を、阪堺阪堺線が東境界を走る。北境界の道路は歴史の散歩道。付近の天神の森は千利休の師である武野《たけの》紹鷗《じょうおう》が茶室を構えたところで、紹鷗の森と呼ばれる。豊臣秀吉が住吉大社参詣の途、休息した茶屋といわれ、天下茶屋跡の碑が建つ。〔古川〕

岸部北《きしべきた》（吹田市）

明治二十二年（一八八九）、町村制施行により成立した岸部村が町名のもとになっている。昭和五十年（一九七五）の町名変更で、旧村の五大字（東・南・

吉志部・小路・七尾）と佐井寺・片山・山田下の錯雑地が岸辺北一～五丁目となった。旧岸部村の主要部を区域に含むことから町名に岸部を冠したと思われる。『摂津志』村里条に「吉志部属邑六」とあり、もとは吉志部村だった。長寛二年（一一六四）付「藤井貞宗申状」に「垂水東御牧吉志部村」とあるのが、「吉志部村」の初見で（「兵範記紙背文書」）、中世から近世にかけて千里丘陵南東部から神崎川右岸に広がる地域を占めていた。現在の岸部北四丁目に吉志部神社があり、現在は神社と市立博物館および周囲が紫金山公園になっている。天照大神《あまてらすおおみかみ》含め七祭神を祀り「七社明神」といわれた。社伝には崇神《すじん》天皇の時代に大和から奉遷して大神宮と称し、明治三年（一八七〇）に現在の社名に改めたのだという。「吉志」の名は『新撰姓氏録』にみえる渡来系氏族、吉志氏によると考えられ、吉志部神社との関係が指摘される。地区内には旧石器から縄文時代の吉志部遺跡のほか、吉志部神社瓦窯跡群・釈迦ケ池窯跡群・七尾瓦窯跡の古代瓦窯群が集中している。大阪高槻京都線と交差して南北に亀岡街道が通り、これに沿って早くから集落が形成され、岸辺村の役場庁舎は小路に置かれていた。現在はＪＲ京都線岸部駅の北西側で、大阪高槻京都線と名神高速道路・府道一三五号線など主要道路に囲まれている。もと岸部村五大字のうちで岸部を冠する町名は、ほかに岸部中（一～五丁目）、岸辺南（一～三丁目）がある。

〔石原〕

*岸松通《きしまつどおり》（西成区）

町名の由来は、昔当地が海浜に当たり、付近の松原を「岸の松原」と呼び習わしたとの伝承に由来する（『大阪の町名』上）。明治当初、西成郡勝間《こつま》村の一部であったが、大正四年（一九一五）十一月玉出町の一部となった。大正十四年四月一日大阪市に編入され、西成郡玉出町となった。昭和二年（一九二七）一月一日、岸松通一～三丁目となった。昭和四十八年（一九七三）十一月に天神ノ森二丁目・玉手東一～二丁目の各一部となった。

〔古川〕

岸和田《きしわだ》（門真市）

永暦二年（一一六一）正月日の後白河上皇院庁寄進状案（『平安遺文』三一一三）にみえる荘園名で、皇室祈願社領であった。室町期には本所が妙法院、領家職が北野社であった。近世では岸和田村、明治二十二年（一八八九）には四宮村の大字となり、昭和三十一年

（一九五六）には門真市の、同三十八年からは門真市の大字。平成十三年（二〇〇一）に岸和田と北岸和田に変更された。［橋本］

＊岸和田 きしわだ （岸和田市） 岸和田の称は、延元二年（一三三七）三月の岸和田治氏軍忠状案（「和田《みきた》文書」）が、人名としてではあるが初見で、同時期に岸和田定智・同快智の名も現れる。地名としては、応永七年（一四〇〇）九月に足利義満が岸和田荘半分を石清水八幡宮寺へ寄進した寄進状（「石清水菊大路文書」）が初見。建武年間（一三三四～三八）にそれまで岸と呼ばれていたこの地に、楠木一族の和田高家が築城し、高家が岸の和田殿と呼ばれたことに由来すると一般に説明されているが、これは元禄十三年（一七〇〇）刊行の石橋直之『泉州志』以後に唱えられた説で、史実かどうか確認できない。一方、荻生徂徠は「岸の湾《わんど》」が転訛したものと解釈したという（『拾遺泉州志』）。戦国期以後、城下町として発展した。大正十一年（一九二二）に旧城下町と周辺部分が岸和田市となり、その後、周辺町村と合併を重ねて現在に至っている。［山中］

木田 きだ （寝屋川市） かつての河内国讃良《ささら》郡に属す。寝屋川と讃良川に挟まれ、囲堤防をめぐらす輪中の中にある湿田地であった。輪中地を縦横に通じる井路を在郷剣先船や肥船が行き来し、舟運の発達したところである。江戸時代を通じて木田村、明治二十二年（一八八九）寝屋川村の大字木田となり、昭和十八年（一九四三）寝屋川町、同二十六年に寝屋川市の一部となる。地名の由来は、幸田《さきた》の転訛したものとする（『寝屋川市誌』）が詳細不詳。［尾崎］

北区 きたく （大阪市） 大阪市の淀川以南大川北に位置する。江戸時代は大坂三郷の天満組であったが、明治二年（一八六九）六月二日に三郷が廃止され、東大組・南大組・西大組・北大組に区分され、当地は北大組に属した。その後第四大区と改められたが、明治十二年に北区となった。大阪市制施行時にそのまま大阪市北区となった。［堀田］

北区 きたく （堺市） 堺市のやや北東部に位置する。平成十八年（二〇〇六）に政令指定都市になった時に、市の北部に位置するこ

とからつけられた。［堀田］

北島《きたじま》（住之江区）北島一～三丁目と新北島一～八丁目に分かれる。区の南東部に位置する。南は大和川、北は住之江通・ニュートラム南港ポートタウン線にはさまれ、北東端に地下鉄住之江公園駅がある。もと住吉浦の寄洲。町名は江戸時代に加賀屋甚兵衛が開発した北島新田に由来する。北島の名称は開発地域を大和川の北側の北島と南側の南島に分けたことによる。新大和川河口の開発は最初大坂の多田屋徳兵衛と油屋角兵衛が享保八年（一七二三）に着手した。しかし資金難のため同十三年（一七二八）に大坂三郷の淡路町二丁目の加賀屋甚兵衛と河内国丹北郡油上村の弥五郎に開発権を譲渡した。甚兵衛と弥五郎はそれぞれ北島と南島を分担開発し、元文二年（一七三七）に甚兵衛が北島新田、宝暦元年（一七五一）には弥五郎が南島新田を完成させた（『大阪府全志』三）。なお甚兵衛は新田経営にあたって出身地の喜志《きし》村から水分神《みくまりのかみ》を勧請し高砂神社を建立した（平凡社『日本歴史地名大系28　大阪府の地名』）。南加賀屋霊園（新北島二丁目）には加賀屋甚兵衛の墓がある。明治四十三年（一九一〇）に地名から新田がとれ敷津村大字北島となり、大正十四年（一九二五）、大阪市住吉区へ編入の際、北島町となり、昭和四十九年（一九七四）に住之江区に移管された。［野高］

北庄町《きたしょうちょう》（堺市堺区）江戸時代の堺のまち（旧市域）の東部には、北から北庄《きたのしょう》村、中筋村、舳松《へのまつ》村の、堺廻り三ヵ村があった。そのうち北庄村は、現在の花田口から浅香山町あたりまでの範囲である。北庄の地名は大正十一年（一九二二）に一旦消えるが、昭和七年（一九三二）に旧村域の南西部が整備され、そこに南庄町《みなみしょうちょう》などの町が生まれる。そして、同十四年には北西部が整備され、北庄町などの町が生まれた。［吉田豊］

***北野**《きたの》（北区）北区の北西部を広く指す名称。江戸時代以前からの地名。江戸時代は西成《にしなり》郡北野村。寛正二年（一四六一）の「中嶋崇禅寺領目録」には「北野」「北野村」とみえる。また、文明期の綸旨には「摂州北野庄」とみえる。江戸時代は、大坂三郷天満組の北西に接しており、集落部分は都市化していたと考えられる。村内には太融寺や綱敷天神があり、青物市もあった。綱敷天神は菅原道真が筑紫に流される際にここの梅を愛で、船の

綱を敷いたことが名のいわれという。もとは喜多野と書いたが、これも道真ゆかりの京都の北野にならって字を改めたという。明治二十二年（一八八九）の市町村制施行により北野村となり、西成郡に属した。その後、明治三十年（一八九七）に大阪市の第一次市域拡張のときに大阪市に編入され、北区の大字となった。明治三十三年（一九〇〇）には、北野大深町・北野芝田町というように、各町に北野の冠称がつけられた。茶屋町・松本町・角田町・小松原町・高垣町・堂山町・佐藤町・東之町・西之町・太融寺町・兎我野町などである。冠称がつかなかったのは、西寺町・西梅ヶ枝町・野崎町であった。大正十三年（一九二四）に北野の冠称が廃止された。 ［八木］

北野田 きたのだ （堺市東区）

江戸時代は河内国丹南郡北野田村。明治二十二年（一八八九）から野田村の、昭和二十五年（一九五〇）から登美丘町の、同三十七年（一九六二）から堺市の大字。地名は、野田庄の北部に位置したため。野田庄は、河内国丹南郡のうちで、鎌倉時代からみえる荘園。野田の地名は、堺市東部から美原町、羽曳野市にまたがる広い地域名として『古事記』にみえる「多遅《たじ》比野《ひの》」のうち、原野の意味である「野」に由来するともいう（堺市区画整理課ホームページ二〇〇八年一月）。 ［吉田豊］

北畠 きたばたけ （阿倍野区）

昭和九年（一九三四）に住吉区住吉町の一部が、北畠中・西・東となり、昭和十八年の阿倍野区への編入を経て、昭和四十二年（一九六七）から現在の町名となる。町名は、享保十八年（一七三三）に国学者であり『日本輿地通志《にほんよちつうし》』の編者でもある並河誠所《なみかわせいしょ》が、現王寺町《おうじちょう》の北畠公園に所在する大名塚を、延元三年（一三三八）五月に阿倍野周辺の合戦で高師直《こうのもろなお》率いる幕府軍と戦い討ち死にした北畠顕家《きたばたけあきいえ》の墓と比定したことにより、当地周辺を顕家戦没ゆかりの地として顕彰し、この地に北畠の名を冠したことに由来する（『天王寺村誌』）。しかし、顕家の戦死の地については、堺市の石津《いしづ》とする説もある。また、当地には明治十五年（一八八二）に創建された北畠親房《ちかふさ》・顕家父子を祀る阿部野神社がある。 ［生駒］

北浜 きたはま （中央区）

江戸時代の大坂では、海辺ばかりではなく川岸の土地も「浜」と呼んでいた。したがって「北浜」は文字通り「北の浜」から生じた地名であろう。具体的には、船場北端の大川岸の一帯を指す地名である。『摂津名所図会大成』には、「元和寛永の頃までは、当時の今橋通の南側ばかり町家にして北は広き浜岸なり。すべて北浜とよべり」と記されている。同書では、「此地《この》は米穀および金銭・唐物・薬種・材木等の交易の大市場にて、皆仮葺《かりぶき》の小屋をかけ並べて居り。其のち漸々《おうよう》繁昌して家建《やだち》立派につくりて、梶《かじ》の木を売るところを梶木《かじき》町といひ、過書《かしょ》船の船持《ふなもち》の住る所を過書町といひしとぞ。尚追々人家建つらなりて、今橋通の北側も町家となり、又其《その》北の通も町家となれり。故《ゆえ》に北浜何丁目と号す。」と、この浜地がその後に町場になっていった過程が説明されている。一方、この地で行われた発掘調査では、大坂冬の陣（一六一四）で焼けた建物跡が発見されており、実際に町場になったのは、さらに古い時期のことであったことがうかがえる。

〔豆谷〕

北村 きたむら（大正区）

区の中央に位置し大正内海に接する。北村一～三丁目がある。昭和五十一年（一九七六）の町名改称の時に、字名であった北村を残す請願が行われ、北村が新町名となった。北村は、泉尾《いずお》新田開発者の北村家にちなんだものである。

〔堀田〕

北山町 きたやまちょう（天王寺区）

明治三十三年（一九〇〇）に南区の天王寺北山町として誕生したが、大正十四年（一九二五）の天王寺区発足に伴い北山町となって現在に至る。地名としては、明治二十一年（一八八八）にさかのぼって「字北ノ山」が確認できる（内務省地理局、大阪府「大阪実測図」）。この字名が町名として採用された。上町台地のなかでも、小高い地勢の地であったことによる地名といわれる（『大阪の町名』下）。

〔大澤〕

木津川 きづがわ（浪速区）

一、二丁目がある。大阪市西部を流れる淀川の分流の一つ木津川に沿って町割りがされていたことに由来する（『大阪府全志』二）。三丁目にあたる島を江戸時代の絵図には「月正島《がっしょうじま》」と記すものもある。木津川の名は東岸にあった西成郡の木津村に由来するとされており、江戸時代は安治《あじ》川とともに諸国からやってくる船の通路として繁盛し、「船渡し」も運行していた（『天保十三年増補　大坂町鑑』）。木津川運河、木津川橋、木津川駅など川にまつわる名称は多くあるが、かつて

難波村の領地で材木置場であった。〔吉村〕

＊亀甲《きっこう》（福島区）　堂島川の右岸に位置する。寛正二年（一四六一）「中嶋崇禅寺《そうぜんじ》領目録」にすでにその名がみられる（『吹田市史』四）。由来の詳細は不明。明治初頭、西成《にしなり》郡の野田村・上福島村の一部であったが、明治三十年（一八九七）大阪市に編入された。大正十四年（一九二五）此花《このはな》区に編入され、亀甲町一～二丁目・上福島北四丁目となり、昭和十八年（一九四三）には福島区に編入された。昭和五十年（一九七五）、亀甲町一～二丁目は玉川二丁目・吉野一丁目の一部となった（『大阪の町名』下）。〔吉田洋〕

＊絹笠町《きぬがさちょう》（北区）　区の南に位置し、堂島川に面している。江戸時代は大坂三郷天満組天満十一丁目下半町であった。明治五年（一八七二）にできた。昭和五十三年（一九七八）まであった。由来は未詳。元佐賀藩の蔵屋敷があった場所で、現在は大阪高等・地方裁判所となっている。現在は西天満四丁目に含まれる。〔八木〕

＊紀伊国町《きのくにまち》（中央区）　大阪城の南、玉造地区に位置する。「玉造」を冠して「玉造紀伊国町」と呼ばれることもあり、江戸時代後半にはこの町名で定着する。この地区は豊臣時代に大名屋敷が建ち並んでいたことで知られており、当地には豊臣政権の五奉行の一人である浅野幸長の屋敷が所在したと言われる。町名は、浅野幸長が和歌山を領地としており、紀伊守の受領名を得ていたことに由来するとされる。〔豆谷〕

木本《きのもと》（八尾市）　弘安元年（一二七八）九月二十日付の円覚上人導御の「持斎念仏人数目録」（清水寺文書）に「木元郷四十九人」とあるのが、初見である。この地域は、物部守屋が立て籠もったとされる「稲城」があった場所とされ、物部を祭る樟本《くすもと》神社がある。木本の地名由来は、『大阪府全志』（四）によれば、往時樟樹の大木があったところから名付けられたという。近世では志紀郡北木本村・同南木本村、丹北郡木本村の三村に分かれ、それぞれ樟本神社が鎮座する。〔小谷〕

＊木場町《きばちょう》（此花区）　昭和十九年～五十年（一九四四～七五）まであった町名。町名は、木場川左岸沿いに町域があったことに由来する。木場川は福島区と此花《このはな》区の区界、六軒家《ろっけんや》川

と安治川をつなぐ形で流れていたが、昭和三十年代（一九五五～六四）に埋め立てられた。昭和五十年九月一日の住居表示の実施にともない、西九条《にしくじょう》三・五丁目の各一部となった（『大阪の町名』下）。〔吉田洋〕

木部町《きべちょう》（池田市）

五月《さつき》山南端の北側に位置する木部町は植木栽培の盛んな所である。かつて江戸時代には牡丹の栽培が多かったが、現在はモミジ・サザンカ等を中心としている。とくにモミジの接木技術に特色がある。地名の由来は、九世紀（一説には八世紀）成立といわれている『住吉大社神代記』に城辺山の記述がある。この山は豊嶋郡と能勢国の中間にあるとし、「城辺山《きへやま》と号《なづ》く由《ゆえ》は、土蜘《つちくも》の城塹《とりで》の界に在るに因《よ》りてなり」と述べている。この城辺山《きへやま》の城辺から木部《きべ》になったという。また、元禄十四年（一七〇一）の『摂陽群談《せつようぐんだん》』の中に「呉織《くれはとり》・穴織《あやはとり》二女神、此里に於いて、絹を舒曝《のべさら》し給ふ處なり。因って絹舒里と號す。一説、絹舒を略して、木部と成ると云へり」と記述されている。絹舒《きぬのべ》を略して木部というようになったということである。池田市の住居表示の呼称は「きべ」であるが「きのべ」とも呼ばれている。〔室田〕

*木屋《きや》（港区）

安治《あじ》川の下流左岸に位置。地名の由来は、江戸時代に木屋新田を開発した木屋弥兵治の名による（『西成郡史』）。木屋新田は、宝暦年間（一七五一～六四）に木屋弥兵治が開発した新田で（『大阪府全志』二・『大阪市史』一には宝暦八年とある）、幕末の村高は十九石余である（『旧高旧領取調帳』）。天保十年（一八三九）刊「大坂湊口新田細見図」によると、当時の地主は今橋二丁目真島隆玄とある。明治二十二年（一八八九）の町村制の施行に際して、川南村の大字名となる。明治三十年に西区に編入されるが、大正十四年（一九二五）には港区に編入。昭和二十五年（一九五〇）の港湾地帯高潮対策事業に伴う安治川拡張工事と弁天埠頭建設、および盛土工事によって、町内の一部が安治川の水面下となる。昭和四十三年に弁天町の一部となる。〔松永〕

久太郎町《きゅうたろうまち》（中央区）

地名の由来については、次の二説がある。①「久多良」と書いて「くたら」と読ませていた地名が、のちに誤って「久太郎」と表記されたとする説。「くたら」は「百済」の意で、渡来人との関係が想起される。②豊臣秀吉の家臣であった堀久太郎の屋敷が置かれていたことに由来する説（『摂陽奇観』）。いずれとは決めがたいが、明治期に成立した『浪華百事談』では前者の立場を是としている。大名屋敷の旧址の記述が多い『摂津名所図会大成』において触れられていない点も気になるところである。かつては南北に分かれていたが、中央大通の拡幅によって一部が道路敷となったため、現在では「久太郎町」に統合されている。

〔豆谷〕

久宝寺《きゅうほうじ》（八尾市）

建永二年（一二〇七）七月八日の「僧深慶某寺領注進状」に「河内国末寺久宝寺　若江郡狛郷」とみえ、寺院名として現れるが、史料の記述に問題があり初見史料とするには無理がある。地名としての久宝寺は、久宝寺にあった真宗寺院の慈願寺法心が書写した応永十四年（一四〇七）十一月三日の「拾遺古徳伝」の奥書に「河内国渋川郡久宝寺道場」とあるのが初見である。十五世紀中頃、本願寺八世蓮如上人が当地に赴き、ここで布教し、西証寺（のちの顕証寺）を創建したことから発展し、十六世紀中頃には寺内町が成立した。天文元年（一五三二）から始まる天文の畿内一向一揆のとき、西証寺は灰塵に帰すが、本願寺証如の外祖父蓮淳が入寺して復興した。更に、織田信長と本願寺顕如が戦った石山合戦後では、信長による久宝寺支配が進み、佐久間信盛の与力の安井定次兄弟に対して久宝寺屋敷地の一職支配が任され、安井一族による久宝寺屋敷地支配が始まる。安井氏の久宝寺屋敷地支配は、明和元年（一七六四）まで続いた。その後は、久宝寺百姓が安井氏の権利を譲り受け、代々庄屋役も安井氏が務めていたが、年寄が庄屋を務めるなど大幅に制度が変わった。安井一族が居住していた地域を中心に再開発が行われ、往時を偲ぶ景観は少なくなっている。

〔小谷〕

久宝寺町《きゅうほうじまち》（中央区）

船場の中央にあり、北久宝寺町と南久宝寺町とに分かれる。地名の由来は、①同所にかつて久宝寺という寺院が存在したとする説と、②道頓堀開削の中心人物であった成安道頓や安井九兵衛らが地元の河内・久宝寺から住人を呼び寄せたとする説とがある。江戸時代に著された『摂陽奇観』や明治期の『浪華百事談』など、古くは①の解釈に立つ文献が多かったが、寺院の存在を確かめる手がかりに乏しいことから、現在では②がより有力と考えられている（『地名は語る』

大阪市内篇）。なお、東横堀川より東は、旧城内の意味で「内久宝寺町」と称する。［豆谷］

行基大橋《ぎょうきおおはし》（東住吉区）

大同年間（八〇六〜八一〇）の創建と伝える阿麻美許曾《あまみこそ》神社のあたりに行基が住んでいたといわれ、「行基池」や、墓と伝える「行基塚」があった。付近の大和川に昭和五十三年（一九七八）に架設された行基大橋の名は、この伝承にちなんで付けられた。［跡部］

京口町《きょうぐちちょう》（高槻市）

京口は高槻城下と他国・他領を結ぶ高槻六口の一つ。八丁松原を経て安満《あま》新町で山崎通（西国街道）に通じていた。このルートは高槻藩主の参勤交代に用いられた。六口の中で町名として残っているこの京口だけであり、他の五口（前島口・大塚口・芥川口・富田口・大坂口）は現行町名には採用されていない。［飯沼］

孝　子《きょうし》（岬町）

町の南部に位置し、和歌山県と接する。その名の如く、親孝行な子に由来するとされるが、伝承は二説ある。その一つは、橘逸勢《たちばなのはやなり》が承和九年（八四二）に起きた承和の変により、流罪とされ伊豆国へ向かう途中遠江国で病没し、その娘が剃髪し妙冲と名乗って嘉祥三年（八五〇）京に帰り葬ったとの『三代実録』の記述による。ただし、『大阪府全志』（五）には、京に帰らずこの地にて遺体を葬り、自身もそこに暮らしたため、橘逸勢・妙冲の墓石が残ったとする説がある。もう一つの説は、役小角《えんのおづぬ》（役行者《えんのぎょうじゃ》）を謀反の罪で捕らえようとしたが捕らえられず、その母を人質として捕らえ小角を誘き出して捕らえたという『日本霊異記』の記述によるもので、役小角の母の墓とされる場所が伝存している。［曽我］

***京　橋**《きょうばし》（中央区）

京橋という地名は、大阪のほか東京（江戸）をはじめ多くの都市にあり、一般に京へと向かう出発地という意味で命名されたものである。大阪における京橋は、大阪城の北、旧大和川と猫間《ねこま》川が大川に合流する地点に架かっており、大阪と京とを結ぶ「京街道」の出発点である。京街道は豊臣秀吉が大坂城を築城したことに伴い整備された。京橋を出て淀川左岸に至り、淀川に沿って伏見・京へと続いている。有名な文禄堤は淀川の護岸であると同時に、京街道を整備する目的で築かれたと言われる。京橋は、その重要性ゆえに江戸時代の公儀橋の一つになっている。江戸時代には、京橋から西に続く大川沿いの地区も「京橋」と命名された。これが町名としての「京橋」である。ただし現在は町名の統合・変更のため「京橋」という町名表記は存在しない。なお、現在のJR・京阪電車の京橋駅は、本来の京橋よりかなり東にある。〔豆谷〕

京町堀《きょうまちぼり》（西区）　区の東部北寄りに位置する。西横堀川から百間堀川までを結ぶ運河を京町堀川といい、その両岸を京町堀という。京町堀川の開削は元和六年（一六二〇）で、伏見の京町から移住した商人が開発したことから京町堀という。また、伏見堀川とも呼んだ（『大阪市史』二）。昭和三十三年（一九五八）に埋め立てられた。現在京町堀一～三丁目がある。〔堀田〕

共立通《きょうりつどおり》（阿倍野区）　当町は明治初頭、住吉郡住吉村の一部であったが、明治二十九年（一八九六）の住吉郡廃止に伴い天王寺村大字天王寺の一部に、大正十四年（一九二五）の大阪市への編入ののち住吉区天王寺町となり、昭和四年（一九二九）から現在の町名となった。地名は、当地がかつて東成《ひがしなり》郡天王寺村の一部であったとき、小字名に経立《きょうだつ》・中経立・奥経立があり、上町《うえまち》台地の紀州街道に通じる道が経立を通過していたところから、経立《きょうだつ》の文字と読みが共立《きょうりつ》に改められて共立通と呼び習わされたことに由来する（『大阪の町名』上）。〔生駒〕

清滝《きよたき》（四条畷市）　生駒山地西部中腹に位置し、清滝川が流れる。川の上流には地名の由来となる清滝という滝があり、河内、大和双方からの道が出会う清滝峠がある。また、この道は清滝街道と称し、四條畷市から奈良県生駒郡斑鳩町に至る。浪速鉄道（現JR学研都市線）が開通するまでは大坂と大和の人や物が行き交う重要な場所だった。明治十五年（一八八二）までは讃良《ささら》郡中野村上郷であったが清滝村となった。明治二十二年（一八八九）に甲可《こうか》村の大字となり、市政施行により四條畷市の一部となる。〔尾﨑〕

清水坂《きよみずざか》（天王寺区）　上町台地の西縁辺の伶《れい》人町《にんちょう》にある清光院の北側を東西方向に通る坂。天王寺七坂の一つ。坂の下は下寺町二丁目である。清光院は遅くとも十五世紀には存在した「有巣河寺」（『天王寺金堂舎利講記録』）が前身である。同寺は往古、天王寺末の尼寺であったが、寛永十七年（一六四〇）に京都清水寺の僧延海が観音堂を再興したとも（『天王寺誌』）、本尊を清水寺から移したともいい、そのため享保年間（一七一六〜三六）から新清水寺と呼ばれるようになった（『摂津名所図会』）。坂名はその寺院名にちなむ。同寺の周囲は市内有数の湧水地帯であった。

〔大澤〕

喜連《きれ》（平野区）

『日本書紀』雄略天皇十四年正月十三日条に「身狭《むさ》村主青《すぐりあお》等、呉国《くれのくに》の使と共に、呉の献《たてまつ》れる手末《たなすえ》の才伎《てひと》、漢織《あやはとり》・呉織《くれはとり》及び衣縫《きぬぬい》の兄媛《えひめ》・弟媛《おとひめ》等を将《い》て、住吉津《すみのえのつ》に泊る。是の月に、呉の客《まろうど》の道を為《つく》りて、磯歯津路《しはつのみち》に通《かよわ》す。呉坂《くれさか》と名《なづ》く」とある「呉坂」が、住吉と当地との間にある低い丘陵「四極山《しはつやま》」の坂道で、『万葉集』巻二十にみえる「河内国伎人《くれひと》郷」が当地だとされる。中国・呉から渡来した手工業技術者集団が居住した集落で、「くれ」が訛《なま》って「きれ」になったと考えられている。『万葉集』の段階では河内国に属したが、のち摂津国住吉郡に入った。ほかに、足利氏の一族である喜連川《きつれがわ》氏との関係を記す史料（「北村某の家記」）もある。それによると、延元二年（一三三七）に後醍醐天皇の皇子である護良《もりよし》親王が当地の楯原《たてはら》神社に参拝し、南朝方の武運長久を祈願したが、北朝方の足利尊氏の執事高師直《こうのもろなお》が喜連川一族とともに攻撃をしかけてきたので、南朝方の北畠顕家と戦闘になったのだという。そののち喜連川氏は当地に城を築いて六万石を領することになり、その内六百石を楯原神社に寄進した。喜連川氏が当地を離れたのち、城のあった場所に人々が移り住んで集落ができ、「喜連川氏」の「喜連」を取って村名にしたというのであるが、これは逆に、「喜連」という地名から生み出された伝承と考えるべきであろう。

〔北川〕

禁野《きんや》（枚方市）

古代、この地域一帯に設けられた皇室の狩猟場である禁野に由来する。交野郡のうち天野川右岸一帯は交野ヶ原と呼ばれ、最大でその全域が禁野と扱われることもあった。当地にある真言宗寺院和田寺は、安産祈願の寺として知られる（『五畿内志』）。江戸時代初期に、道俊という僧が住持を勤めたとされるが、それは江戸時代後期に創られた偽文書「王仁墳廟来朝紀」に拠るもので（『史敏』二）、確実な史料では、枚方市野村出身で高野山で修業した秀宣が住持を勤めている

（小原家文書）。［馬部］

金熊寺《きんゆうじ》（泉南市）　市の南西部に位置する。根来街道に沿いにある集落は金熊寺の門前町としての性格をもって発展し、村名となった。金熊寺は応長二年（一三一二）三月二十日の「泉州信達庄金熊寺堂供養願文」によると、天武天皇十年（六八二）役《えんの》小角《おづの》（役行者《えんのぎょうじゃ》）が夢のお告げで土中より金銅像を得て、自身も木像を刻み、堂舎を建立し安置したとある。寺名は勧請した金峯・熊野の二神から取ったとされる。現在、梅の名所として親しまれる金熊寺梅林は、信達《しんだち》神社の神主が夢のお告げに従い、江戸時代初めより植えたものという。［曽我］

＊空心町《くうしんちょう》（北区）　区の東部に位置する。江戸時代から昭和五十三年（一九七八）までの町名。天満橋筋の一つ西の筋の南北の町。町名は当町にある仏照寺の僧侶名からともいう（『北区わがまち』）。［八木］

九間町《くけんちょう》（堺市堺区）　旧市域（環濠内）北組の安土桃山時代からみえる町名。「くけんのちょう」ともいう。熊野町東の千蔵院の寺伝などによれば、唐より帰朝し入京する途中、堺浦に着船した空海が、求めに応じて作った像を安置した九間四面の堂の旧跡を、九間町と呼んだという（『堺市史』七）。［吉田豊］

草尾《くさお》（堺市東区）　元禄十二年（一六九九）から同十五年にかけて、和泉国大鳥郡草部《くさべ》村の豪農大塚吉右衛門と同郡踞尾《つくのお》村の豪農北村六右衛門が、草尾新田を開発した。河内国丹南郡に属する。新田名は、両者の出身村から一字ずつとって名付けられた。明治二十二年（一八八九）大草村の大字、同四十三年（一九一〇）に草尾新田から草尾に改称。昭和六年（一九三一）頃、一部が大美野になる。昭和二十五年（一九五〇）から登美丘町、同三十七年（一九六二）から堺市の大字となる。［吉田豊］

日下《くさか》（東大阪市）　東大阪市北東部に位置する。日下町一～八丁目がある。近鉄石切駅と生駒駅の間に日下駅（のちに孔舎衛坂《くさえざか》駅）が存在したが、昭和三十九年（一九六四）に廃止された。日下は「日《ひ》の下《もと》」と書き、のちに日本の国号になったという説がある。大和国から見て日が下《お》りる方向にあることが由来であろう。記紀には「日下之直越道《ただごえのみち》」、「日下江」、「草香邑《くさかむら》」などとみえる。神話ではあるが神武東征の折、長髄彦《ながすねひこ》と交戦したのが「孔舎衛《くさか》坂之戦」であり、当地周辺に比定されている。町名としては「日下」であるが、小中学校名は「孔舎《くさ》衙《か》」と表記し、かつての村名は「孔舎衛」、「孔舎衙」の両方が使われていたようだ。難解地名の一つであり、現在でもしばしば使い分けに混乱がみられる。〔別所〕

＊草開町《くさひらきちょう》（福島区）　西成《にしなり》郡野田村の一部であったが、明治三十年（一八九七）大阪市に編入され、北区西成野田の一部となった。同三十三年に北区西野田草開町となり、大正十一年（一九二二）にその一部が西野田玉川一〜二丁目に編入された。同十四年に此花《このはな》区に編入され、草開町となり、昭和十八年（一九四三）に福島区に編入された。昭和五十年（一九七五）、草開町は玉川一〜四丁目・福島四丁目の一部となった。町名は、西成野田の当時の小字名による（『大阪の町名』下）。〔吉田洋〕

草部《くさべ》（堺市西区）　江戸時代の和泉国大鳥郡草部村。古代は『和名類聚抄』大鳥郡十郷の一つ日下部《くさべ》郷（日部郷）、中世は草部郷の中心集落の一つとしてみえる、古くからの地名で、由来は不明。『新撰姓氏録』和泉国皇別に、日下部首・日下部宿禰がみえる。村内に、延喜式内社の日部《くさべ》神社がある。明治二十二年（一八八九）、草部村と上村・原田村・菱木村の四か村が合併し鶴田村となり、その大字となる。昭和十年（一九三五）から福泉町、同三十六年（一九六一）から堺市の大字となる。〔吉田豊〕

櫛屋町《くしやちょう》（堺市堺区）　旧市域（環濠内）北組の安土桃山時代からみえる町名。地名の由来としては、「天神前櫛」が『堺鑑』に堺土産とされ、『全堺詳志』にも「菅公祠前ノ街、櫛ヲ売テ招牌《しょうはい》掲ク」とある。町の南東に天神（菅原神社）が隣接してあり、それとの関連が想定される。〔吉田豊〕

九条《くじょう》（西区）　区の南西部に位置する。中之島の西にあった島を、寛永年間（一六二四〜四四）に香西哲雲《こうさいせきうん》が開発し、儒者の林羅山が衢壌島《くじょうじま》と名づけたという。哲雲に協力したのが池山新兵衛であり、旧姓が壌島であったことからともいう。延宝年間（一六七三〜八一）の洪水の時に、京都の九条家の笏が流れ着いたことから、九条と称するようになったという。この九条島は旧淀川の水流が当たるところで、水損が絶えなかったので、貞享年間（一六八四～八八）に河村瑞賢《かわむらずいけん》（軒）が九条島を割って水流を直線的に通す新川を開削した（安治《あじ》川）。これ以後、新川の左岸を九条村、右岸を西九条村と呼ぶようになった。九条島の北部は川口と称され、船手奉行の屋敷や与力・同心の役宅、徳川三卿の屋敷等があった。その南に本田《ほんでん》堤があり、この堤以南が九条村で、市岡新田や池山新田と接していた。現在、九条一～三丁目、九条南一～四丁目がある。〔堀田〕

葛の葉町《くずのはちょう》（和泉市）

近世には中村と呼ばれた。明治二十二年（一八八九）に信太《しのだ》村大字中となり、昭和三十五年（一九六〇）、信太村が和泉市と合併した際、葛の葉町となった。葛の葉伝説で有名な、葛葉《くずのは》稲荷神社が町内に所在することにちなむ。葛葉稲荷神社（別名信太森《しのだのもり》神社）は、もともと中村の庄屋森田氏の屋敷内にあった社《やしろ》で、屋敷内には、千枝《ちえ》の楠《くす》と呼ばれる巨木があって、狐のすみかとなっており、そこに聖《ひじり》神社の末社が祀られていたという。葛葉稲荷の楠は和泉市指定天然記念物。〔森下〕

楠葉《くずは》（枚方市）

『日本書紀』では、敗戦して逃げ落ちていた兵士が、淀川を渡る際に恐怖のあまり「屎《くそ》」を「褌《はかま》」より落としたので、そこが「屎褌《くそばかま》」と呼ばれ、のちクズハになったとされる。この話が事実かどうかは別にして、少なくとも古くから淀川の渡し場であったことは確かであろう。朝廷や摂関家の牧が置かれ、伝宗寺が室町将軍家の祈願寺になるなど、楠葉は中央との繋がりが深い地で、古代から中世を通じて北河内最大の集落であった（『枚方市史年報』九）。〔馬部〕

百済《くだら》（生野区・東住吉区）

生野区の南西、東住吉区の北端付近に位置する。国道二十五号線上、生野区林寺四丁目付近に大阪市営バス「百済停留所」、その東方五百メートル、東住吉区今林三丁目に日本貨物鉄道（JR貨物）の「百済駅」（一九六三年～）がある。また百済バス停東すぐの所にかつて国鉄関西本線「百済駅」（一九〇九～一九五〇年頃）や市電「百済停留所」（一九五〇～一九六八）、バス停から北へ延びる百済本通商店街（一九五〇～二〇〇七年）などがあった。この「百済」は、北百済村（東住吉区。桑津・今林・新在家・今在家の旧四か村が合併して成立。一八八九〜一九二五年）の村名に由来するが、また一面、生野区西部は古名・百済川（現・平野川）の流域であり、『大日本地名辞書』に古代地名「百済野」の範囲を「今、生野村及び鶴橋村大字岡・木野《この》・猪飼野《いかいの》の地なり」と述べて、現・生野区西部に比定しており、この地名は特に生野区に関係が深い。

［足代］

口縄坂《くちなわざか》（天王寺区） 上町台地西斜面に位置する坂で、夕陽丘町と下寺町二丁目を結ぶ。天王寺七坂の一つ。坂が石段となっており、その様子が蛇腹のように見えたことからその名がある。蛇坂とも書き、蛇の異名である「くちなわ」をその名につけている（『摂陽群談』）。一方、大坂城築城の際、この地付近で縄打ちを始めたことがその名の由来とする説もある（『大阪府全志』二）。古くは上人坂と呼ばれていた（「新撰増補大坂大絵図」貞享四年〈一六八七〉）。

［大澤］

柴島《くにじま》（東淀川区） 国島と表記されることもある。由来には、古代に難波八十島の一つで茎島《くき》、茎の渡りと呼ばれたものが転訛したとする説（『西成郡史』）、貞永元年（一二三二）の洪水で柴に乗った小祠が流れ着いたとする説（『柴島神社社伝』）、柴薪の料としたくぬぎが多かったためとする説（『摂津名所図会大成』）などいくつかあるが、淀川が旧中津川に曲流する小島が柴ヶ洲と呼ばれたことに関わると考えられる。長保三年（一〇〇一）平惟《これ》仲《なか》が白川寺喜多院へ柴島荘等十ヶ所を施入している（『高野山文書』）が、同時期に東宮御領の柴島荘も存在した。『摂津志』では、戦国時代に三好長慶の弟十河《そごう》一政《かずまさ》が柴島城を築き、大坂夏の陣では稲葉紀通《のりみち》が陣を置いたとする。江戸時代には淀川を利用した柴島晒《さらし》の生産が行われ、村内に「調布」という地名がある。また、明治四十一年（一九〇八）〜大正三年（一九一四）に当時の最新技術で柴島浄水場が建設された。

［上田］

***国次**《くにつぎ》（東淀川区） 旧字引江地域が、元弘元年（一三三一）に戦禍を避けた京都の刀鍛冶の来《らい》国次が来住・開発し、永春寺に比定される国次・国長の旧棲地であったことに由来する。明治初年まで高畑村の一部で、明治四年（一八七一）淡路村の一部になり、明治二十二年（一八八九）四月一日の町村制の施行で西中島村大字淡路の一

部となった。大正十四年四月一日には大阪市に編入され、東淀川区国次町の一部となった。〔上田〕

国松　くにまつ（寝屋川市）

天正十二年（一五八四）作成の「河内国御給人之内より出米目録」（大阪府立中之島図書館蔵）に木村弥一右衛門吉清知行分の一つとしてみえる。河内国讃良《ささら》郡に属し、江戸時代を通じて国松村と称する。明治二十二年（一八八九）豊野《との》村の大字となり、昭和十八年（一九四三）寝屋川町、同二十六年（一九五一）に寝屋川市の大字となり、昭和四十八年からは隣の大字秦《はだ》の一部と合わせて国松町となる。地名の由来は、もと当地に大きな松があり、国中で最も大きい松のあるところという意味で国松と称したとある（『寝屋川市誌』）が詳細は不詳。〔尾崎〕

久保　くぼ（熊取町）

町の東南部に位置する。室町時代にその名が確認される和田・高田・宮・大浦・久保の五か村から成る。江戸時代に高田が上高田・下高田に分かれ六か村となる。しかし、地域の集合体としての熊取谷においては六か村であったが、公には一か村として扱われた。そのため、「和泉国正保村高帳」や「元禄郷帳」には「久保村」として六か村の村高が一括されている。宮座・水利などにおいては、六か村それぞれの独立性を有している（『熊取町史』）。平成三年（一九九一）より進められた住居表示整備事業を受けて、久保一～五丁目、大宮一～四丁目、和田一～五丁目、高田《こうだ》一～四丁目などに分けられた。〔曽我〕

久保吉　くぼよし（浪速区）

かつては難波を冠称した町で、明治二十二年（一八八九）に木津川畔で摂津紡績（のち、大日本紡績）が開業すると、町内の西半分が同社の敷地となった。これと前後して、戦前の軍需用帯革（調革）を生産していた新田帯革製造所もまた、町内に本社や工場を拡大していった。大日本紡績移転後は、戦時下には跡地の一部が芦原《あしはら》公園として整備され、戦後には跡地の大半が市営住宅用地に転用されると同時に、町内には大和金属工業などをはじめとする金属や鉄鋼関連の企業が進出した（『浪速区史』）。〔吉村〕

杭全　くまた（東住吉区）

奈良時代から鎌倉時代にかけての郷名として、摂津国住吉郡杭全《くまた》郷があった。現在の大和川が開削される以前に北流していた西除《にしよけ》川や東除《ひがしよけ》川が平野川と合流する地点に位置しており、水流の分かれるさまや水中に打たれた杭に由来する地名と推測される。『古事記』には倭建命《やまとたけるのみこと》の子孫として「杙俣長日子王」、応神天皇に嫁した息長真若中比売《おきながまわかなかつひめ》の父として「咋俣長日子王」の名がみえ、当地にゆかりをもつと考えられている。平安時代から室町時代には摂関家を本家、平等院を領家とする杭全庄があり、平野庄とも呼ばれていた。大正十四年（一九二五）の市域編入の際、地元の希望で北百済村大字新在家を改称して杭全町が成立した。〔跡部〕

熊取町《くまとりちょう》（熊取町）　大阪府の南部に位置する。天平三年（七三一）と伝える「住吉大社神代記」に熊取の名が見える。この記述では、神功皇后が羽白熊鷲という者を討ち取ったという。また、「日本後紀」延暦二十三年（八〇四）十月に桓武天皇が熊取野に遊猟したとの記事がある（『角川日本地名大辞典27　大阪府』）。〔堀田〕

***熊野田**《くまのだ》（豊中市）　熊野田（「熊田」とも記す）の地名は「熊野代《くまんだい》」から転訛したものといわれる（『大阪府全志』三）。その伝承によると、寛和二年（九八七）、花山法皇が諸国観音霊場を巡遊した折り、当地の地形が紀伊国熊野によく似ていたことから熊野代と名づけ、熊野に模して神社仏閣（現在の八坂神社と宝珠寺）を営み、熊野の姿を移そうとしたという。「中臣祐春記」正和二年（一三一三）六月二十七日条のなかに「熊田庄」が確認できる。昭和十一年（一九三六）に豊中市の大字となる。昭和三十〜四十年代の町名改正により、熊野町《くまのちょう》・上野東・上野西・西泉丘《にしいずみがおか》・東泉丘・東豊中・夕日丘・栗ケ丘・旭丘・広田などの町名が誕生した。現在では、熊野田小学校や熊野田公園にその名を残している。〔田村〕

熊野町《くまのちょう》（堺市堺区）　旧市域（環濠内）北組の戦国時代後期からみえる町名。当初は湯屋《ゆや》町と表記した。古代以来の堺のまちの幹線東西道である大小路《おおしょうじ》のすぐ北側に位置し、湯屋（風呂屋）があったことに由来するといわれる。明治五年（一八七二）に熊野《ゆや》町に変更したのち、読みも次第に「くまの」に変わっていったが、小学校名などに「ゆや」の読みが残っている。〔吉田豊〕

茱萸木《くみのき》（大阪狭山市）　市域南部の中位段丘面の平坦地に位置する。寛永十八年（一六四一）に芝地「茱萸木《くみのき》の平」を開墾した新田村落で、西高野街道が縦貫する。南北に細長い村域をもち、集落は北から順に「亀之甲《かめのこう》」「茱萸木」「草沢《くささ》」とよばれ、南端は河内長野市と接する。地名の由来は、弘長三年（一二六三）の狭山荘《さやまのしょう》の追加開発にかかわる「太政官符《だじょうかんぷ》」にみえる「西は限る大鳥《おおとり》・丹比《たじひ》二郡の境の道より佐志久美岡《さしくみのおか》に至る」という記載の「佐志久美岡」の「久美」が清音「くみ」として残ったと推定される。なお『河内志』に「胡頽子《こたいし》多く産す、因て村に名くと云う」とあるが、かつてグミの名産地であった伝承もなく、濁音で「ぐみ」と発音すべき他の傍証も現存しない。

〔吉井〕

鞍作　くらつくり　（平野区）

馬具である鞍の製作に携わった渡来系氏族鞍作氏が居住したことに由来する。飛鳥時代の欽明朝に、鞍作村主司馬達等《くらつくりのすぐりしばたつと》は、大和国高市郡坂田原（現在の奈良県明日香村）に草堂（坂田寺）を結び、司馬達等の娘善信尼《ぜんしんに》はわが国における初めての出家者となり、息子の多須奈《たすな》も出家して欽明天皇のために仏事を営んだ。この多須奈の子が鳥《とり》（止利）で、飛鳥寺の本尊金銅釈迦如来座像（飛鳥大仏）や法隆寺金堂の釈迦如来像の作者として著名である。当地には、司馬達等とその子善信尼・多須奈、さらに孫にあたる鳥も住んだといい、善信尼が開いたとされる鞍作廃寺跡からは、礎石や奈良時代初期から鎌倉時代にかけての丸瓦・平瓦が出土している。

〔北川〕

蔵之内　くらのうち　（羽曳野市）

蔵に関する小字名や地名、馬に関する小字名が多いので、古市を本拠地とした西文氏《かわちのふみうじ》の同族である蔵氏・馬氏の本拠地に当たるのではないかと推定されている。また、地域内には『日本書紀』推古天皇十五年条にみえる「戸苅池」があり、『日本霊異記』中巻十九話にみえる「戸苅村主」「戸苅優婆夷」の本拠地とも考えられる。永正年間（一五〇四～二一）頃の「長久信・遊佐順房連署奉書」（通法寺及壺井八幡宮文書）に「壺井・坂田・倉内」とみえるのが初見である。

〔中山〕

*椋橋　くらはし　（豊中市）

椋橋は中世の地名で、現在の豊中市庄本町《しょうもとちょう》を中心に、庄内から尼崎市戸之内《とのうち》付近に広がっていた。地名の由来は不明である。『新撰姓氏録』未定雑姓に現れる椋橋部連は、椋橋を本拠としていた可能性もある（『新修豊中市史』通史一）。永承三年（一〇四八）、関白藤原頼通が高野山参詣をする際に「椋橋荘」に水手《かこ》役を課しており（「宇治関白高野山御参詣記」）、この頃までに摂関家領荘園となっていた。椋橋は水上・陸上交通の要衝であり、椋橋神社近くの庄本遺跡の発掘調査から、十三世紀初頭頃には港湾集落的な発展を遂げていたという（『豊中市埋蔵文化財発掘調査概要〈二〇〇三年度〉』）。鎌倉時代前半、後鳥羽上皇が寵愛《ちょうあい》する伊賀局亀菊と幕府執権北条義時の間で椋橋荘などをめぐる所領紛争が起き、これが承久の乱の発火点となったともいわれる。十六世紀までに椋橋荘内には、上津島《こうづしま》・島・今在《いまざい》家《け》・島田・野田・三屋《さんや》・牛立《うしだて》・菰江《こもえ》・島江・庄本・洲《す》到止《どうし》の村々が成立した。江戸時代以降、椋橋の地名は次第に消えていき、現在では椋橋神社や旧猪名《いな》川にかかる椋橋にその名を残している。　〔田村〕

＊蔵前町《くらまえまち》（浪速区）　江戸時代中期に掘削された難波新川《なんばしんかわ》の南限に設けられた米蔵だった難波御蔵《なんばおくら》に由来し（『大阪府全志』二）、御蔵跡地には明治三十七年（一九〇四）、大阪第一専売製造所が設立された（『浪速区史』）。昭和二十年（一九四五）に大阪地方専売局が大阪大空襲で焼失すると跡地は払い下げられ、同二十五年（一九五〇）に大阪球場が完成した。西側の難波新川はその後一部埋め立てられ、阪神高速大阪環状線が走っている。近年の都市開発によって、現在は、大型ショッピング街やアミューズメントゾーンとなっている。　〔吉村〕

呉服町《くれはちょう》（池田市）　大正二年（一九一三）から大正五年（一九一六）にかけて、池田町で九十六町歩余りの耕地整理が終わった。それに伴い、大正十年（一九二一）に大規模な地名変更が行われた。この時に呉服《くれは》という町名が誕生した。字名にもなかったこの呉服を新しく町名にした理由は、元禄時代のころからよく知られている呉織《くれは》、穴《あや》織《は》の織姫伝承によるものである。呉織姫を祀る呉服《くれは》神社が近くの室町住宅の中にある。呉織姫、呉服神社から呉服町ができた。現在の町域は昭和四十一年（一九六六）に定められたものである。　〔室田〕

＊九郎右衛門町《くろうえもんちょう》（中央区）　道頓堀川南岸で戎橋から湊町にかけての旧町名である。道頓堀九郎右衛門町ともいう。元和元年（一六一五）に完成した道頓堀川に沿った土地は、開発や興業に関わった町人が権利を得て町名もその名を冠したものが多い。当町もその一つで、京か

ら大坂に進出して当地での芝居興行に携わった六人のうち塩屋九郎右衛門の名に由来する。また一説には、塩屋九郎右衛門は道頓堀開削に関わった安井家出入りの農民とも伝えられる（『南区志』）。江戸時代はじめには塩屋町と称していたが、明暦元年（一六五五）に九郎右衛門町と改められた。現在では道頓堀二丁目となっている。　［豆谷］

黒崎町《くろさきちょう》（北区）　区の中央からやや東寄りに位置する。江戸時代は西成《にしなり》郡本庄村に属した。明治三十年（一八九七）の大阪市第一次市域拡張により、大阪市域となる。明治三十三年に本庄黒崎町となる。大正十三年（一九二四）に黒崎町となる。もとは本庄村の字名と考えられる。　［八木］

黒谷《くろだに》（八尾市）　八尾市東部に位置し、東高野街道から東方、信貴山に向かう信貴道が通る。黒谷は、天正十二年（一五八四）十一月の「河内国御給人御蔵入之内より出来目録」（中之島図書館蔵）に「六百三石　きやうかうし村・くろたに」とあるのが初見で、蒲生氏郷が知行していた。ただし、玉祖神社旧蔵の大般若経巻百九十九に「黒谷道観」と名乗る人物がいる（『八尾市史』史料編）。この大般若経には年代がないが、他のものを見ると南北朝末期の年号が多数あるため、黒谷の名称も更に遡る可能性がある。　［小谷］

黒鳥町《くろどりちょう》（和泉市）　伝承によれば、河内国安宿《あすかべ》郡の安宿造黒麻呂が、天平年間（七二九〜七四九）にこの地に来て開墾に努めた。住民は黒麻呂の徳をたたえ、黒麻呂の黒と飛鳥部の鳥をとって「黒鳥」というようになったという。これはあくまで伝承の域を出ないが、長和三年（一〇一四）、宗岡光成《むねおかのみつしげ》が、上泉《かみいずみ》郷と坂本《さかもと》郷の郷境に広がる山林荒野の開発を和泉国衙《こくが》に願い出ており、これが黒鳥の初見である。南北朝期には、安明寺《あんみょうじ》五座が、和泉国内の麴《こうじ》生産と販売に関する権利を所持していた。近世の黒鳥村内部には、上、辻、坊という三つの集落＝生活共同体があった。慶長検地では、郷境に基づき、条里地割りに沿って検地が行われたため、郷境に位置した上村は、上泉と郷庄《ごうしょう》に分断され、郷庄は同じ坂本郷の辻村とともに渡辺氏（伯太《はかた》藩）領となった。こうして、中世以来の安明寺を軸とした黒鳥村としての一体性のもと、領主支配の上では上（上泉）・辻（辻、郷庄）・坊の3か村、祭祀などの局面では上泉・郷庄・辻・坊の4か村という二重構造が見られた。現在も、秋祭りでは、上泉、郷小路《ごうしょうじ》、辻小路、坊小路の四つのだんじりが繰り出す。大正八年（一九一九）には、野砲兵第四聯隊が移転し（現在、陸上自衛隊信太山《しのだやま》駐とん地）、練兵場や衛戍《えいじゅ》病院なども置かれた。昭和四年（一九二九）阪和電鉄（現JR阪和線）が開通すると、背後の信太山丘陵が黒鳥山荘として開発され（現、山荘《さんそう》町《ちょう》）、郊外住宅やゴルフ場などが建設された。昭和十七年（一九四二）には、野砲兵第四聯隊が周辺市町村として協力して、陸軍墓地としての忠霊塔を建立した。戦後、忠霊塔周辺は黒鳥山公園として整備され、市内有数の桜の名所となっている。 〔森下〕

黒原《くろはら》（寝屋川市）

かつての河内国茨田《まった》郡に属す。江戸時代から黒原村と称し、明治二十二年（一八八九）九個荘《くかしょう》村の大字となる。昭和十八年（一九四三）二月九個荘町、同四月寝屋川町、昭和二十六年寝屋川市の一部となる。昭和四十三年に黒原旭町・黒原新町・黒原城内町・黒原橋町と高柳二丁目～七丁目となる。地名の由来は、古代中国の呉から渡来した人が居住したところ「クレハラ」が転訛したもの（『寝屋川市誌』）という説があるが詳細は不詳。なお、昭和四十三年に黒原城内町と称したのは地内小字に城ノ内があることに由来する。 〔尾崎〕

*黒門町《くろもんちょう》（中央区）

現在の玉造一丁目付近にあった地名。もと大坂城三の丸に黒塗りの門が存在したことに由来するという（『摂津名所図会大成』）。この門は江戸時代初期に一心寺に移築されたと伝えられるが、太平洋戦争の空襲により焼失した。周辺では白瓜の栽培が盛んで、名産品の「黒門瓜」として知られた。なお、有名な黒門市場とも関係があるとの俗説もあるが、確かなところはわからない。 〔豆谷〕

桑津《くわづ》（東住吉区）

往時、養蚕のために桑を植えたことから「桑村」と呼ばれ、平野川などの津頭にあったことから「津」を付されたという（『大阪府全志』三）。『日本書紀』応神天皇十三年条に天皇が髪長媛《かみながひめ》を日向国から呼びよせ住まわせた地として記される「桑津邑」が当地にあたると伝えるが、現在の伊丹市西桑津・東桑津付近を中心とする古代の豊島《てしま》郡桑津郷をこれに比定する説もある。当地の桑津天神社は髪長媛が病気になった際、少彦名神《すくなひこなのかみ》に祈り快気を得た縁故により、後世同神を勧請し産土神《うぶすながみ》としたものという。また現在同社の末社となっている八幡宮は明治の神仏分離で廃寺となった金蓮寺の境内にあったもので、髪長媛が住んだ桑津館の旧跡と伝える。口碑によれば、当地に桑を植えさせ養蚕を始めたのも髪長媛であったという。〔跡部〕

桑原　くわのはら　（茨木市）

雄略天皇の時代に呉からの渡来人が養蚕を伝え、この地に桑田を拓いたことにちなむという地名伝承がある（「桑原村村誌」）。また『日本書紀』安閑天皇元年閏十二月四日条に竹村屯倉《たかふのみやけ》の地名として記されている「上桑原・下桑原」をこの地にあてる説や、『新撰姓氏録』にみえる桑原史《ふひと》の本貫地とする説もある。中世には安威《あい》荘の一部であったが、万治元年（一六五八）頃に分村。幕末に至るまで旗本中川氏領。明治十二年（一八七九）桑原紡績所が操業開始、これは茨木市域の近代工場としては最初期のものであった。明治二十二年（一八八九）近隣四か村と合併、石河村の大字となり、昭和三十年（一九五五）茨木市に編入された。〔飯沼〕

桑原町　くわばらちょう　（和泉市）

町内の西福寺《さいふくじ》には、老婆が雷さまを閉じこめたと伝えられる雷井戸があり、雷よけのまじない「くわばら、くわばら」はこれに由来するという。また、桑原町は、東大寺再建や狭山《さやま》池改修に尽力した俊乗坊重源《しゅんじょうぼうちょうげん》の出身地という伝承もあり、西福寺には記念碑が建つ。町内では、スイセンなどの花き栽培が盛んであるが、重源が宋から球根を持ち帰り、栽培したのがスイセン栽培の始まりと伝えられている。〔森下〕

郡　→こおり　（寝屋川市）

郡家　ぐんげ　（高槻市）

郡家は古代律令制の摂津国嶋上郡衙《ぐんが》（郡家）に由来する。郡家新町・清福寺町・川西町にまたがる郡衙跡は昭和四十年（一九六五）以来発掘調査が進められ、遺跡の中心部にあたる川西小学校北西側の一画には、庁院の平面配置が三分の一に縮小して復元されている。寛永九年（一六三二）に西国街道（山崎通）沿いに新町が形成されたが、この新町とその周辺が現在の郡家新町であり、旧来の集落（本郷）一帯が現在の郡家本町である。〔飯沼〕

郡戸→こうず（羽曳野市）

郡津→こおづ（交野市）

外院《げいん》（箕面市）

箕面市中央部に位置する。寛元元年（一二四三）五月二十一日の「沙弥心空筆勝尾寺古流記」（勝尾寺文書『箕面市史』史料編二）に庄名として外院が記されているものが初見。外院庄は粟生《あお》外院・外院にまたがって位置したと考えられる。地名の由来は粟生外院に所在する帝釈寺と粟生間谷《まだに》に所在する勝尾寺との関係によっている。勝尾寺の別院として帝釈寺があり、弥勒信仰によって山上勝尾寺を都率《とそつ》内院としたことに対して、山下帝釈寺を外院と称したことが地名の由来といわれている。〔西田〕

下条大津《げじょうおおつ》（泉大津市）

下条大津村は、宇多大津村に北接し、村内を紀州街道が通る。正保四年（一六四七）に、下条大津村と宇多大津村が分離した。下条の名は、もと下条郷に属していたことにちなむと思われる。早くから町場が発達しており、田中《たなか》町・小馬《こうま》町・寺内《じない》町・丹波《たんば》町・木小中《きこなか》町・板屋《いたや》町・上市《かみいち》町釜下《かました》町・砂子《すなご》町・山之《やまの》上《うえ》町などの町があった。明治八年（一八八五）、宇多大津村と合併し、大津村となり、その大字となる。昭和三年（一九二八）、大字下条大津を下条に改正し、昭和十九年（一九四四）には、下条の大半が神明町《しんめいちょう》、菅原《すがはら》町《ちょう》、春日町《かすがちょう》などの新町名に改称した。〔森下〕

下条町《げじょうちょう》（泉大津市）

昭和五十一年（一九七六）五月一日、住居表示により新設された。町域は、旧大字の池浦《いけうら》村域の一部に位置しており、旧下条大津村（大字下条）の村域とは一致しないが、この地が中世には下条郷に属していたこと、町域内に「角右衛門池《かくえもんいけ》」「郷条池《ごうじょういけ》」など下条の飛地《とびち》があったこともあり、下条町と名付けられた。町内には、市立図書館、市立勤労青少年ホーム、市立病院などの公共施設がある。〔森下〕

毛馬町《けまちょう》（都島区）

毛馬町一～五丁目。都島区北部。淀川と大川（旧淀川）の分岐点付近にあり、西と北は淀川で囲まれた地域。『陰徳太平記』天正六年（一五七八）十一月三日の記事に「毛馬の城」に織田上野介が在陣したことが記されている。慶長十年（一六〇五）の「摂津国絵図」には「毛間」と記されている。江戸時代は毛馬村と称した。この地名は、天正年間（一五七三～九二）、織田信長がこの地に毛馬城を築いたことに由来するという説と、往古は淀川河口付近にある雑草が叢生する川洲にすぎなかったので毛志島《けしじま》また毛志馬（毛島）と呼ばれ、のちに毛馬となったとする説がある（『大阪の町名』）。三丁目は江戸時代の俳人与謝蕪村の生誕地である。毛馬洗堰《けまあらいぜき》の北に「春風や堤長うして家遠し」の句碑がある。かつて、当地と大川対岸を結ぶ毛馬の渡《わたし》があり、『澱（淀）川両岸一覧』に「毛馬渡口 友《とも》淵《ぶち》村の上にあり」と記されている。同書によると、毛馬付近では枚方の「くらわんか船」と同様、淀川・大川を利用する船客を相手に煮売船がさかんで、とくに炙り餅を串にさして味噌をぬった田楽餅が名物であった。特産品に毛馬胡瓜がある。また三丁目の新淀川と大川の分岐点には毛馬閘門がある。旧毛馬閘門は毛馬公園先にあったが、新閘門の完成によって現在は閉鎖されている。［野高］

源ヶ橋《げんがはし》（生野区）

生野区生野西のほぼ中央を猫間《ねこま》川筋（猫間川を埋め立てた道路の通称）が縦断し、これと奈良街道（国道二十五号線と部分一致）とが源ヶ橋交差点で交わる。「源ヶ橋」については、むかし猫間川の渡し守で「源《げん》」と呼ばれた悪人が旅人を殺害して金を奪うが、これが我が子であったことを知って悔い改め、その償いに橋を架けたという伝説があり、かつて猫間川に架したその橋の名が、旧市電の停留所名となり、現在は交差点・バス停・市場・銭湯などにその名を残している。［足代］

源聖寺坂《げんしょうじざか》（天王寺区）

上町台地西斜面の坂で、坂下の下寺町一丁目から、生玉町と生玉寺町の境界を台地上へ登る。坂下に源聖寺があることから、この名がある。天王寺七坂の一つ。明暦三年（一六五七）「新板大坂之図」では源聖寺を源程寺と誤記し、それに伴って坂名も「けんていしさか」と記している。正しい表記としては、宝永六年（一七〇九）刊の『公私要覧』の「源聖寺坂道」が早い。［大澤］

*源蔵町《げんぞうちょう》（北区）

区の南部に位置する。江戸時代は大坂三郷天満組。江戸時代から昭和五十三年（一九七八）までの町名。源蔵町の由来は未詳だが、開発町人の名前によるものか。

『難波鶴』には淀藩蔵屋敷があったという。落語「米揚げ笊」に源蔵町の笊屋が登場する。現在の西天満三丁目に含まれる。〔八木〕

*源八町《げんぱちちょう》（北区）

江戸時代から明治五年（一八七二）までの町名。天満橋筋の鈴鹿町・友古町の北に続く。東は大川で、西は川崎村の畑地が続き、野菜の産地であった。大川の対岸の東成《ひがしなり》郡中野村との間に渡しがあり「源八渡」といった。地名は辺りの三角州「源発洲」にちなむという。〔八木〕

国府《こう》（藤井寺市）

古代の律令制下、河内国《かわちこく》府《ふ》が設置されたことに由来する。『日本書紀』にみえる「大津道《おおつみち》」に起源をもつと考えられる長尾街道が東西に、東高野街道が南北に交差する市野山《いちのやま》古墳周辺に、八町四方の河内国府があったと推定される。西に隣接して国司が奉幣するために設置した「惣社」の地名も残り、国府の中心である官庁部分、国衙《こくが》が付近にあったことを想像させる。国衙・国府の地点と範囲については、現状では推定の域は出ないが、国府・惣社集落以北、現在の大和川河床部分にあたる船橋《ふなはし》遺跡におよぶ範囲とされている。『続日本後紀』承和八年（八四一）三月二日条には、志紀郡の衣縫造金継女が材を購入して大津道の石川渡渉地点に架けたと推定される「恵賀河《えががわ》借橋」が記録されている。『河内名所図会』はその伝承地として「孝女衣縫氏墓」を記録している。現在は、国府一～三丁目。〔中山〕

*甲岸町《こうぎしちょう》（西成区）

町名は、今宮町の小字名による（『大阪の町名』上）。小字名の由来は不詳。明治初頭、西成郡今宮村の一部であったが、明治三十年（一八九七）四月一日今宮村元今宮の一部となった。大正二年（一九一三）十二月十日大字今宮の一部となり、同六年九月一日に今宮町大字今宮の一部、次いで同十一年四月一日に今宮町字甲岸となった。同十四年四月一日大阪市に編入され、西成区甲岸町となった。昭和四十八年（一九七三）十一月に萩之茶屋一～二丁目の各一部となった。〔古川〕

神前《こうざき》（貝塚市）

加治《かじ》・神前錯雑地として名前が残っている。市の北西部にある。近義《こぎ》郷のうち神前神社の名前にちなんだとする説がある（『大阪府全志』五）。また、天平十三年（七四一）に行基が設けたとされる港湾施設「神前《こうざきの》船息《ふなすえ》」によるものとも考えられる。鎌倉時代から室町時代において、近木庄《こぎのしょう》は四つの番に分かれており、神前村を含む周辺村々は「神前番」と呼ばれていた（加神《かしん》・加治《かじ》参照）。〔曽我〕

郡戸《こうず》（羽曳野市）　古代の丹比郡《たじひのこおり》の中心地である郡衙《ぐんが》が設けられていたことによると伝える。丹比郡丹上郷《たじひのこおりたんじょうごう》（『和名類聚抄』）に含まれると考えられる。なお丹上の地名は、西側に隣接して残っている（堺市美原区丹上）。永正二年（一五〇五）年の「遊佐順盛奉書」（通法寺及壺井八幡宮文書）にみえる「郡戸孫三郎」という人物の名字の地かと推定される。〔中山〕

港晴《こうせい》（港区）　安治《あじ》川の河口、みなと通を挟んだ両側に位置。地名の由来は、昭和三十六年（一九六二）に開校された大阪市立港晴小学校の名によるとみられる。昭和四十三年に八幡屋《やはたや》町・八幡屋新道・八幡屋浮島町・八幡屋宝町・八幡屋元町・南八幡屋町・八幡屋松ノ町・八幡屋雲井町・八幡屋大通・北八幡屋町・八幡屋中通・田中元町・天保町・二条通・三条通・四条通・六条通・七条通の各一部を合併して港晴となる。〔松永〕

神田《こうだ》（池田市）　猪名《いな》川の左岸に位置し広い面積を占める。かつては水田や畑が広がり、古くからの集落としては、宮之原・上畠・脇塚・北神田・中之嶋・河原島の六か村がある。現在は新興の住宅、マンションが多くを占め、田畑はわずかに残っているにすぎない。中国自動車道とその両側を百七十六号バイパスが神田地域を斜めに通過しているため、道路の占める面積が広い。神田の由来は産土神《うぶすながみ》である八坂神社を維持するための田、つまり、神領・神田《しんでん》があったことからと思われる。そのほか、神田を「こうだ」と呼ぶことから、猪名川の氾濫によって荒田《こうだ》になったところから神田になったという説がある。上畠の畑に祀られている石は天から落ちてきたと伝わっており、そこに素戔嗚尊《すさのおのみこと》がご降臨になったという。つまり、神が田に降りたということから神田と呼ばれるようになったという説もある。〔室田〕

神立《こうだち》（八尾市）　八尾市北東部に位置し、奈良県平群町と東大阪市若江を結ぶ十三街道が村中を通る。『伊勢物語』の高安の女のもとに通う男の話は（筒井筒の段）、当村が舞台と考えられ、『河内鑑名所記』『河内名所図会』などに神立村で紹介されている。当村には、玉祖神社が和銅三年（七一〇）に周防玉祖社から住吉、恩智を通り、この地に鎮座したとする伝承がある。神立の地名もこの伝承から来たものであろう。 ［小谷］

高津《こうづ》（中央区） 大阪において「高津」という地名は、町名としてだけではなく、高津神社や府立高津高校、あるいはかつての大阪市歌にも登場した仁徳天皇の「高津宮《たかつのみや》」など、目にすることが多いものの一つである。この地名は古代以来の由緒を持ち、由来としては「摂津国風土記」の逸文に「天稚彦《あめのわかひこ》が天降ったとき、侍女の天探女《あまのさぐめ》が乗った磐船がこの地に到着したことから名付けられた」とあるのが著名である。また、国学者の本居宣長は『古事記伝』の中で、仁徳天皇の宮殿とされる「高津宮」に関して、「南北にのびる上町台地の崖面まで波が打ち寄せ、難波津はこの岸の上の高台にあったため「高津」と呼んだ」と考証している。『古事記伝』では、「高津宮」と後世の「高津」とは読み方が異なるため別の場所と解釈しているが、「高津《たかつ》」が音読されて「高津《こうづ》」になったとする説もある（『大阪府全誌』二）。このほか『日本書紀』大化二年条に現れる「蝦蟇行宮《かわづのかりみや》」が当地にあったとされることから、「かわづ」から転じた地名とする説、室町時代頃に当地にあった「郡戸庄《こおとのしょう》」から転じたとする説などがある。江戸時代には東高津村と西高津村という二つの村が存在した。このうち西高津村は大坂三郷に隣接していたため半ば町場化されており、東横堀の南端から道頓堀にかけて村の範囲が拡大していった。この周辺に「高津」を関した旧町名が数多く存在したのは、そうした経緯によるものである。 ［豆谷］

神内《こうない》（高槻市） 神内は源実の歌の詞書（『古今集』）にみえる「神《かん》なびのもり（神奈備森）」が転訛したものとされる（『大阪府全志』三）。神奈備森は明治九年（一八七六）東海道線の建設によって姿を消し、神奈備神社も大正四年（一九一五）に上牧春日神社に合祀されて、現在は児童遊園となっている。また神内山は正平十年（一三五五）京都に侵入した南朝方を北朝方が迎え撃った古戦場としても有名である。 ［飯沼］

鴻池《こうのいけ》（東大阪市） 東大阪市の北部西寄りに位置する。鴻池が付く町名には、北鴻池町・南鴻池町一～二丁目、鴻池、鴻池町一～二丁目、鴻池徳庵町、鴻池本町、鴻池元町、中鴻池町一～三丁目がある。鴻池家の寄附により停留所を拡張し、大正二年（一九一三）に鴻池新田駅（現JR）ができた。地名は宝永元年（一七〇四）の大和川付け替え後、鴻池新田を開発した三代鴻池善右衛門宗利に由来する。宝永五年（一七〇八）の検地によって、「鴻池新田」と命名された。もと鴻池家は山中姓を名乗り、鴻池屋という屋号は酒造業を始めた摂津国長尾村鴻池（現伊丹市）にちなむ。鴻池善右衛門は江戸時代を代表する豪商で、大坂十人両替にも名を連ねていた。鴻池家が新田経営の拠点とした鴻池新田会所は国史跡・重要文化財に指定され、一般に公開されている。 〔別所〕

神於町《こうのちょう》（岸和田市）

和泉葛城山麓部に位置し、標高二百九十六メートルの独立山塊神於山と、同山中にある天台宗の古刹神於寺にちなむ地名。神於寺は天武天皇十二年（六八三）に役行者《えんのぎょうじゃ》が創建したと伝えられ、「神於寺縁起」によれば、創建時に新羅から宝勝化人（雷神）と竜神・式神を勧請し山内に鎮座したという。山内から弥生時代の流水文銅鐸が出土するなど、神於山は古くから地域住民の信仰対象であったと考えられるが、特に泉州一帯に広く分布した雨乞いの習俗とも関わる山であった。 〔山中〕

紅梅町《こうばいちょう》（北区）

区の東部に位置する。明治六年（一八七三）にできた町で、松ヶ枝町の西にあたる。江戸時代には破損奉行同心の屋敷などがあった。大阪天満宮の裏にあたり、菅原道真が愛した紅梅にちなんで名づけられたという。『北区史』は、天満宮の女官の寮があり、その寮長の名から取ったという説も紹介している。町内（大鏡寺の南東）には明星池があり、『摂津名所図会』には菅原道真がこの池岸に明星となって現れ、池水に星影を映したという伝承が載っている。 〔八木〕

神山《こうやま》（河南町）

町域西部の台地上に位置し、中央部を千早川が北流し、川沿いに千早街道が通る。神の山を意味する地名の由来は、饒速日命《にぎはやひのみこと》の降臨地にちなむ説（『大阪府全志』四）、同神を祀る式内社の鴨習太《かもならいた》神社のある神山による説（『河南町誌』）がある。 〔吉井〕

高麗橋《こうらいばし》（中央区）

高麗橋は東横堀川に架かる橋の名である。東横堀川は文禄三年（一五九四）に豊臣秀吉の大坂城の外堀として開かれたと言われる。このときから高麗橋が存在したかどうかは明らかではないが、大坂夏の陣の時に東軍の安藤右京進重長が持ち帰ったとされる、「慶長九年甲辰八月吉日」の紀年銘のある鉄製擬宝珠が大阪城天守閣に伝えられており、遅くともそれまでには架橋されていたことがわかる。近年の研究によれば、高麗橋をはさんだ東西の道筋は東の上町から西の船場まで一直線に通じており、かつ道修町《どしょうまち》より南の船場の地割りと方位を異にしていることから、高麗橋筋の町並みは、慶長三年（一五九八）に船場が開発されるより前から開けていたと考えられている。ところで「高麗」は朝鮮国の古い国名である。「高麗橋」の由来についても、これに関連した二つの説がある。①来日する朝鮮国使を迎えるために橋が架けられたためとする説、②橋の東側に古代の難波高麗館が置かれていたためとする説である。興味深いことに、高麗橋付近は古代の国家的港湾であった「難波津」の有力な推定地のひとつである。周辺の遺跡調査でも朝鮮半島からもたらされたと考えられる土器や、官衙《かんが》などの存在をうかがわせる遺物が出土している。直接地名の由来と言えるかどうかはわからないが、古くから海外との交易に関係する場所であったことは間違いのないところである。近世にも高麗橋は交通の拠点として位置づけられ、大坂における街道の起点とされていた。現在、橋の東詰に里程元標の碑が立てられている。町名としての高麗橋は橋の西に続く東西町で、北の今橋とともに両替商が軒を連ねる、金融業の一大中心地であった。現在では証券会社のビルが建ち並び、形を変えながら商都大阪の面影を保ち続けている。〔豆谷〕

香里ヶ丘《こうりがおか》（枚方市）

その名は、寝屋川市の北端にあった郡《こおり》村に由来する。京阪電鉄の計画が進行していた明治四十年（一九〇七）頃、郡村では遊園地の建設が計画され、兵庫県西宮市の香櫨園《こうろえん》にあやかって香里園と命名された。それに伴い、京阪電鉄の駅名も「香里」（現在は「香里園」）となる。昭和十四年、陸軍は駅から北東に一〜三キロメートル離れた中振《なかぶり》・茄子作《なすづくり》・山之上の境界付近に広大な敷地を擁する火薬工場を設置し、最寄りの駅名にちなんで香里製造所と名付けた。戦後、この

敷地は住宅公団によって全面が団地となり、郡村から外れたところに香里ヶ丘の地名が誕生した。［馬部］

香露園《こうろえん》（摂津市）

近世の太中《たいなか》村・乙辻《おとのつじ》村・小坪井村の一部で、三宅村の一部になった。明治二十二年（一八八九）の町村制施行により三宅村が茨木市に編入されたが、大字小坪井は三島町に、三十五年に乙辻も同町に編入された。四十一年の市制施行と同時に三大字の一部をもって香露園になった。町域は摂津市の北部で大正川と境川が形作る三角州上に位置して、西側は阪急京都線が通り、北は昭和園、東は大正川を境に学園町一丁目に接している。いずれも摂津市誕生に際してできた新しい町名で、市制施行にあたり文教・住宅地区を志向してのネーミングと思われる。JR東海道線の千里丘駅の東南で、市民文化ホール・女性センターなどの公共施設が集中している。また四十四年十月には、町域の北部が分区され新町名の昭和園になった。［石原］

郡津《こおづ》（交野市）

当地にかつて交野郡衙《ぐんが》が所在したことが地名の由来とされるが、白鳳期の長宝寺遺跡などはあっても、郡衙の遺構らしきものは未だ発見されていない。その一方で、平成十六年（二〇〇四）に奈良～平安時代の大型建物や道路などを出土した枚方市禁野《きんや》本町遺跡で、奈良時代後半の木組み井戸跡から郡司の最高位を意味する「大領」と記した木簡が発見されている。よって、郡津の由来を郡衙に求める説は再検討を要す。［馬部］

郡《こおり》（寝屋川市）

かつては河内国茨田《まった》郡に属す。史料的には江戸時代から郡村として確認できる。寛文五年（一六六五）に郡北村を分村する。さらに村内は享保四年（一七一九）に中村と南町（本郷）に分かれた。明治二十二年（一八八九）友呂岐《ともろぎ》村の大字郡となり、昭和十八年（一九四三）寝屋川町、同二十六年（一九五一）寝屋川市の一部となる。明治四十三年（一九一〇）開業した京阪電気鉄道は当地に香里《こうり》駅を置き、やがて地内丘陵部を開発し「香里園《こうりえん》」を開設し菊人形などを売り物とする遊園地とした。後、遊園地は枚方へ移り、香里園は宅地開発される。地名の由来は、当地字御所山に河内国茨田郡の郡衙《ぐんが》があったことによる（『寝屋川市誌』）とするが、これを証明する遺跡等が確認されず詳細は不明。なお、清水正健編『荘園志料』は、当地に醍醐寺領郡荘があ

ったとするが、正しくは河内郡（東大阪市）に所在した（『講座日本荘園史　七　近畿地方の荘園Ⅱ』）。〔尾崎〕

粉川町《こかわちょう》（中央区）　江戸時代初期に伏見町人が移住して成立した町である。このため町名も伏見から移されたものとされるが（『大阪の町名』上）、伏見に「粉川町」の地名が認められないため関係は不明である。また当地は近世初期に「北聚楽町二丁目」と呼ばれていた。これは豊臣秀次の自害後に京都の聚楽第が移されたことに由来するという。〔豆谷〕

近木《こぎ》（貝塚市）　市の北西部に位置する。室町時代末期、麻生郷海塚《あそごうかいづか》村に建設された寺内町に設けられた五つの町（北之町・中之町・西之町・近木之町・南之町）の一つ。近接する近《こ》木庄《ぎのしょう》から付けられた。当初は近木之町であったが、明治二十二年（一八八九）に貝塚町の大字となり、大正十五年（一九二六）まで貝塚近木と称した。以後は貝塚の冠称がなくなり、現在に至っている。〔曽我〕

***近木庄**《こぎのしょう》（貝塚市）　現在の貝塚市北西部（近《こ》木《ぎ》川下流域）を指して、古代は近義《こぎ》郷と称した。弘安四年（一二八一）に国衙《こくが》領であった近義郷の地頭分を、正応三年（一二九〇）国方（領家分）をそれぞれ高野山金剛峰寺の鎮守、丹生《にゅう》都比売《つひめ》神社に寄進し、近木庄が誕生した。また、鎌倉時代初期の記録『新猿楽記《しんさるごうき》』には和泉国の名産として近義郷で製造される櫛が挙げられている。近木庄は江戸時代の地域名称として残され、その範囲が明治二十二年（一八八九）北近義村・南近義村となる。昭和六年（一九三一）貝塚町との合併により「近義」の名は消滅する。〔曽我〕

御供田《ごくでん》（大東市）　河内国讃良《ささら》郡御供田村は、深野《ふこの》池干拓前には吉田川と恩智《おんぢ》川にはさまれ深野池の南側に位置した。干拓後は北・東は深野南新田、西は川中新田となった。江戸時代は幕府領だったが寛政六年（一七九四）から高槻藩預地。明治二十二年（一八八九）から住道《すみのどう》村の大字となり住道町を経て昭和三十一年（一九五六）大東市となる。地名の由来は、当地に「御供田」があったからとするが、大坂玉造の鵲森神社の社領説、石清水八幡宮領説、野崎の慈眼寺（野崎観音）領説の諸説ある。〔尾崎〕

国分《こくぶ》（柏原市）

柏原市の中央部から東部にかけて位置する。国分東条町《ひがんじょうちょう》、国分西一～二丁目、国分市場一～二丁目、国分本町一～七丁目がある。近鉄河内国分駅がある。天平十三年（七四一）の聖武天皇の勅願により建立された国分寺が所在したことに由来する。河内国国分寺は大和川左岸の大和・河内国境付近に位置し、発掘調査により奈良時代に創建されたことが確認されている（『河内国分寺跡発掘調査概要』）。同時に建立された国分尼寺は西方の東条集落付近の字尼寺《にんじ》にあったと考えられている。「西琳寺文書」により応永元年（一三九四）までは存在していたことが確認できる。［別所］

国分町《こくぶちょう》（天王寺区）

明治三十三年（一九〇〇）以来、現在に至るまでの町名。当初南区の生野国分町、大正十二年（一九二三）には同区天王寺国分町、同十四年からは天王寺区の国分町と変遷した。この地には八世紀に建立された摂津国分寺の系譜を継ぐという国分寺が存在し、この町名もその古代の国分寺に由来する。ただし、国分寺については、北区に故地を求める見解もあり、定説をみていない。地名としては「国分村」（「天王寺金堂舎利講記録」）が十五世紀段階で確認でき、江戸時代も村として存続した。［大澤］

国分寺《こくぶんじ》（北区）

区の東端に位置し、大川に接する。江戸時代から現在までの地名。江戸時代には西成《にしなり》郡国分寺村があった。天満橋筋を北へ進み、南長柄村の南にあった。地名の由来は摂津国分寺があったことによるとされるが、実際に摂津国分寺がどこにあったかについては、天王寺区国分寺にあてる説もあり、定まっていない。［八木］

石町《こくまち》（中央区）

地名の由来については、当地は古代において国府が所在し、のちに「こくふ」から転じて「石《こく》町」となったと言われる（『摂津名所図会大成』）。また、異説として次のようなものがある。当地は古代において、神宮皇后が出陣の際に体を休めたと伝えられる大石に由来する座摩《ざましゃ》社の旧地であった。やがて豊臣秀吉が大坂城を築いたときに移転することとなったが、石はあまりの大きさゆえに動かすことができず、現地にそのまま置かれていたため、このあたりを「御石町」と呼ぶようになり、のち「石町」となったとするのがその説である。ただし、『摂津名所図会大成』ほか多くの文献は前者を支持している。『続日本後紀』によれば、摂津国府は平安時代初期の外交施設であった鴻臚館《こうろかん》（奈良時代には難波館）を転用して設けられたという。鴻臚館の正確な位置は確定されていないが、難波津の比定地の一つである高麗橋や難波堀江に比定される大川に近接するこの地は、その推定地として有力である。近辺で官衙《かんが》と考えられる八世紀代の建物跡が発掘されていることも興味深い。［豆谷］

＊苔山町《こけやまちょう》（西成区）　町名は、今宮町の小字名による（『大阪の町名』上）。小字名の由来は不詳。明治初頭、西成郡今宮村の一部であったが、明治三十年（一八九七）四月一日今宮村元今宮の一部となった。大正二年（一九一三）十二月十日大字今宮の一部となり、同六年九月一日に今宮町大字今宮の一部、同十一年四月一日に今宮町字苔山となった。同十四年四月一日大阪市に編入され、西成区苔山町となった。昭和四十八年（一九七三）十一月に天下茶屋一丁目・花園南一～二丁目の各一部となった。［古川］

五　条《ごじょう》（東大阪市）　→四条・五条

＊五条通《ごじょうどおり》（港区）　明治四十年（一九〇七）から昭和四十三年（一九六八）の町名。地名の由来は、築港《ちっこう》埠頭埋立地に町名をつける際に、安治《あじ》川左岸沿岸から順番に、一条から八条までの路線名を付したことによる（『大阪の町名』上）。明治四十年に大阪湾築港埠頭埋立地の一部が西区五条通となる。大正四年（一九一五）、築港運河（天保山運河）の開削に伴い、四条通・六条通の各一部が五条通一丁目となる。天保十三年（一八四二）に住吉大社の分霊を目印山（天保山）に勧請し、創設された港住吉神社は、大正六年に五条通一丁目へ奉遷。境内には、「堂島新地拾町」と刻まれた碑石数基が残されている（『御鎮座百五十年記念　港住吉神社沿革』）。大正十四年に港区に編入。昭和四十三年に築港の一部となる。［松永］

古曽部町《こそべちょう》（高槻市）　上宮天満宮の境内に存在する式内社野見神社の社部《こそべ》に由来するという伝承がある。また北隣の旧成《なり》合《あい》村にある金龍寺の開祖である阿部是雄が許曽部《こそべ》氏と同族であることから、このあたりが許曽部氏の本貫であり、地名はこの氏族名に由来するという説もある。古曽部は平安時代の女流歌人伊勢が晩年を過ごした地であり、また彼女を慕う能因法師が隠棲したとされる。伊勢の住居跡に建つという伊勢寺（奥天神町一丁目）と、能因法師の墓と伝えられる能因塚（古曽部町三丁目）には、江戸時代前期の慶安年間（一六四八～五二）に高槻藩主永井直清《なおきよ》がそれぞれ顕彰碑を建立している。江戸時代後期の寛政二年（一七九〇）頃に五十嵐新平が始めた古曽部焼は、ひなびた味わいの茶器が京・大坂の文人に愛好され、明治末年まで五代にわたって続いた。また第一次大戦後の大正八年（一九一九）には湯浅蓄電池の工場が建設され、平成十七年（二〇〇五）まで操業が続けられた。〔飯沼〕

木積 こつみ （貝塚市）

市の南部、山間部に位置する。伝承によると、神亀三年（七二六）に聖武天皇の勅願を受けた行基が畿内四十九院を建立する際に、その材木を和泉国木島の杣《そま》山から伐り出して置いたことが由来とされる。畿内四十九院の一つとして当地に建てられたと伝える観音院は、七堂伽藍を備えた巨刹で、桓武天皇より寺領千七百石を賜り、泉州第一の霊場であった（『大阪府全志』五）。孝恩寺は観音院を起源とすると伝えられ、現存する観音堂は鎌倉時代後期の再建で、大阪府下の木造建造物で最も古い位置づけがなされ、明治三十六年（一九〇三）に国宝の指定を受けた。〔曽我〕

御殿山 ごてんやま （枚方市）

淀藩主永井尚政《なおまさ》は、万治元年（一六五八）その所領を五人の子に分割する。そのうち二万石を分け与えられた三男の尚庸《なおつね》は、渚山（現在の渚本町御殿山神社所在地）に陣屋を構え、家臣一同を連れてここに入った。その屋敷の規模は、南北三百五十間、東西六十間ともいわれるから、壮観であったことであろう（『三浦家文書の調査と研究』）。貞享四年（一六八七）に永井家は下野国烏山に移封となったため、周辺は幕領となり、屋敷も取り払われた。元禄三年（一六九〇）から同五年の間、一時本庄宗資《むねすけ》の陣屋が置かれるが、それ以降陣屋が設けられることはなかった。こうした経緯から、渚山はいつしか御殿山と呼ばれるようになる。現在陣屋の名残らしいものは、境内の削平地程度しか見られないが、すぐ北にある渚保育所そばに、永井尚庸が建てさせた渚院の石碑が残されている。これは惟喬《これたか》親王の別荘渚院を顕彰したもので、尚庸はここにあった観音寺の修復もしている。同寺は、廃仏毀釈の際に鐘楼のみ残して本堂は禁野《きんや》の和田寺に移され、境内にあった西粟倉神社も遷座して御殿山神社となった。〔馬部〕

***寿町**《ことぶきちょう》（港区）　昭和二年（一九二七）から同四十三年の町名。地名の由来は、同地の地主和田家の数代前の夫人寿《ひさ》の名による（『港区誌』）。昭和二年に市岡町・池山町の各一部が寿町となる。昭和二十五年の港湾地帯高潮対策事業に伴う安治《あじ》川拡張工事によって、町内の一部が安治川の水面下となる。昭和四十三年に弁天町の一部となる。〔松永〕

***木野**《この》（東成区）　上野山と呼ばれた五榎木山《うえきやま》の木をとって名付けられたといわれる。この山はその後、土を採られて原形を失ったとされる。鎌倉時代から戦国時代にかけては、木村という地名が史料上で確認できる。正和四年（一三一五）、「摂津国守護使道覚請文」に「天王寺領木村」と記されていることが初見である（「離宮八幡宮文書」）。このとき、木村住人と、離宮八幡宮の大山崎油神人《おおやまざきあぶらじにん》が争論となったことが述べられているほか、油商人として特権拡大を目指す大山崎油神人と、奈良一帯での油販売権を有する木村座油商人の対立は戦国時代に至るまで、たびたび繰り返されていた。江戸時代の『摂《せっ》陽群談《ようぐんだん》』では木村、俗称として木之・木野とされているが、慶長十年（一六〇五）の「摂津国絵図」では「木野村」と書かれている。明治二十二年（一八八九）に鶴橋村大字木野、大正元年（一九一二）には鶴橋町大字木野、大正十四年（一九二五）の大阪市編入後も鶴橋木野として地名は存続するが、昭和四十五年（一九七〇）の町名変更で姿を消す。〔荒武〕

此花区《このはなく》（大阪市）　大正十四年（一九二五）四月一日の第二次市域拡張に際し、西区から分離独立した。区名は、古歌の「難波津に咲くやこの花冬ごもり　今ははるべと咲くやこの花」から採用された。この歌は百済から来日した王仁《わに》博士の作と伝える。「この花」は梅と考えられている。〔堀田〕

***此花町**《このはなちょう》（北区）　明治五年（一八七二）から昭和五十三年（一九七八）までの町名。区の南東部に位置する。明治五年に、それまでの町域町名を変更したときに天満八丁目と農人《のうにん》

町《まち》・椋橋町《くらはしちょう》の一部からできた町名。「此花」は梅の花の雅称で、梅を愛でたという菅原道真にちなんで名付けられたという。また、此花(梅)には「なにはづに咲くやこの花冬ごもり　いまははるべと　咲くやこの花」の古歌もあり、難波津ゆかりの地名としての意味も込められたものであろう。現在の天神橋一～二丁目・東天満一丁目・天満四丁目に含まれる。〔八木〕

*木幡町《こばたちょう》（北区）

区のほぼ中央部に位置する。江戸時代から昭和五十三年(一九七八)までの町名。「こわた」と読む場合も。現在の西天満三丁目および五丁目に含まれる。伊勢町とともに神明社にかかわって名付けられたとする。江戸時代は北と南に分かれていた。南木幡町の西には、上方代官小堀氏の屋敷であった「砂原屋敷」があった。この地は元禄の頃には屋敷はなく、町人の請地となり、町場として開発された。この周辺は、もともと砂地の土地柄であったことから、その名がついたと考えられる。〔八木〕

粉浜《こはま》（住之江区・住吉区）

住之江区の粉浜一～三丁目と粉浜西一～三丁目、住吉《すみよし》区の東粉浜一～三丁目に分かれる。いずれも昭和三年(一九二八)以前は西成区粉浜町であった。昭和四十九年(一九七四)の分区により、南海本線から西側が住之江区、東側が住吉区となった。かつては住吉浦の粉洲《こはま》と呼ばれた海岸低湿地。『万葉集』巻六に「住吉の粉浜のしじみ開けも見ず隠りにのみや恋ひ渡りなむ」と歌われた「住吉の粉浜」が、当地付近を指すという伝承により命名された地名である(『角川日本地名大辞典27　大阪府』)。当地は保元二年(一一五七)から応保元年(一一六一)にかけて、源氏の一族駒井左衛門(兼綱)ら八名の者が開発し、粉浜村と命名したという伝承がある(『大阪府全志』三、『粉浜村誌』)。一説に「こはま」は木浜《こはま》に由来するという。すなわち住吉大社造営の際、社地の前浜に用材を置いたことから木浜の名称が生まれたとする(『粉浜村誌』)。しかし、文化元年(一八〇四)、住吉大社再建時に、用材運搬のため当村の南に小川を開削し材木川と名づけており、木浜説はこれをもとに後年創作されたものと考えられる。なお、古くは当地を「こす」とも称した(『粉浜村誌』)。住吉区東粉浜三丁目にある粉浜万葉歌碑には、万葉学者として著名な犬養孝の筆による「住吉の粉浜」の和歌が刻まれている。〔野高〕

小林《こばやし》（大正区）　区の中央に位置する。小林東一～三丁目、小林西一～二丁目がある。江戸時代は木津川沿いの寄洲であったが、岡島嘉平次が天保元年（一八三〇）に開発に着手し、同三年に新田となった。小林の地名については、岡島嘉平次の出身地である「千林」の林にちなむという。大正期から昭和期にかけて、小林町の西部一帯では貯木池が多く造られ、独特な景観を生み出していた。戦後、大正内港の建設が行われ、かつての貯木池は住之江区に移転し、水路が埋め立てられる一方で、港のため大きく水面が拡大されるなど、大きく変貌した場所でもある。昭和五十一年（一九七六）に東西に分かれた。［堀田］

＊**小深町**《こふかちょう》（北区）　区の北西部に位置する。もとは西成《にしなり》郡北の村に属した。明治三十年（一八九七）の大阪市第一次市域拡張の時に大阪市に編入された。明治三十三年（一九〇〇）に北野小深町となり、大正十三年（一九二四）に小深町となり、昭和五十三年（一九七八）まで存続した。もと北野村の字名に由来する。大深町の東に位置し、大深町と同じく、「深《ふけ》」は泥深い田や低い湿地を意味し、周辺一帯が低湿地帯であったところからついた地名であろう。［八木］

駒谷《こまがたに》（羽曳野市）　『大阪府全志』（四）によれば、聖徳太子が当地で馬をとどめたことにちなむと伝える。隣接する飛鳥とともに安宿郡《あすかべのこおり》賀美郷《かみごう》（『和名類聚抄』）に含まれると考えられるが、近世には古市郡に属した。また、『延喜式』にみえる「杜本《もりもと》神社二座」がこの地に比定され、貞観元年（八五九）正月二十七日に従五位下から正四位下に進み、同年七月十四日には神宝幣帛使が派遣されている（『三代実録』）。延喜九年七月七日付「官符」（『本朝月令』）によれば、当社が古市郡当宗《まさむね》神社とともに交替で祭礼の走り馬を供奉することとし、祭使が遣わされることとなった（『本朝世紀』天慶五年〈九四二〉四月八日条）。なお、『延喜式』の杜本神社については、柏原市東條から国分神社にうつされている杜本神社という考えもある。杜本神社の神宮寺は、もとは安養寺と称したが、後村上天皇の綸旨《りんじ》により金剛輪寺と改めた（「金剛輪寺文書」）が、その後荒廃した。金剛輪寺は江戸時代中期に覚峰が再興し、彼の影響下に『河内名所図会』が執筆されたため、特に詳しい記述

がなされている。［中山］

小　松　こまつ（東淀川区）

神崎《かんざき》川に安威《あい》川が合流する部分の左岸にあたり、江戸時代は大道《だいどう》新家村といった。『摂津志』によれば、古くは小松・松山の名があり、当地が砂地で小松が茂り、松山となっていたことに由来するとされる。風が強い日には火災と見誤られるほどの砂煙が上がったという。明治元年（一八六八）小松村と改称し、明治二十二年（一八八九）中島村に組み込まれた。現在は小松一～五丁目として、その名を残している。［上田］

小松原町　こまつばらちょう（北区）

区の中央やや北西寄りに位置する。もとは西成《にしなり》郡北の村に属した。明治三十年（一八九七）の大阪市第一次市域拡張の時に大阪市に編入され、明治三十三年に北野小松原町となった。大正十三年（一九二四）に小松原町となった。町名は字名に由来する。［八木］

小松里町　こまつりちょう（岸和田市）

天平勝宝元年（七四九）の年紀をもつ「隆池院流記資財帳」（「久米田寺文書」、但し、鎌倉期以後に創作された偽文書）や、年月日未詳（鎌倉期頃）「久米多寺免田注文」（同上）に、八木郷内の里名として「小松井里」があり、条里制に由来する地名である。地内からは奈良時代の寺院跡（小松里廃寺）が確認され、また、古代の南海道（後の熊野街道）が通過している。［山中］

小宮町　こみやちょう（天王寺区）

明治三十三年（一九〇〇）以来、現在までの町名。ただし、大正十四年（一九二五）までは南区の天王寺小宮町であり、同年以降天王寺区の小宮町となった。地名としては、明治二十一年（一八八八）には「字小宮」が確認され（内務省地理局、大阪府「大阪実測図」）、この小字名が町名に採用された。その名の由来は知られていない。［大澤］

古　室　こむろ（藤井寺市）

由来は不詳。南に応神天皇陵に治定される誉《こん》田御廟山《だごひょうやま》古墳、東北に応神天皇の皇后仲津姫命陵に治定される仲ツ山古墳に接して、全長百六十六メートルの古室山古墳があり、その北側に集落を展開する。隣接する沢田《さわだ》とともに、『蔭涼軒日録』の明応二年（一四九三）三月二日条に「こむろ、さうた　武田殿」と初めてみえる。近世にはその半ばが、古市郡にあった誉田《こんだ》八幡宮の社領であった。現在は古室一～三丁目、

西古室など。〔中山〕

五　門　ごもん（熊取町）　町の中央部から西寄りに位置する。後白河法皇が熊野行幸の途中立ち寄った際に門を建てたことから「御門」と呼ばれ、のちに「五門」となったとの説が有力である。御門・御紋と表記されることもあったが、室町時代には「ごもう」と呼び、大久保村の一部であった。遅くとも鎌倉時代前期には成立していた熊取庄のうちに含まれる。室町時代後期には庄内の土豪として根来寺成真院《ねごろでらじょうしんいん》に子弟を送った中氏は、五門に居宅を設けている。江戸時代には岸和田藩の七人庄屋を務めた家であり、その居宅である「中家住宅」は江戸時代初期の建築と考えられ、昭和三十九年（一九六四）に国の重要文化財の指定を受けている。平成三年（一九九一）より進められた住居表示整備事業を受けて、五門東一～四丁目、五門西一～四丁目などに分けられた。〔曽我〕

木　屋　こや（寝屋川市）　かつての河内国茨田《まった》郡に属す。明治三年（一八七〇）山中信古によって編集された『南狩遺文《なんしゅういぶん》』には推定延元二年（建武四、一三三七）四月二日付の粉河寺行人中へ発給された軍勢催促状があり、河内国木屋に軍勢を率いて集合せよという。これは南朝顕彰のため編纂された古文書集で史料的に問題もあるが、当地がみえる史料としては最古である。江戸時代は木屋村、明治二十二年（一八八九）から友呂岐《ともろぎ》村の大字、昭和十八年（一九四三）寝屋川町、同二十六年寝屋川市の一部となる。当地は淀川沿いにあり明治初年には船問屋一軒のある木屋浜があった。地名の由来は、当地が淀川の分岐点であったことから木材の集散地であり、これの保管場所を木屋といったことから（『寝屋川市誌』）とするが、詳細は不明。〔尾﨑〕

神　山　こやま（能勢町）　能勢町の南西に位置し、南は兵庫県川辺《かわべ》郡猪名川《いながわ》町《ちょう》に接する。神山の地名は、後世の写しであるが、「能勢郡西郷郷士覚書写」（『能勢町史』三　資料編）に足利尊氏の丹波篠村《しのむら》八幡の陣に神山村からも馳せ参じていることが記されており、南北朝時代には存在していたことが考えられる。地名の由来は、『摂津名所図会』『摂陽群談《せつようぐんだん》』に熊野三所・白山・立山・吉野の六所権現を祀っていることにより神山と称するとある。〔西田〕

小山《こやま》（藤井寺市）　北側に隣接する津堂城山古墳の形状に由来する地名と推定される。近世には志紀郡小山村と丹北郡小山村として別村扱いで、城山古墳を起点に南に延びる「大坂道（羽曳野市古市から藤井寺市野中・藤井寺・小山、大阪市川辺を経て平野・大坂に至る）」を境にしていた。集落は完全に二か村が融合しており、格子状の町割を持った計画的な集落景観を残している。現在は小山一～九丁目、小山藤美町《ふじみちょう》、小山新町、小山藤の里町に分かれている。〔中山〕

御霊筋《ごりょうすじ》（中央区）　淀屋橋筋（現在の御堂筋）の一筋西を通る南北道で、北は大川から始まり、南は北御堂に突き当たったところで終わっている。淡路町にあった御霊神社の前を通ることからその名がある。御霊神社は津村郷の産土《うぶすな》社で、古代の八十島《やそしま》祭に関係した神社として知られる。現在の社地は文禄三年（一五九四）に、津和野藩主であった亀井氏の藩邸の一部が寄進されたものという。〔豆谷〕

五領町《ごりょうちょう》（高槻市）　江戸時代、檜尾《ひお》川左岸の萩庄・梶原・井尻・鵜殿・上牧《かんまき》・神内《こうない》の六か村は通称「牧・五領」と呼ばれた。この地域を公家烏丸《からすま》家・美濃加納藩永井家・高槻藩永井家・旗本鈴木家・幕府の五つの領主が支配していたことに由来する。明治二十二年（一八八九）これら六か村と前島村が合併した際に、この通称を村名に採用して、五領村が成立。五領村は昭和二十五年（一九五〇）に高槻市と合併したが、五領の名は五領小学校を中心とする区域の町名として残されている。〔飯沼〕

誉田《こんだ》（羽曳野市）　崇神天皇の子孫、品陀《ほむだ》真若王《まわかのおおきみ》の名にちなむという考えと、応神天皇の諱《いみな》の誉田《ほむだ》別命《わけのみこと》にちなむとする考えがある。いずれにしても、「ほむだ」が転じて「こんだ」になったとする。応神天皇の陵墓とされる誉田御廟山古墳とそれを神体とする誉田八幡宮がある。応神天皇の陵墓は『日本書紀』に記載がなく、『古事記』は「川内の恵賀の藻伏《もふし》の岡にあり」としている。『延喜式』では「恵我藻伏崗陵」は志紀郡にあるとしているから、古い時期は志紀郡ととらえられていたようである。隣接する誉田八幡宮は延久四年（一〇七二）に三昧堂が初めてみえ（『石清水文書』）、以後徐々に石清水八幡宮の末社として、「誉田宗廟」「誉田社」「別当護国寺」としての伽藍が整えられた。鎌倉時代には西大寺叡尊が授戒を行った。南北朝の動乱以降、足利将軍家の保護を得るとともに、神官誉田氏が守護畠山氏の有力被官として実権をふるった。文明九年（一四七七）に畠山義就《よしなり》が誉田城を攻略して、古市に高屋城を築城し本拠とした。以後、誉田城に代わって高屋城が畠山氏の興亡の中心となった。なお『毛吹草』では、当地の名物として「誉田轡《くつわ》」を挙げている。現在、誉田一～七丁目、白鳥《はくちょう》一～三丁目となっている。〔中山〕

さ 行

細工谷《さいくだに》（天王寺区）　地名としての初見は明治二十一年（一八八八）の「字細工谷」（内務省地理局、大阪府「大阪実測図」）であるが、十五世紀頃に百済寺庄内の地名として「細工前」がみえ（「天王寺金堂舎利講記録」）、関連性が推測される。町名としては、明治三十三年（一九〇〇）から大正十四年（一九二五）までが南区の天王寺細工谷町、のち昭和五十六年（一九八一）までが天王寺区細工谷町、それ以降は現在に至るまで細工谷である。上町台地の東斜面にあたり、人間が細工したような浸食谷の谷間に富むことから付けられた名という（『大阪史蹟辞典』）。〔大澤〕

佐井寺《さいでら》（吹田市）　旧大字名で、佐井寺一丁目にある真言宗碕井《さきい》山佐井寺に由来し、才寺とも書かれた。昭和四十四年（一九六九）の町名変更によって、大字佐井寺・小路・千里山の各一部をもって佐井寺一～四丁目になった。明治二十二年（一八八九）の町村制施行前は佐井寺村で、施行後同村は片山村と合併して千里村に、昭和十五年（一九四〇）に吹田市に編入された。佐井寺は山田寺《さんでんじ》の通称で知られる。寺伝によれば、天武天皇六年（六七七）道昭が草創し、道薬・行基と相承して天平七年（七三五）に七堂伽藍・六〇余院が完成したという。奈良県天理市岩屋町出土の銀板墓誌銘に「佐井寺僧　道薬師」「和銅七年歳次甲寅二月廿六日命過」とある。「佐井」の由来は、『新撰姓氏録』左京神別に「佐為連速日命六世之孫」とある佐為氏にちなむか。寺背後の行基山（愛宕山）から湧く地下水「佐井の清水」は著名で、眼病の特効薬であったという。もと山田村八か村のうちでその最南部、千里丘陵上に位置する。旧佐井寺村のうちで佐井寺を冠する町名は、ほかに佐井寺南が丘がある。

［石原］

道祖本《さいのもと》（茨木市）

道祖本の地名は、道祖《さい》神社に由来するとされる（『大阪府全志』三）。西国街道（山崎通）が中央部を東西に通る。村を構成する集落の一つ宿河原《しゅくがわら》は中世以来宿として繁栄し、藤原定家の『明月記』など、有馬に湯治に出かけた公家や僧侶の日記にその名が散見される。近世には郡山宿が置かれたが、所在地の村名（道祖本）ではなく、隣村名（郡山）が宿駅の呼称となった経緯は不明である。宿河原は古くは宿久庄《しゅくのしょう》に属していたとされ、おそらくはその後いったん郡山村に属した後に、道祖本村に再度転属したためではないかと推測される。郡山宿本陣（宿川原町）は御成門の脇に椿の老樹があったことから「椿の本陣」と呼ばれている。当初の建物は享保三年（一七一八）の火災で類焼し、享保六年（一七二一）に再建されたものが現存、国史跡に指定されている。道祖本村は正保期（一六四四～四七）には京都所司代板倉重宗領であったが、天和元年（一六八一）幕領、元禄七年（一六九四）武蔵忍《おし》藩領、文政十年（一八二七）一橋領となり、幕末に至った。明治二十二年（一八八九）近隣四か村と合併して豊川村の大字となり、豊川村は昭和三十一年（一九五六）十二月に箕面町と合併したが、道祖本はその後まもなく茨木市に編入された。

［飯沼］

材木町《ざいもくちょう》（堺市堺区）

旧市域（環濠内）北組の戦国時代後期からみえる町名。北材木町とも称した。中世・近世において、堺には阿波国（徳島県）など各地から材木が入ってきており、その貯蔵・加工をしていたことに由来すると思われる。旧市域南組にも、南材木町（現在の大町西一丁付近）が戦国時代からみえる。

［吉田豊］

材木町《ざいもくちょう》（中央区）　松屋町筋沿いの現在の中央大通よりやや南に位置する。町名は材木商の集住に由来するものと思われる。この地は東横堀川に近接しており、水運の便のよい立地である。近世大坂で材木商の集まる場所としては、西横堀川や長堀川周辺が著名であるが、東横堀川や伏見堀などにも集まっていた（『難波丸綱目』）。なお、古くは大和材木町と呼ばれていたが、大和国との関連については明らかではない。
［豆谷］

幸町《さいわいちょう》（浪速区）　道頓堀川南岸の町で、川に架かる橋の一つ幸橋に由来し、天保期には東西に一～五丁目をもつ長い町並みとなっている（『天保十三年増補　大坂町鑑』）。道頓堀川の南岸は元和年間（一六一五～二四）に増築されて家屋の材木置場となっており、そのほかは下難波村と上難波村の農地であった。元禄十一年（一六九八）の堀江川開鑿《かいさく》に伴い開発された新地で、この四十間の用地の南北に大道がつけられた。元禄十六年（一七〇三）には大阪三郷のうち南組に編入されるが、同町を含む元禄十一年開発の新地三十三町は十年賦の地代金十三万両の上納に苦しんだ。そこで宝永七年（一七一〇）にこの地代銀の減額などを求めて嘆願を行った三七九軒（三十三町合計）の屋敷地が没収され、入札によって売り払われるという経験をしている（『大阪市史』二）。同町は、嘉永七年（一八五四）の大地震による大津波の甚大な被害を受け、その様子を後世に伝え戒めとしているのが、大正橋東詰（北側）にある安政二年（一八五五）建立の安政大津波の碑である。
［吉村］

堺《さかい》（堺市堺区）　地名としての「堺」の初見は、奈良時代から平安時代前期頃に成立したと考えられる「住吉大社神代記」に記される「堺大路」である。摂津国（住吉郡榎津《えなつ》郷）と和泉国（大鳥郡塩穴《しおあな》郷）の国境の道であり、現在の大小路《おおしょうじ》であろう。中世は摂津国堺北庄と和泉国堺南庄に、江戸時代は堺北組と堺南組に分かれた。しかし、堺北は一体的な市街地であるため、江戸時代には堺北組と市街地北東部の北庄村とが摂津国から和泉国に変更になり、さらに明治の初めには大和川以南の七道村なども和泉国に変更になったようである。明治二十二年（一八八九）に市制を施行したがその範囲は、元和元年（一六一五）大坂夏の陣の戦火後に江戸幕府によって整備された環濠の内側（江戸時代の市街地）と、港湾部の堺湊新地・堺旧港の付近、及び市街北部の並松町であり、これを「旧市域」と呼ぶ。その範囲は、中世の堺南北庄と必ずしも一致していないようである。市街地内部の個別町の町名が見えだすのは戦国時代に入ってから、特に天文四年（一五三五）以降であり、わからない部分が多い。明治五年（一八七二）に、大道《だいどう》（紀州街道）に面した町名を中心に、それより東の町名を東一丁・二丁、西の町名を西一丁・二丁として一気に整理した。その後、周辺町村を編入して大きくなり、平成十七年（二〇〇五）には美原町を合併して翌年に政令指定都市となった。その区名は、旧市域とその周辺部を堺区とし、残りを方角別に東西南北中の五区に分け、新たに合併した美原町のみ美原区とした。

〔吉田豊〕

境川《さかいがわ》（西区）

区の南西端部に位置する。明治三十年（一八九七）の大阪市第一次市域拡張により、西成《にしなり》郡のうち一部が編入され、九条村と市岡新田も大阪市に入った。明治三十三年に新たに町名が設定されたときに、大字九条と大字市岡の境に井路川があったことから、境川と名づけられ、南側が南境川、北側が北境川となった。明治三十五年に安治《あじ》川と尻無《しりなし》川を連絡するため、境川運河が開削された。昭和四十一年（一九六六）に埋め立てられた。現在の境川一～二丁目は元の北境川にあたる。西区の最南端である。

〔堀田〕

堺区《さかいく》（堺市）

堺市の北部に位置する。平成十八年（二〇〇六）に政令指定都市になった時に、市役所等中心施設があるところから市名を区の名前とした。堺は、和泉国・摂津国・河内国と境界を接するところから呼ばれたという。「為房卿記」永保元年（一〇八一）九月二十二日条に「堺」と見える。

〔堀田〕

堺筋《さかいすじ》（中央区）

堺筋は文字通り大阪と堺を結ぶ道筋を意味する地名である。堺筋は大川岸から始まり、船場の東部を南北に貫いている。今の難波橋は堺筋に接続しているが、大正四年（一九一五）に付け替えられるまでは一筋西の難波橋筋につながっていた。現在では船場のメインストリートは御堂筋であるが、江戸時代には堺筋こそが第一の幹線道路であった。それは、堺筋の路線上で長堀・道頓堀に架かっていた長堀橋・日本橋が、それぞれの堀川では唯一の公儀橋であったことからもうかがえる。日本橋を経て道頓堀を越えた堺筋は、さらに南の長町、現在では電器屋街として知られる日本橋筋となり、今宮村を通って、紀州街道につながっていた。紀州街道は大坂から堺を経由して紀州・和歌山に至る街道である。中世以来、大坂から南に向かう街道としては、上町台地上を通る熊野街道が本線であった。しかし、紀州藩や岸和田藩の参勤交代の関係で紀州街道が整備されると、しだいにこちらが主たる街道の役割を果たすようになっていった。これは、大坂の中心が、大坂城のある上町台地から船場へと移り変わっていったこととも関連しているのであろう。［豆谷］

＊栄町 さかえまち （浪速区） 江戸時代に渡辺村（摂津役人村）の北・東・南の三方を囲んでいた北嶋・堂面《どうめん》・前開《まえびらき》・四ツ塚の四つの字（内務省地理局、大阪府「大阪実測図」）は、明治三十三年（一九〇〇）に木津北島町一〜四丁目と改称した。江戸時代から木津村領であったため、明治時代以降も、二つの尋常小学校を経営する木津連合学区に属していたが、皮革産業の隆盛と皮革加工に携わる職工が多く居住し始めたことを理由に、他の木津連合学区の町との間で学区分合問題が生じ、大正十年（一九二一）に栄尋常高等小学校を経営する西浜連合学区に編入されることになった。これを機に町名を栄町一〜五丁目と改めた。「栄町」はもともと西浜町を構成する十か町のうちの一町の名称で、栄小学校の校名にも採用されている。栄町四丁目の東端には、明治二十二年（一八八九）に開業した大阪鉄道（現、JR関西本線）の今宮駅があり、起点の湊町駅（現、JRなんば駅）と並んで奈良方面から往来する人々の玄関口となっていた。戦後、今宮駅廃止を中止に追い込む住民運動も起こされた。［吉村］

＊阪町 さかまち （中央区） もとは伏見町人の移住により成立した町で、玉造にあり「伏見坂町」と称した。地名の由来は伝わっていないが、上町台地の東斜面に位置するため「坂」の字を用いたのではないかという（『大阪の町名』上）。同町は北組と南組とに分かれており、このうち北組部分が元禄十六年（一七〇三）に道頓堀の南へ移転し「元

伏見坂町」と称した。この地の町名は明治時代になって「阪町」と改められた。一方玉造に残った方は、明治になって「東坂町」となる。いずれの町名も現在は統合・改称されて残っていない。［豆谷］

＊左官町《さかんまち》（中央区）　城南の玉造地区に位置する。江戸時代初期から認められる地名である。この一帯は豊臣期には大名屋敷の集まっていた場所でそれに由来する町名が多いが、この町名については職種を冠した町名となっている。同町はすぐ東に位置する玉造稲荷神社の門前にあたることから左官職人が集まっていたとも考えられるが、確証はなく子細は不明である。［豆谷］

＊魁町《さきがけちょう》（港区）　昭和二年（一九二七）から同四十三年の港区の町名。地名の由来は、同地の地主和田久左衛門の発句からとったといわれる（『港区誌』）。昭和二年に市岡町・池山町の各一部が魁町となる。昭和四十三年に磯路・弁天の一部となる。［松永］

鷺洲《さぎす》（福島区）　明治二十二年（一八八九）町村制の施行により、海老江《えびえ》村・浦江村・大仁《だいに》村・塚本村の四か村を合併し、中世の鷺洲庄《さぎしまのしょう》にちなんで鷺洲村《さぎしまむら》と名付けられ、同四十四年（一九一一）に鷺洲町となった。「島」と「洲」はともに川の中に砂が堆積してできた島を意味し、中世史料には「鷺島庄《さぎしまのしょう》」と記されている。鷺島庄は、少なくとも承久三年（一二二一）頃までには四天王寺領となっており、その支配は戦国末まで続いた。このほか、大覚寺（現尼崎市）・崇禅寺《そうぜんじ》（現東淀川区）や当地にあった城福寺などの支配も受けていた（平凡社『日本歴史地名大系28　大阪府の地名』）。［吉田洋］

桜井《さくらい》（島本町）　桓武天皇の皇子円満院法親王が大和の桜井から移住したことが地名の由来とされる。中世には摂関家領桜井荘が成立。江戸時代の桜井村は大半が高槻藩領、一部は西八王子社（現在の若山神社）などの所領であった。桜井村は明治二十二年（一八八九）近隣六か村と合併して島本村となり、桜井はその大字となった。湊川の合戦に向かう楠木正成が、同行していた嫡男の正行を河内に帰したという『太平記』に記される逸話は、この地での出来事とされ、旗立松の伝承地が大正十年（一九二一）桜井駅跡として国の史跡に指定された。桜井のつく現行町名は、桜井一丁目から五丁目、桜井台

がある。［飯沼］

＊桜井《さくらい》（豊中市）

地名の由来は二説ある。①六世紀頃、土器製作技術者集団を統率した桜井宿禰の居住にちなむもの（『豊中市史』一）。現在も桜井周辺には須恵器の窯跡が十基ほど残っている。②宮山春日神社の境内にある「桜井」という井戸（薬師井戸とも称す）を由来とする説（『大阪府全志』三）。昔、井戸の側にあった九重桜にちなみ桜井と名づけたと伝わる。この井に湧く水は病を癒すと評判で、病気平癒を願う多くの人々が訪れたが、天正六年（一五七八）に春日神社が焼失して以後、桜井に来浴する者も途絶えたという。文献史料では、寛元元年（一二四三）十二月　日の領家平氏女田畠売券（勝尾寺文書）に「摂津国垂水西牧桜井郷」とあるのが初見となる。桜井郷は待兼山《まちかねやま》と島熊山《しまくまやま》の谷間に広がり「桜井谷《さくらいだに》」とも呼ばれる。十五～十六世紀には、桜井郷内に柴原・内田・少路《しょうじ》・野畑《のばたけ》・北刀根山《とねやま》・南刀根山の村々が成立し、近世には「桜井谷六か村」と総称された。明治二十二年（一八八九）、桜井谷六か村が合併して「桜井谷村」となる。昭和十一年（一九三六）、豊中市となって以降、桜井の名称は消え、現在では桜井谷小学校や東桜井谷小学校として名を残している。［田村］

＊桜井町《さくらいちょう》（西成区）

町名は、桜井新田の開墾者である加賀屋新田の人・櫻井甚兵衛の姓に由来する（『大阪の町名』上）。明治初頭、西成郡桜井新田の一部であったが、明治五年（一八七二）九月住吉郡に属し、同二十二年四月一日の町村制の施行に伴い、住吉郡敷津村大字桜井新田の一部となった。同二十九年四月一日東成《ひがしなり》郡に属した。同四十三年十二月東成郡敷津村大字桜井の一部となった。大正十四年（一九二五）四月一日に大阪市に編入され、住吉区桜井町となった。昭和十八年（一九四三）四月一日の行政区画の変更に伴い、都市計画道路平野柴谷線以北、木津川南土地区画整理道路第八号線以東の桜井町が西成区に編入された。同二十三年十一月五日津守町の一部を編入し、桜井町の一部が津守町東八～九丁目に編入された。昭和四十八年（一九七三）十一月に南津守七丁目・玉手西一丁目の各一部となった。［古川］

桜川《さくらがわ》（浪速区）

町の北端を流れる桜川に由来し（『大阪府全志』

二)、桜川を挟んで、幸町の南に隣接している町で、東西に一～四丁目をもつ長い町並みとなっている。明治三十三年（一九〇〇）には大阪高野登山鉄道西道頓堀駅（現、南海汐見橋駅）が開業し、高野山参詣の人々で賑わった。同駅は戦時下には難波駅の業務を継承して貨荷物取扱駅となり、南海第一の貨荷物取り扱いを行っていた（『浪速区史』）。現在は、かつての難波《なんば》反物《たんもの》町《ちょう》の一部を含んだ町域となっており、阪神高速一五号堺線が南北に縦貫し、地下鉄千日前線の桜川駅がある。

［吉村］

桜島《さくらじま》（此花区）

当地は、明治初頭は大阪港内公有水面（国の所有に属するもの）であったが、埋め立てがなされ、明治二十二年（一八八九）町村制の施行に伴い、西成郡の川北村に属することとなった。同三十年、大阪市西区川北大字築地の一部となり、同三十三年、西区桜島町となった。現在、桜島一～三丁目・梅町一～二丁目となっている。名前の由来は、春日出《かすがで》・南の両新田の桜堤と、当地の埋め立て権者島徳蔵の姓を合成したことによる（『大阪の町名』下）。

［吉田洋］

桜塚《さくらづか》（豊中市）

地名の由来は、原田神社の鳥居前にあった桜塚古墳にあるとされる（『大阪府全志』三）。一方で、隣接する荒神塚古墳が本来の桜塚という説もある（藤澤一夫「櫻塚という地名のおこり」、『豊嶋文化』三）。大正十一年（一九二二）頃、墳丘が破壊される最中に頂上から巨大な桜の根が発見されたからだという。桜塚周辺には古墳群が広がり、明治の調査でも三六基が確認され、現在も大石塚・小石塚・大塚・御獅子塚《おししづか》・南天《みなみてん》平塚《びんづか》の五基が残る（国史跡）。文治五年（一一八九）三月春日社領垂水西牧榎坂《えさか》郷検注加納田畠取帳（今西家文書）に「桜塚神田」が記される。貞享五年（一六八八）に神祇官吉田家から「原田大明神」の神号が与えられるまで、原田神社は「桜塚（墓）神」や「桜墳牛頭天王社」などと呼ばれていた。明治二十二年（一八八九）、北豊中村の大字となる。また昭和の町名改正により、北桜塚・中桜塚・南桜塚・岡町北・岡町南などが誕生した。

［田村］

*桜通《さくらどおり》（西成区）

町名は、今宮町の小字名による（『大阪の町名』上）。小字名の由来は不詳。明治初頭、西成郡の木津村・今宮村の各一部であったが、明治三十年（一八九七）四月一日に今宮町の元木津・元今宮の各一部となった。大正二年（一九一三）十二月十日大字木津・大字今宮の各一部となり、同六年九月一日に今宮町の大字木津・大字今宮の各一部となった。同十一年四月一日今宮町桜通一～八丁目となった。同十四年四月一日に大阪市に編入され、西成区桜通一～八丁目となった。昭和四十八年（一九七三）十一月に橘一～三丁目・花園南二丁目の各一部となった。

〔古川〕

*左専道《させんどう》（城東区）

もと摂津国東成《ひがしなり》郡内で、江戸時代の地域呼称では十七ヶ所（六ヶ所）、榎並《えなみ》庄に属する。延喜元年（九〇一）、菅原道真が筑紫への左遷の途中、当地諏訪神社に立ち寄り休憩をとったことから、「左遷道」と呼ばれるようになったといわれている。『私心記』天文三年（一五三四）十月十三日に本願寺の軍勢が「河内サセ堂」に陣取ったとあるのは恐らく当地のことであり、これが同時代史料の初出と思われる。河内国とされているのは、当時は河内国守護の支配地に含まれていたからであろう。通称「左専道の不動」で知られる友三寺があり、かつて大阪では、「そうはさせない」と言うかわりに「そうは左専道の不動」と言うことがあったという（『大阪府全志』三）。現在は左専道という町名はなく、その範囲は城東区諏訪等に含まれている。

〔藤田〕

佐太《さた》（守口市）

市の北東部に位置する。佐太中町一～七丁目、佐太西町一・二丁目、佐太東町一・二丁目がある。菅原道真が筑紫への左遷のとき、この地に留まって都の噂を沙汰したことによるという伝承がある。『和名類聚抄』河内国茨田《まった》郡八郷の一つだが、現在の守口市佐太地域から枚方市中振《なかぶり》付近までの淀川沿岸に該当すると考えられる。中世は大庭《おおば》荘の一部となり、近世においては村名としてもみられない。ただし、大庭一番・二番・五番村の氏神（近世当初は一番村のみ）であった佐太天神宮（佐太神社）として長くその名が伝わった。前述の由緒から祠を建てて道真を祀ったのが佐太天神宮の起源とされているが、当地に居住していた佐太宿禰が祖神を祀ったのが起源であると考えられる。明治十九年（一八八六）に大庭一番・二番・五番村が合併して佐太村となり、同二十二年に旧大庭庄三か村、旧大久保庄五か村と合併し、庭窪村の一部となった。現在は守口市の町名として残っている。また、佐太東町の梶遺跡は古墳時代後期の低湿地古墳三基が発見されており、多数の埴輪（全国二例目の牛型埴輪など）が出土している。〔橋本〕

＊薩摩堀川《さつまぼりがわ》（西区）　寛永七年（一六三〇）に開削された。薩摩屋仁兵衛が中心であったが、薩摩藩の物資がこの川で荷揚げされたことから、薩摩堀川と呼ばれるようになった。西横堀川と百間堀川を結ぶ阿波堀川のうち、岡崎橋から西寄りのところで南に掘られ、少し下ったところで北西に方向を変え百間堀川に連絡していた。開発者の薩摩屋は薩摩藩との関係が深かったが、当主は大坂三郷の惣年寄を務めていた（『大阪市史』一・『西区史』一）。〔堀田〕

＊佐藤町《さとうちょう》（福島区）　現在の福島六丁目の一部にあった町。明治初頭、西成《にしなり》郡北野村字サトウの一部であったが、明治三十年（一八九七）に大阪市に編入され、北区北野字サトウの一部となった。明治三十三年に北区北野佐藤町の一部となり、大正十三年（一九二四）佐藤町の一部となり、昭和五十年（一九七五）福島六丁目の一部となった。町名は小字名サトウに漢字を当てたことに由来する（『大阪の町名』下）。〔吉田洋〕

真田山町《さなだやまちょう》（天王寺区）　真田山の地名は、慶長十九年（一六一四）の大坂冬の陣の際、大坂方の真田《さなだ》幸村《ゆきむら》が大坂城防御のために築いた真田丸という出丸に由来する。しかしその故地は現在の真田山町の北西、餌差町内にあたり、明治二十一年（一八八八）刊の「大阪実測図」（内務省地理局、大阪府）でも「字真田山」はその地を指している。なお、現真田山町はもと「字宰相山」の地である。真田山の初見は宝暦二年（一七五二）であり（「天王寺管内地図」）、町名は昭和四十年（一九六五）に誕生した。〔大澤〕

＊佐野《さの》（泉佐野市）　大阪湾沿岸部に位置し、古歌に歌われた「佐野の松原」や「奥津の浜」は当地付近のこととされ、古くから景勝地として知られていた。佐野の原義は「狭野」（狭小な原野）と言われる（『泉佐野市史』）。鎌倉・室町時代には佐野荘とも呼ばれ、また、建仁元年（一二〇一）十月、後鳥羽院の熊野詣に供奉した藤原定家は「サ野王子」に参詣した（「熊野道之間愚記」）。室町時代

には和泉国守護所の一つが置かれ、六斎市が立つなど地方都市化が進展し（「政基公旅引付」）、江戸時代には食野《めしの》家・唐金《からがね》家など全国に名を馳せた豪商も現れた。明治四十四年（一九一一）佐野町、昭和二十三年（一九四八）泉佐野市となった。現在の大宮町・春日町・本町・栄町・若宮町・元町・野出町・西本町・新町・高松・中町・旭町・大西・笠松・松原・羽倉崎・東羽倉崎・羽倉崎上町・市場町・上町など。〔山中〕

＊皿池町《さらいけちょう》（西成区） 西皿池町と東皿池町がある。町名は旧字名によるが、その由来は不詳（『大阪の町名』上）。明治初頭、西成郡今宮村の一部であったが、明治三十年（一八九七）四月一日今宮村元今宮の一部となった。大正二年（一九一三）十二月十日大字今宮の一部となり、同六年九月一日今宮町大字今宮の一部となった。同十一年四月一日に今宮町字東皿池・西皿池となった。同十四年四月一日大阪市に編入され、西成区東皿池・西皿池町となった。昭和四十八年（一九七三）十一月に岸里一丁目・潮路一丁目の各一部となった。〔古川〕

沢之町《さわのちょう》（住吉区） 大正十四年（一九二五）の大阪市編入に伴う地名表記変更前は「沢口」「沢之口」（ともに「さわのくち」）と称し、江戸時代初期の郷帳では住吉村に含まれ、のちに一村として独立した。かつて周囲に浅い湿地（沢）が広がり、当地がその出口付近に位置していたことに由来すると推定されている。戦国時代、細川氏の畿内における紛争を叙述した「細川両家記」の享禄四年（一五三一）三月二十五日の合戦記事に「住吉の澤の口」とある。〔宮本〕

三箇《さんか》（大東市） 河内低地にあった河内湖が次第に埋まっていき最後に残っていた干拓前の旧深野《ふこの》池西部に位置していた。現在の寝屋川（一級河川）の堤防西側。三箇の地名は深野池にかつてあった三つの島に由来するとされる。三箇の名は鎌倉時代初期の「久我家領目録」（『久我家文書』）に「三ケ庄」とみえるが、久我家領三ケ庄については他に史料がなく詳細不明。室町時代には相国寺領として「三ケ庄」がみえる。三箇は東の飯盛城、西の河内十七箇所、河内八箇所にはさまれ、また深野池から舟を使って各所へ通じたため軍事上の要衝であり、応仁の乱では畠山家どうしが衝突した戦場となった。戦国期には在地の三箇サンチョ頼照が三箇城に居城し飯盛城に拠点をおく三好長慶《みよしながよし》に仕えた。彼は名前の通り洗礼を受けたキリシタンであり、三箇の地に彼が設けた教会はたびたびルイス・フロイスの『日本史』に登場する。近世に入ると深野池の干拓が行われ、また大和川が付け替えされるなどしたため、盛んだった舟運・漁業は打撃を受けた。江戸時代を通じて幕府領であり、寛政六年（一七九四）高槻藩預地となる。近代になり河内国讃良《ささら》郡三箇村は明治二十二年（一八八九）住道《すみのどう》村の大字となる。後に住道村が町となり、昭和三十一年（一九五六）から大東市の一部となった。〔尾﨑〕

三軒家《さんげんや》（大正区）　区の北端に位置する。三軒家東一～六丁目、三軒家西一～三丁目がある。江戸時代には三軒屋村、三軒屋町とも記した。もとは木津川河口部にあった、姫島または丸島と呼ぶ島であったが、木津村の中村勘助が開発したことから勘助島とも称した。その開発は、慶長十五年（一六一〇）とする説（『西成郡史』）がある。開発当初三軒の民家があったことから、三軒屋村と称したという（『西成郡史』）。また、木津川に注ぐ細い川を三軒家川とした。この三軒家川に沿って町が形成され、三軒屋町と称したが、三軒屋村とも記されることがあった。この地域は木津川に沿った水上交通の要所に位置するため、港町として栄え、遊女もいたが、明暦三年（一六五七）に廃止された（『大阪編年史』五）。なお、明治元年（一八六八）に、勘助島を三軒家村と改めた。明治十六年（一八八三）、三軒家村に大阪紡績会社が創立され、大阪における紡績工業の隆盛を促し、大阪が「東洋のマンチェスター」と呼ばれるもととなった。〔堀田〕

***三郷**《さんごう》（守口市）　市の南部に位置する。明治二十二年（一八八九）に高瀬・西橋波・東橋波・寺方村の四か村が合併してできた村名で、役場は高瀬に設置された。村名の由来については、高瀬・橋波・寺方の三つの郷という意味と思われる。昭和十一年（一九三六）に町制を施行し、同二十一年に守口町と合併して守口市の一部となり、地名としては消滅した。〔橋本〕

***三条通**《さんじょうどおり》（港区）　明治四十年（一九〇七）から昭和四十三年（一九六八）の町名。地名の由来は、築港《ちっこう》埠頭埋立地に町名をつける際に、安治《あじ》川左岸沿岸から順番に、一条から八条ま

での路線名を付したことによる（『大阪の町名』上）。明治四十年に大阪湾築港埠頭埋立地の一部が、西区三条通となる。大正十四年（一九二五）には港区に編入。昭和四十三年に築港・港晴《こうせい》の各町の一部となる。〔松永〕

山王《さんのう》（西成区）

一～三丁目がある。区の北東端。東は阿倍野区、北は天王寺区茶臼山町に接する。北境界を大阪環状線・関西本線、北辺部を地下鉄御堂筋線、地下鉄堺筋線が通る。西部をほぼ南北に阪神高速大阪松原線が通る。劇場・映画館・飲食店等の並ぶ歓楽街で、三丁目は飛田新地と呼ばれる。町名は旧小字名によるが、その由来は不詳。明治初頭、東成《ひがしなり》郡天王寺村の一部であったが、明治二十二年（一八八九）四月一日の町村制の施行に伴い、天王寺村大字天王寺の一部となった。大正十四年（一九二五）四月一日大阪市に編入され、住吉区天王寺町の一部となった。昭和四年（一九二九）八月二十日住吉区山王町一～四丁目となった。昭和十八年四月一日の行政区画の変更に伴い、関西線南側以南の山王町一丁目と山王町二～四丁目は西成区に編入された。大阪の芸能人が多数住んでいたことを記念した「てんのじ村記念碑」が一丁目にある。〔古川〕

三番《さんば》（東淀川区）

聖徳太子が四天王寺建立の地を求めてこの地を訪れ、草を刈って馬に与えたことから草苅というようになり、さらに竹を切って笛を造り式三番叟《しきさんばそう》の舞楽をさせたことから三番と呼ばれ、元々は草苅三番と称したという伝承がある。また『万葉集』巻十一の「妹が髪上げ小竹葉野の放駒あらびにけらしあはなく思へば」にみえる「小竹葉野《ささばの》」が転訛したとする説、『和《わ》名類聚抄《みょうるいじゅしょう》』にみえる西成《にしなり》郡の讃楊《さや》郷にあてる説もあるが、淀川の水利慣行の順番に由来するという説が有力である。西成郡には三番村がもう一か村あったため、当村を上三番村、南中島にあった方を下三番村（現・大淀区）と区別した。村内には、行基建立と伝わる浄土真宗本願寺派の定専坊があり、大坂本願寺期の住持は大坂六人坊主衆の一人で、本願寺第十世証如《しょうにょ》の近習として活躍したことで知られる。明治二十二年（一八八九）には菅原・天王寺庄・上新庄・大道《だいどう》の一部とともに豊里村となり、現在は豊里三番町としてその名を残している。〔上田〕

三宝町《さんぼうちょう》（堺市堺区）　明治二十二年（一八八九）、大和川河口部の堺市側七新田村が合併して三宝村が成立した。成立時に人口を有していた南島・山本・松屋の三新田村が、ともに宝暦年間（一七五一～六四）に開発されたことから名付けられたという（『大阪府全志』五）。大正十五年（一九二六）に堺市に編入され堺市三宝村の各大字となるが、昭和四年（一九二九）にそれらを再編成するときに、三宝小学校があったあたりを旧村の名前をとって名付けたと思われる。〔吉田豊〕

三明町《さんめいちょう》（阿倍野区）　当町は明治初頭、住吉郡住吉村の一部であったが、明治二十九年（一八九六）の住吉郡廃止に伴い天王寺村大字天王寺の一部となり、大正十四年（一九二五）の大阪市への編入、昭和十八年（一九四三）の阿倍野区への編入を経て、昭和二十六年に天王寺町の一部が現在の町名となった。町名は当町域の小字名であった三明及び町内に所在した三明池に由来する（『大阪の町名』上）。当地の周辺には阿部寺・大僧谷などの小字地があり、仏教用語である三明（仏・阿羅漢《あらかん》が備えている三つの智慧の意味）が小字名となったのも、この地域が古くから寺院・僧侶と関連したことにちなむと考えられる。〔生駒〕

***椎寺町**《しいでらちょう》（天王寺区）　四天王寺境内と谷町筋に挟まれた位置にあった町。椎寺は四天王寺境内の北西角に位置した伝最澄建立の寺院で、この地にあった椎の大木を伐って本尊の薬師如来像を刻んだことからその名があり（『摂津名所図会大成』）、薬師堂とも称していた。町名はこの寺名に由来する。明治二十一年（一八八八）には「字椎寺外」とみえ（内務省地理局、大阪府「大阪実測図」）、明治三十三年（一九〇〇）には南区の天王寺椎寺町となったが、大正十四年（一九二五）には天王寺区となり、昭和五十六年（一九八一）に現在の六万体町、夕陽丘町、伶人町《れいにんちょう》、四天王寺一丁目に分割・吸収された。〔大澤〕

地黄《じおう》（能勢町）　能勢町の東端に位置し、東は京都府亀岡市に接する。地黄の地名は、仁安二年（一一六七）十二月十日の「典薬寮解」（平安遺文三四四一、『能勢町史』三　資料編）に「供御所摂津国味原牧并地黄御園等」と記されているものが初見で、この地は令制で医療をつかさどる官司である典薬寮に属し、薬草を栽培して地黄・屠《と》蘇《そ》などを生産していた供御所《くごしょ》であった。地名も生薬の地黄からきており、大和の石上《いそのかみ》神社の分霊を勧請して野間神社を鎮座したときに、供奉してきた人が薬草の地黄を栽培して生業とし、地黄が多く産出することにちなむ。〔西田〕

塩草 しおくさ（浪速区）　かつては難波を冠称した町であったが、戦後、市営住宅が建設されるとともに、小・中学校や鉄工関連、木材関連、印刷関連の企業の進出が目立ち、戦災復興道路加島天下茶屋《かしまてんがちゃや》線によって町のほぼ中央が道路用地になるなどしたため、大きく変貌した。現在は、ＪＲ関西本線の地下化に伴って区画整理がなされ、特に浪速公園など大規模なグラウンドをもつ公園が整備されている。また、大阪市環境事業局が運営するリサイクルプラザ塩草がある。〔吉村〕

潮路 しおじ（西成区）　区の中央部に位置する。明治初頭、西成郡勝間《こつま》村の一部であったが、大正四年（一九一五）十一月十日玉出町の一部となった。大正十四年四月一日大阪市に編入され、西成区玉出町の一部となった。昭和二年（一九二七）一月一日潮路通一～五丁目となった。町名は小字名によるが、その由来は不詳（『大阪の町名』上）。〔古川〕

***塩町** しおまち（中央区）　船場南部にあった旧町名である。大坂の陣の資料に「大坂塩町」として現れており、慶長年間（一五九六～一六一五）以前に町が成立していたことがうかがえる。江戸時代中葉の資料（「難波鶴」・『難波丸綱目』）では、同町に古手仲買商や白革屋を記すが、特に「塩」に関わる職種とは接点が見られない。町名の由来については不明であるが、町内に「塩屋」なる町人が居住していたためではないかとの説がある（『大阪の町名』上）。〔豆谷〕

四貫島 しかんじま（此花区）　もと衢壌《くじょう》村の支郷で中釜《なかかま》村と言った。寛永元年（一六二四）に衢壌村とともに開発され、寛永七年、衢壌村より分かれて一村を立て、中釜村を四貫島村と改めた。その地名は、『摂陽群談《せつようぐんだん》』によれば開発後にある者が四貫文で買い受けたことに由来すると言い、また大田蜀山人《しょくさんじん》の著書には、四官という唐人が住んでいたことによると記されている（『西成郡史』）。

また、安治《あじ》川の洲で観音菩薩像が発見され、観音が止まったことから止観島と呼び、後に四貫島の字が用いられたとの説もある（『大阪の町名』下）。明和四年（一七六七）の六軒屋《ろっけんや》川の開削により、当村の一部が河川敷となったため、湊屋《みなとや》新田（現港区）の北部に代地が与えられた（『日本歴史地名大系28 大阪府の地名』）。四貫島村は現在、四貫島一〜二丁目・朝日一〜二丁目・梅《ばい》香《か》一〜三丁目・春日出中《かすがでなか》一丁目・春日出北一丁目・春日出南一丁目などとなっている。　［吉田洋］

新喜多《しぎた》（東大阪市・城東区）　東大阪市の中央部に位置する。新喜多町一〜二丁目がある。宝永元年（一七〇四）の大和川付け替え後に開発された、東大阪市高井田元町から城東区片町にかけての旧長瀬川河床を「新喜多新田」と呼んだ。開発者の鴻池新十郎、鴻池喜七、今木屋多兵衛の頭文字に由来する地名である。のちに経営を引き継いだ今木屋（早瀬家）は、旧河内・摂津国境（新田橋）で管理区域を分けて河内側を上新田、下流側を下新田と呼び、それぞれに新田会所を設けた。上新田は昭和三十年代までにすべて払い下げられ会所も閉鎖されたが、下新田会所は現在も城東区新喜多東一丁目に残っている。森河内西二丁目の長瀬川に架かる「早瀬橋」は早瀬家に由来する。　［別所］

敷津《しきつ》（浪速区）　奈良時代からみえる地名で、かつては木津を冠称していた。敷津浦とも称し、『万葉集』には「敷津の浦」の歌が詠まれている。『新古今和歌集』にも「船ながら今宵ばかりは旅寝せむ敷津の浦のあけぼのの空」と詠まれていて、平安時代中期には歌枕となっていた。木津の産土神《うぶすながみ》として牛頭天王《ごずてんのう》を勧請したのがおこりといわれている通称、大国主《おおくにぬし》神社で知られている敷津松之宮《まつのみや》がある（『大阪府全志』三）。松之宮が有名になったのは延享元年（一七四四）に出雲大社から大国主命の分霊を授かってからであるという。　［吉村］

鴫野《しぎの》（城東区）　当地の大日寺（真言宗御室派）は弘法大師の創建と伝える（『大阪府全志』三）。同時代史料としては、『熊野詣日記』応永三十四年（一四二七）に、足利義満の側室北野殿が熊野参詣の帰路「しきの、わたり」を通過したことがみえる。また嘉吉二年（一四四二）当時、西成《にしなり》郡中島御料所代官細川持賢につかえていた武士「志岐野殿」がみえ、当地を本貫とする者であったと推定されている（「藻井家文書」）。「しぎ」は中世史料では「志宜」と表記するほうがふつうで、明応六年（一四九七）ごろの蓮如の和歌に「志ぎの大坂」などとあることなどから、当時は現在の大阪城付近も「志宜」であったことがわかる。蓮如和歌等に「志ぎのもり」（志宜森、志宜杜）もみられるが、これは上町台地の森林を指したとみられる。〔藤田〕

＊地下町《じげまち》（北区）　区の中央よりやや南東に位置する。江戸時代から昭和五十三年（一九七八）までの町名。天満宮門前の宮ノ前町から分離したといわれる。当町は宮ノ前町とともに天満宮の夏祭渡御の神輿の駕籠丁をつとめる由緒をもっている。それは天満宮での最も古い氏子であるためといわれており、提灯には「地内」と記していた（平凡社『日本歴史地名大系28　大阪府の地名』）。天満宮の氏子が住む町というところから、その名があろう。現在の天神西町に含まれる。〔八木〕

＊四条《しじょう》（西成区）　西四条と東四条がある。町名は旧字名によるが、由来は不詳（『大阪の町名』上）。明治初頭、西成郡今宮村の一部であったが、明治三十年（一八九七）四月一日今宮村元今宮の一部となった。大正二年（一九一三）十二月十日大字今宮の一部となり、同六年九月一日今宮町大字今宮の一部となった。同十一年四月一日に今宮町字東四条・西四条となった。同十四年四月一日大阪市に編入され、西成区東四条・西四条一～三丁目となった。昭和十八年（一九四三）三月三十一日の行政区画の変更に伴い、東四条一～二丁目の全域と関西線以南の東四条三丁目が西成区東四条一～三丁目となった。昭和四十八年十一月に花園北一～二丁目・中《なか》開《びらき》一丁目・出城《でしろ》一丁目・長橋一丁目・鶴見橋一丁目の各一部となった。〔古川〕

四条・五条《しじょう・ごじょう》（東大阪市）　東大阪市の東部に位置する。上四条町、四条町、南四条町、五条町がある。古代の河内郡条里の四条、五条にあたり、これが地名の由来になっている。『石清水文書』によると石清水八幡領、林《はやし》灯油薗として「肆条梶無里」、「肆条黒田里」、「伍条山田里」とみえ、『水走《みずはい》文書』「藤原康高譲状案」（建長四年〈一二五二〉）および「藤原忠夏譲与目録案」（至徳元年〈一三八四〉）では四条や五条に水走家の屋敷があったことを確認できる。五条の字河内寺《こんでら》に位置する河内廃寺は、発掘調査により寺域の中軸線上に講堂、金堂、塔、中門を一直線に配置する「四天王寺式伽藍配置」であることが明らかになっている（『河内寺跡調査概報』、『河内寺跡』）。さらにこの中軸線は条里に基づく一町区画の南北中心線に一致することから、河内寺は河内郡の条里制にしたがって計画的に建立されたと考えられる。 ［別所］

＊四条通《しじょうどおり》（港区） 明治四十年（一九〇七）から昭和四十三年（一九六八）の町名。地名の由来は、築港《ちっこう》埠頭埋立地に町名をつける際に、安治《あじ》川左岸沿岸から順番に、一条から八条までの路線名を付したことによる（『大阪の町名』上）。明治四十年に大阪湾築港埠頭埋立地の一部が、西区四条通となる。大正十四年（一九二五）には港区に編入。町内にある築港南公園には、昭和九年の室戸台風の風水害記念塔台石と水防碑が建てられている。昭和四十三年に築港・港晴《こうせい》の一部となる。 ［松永］

四條畷市《しじょうなわてし》（四条畷市） 大阪府の北東部北河内の南東部に位置する。昭和七年（一九二七）に甲可村が四條畷村と改称し、同四十五年に四條畷市となった。南北朝時代に当地で四條畷の戦いが行われた故事に基づき、明治二十三年（一八九〇）に四條畷神社が創建されており、村名・市名はそれにちなむ。 ［堀田］

下寺町《したでらまち》（天王寺区） 上町台地の西下を南北に通る松屋町筋沿いにある寺町ということからその名がある。文久三年（一八六三）では「西寺町」（「改正増補国宝大阪全図」）、明治二十一年（一八八八）では「字下寺町」（内務省地理局、大阪府「大阪実測図」）とみえるが、明治三十三年（一九〇〇）に南区の町名として正式に誕生した。大正十四年（一九二五）までは天王寺を冠したが、同年、天王寺区の発足とともに現町名となって今に至る。寺町の寺院群は天正年間（一五七三～九二）より建立が始まり、慶長年間（一五九六～一六一五）にその多くが開創して寺町の外観が整った。その後、大坂の陣を経て元和五年（一六一九）から翌年にかけて船場から当地へ寺院が移転・集住し寺町として完成をみた。 ［大澤］

＊七条通《しちじょうどおり》（港区） 明治四十年（一九〇七）から昭和四十三年（一九六八）の町名。地名の由来は、築港《ちっこう》埠頭埋立地に町名をつける際に、安治《あじ》川左岸沿岸から順番に、一条から八条ま

での路線名を付したことによる（『大阪の町名』上）。明治四十年に大阪湾築港埠頭埋立地の一部が、西区七条通となる。大正十四年（一九二五）には港区に編入。昭和二十五年の港湾地帯高潮対策事業に伴う天保山運河拡張工事によって、町内の一部が天保山運河の水面下となる。昭和四十三年に海岸通・港晴《こうせい》・八幡屋《やはたや》の一部となる。 ［松永］

七道《しちどう》（堺市堺区）

「七堂」、「七度」とも書かれ、高渚《たかす》寺の七堂伽藍のあった地（『住吉松葉大記』、『和泉名所図会』）、あるいは住吉社の神輿を担ぐ人々が七度の潮垢離《しおごり》をとった地（『堺鑑』）であるからという。古代・中世については不詳であるが、江戸時代に入ると七道村とか七道浜村、七道町、七道領などの名称でみえる。宝永元年（一七〇四）の大和川の付け替えで南北に分断され、北部は大阪市住之江区域となっている。南部の堺区域は、中心部の並松町の独立に伴い、七道東町、七道西町に分かれている。明治二十二年（一八八九）に向井村の大字となり、同二十七年には向井村から分かれて堺市に編入された。 ［吉田豊］

四天王寺《してんのうじ》（天王寺区）

現在、和宗総本山の四天王寺が存在する。四天王寺の名は六世紀末、厩戸皇子（聖徳太子）・蘇我馬子と物部守屋が戦った際に、厩戸皇子が白膠木《ぬりで》でもって四天王像を刻み、この戦いに勝利することができたなら四天王のために寺塔を建立しようと誓願したところ、大勝を得ることができたため、その誓いを実行して建立したことに由来する（『日本書紀』崇峻天皇即位前紀）。四天王寺は通称、天王寺とも呼ばれる。四天王寺周辺には中世より五～七程度の小村が存在しており、それらがもとになって遅くとも文禄三年（一五九四）には天王寺村が成立していた。その後、大正十四年（一九二五）まで東成《ひがしなり》郡の天王寺村として存続したが、同年、天王寺区の誕生に伴って大阪市に編入された。現在、町名としてある四天王寺は、一丁目が昭和五十六年（一九八一）に椎寺町・元町・上綿屋町を統合して成立し、二丁目が同五十八年に東門町・勝山一丁目を統合して誕生した。 ［大澤］

自然田《じねんだ》（阪南市）

市の中央より東に位置する。伝承によれば、謡曲に登場する「自然居士」はこの地の出身とされる。自然居士は初め興福寺にて法相を学び、その後南禅寺大明国師の弟子となり、東山雲居寺に住したと伝える。自然田の地名は、文禄三年（一五九四）の検地帳に記載されているのが最も古い。なお、大阪府指定天然記念物「自然居士のいちょう」が自然居士生家跡とともに遺されている。〔曽我〕

＊東雲 しののめ（中央区）　大坂三郷から東へ向かう、奈良街道に連なる東西道沿いに位置している。明治時代になって全く新たに命名された町名である。町名の由来は不明であるが、一般名詞としての「東雲」は明け方の東の空というおめでたい言葉であるため、大阪から東に連なってゆく道筋にあたる当地の町名として採用されたのではなかろうか。現在は玉造一丁目等に統合されて地名としては残っていない。〔豆谷〕

＊四宮 しのみや（門真市）　明治二十二年（一八八九）にできた村名。上島頭《しまがしら》・下島頭・上馬伏《まぶし》・下馬伏・岸和田・巣本の六か村が合併して成立した。村域内に村社が四社あったので四宮村となった。昭和三十一年（一九五六）に門真町の一部となった。〔橋本〕

柴垣 しばがき（松原市）　五世紀前半の反正天皇が営んだとされる「丹比柴《たじひのしば》籬宮《がきのみや》」に基づく地名で、昭和四十四年（一九六九）に新たに施行された。もとは上田町・新堂町・岡町・立部町の一部。『日本書紀』の反正天皇元年十月条に「河内の丹比に都つくる。是を柴籬宮と謂《もう》す。是の時に当りて、風雨時に順《したが》ひて、五穀成熟《みの》れり。人民富み饒《にぎわ》ひ、天下太平なり」と記される丹比柴籬宮は、四方に溝堀をめぐらした上、柴で垣根を作って囲ったので、「柴籬宮」と名付けられたという。松原市上田に鎮座する柴籬神社は反正天皇を祭神とし、神社西方には「反正山《はじやま》」という地名も残ることから、古来神社周辺が丹比柴籬宮の故地であろうと推定されてきた（『河内志』『河内名所図会』他）。〔北川〕

芝田 しばた（北区）　区の北西部に位置する。もとは西成《にしなり》郡北野村。明治三十年（一八九七）の大阪市第一次市域拡張の時に大阪市に編入され、明治三十三年に北野芝田町となった。大正十三年（一九二四）に芝田町となり、昭和五十三年（一九七八）に芝田となった。一・二丁目がある。町名は字名からで、周囲の地名と同じく土地の形状に

由来する地名と考えられる。〔八木〕

柴谷 しばたに（住之江区）

柴谷一～二丁目。区の中央部北に位置する。東は柴谷運河、南は住吉川、西は敷津《しきつ》運河、北は木津《きづ》川に囲まれた地域。慶応元年（一八六五）に東成《ひがしなり》郡天王寺村大字天下茶屋《てんがちゃや》の柴谷利兵衛が開発した柴谷新田に由来する町名。明治四十三年（一九一〇）、新田の呼称を廃止し、住吉郡敷津村大字柴谷と命名された。大正十四年（一九二五）、大阪市編入の際、住吉区柴谷町となった。昭和四十九年（一九七四）当町は住之江区に編入された。〔野高〕

渋谷 しぶたに（池田市）

五月《さつき》山山麓の秦野台地に広がり、緩やかな傾斜地に位置する渋谷は、一九三〇年代までは畑《はた》地域から続くミカン畑と梅林があったところである。渋谷の名称は地形か鉄サビがあることからついた名前と思われる。渋《しぶ》のつく地名は、「シボムが語源で、狭い谷や谷口のような地形」とか「水あか、水サビのたまった地」と説明されている（『地名用語語源辞典』東京堂出版）。五月山の谷や台地には八王寺川や荒堀川に沿って緩やかな谷がある。そして、水月公園の東側には五月山を源とする錆川が流れている。その小川には川底が赤くなっている所があり、これは鉄サビ、水あかによるものと思われる。鉄サビがあることから錆川と名づけられたのであろう。五月山は多田銀山から続く鉱山の南端であり、渋谷の山手は大萱鉱山と呼ばれた所である。渋谷の地名は慶長十年（一六〇五）の「摂津国絵図」に渋谷村として描かれていることから、江戸時代の初めには村があったことが分かる。〔室田〕

島泉 しまいずみ（羽曳野市）

西に接する東除《ひがしよけ》川の河原の中洲（島）に泉があったと伝えられているが定かではない。近世には同じ「島泉村」の名称で、丹南《たんなん》郡・丹北《たんぼく》郡にそれぞれ別の村落として扱われていた。区別の意味もあって、丹南郡島泉村を「南島泉」、丹北郡島泉村を「北島泉」と通称している。ともに、古代は丹比郡《たじひのこおり》丹下《たんげ》郷《ごう》（『和名類聚抄』）に属したと考えられる。もとは一村であったと推定されるが、豊臣政権期の検地などで郡界が長尾街道に設定されたため、二村に村切りされたと考えられる。なお、南島泉の浄土真宗本願寺派の明教寺は、奈良時代に遡る寺院跡とされ、大坂本願寺に奉仕していた「丹下」門徒（『石山本願寺日記』天文二十年（一五五一）二月二日条など）の中心寺院であった考えられる。北島泉の庄屋吉村家は、中世の土豪丹下氏の子孫と伝えられ、秋元藩（川越、のち山形・館林と転封）の丹北・丹南・八上三郡の大庄屋であった。環濠に囲まれた屋敷には大坂夏の陣後再建された主屋・長屋門・土蔵などが立ち並び、国の重要文化財に指定されている。現在は一〜七丁目。〔中山〕

島頭《しまがしら》（門真市）　観応二年（一三五一）正月十四日の「勧修寺経顕処分状案」（『宝塚市史』四）に「河内国嶋頭庄」とみえるのが初見で、たびたびその領家職が移動したが、北野社家領であったと推測される。近世初期には島頭村であったが、上島頭村と下島頭村に分かれた。明治二十二年（一八八九）には四宮村の大字となり、昭和三十一年（一九五六）からは門真町の、同三十八年からは門真市の大字。〔橋本〕

***島頭町**《しまかしらまち》（東淀川区）　北大道《だいどう》村内の字名による。古代、芦原の中間にある隆起したところが難波八十島のうちで島頭のようだったためとされる。寛正二年（一四六二）の「中嶋崇禅寺領目録」に島頭、慶長十年（一六〇五）の「摂津国絵図」にも島頭村の名がみえる。江戸時代の小松村・北大道村の一部で、明治二十二年（一八八九）四月の町村制の施行で中島村となり、昭和十年（一九三五）一月十六日島頭町となり、昭和五十五年（一九八〇）住居表示の実施によって小松一丁目・瑞光一丁目の一部となった。〔上田〕

島之内《しまのうち》（中央区）　島之内とは、東西南北を東横堀川・西横堀川・道頓堀川・長堀川に囲まれた地域を指す地名である。現在の住所表記としてはこの領域の東部の名称となっている。地名の由来として『南区志』は、①難波古図に記載された「難波島之中」の省略（『摂陽奇観』）、②「難波八十島之内」の省略（「陽台地名考」）、の二説を紹介している。このうち前者は、典拠である「難波古図」なるものが後年の創作で問題を多く含んでおり、地理的にみても問題が多いとして後者を適当とする。すなわち、淀川・大和川水系の河口部に多数存在した三角州（＝島）のうち、特にこの地域が「島之内」と称されるようになったとするのである。ただし、地形の成り立ちから見れば、島之内付近は上町台地の西側に発達した砂堆上に位置しており、上記のような三角州が発達するような場所ではない。島之内の四州を画する堀川は、もともと自然の川を掘り広げたとする説もあるものの、すべて近世になって人工的に開削された河川である。このように地名の由来との関係はさておくとして、実際に島状の地形であったかどうかは疑問の残るところである。江戸時代以前に三津寺村等の一部であった島之内は、元和六年（一六二〇）頃から市街地化が進行したという。町人の居住空間の割合が高かった船場に対して、小売商や芝居小屋などの多かった島之内は、大阪市街地南部の繁華街・歓楽街として繁栄し、現在の「ミナミ」のにぎわいにつながっている。

〔豆谷〕

島町《しままち》（中央区）

江戸時代初期には「島屋町」と呼ばれていた。古い時期の例では、明暦三年（一六五七）版「新板大坂之図」に見られるが、さらに近年新たに発見された寛永年間（一六二四～四四）頃の絵図（福岡県・春日市奴国の丘歴史資料館所蔵「佐藤恭敏家文書」）にも「嶋屋町」の表記がみられ、江戸時代初期にはこの地名で定着していたことが知られる。これは開発に関わった町人の名前に由来するものと考えられている。なお、俗説には石田三成旗下の武将である島左近の屋敷があったとする説があるが、根拠は乏しい。

〔豆谷〕

島屋《しまや》（此花区）

恩貴島《おきしま》新田の南西に位置し、恩貴島新田を買得した島屋市兵衛が宝暦二年（一七五二）～明和六年（一七六九）に渡ってその地先を開拓した。その後、子の市兵衛が開発を受け継ぎ、天保十四年（一八四三）までに増墾した。島屋新田の名は、開発者の名前に由来する。明治四年（一八七一）五月十八日の暴風による高潮で堤防が決壊し、大半の地域が水没したため、同八年九月にかけて復旧工事を行った。同十年には住友吉左衛門の所有となり、同家によって工業港として開発された。以後、川北村大字島屋新田、西区川北大字島屋を経て明治三十三年（一九〇〇）、西区島屋町となり、大正十四年（一九二五）に此花《このはな》区に編入された。現在は、島屋一～六丁目、春日出中《かすがでなか》三丁目・春日出南三丁目・梅町《うめまち》二丁目・桜島二丁目・北港《ほくこう》一丁目の一部となっている（『西成郡史』・『日本歴史地名大系28　大阪府の地名』・『大阪の町名』下）。

〔吉田洋〕

清水《しみず》（旭区）

清水一～五丁目。旭区の東部。北と東は守口市に接する。西は京阪本線をはさんで同区千林《せんばやし》に隣接し、北西端には京阪本線千林駅がある。町域を野崎《のざき》街道が通る。明治二十二年（一八八九）、貝脇《かいわき》・上ノ辻《かみのつじ》・馬場・般若寺《はんにゃじ》・別所《べっしょ》の五か村が合併するに際し、貝脇を除く四村の産土神《うぶすながみ》である村社八幡大神宮にちなみ、石清水八幡から「清水」の二文字を借りて村名とした（『角川日本地名大辞典27 大阪府』）。大正十四年（一九二五）大阪市に編入の際、東成《ひがしなり》区北清水町となる。昭和七年（一九三二）、行政区画の変更により旭区ができるとその一部となった。昭和四十六年の住居表示変更より清水となった。〔野高〕

清水《しみず》（茨木市）

貞観元年（八五九）、清和天皇の勝尾寺行幸の際に、井水に桃の枝を挿して月を観ていただいたところ、「月の清水」との勅命があったという地名伝承がある（「清水村村誌」）。この清水は「山ノ井の清水」とも呼ばれ、『摂津志』・『摂津名所図会』に紹介されている。清水村は中世から近世初頭までは宿久庄《しゅくのしょう》に含まれたが、明暦元年（一六五五）頃に分村した。『徒然草』百十五段にみえる虚無僧（ぼろぼろ）の決闘は近隣の宿《しゅく》河原《がわら》での出来事とされ、江戸時代中期には清水村に「ぼろ塚」（南清水町）が建てられた。ただし大正時代に武蔵国での出来事とする説が提唱され、現在は武蔵説の方が有力である。清水村は明治二十二年（一八八九）に近隣四か村と合併して豊川村の大字となり、豊川村は昭和三十一年（一九五六）十二月に箕面町と合併したが、清水はその後まもなく茨木市に編入された。現在は清水一丁目・二丁目、南清水町がある。〔飯沼〕

清水丘《しみずがおか》（住吉区）

昭和五十六年（一九八一）、住吉区墨江から分かれて成立した町名。ここは江戸時代、主に近接する島村の農地にあたる場所だったのだが、近代から現代にかけて市街地化が進んだ。呼称は、付近をうるおした湧水にちなむ小地名「清水田」に由来するといわれ、昭和十八年（一九四三）この地に開校した小学校は清水丘国民学校と名づけられた。現在の大阪市立清水丘小学校である。〔宮本〕

清水谷町《しみずだにちょう》（天王寺区）

町名としては当初、明治三十三年（一九〇〇）に東区清水谷東之町・西之町が誕生し、その一部が昭和十八年（一九四三）に天王寺区清水谷東之町・西之町となったが、昭和四十年（一九六五）に清水谷町と改称して現在に至る。この地は立地条件的に上町台地東斜面の谷地形にあり、ここから清水が湧いていたことが町名の由緒との説がある（『浪華百事談』）。江戸時代、この地にあった大坂城代の家中屋敷は清水谷屋敷と呼ばれていた。 ［大澤］

点野《しめの》（寝屋川市） かつての河内国茨田《まった》郡に属す。長寛元年（一一六三）九月の「藤原忠通家政所下文案」（兵範記紙背文書、陽明文庫所蔵）に点野荘がみえる。摂関家領・九条家領点野荘の成立時期は不明だが、関白太政大臣忠通の娘で崇徳中宮であった皇嘉門院が女院に与えられる封戸の給付を辞退する代わりに自分の持つ荘園群（点野荘を含む）の一括認定を申請し、父忠通没後の仁安二年（一一六七）に太政官符により認められている。その後皇嘉門院の異母弟である九条兼実の子良通に譲渡される。江戸時代には点野村と称し、明治二十二年（一八八九）九個荘《くかしょう》村の大字となる。昭和十八年（一九四三）一月九個荘町、同四月寝屋川町、昭和二十六年（一九五一）に寝屋川市の一部となる。地名の由来は、宇多天皇が対岸の鳥飼牧《とりかいのまき》の境界の標を立てたことによる（『寝屋川市誌』）というが、枚方市域には禁野があり天皇の狩猟場として立ち入りを禁じたことと同様に、当地も元は御狩り場であったと推測される。 ［尾崎］

＊**下**《しも》（鶴見区） 建武元年（一三三四）四月十日後醍醐天皇綸旨《りんじ》などに「河内国西比野庄新田・下村」がみえる（『三浦文書』）。『北野社家日記』明応二年（一四九三）一月二十三日には、北野社領八ヶ所に属する村の一つとしてみえる。八ヶ所のなかで川下に位置することからきた呼称と思われるが、詳細は不明。 ［藤田］

下島町《しもじまちょう》（福島区） 明治三十三年（一九〇〇）～昭和五十年（一九七五）の町名。はじめ北区、大正十四年（一九二五）此花《このはな》区、昭和十八年からは福島区の町名。由来の詳細は不明。文明二年（一四七〇）五月付大内政弘書状（「萩藩閥閲《ばつえつ》録《ろく》」）には、応仁の乱の際、西軍の将山名政豊《やまなまさとよ》らが東軍に寝返り、摂州《せっしゅう》下島を退去したことが記されている（『角川日本地名大辞典27 大阪府』）。 ［吉田洋］

下寺《しもでら》（浪速区） 江戸時代に松屋町《まつやまち》筋の西側に沿って寺町の一端を形成していたことに由来するという。「したでら」とも称した。合邦辻閻魔堂《がっぽうがつじえんまどう》は聖徳太子の開基と伝えられている。江戸時代の大伽藍は焼失して辻堂となり、明治時代中期に融通念仏宗《ゆうずうねんぶつしゅう》西方寺《さいほうじ》の境内に移設された(『浪速区史』)。大正時代には隣接する日東町《にっとうちょう》とともに「八十軒」「新八十軒」などの裏長屋が遍在していたため、スラムとして把握され、大阪市や内務省の社会調査にもたびたび登場した(『細民集団地区調査』)。〔吉村〕

***下ノ辻(下辻)**《しものつじ》 (鶴見区) 単に「辻」ともいう。後堀河天皇のころ、近江国辻(現栗東町・八日市市・マキノ町などに辻があるが、どれにあたるかは不明)から十七人が移住して開発したと伝える(『大阪府全志』三)。「下」がつくのは付近にあった上辻(現在は鶴見区緑・旭区清水に含まれる)に対応したもの。当地願正寺(浄土真宗西本願寺派)蔵阿弥陀如来画像の明応三年(一四九四)二月付け裏書に「横枕願正寺門徒 摂州西成郡 放出辻」とあるのが、同時代史料の初出。当地の本願寺門徒集団は、大坂(石山)御坊を護持した「榎並《えなみ》四村」に属し、「石山合戦」で戦死して感状をもらった英雄、百姓介(助)を輩出したことでも知られる。介の子孫は江戸時代にも、毎年一回本山で門主と酒食をともにする特権を有した(『大阪府全志』三)。〔藤田〕

尺度《しゃくど》 (羽曳野市) 古代の古市郡《ふるいちのこおり》尺度郷《さかとごう》(『西琳寺縁起』『和名類聚抄』)の地と考えられる。正安元年(一二九九)七月十日、および二十三日の文書(通法寺及壺井八幡宮文書)には「河内国坂田恒光名」がみえる。坂田村は元和元年(一六一五)にいたって、西坂田(尺度村)村、東坂田村の三か村に分村したと伝える(『大阪府全志』四)。『続日本紀』天応元年(七八一)七月十九日条、『類聚符宣抄』所載の万寿二年(一〇二五)六月七日の「河内国司申請雑事七箇条」にみえる「尺度池」はこの地にあったとされ、広田池・中池に比定(『大阪府全志』四)されている。坂田は、現在の尺度・東阪田にあたる。〔中山〕

舎利寺《しゃりじ》 (生野区) 区の中央よりやや南西よりに位置する。昭和四十八年(一九七三)から現在の町名で、旧・東成《ひがしなり》郡舎利寺村の名を継承している。村名は「舎利尊勝寺」に基づく。寺伝によれば、当寺は生野長者の旧跡、聖徳太子の創建という。太子は、長者の一子が聾唖者であることを聞き、自分が前世に預けた三つの仏舎利を返すように命じたところ、それを口から吐き出した子どもはたちまち言葉が話せるようになった。その仏舎利のうち二つは四天王寺と法隆寺に納められ、一つは自筆の影像をそえて長者に与えられ、長者の邸内にこれを奉安したのが当寺の起こりであるという（延宝四年〈一六七六〉に鋳造された寺宝の梵鐘銘による）。　［足代］

*十七ヶ所《じゅうしちかしょ》（鶴見区）　十七箇所とも。室町時代、摂津国東成《ひがしなり》郡・河内国茨田《まった》郡の淀川南岸に広く展開した幕府御料所。応永の乱後の応永七年（一四〇〇）に開設されたとみられる（『妙心寺史』）。もっとも「花営三代記」には、応安二年（一三六九）楠木正儀が「河州十七箇所」に布陣したとあるので、それ以前から地域呼称としてあった可能性もある。名称は、十七の所領・村落から構成されることからきたものと思われ、摂津国側を六ヶ所、河内国側を十一ヶ所と分けて呼ぶこともあった。江戸時代にも地域呼称として用いられており、おおむね淀川と鯰《なまずえ》江川、古川にはさまれた範囲を指した。　［藤田］

*十七箇所《じゅうしちかしょ》（守口市・門真市・寝屋川市の一部）　十七ヶ所とも。淀川左岸の下流域である守口・門真市域は中世より低湿地であった。そのため、水害を防ぐことは最大の課題であり、囲堤が多数作られ、囲まれた地域は中世の荘（庄）とは異なる原理で結びついた。十七箇所もそのうちの一つであり、上十一箇所と下六箇所から成り、上十一箇所は九ヶ所・大庭《おおば》庄・大久保庄から、下六箇所は五ヶ所・門真庄から成っていた。　［橋本］

十三《じゅうそう》（淀川区）　阪急十三駅周辺一帯を指す。古代西成《にしなり》郡の条里制で、飛田《とびた》を一条とすると、この付近が十三条にあたるためとする説や、戦国武将を供養する十三塚によるという説などがあるが、淀川筋のうち上流から数えて摂津の十三番目の渡し場であったことに由来するという説が有力である。慶長十年（一六〇五）の「摂津国絵図」には「十祖（十三）」の村名がみえるが、近世には成小路《なるしょうじ》村の一集落となった。成小路村の字十三と中津川対岸の堀村を結んだのが十三渡で、『信長公記』に元亀元年（一五七〇）九月に織田信長が野田・福島の砦を引き払って中津川を渡ったとするのはここであると考えられている。江戸時代、渡の南岸の小島古堤新田村には二十軒余の旅籠があり、十三には享保年間（一七一六～三六）に始められたとされる焼餅屋が多くあり、繁盛したとされる。明治十一年（一八七八）には成小路村の住民私設の木造で有料の十三橋が架けられ、淀川改修に伴って明治四十一年（一九〇八）十三大橋となった。町名となったのは大正十四年（一九二五）で、大字成小路・堀・木川・小島などが十三西之町・東之町・南之町となり、さらに昭和四十九年（一九七四）の住居表示では、十三東・十三本町・十三元今里の名を残している。〔上田〕

十二軒町《じゅうにけんまち》（中央区）

明治六年（一八七三）以後の地名で、江戸時代に幕府の御蔵手代屋敷が十二軒あったことに由来するという（『大阪府全志』二）。天領から取り立てた年貢米を収納・管理するため、江戸・京・大坂などに幕府御蔵が置かれていた。これを管理する役職が蔵奉行で、御蔵手代はその配下である。江戸時代初期、経済の先進地であった大坂には、江戸よりも早く、元和七年（一六二一）に蔵奉行が設置された。また大坂の幕府御蔵は難波・天王寺にあった。〔豆谷〕

十八条《じゅうはちじょう》（淀川区）

村名は古代の条里制に由来すると考えられるが、詳細は不明である。寛正四年（一四六四）の対岸の垂水庄関係史料に十八条の名がみえる。東・西・北を神《かん》崎《ざき》川に囲まれており、榎木渡と小曽根《おぞね》渡があった。榎木渡は大坂と池田を結ぶ横関街道の渡で、十八条村と対岸の豊島郡榎坂《えさか》村を渡した。『異本年代記』『多聞院日記』などに、天正二年（一五七四）荒木村重が榎木渡から中島へ入り、大坂本願寺の一揆衆と合戦したことが記されている。小曽根渡は十八条村から豊島郡小曽根村に渡した。明治二十二年（一八八九）北中島村に組み込まれ、大正十四年（一九二五）大阪市に編入された。〔上田〕

*十六町《じゅうろくちょう》（福島区）

現在の野田一・四～六丁目にあった町。明治初頭、西成《にしなり》郡野田村の一部であったが、明治三十年（一八九七）大阪市に編入され、北区西成野田の字十六・字大南・字大野となった。大正十四年（一九二五）此花《このはな》区に編入され、十六町・大野町二丁目となった。昭和十八年（一九四三）福島区に編入、昭和五十年（一九七五）現在の形となった。町名は小字名を由来とする（『大阪の町名』下）。〔吉田洋〕

宿院町《しゅくいんちょう》（堺市堺区）
旧市域（環濠内）南組の江戸時代からみえる町名。六月晦日（旧暦）に住吉大社の神輿が渡御する堺のお旅所は宿院と呼ばれており、町の北東部にそれがあることに由来すると思われる。このお旅所としての宿院は旧市域の地名としては古く、十五世紀の初めからみえる（『開口神社史料』）。〔吉田豊〕

宿久庄《しゅくのしょう》（茨木市）
『和名類聚抄』にみえる宿人郷は宿久郷の誤りであり、宿久庄はこれに由来する地名とされる。中世には仁和寺領宿久荘・中宮職領宿久御荘・青蓮院門跡領宿久山荘などが成立したが、これら荘園と国衙《こくが》領とが入り組み、単一の領主による一円支配は形成されなかった。国人宿久氏の根拠地としても知られる。近世には宿久庄村となり、明暦元年（一六五五）頃清水村を分村した。また道祖本《さいのもと》村の宿河原《しゅくがわら》も、もとは宿久庄の属邑であったという。江戸時代初期には幕領であったが、寛永十年（一六三三）永井直清領、明暦二年（一六五六）牧野親成《ちかしげ》領、寛文十年（一六七〇）永井尚庸《なおつね》領となり、幕末に至った。明治二十二（一八八九）年に近隣四か村と合併して豊川村の大字となり、昭和三十一年（一九五六）十二月にいったん箕面町と合併したが、すぐに茨木市に編入された。現在の町名としては宿久庄一丁目から七丁目がある。〔飯沼〕

***順慶町**《じゅんけいまち》（中央区）
町名は、大和国の大名であった筒井順慶の屋敷が天正十一年（一五八三）にこの地に置かれたことに由来するという。この時期に筒井順慶が大阪に屋敷を構えていたことは、『多聞院日記』などの記事にもみえ、間違いのないところである。ただし、当時のこの地は、大坂城からもやや離れた、町はずれといってもいい場所と考えられ、どのような形で屋敷が存在していたのか不明な点も多い。江戸時代の順慶町では、堺筋から新町橋までの道筋に夜市が立ちにぎわった。この市では、呉服や反物、小間物や諸道具、食料品にいたるまで、あらゆる商品が商われていた。その様子は『摂津名所図会』ほかさまざまな作品に描かれて広く知られていた。しかし、この町名も現在は統合されて南船場となっている。〔豆谷〕

***常安町**《じょうあんちょう》（北区）
中之島の中央からやや西寄りに位置する。江戸時代から昭和五十三年（一九七八）までの中之島の町名。中

之島を開発した淀屋常安の名にちなむ。淀屋は江戸時代前期の大坂を代表する豪商で、初代常安は、岡本姓で淀の出身とされ、元和年間に中之島一帯を開発したとされる。「初発言上候帳面写」には「常安請所」とあり、明暦元年の「大坂三郷町絵図」にもみえることが、そのことを裏付けている。土佐堀川沿いで、東は西信町、西は塩屋六左衛門町。町域には諸藩蔵屋敷が多く建っていた。東側では小規模な蔵屋敷が多く、西側では徳島藩（蜂須賀氏）・熊本藩（細川氏）など大規模な蔵屋敷が多かった。土佐堀川には、常安橋と越中橋が架かっていた。常安橋は、はじめ田辺屋橋といった。薬種商田辺屋五兵衛にちなむといわれるが定かではない。越中橋は熊本藩蔵屋敷前にあり、熊本藩主細川越中守にちなむ。現在の中之島四丁目に含まれる。

［八木］

正覚寺《しょうかくじ》（平野区）

かつて当地にあった正覚寺という寺院に由来する。正覚寺は弘法大師空海の創建で、金堂・講堂・六時堂・鐘楼・山門・大門等が建ち並ぶ堂々たる大伽藍を誇り、弘法大師作の本尊十一面観音はまことに霊験あらたかで、楠木正成もたびたび参詣して武運長久を祈ったと伝えられる。室町時代の河内守護は、幕府の管領でもあった畠山氏で、その畠山氏における義就と政長との家督争いが一因となって、いわゆる応仁の乱が起こった。義就は誉田《こんだ》（現在の羽曳野市誉田）に守護所を置いて本拠としたが、正覚寺もまた重要な政治的拠点となり、周辺は都市的な発展をみせていた。義就は延徳二年（一四九〇）に没し、その跡を息子の基家が継いだが、明応二年（一四九三）二月二十四日、畠山政長に擁立された室町幕府の十代将軍足利義材《よしき》が基家征討のために正覚寺に着陣し、政長とともに基家の本拠地誉田への攻撃を開始した。ところがこの間に京都でクーデターが起こり、細川政元の推す足利義澄《よしずみ》が新たに将軍となり、政元と基家の軍勢に包囲され、攻撃を受けた政長軍は壊滅し、政長は自刃して、義材は捕らえられた。これが世にいう「正覚寺合戦」で、この戦いによって正覚寺の伽藍は焼亡し、その跡地に集落ができたという。現在当地には畠山政長の墓所があり、正覚寺の支院六坊の一つであった東之坊が、その法灯を伝えている。

［北川］

*庄左衛門町《しょうざえもんちょう》（住之江区）

昭和四十九年（一九七四）の住

居表示変更前の町名。現西加賀屋一～三丁目。住吉川をはさんで住之江公園の北側に位置する。もと住吉郡出見《いでみの》浜の寄洲であった。天保二年（一八三一）、西成《にしなり》郡今在家《いまざいけ》村の村上庄左衛門が幕府の許可を得て開発。開墾者の名にちなみ庄左衛門新田と命名された（『大阪府全志』三）。明治二十二年（一八八九）から住吉《すみよし》郡敷津村大字庄左衛門新田、同四十三年（一九一〇）に「新田」の呼称が消え大字庄左衛門となる。大正十四年（一九二五）大阪市に編入され住吉区庄左衛門町となる。昭和四十九年（一九七四）の分区により住之江区に移管された。〔野高〕

小路《しょうじ》（生野区）

小路と東小路とがある。区の北東部に位置する。昭和四十八年（一九七三）から現在の町名で、地下鉄千日前線「小路《しょうじ》駅」のある大阪内環状線道路を挟んで、それぞれ西側・東側に位置する。明治二十二年（一八八九）町村制施行に際し、旧・東成《ひがしなり》郡大友・片江・中川・腹見（腹見村字大瀬を含む）の四か村が合併して成立した「小路村」の名を継承している。小路村の名の起こりは、村域の北端付近に、神武天皇が通過されたとの伝承をもつ「中小路《なかおじ》」（暗越《くらがりごえ》奈良街道）の古名があることによる。「中小路」をそのまま村名とするについては大字「中川」に偏するという意見が出たため、「中」の一字を除いて「小路《おじ》村」と命名された。『東成郡誌』は公文書の傍訓を根拠として「近年、一般に小路を音読するは誤謬なり」と記すが、地域の小学校名（明治三十四年〈一九〇一〉）・神社名（同四十二年〈一九〇九〉）ともに改称の当初から「しょうじ」と称した模様である。〔足代〕

小路《しょうじ》（寝屋川市）

かつての河内国讃良《ささら》郡に属す。古くは高宮《たかみや》郷の出郷であった。江戸時代は小路村、明治二十二年（一八八九）豊野《とよの》村の大字となり、昭和十八年（一九四三）寝屋川町、同二十六年（一九五一）寝屋川市の一部となる。地名の由来は、出郷で小さな村であったことから小字つまり「小さい巷」という意味で呼ばれたことによる（『寝屋川市誌』）という。〔尾崎〕

正雀《しょうじゃく》（摂津市）

一丁目ないし四丁目。近世の正音寺《しょうおんじ》村・庄屋《しょうや》村のうちで、明治二十二年（一八八九）の町村制施行により味舌《ました》村大字正音寺・同庄屋になったが、昭和三年（一九二八）に新京阪鉄道（現阪急電鉄京都線）が当地域に正雀駅を開設したことから、四年に大字正雀になり、四十一年（一九六六）の摂津市誕生にあわせた町名変更で、阪急正雀・正雀本町《ほんまち》（一丁目・二丁目）・東正雀とともに新町名になった。正雀本町西側の吹田市南正雀（一丁目から五丁目）を含め、これら地域はいずれも正雀を町名に冠している。吹田市との境界、町域西端を流れる正雀川と阪急電鉄京都線の正雀駅に由来する。正雀川は正尺とも書き、『摂津市史』によれば、条里制施行につき同川が基準線になっており、そこから川名も正尺になったと思われる。摂津市の西部に位置して、北は阪急京都線をはさんで庄屋一丁目、東は山田川を境に東正雀、南は安威《あい》川を境に北別府《きたべふ》町、西は府道正雀一津屋線を境に正雀本町に囲まれた地域で、商店街・住宅街および私立短期大学とその附属中学・高校がある。　［石原］

招提《しょうだい》（枚方市）　浄土真宗の道場を中心として建設された寺内集落で、明和八年（一七七一）成立の「招提寺内興起後聞記并年寄分由緒実録」によると、江戸時代に当村の庄屋を勤めた河端氏・片岡氏らが、天文十二年（一五四三）に道場を建立したことに始まるとされる。その名の由来は、建設中に「招提寺内」と銘のある石が出土したことにあるという。現在、招提はショウダイと読むが、これは昭和四十年代に始まる住居表示の際に定められたもので、地元では古くからショダイと呼んでいた。事実、招提に宛てられた元亀元年（一五七〇）の織田信長朱印状や天正一六年（一五八八）の長束正家・増田長盛連署奉書などでは、いずれも「しょたい」と表記されている。天文二十四年（一五五五）の段階ですでに「所大」とも表記されることから（「牧一宮神田帳」）、寺内成立時に招提と名付けたとするよりは、もともとのショダイという地名に仏教用語である招提の字をあてたと考えるほうが自然である。「招提寺内興起後聞記并年寄分由緒実録」は、河端氏と片岡氏の業績を誇張したものとなっており、寺内成立期の記述は、事実とは異なることが指摘されている（『畿内戦国期守護と地域社会』）。この史料は、本来寺内の中心的存在であった小篠氏が招提を離れて以降に、河端・片岡両家が由緒をまとめ直したものであろう。なお小篠氏は、細川忠興に七百石で召し抱えられ、肥後藩士として幕末まで続いている（『熊本史学』八九・九〇・九一）。　［馬部］

聖天下《しょうてんした》（西成区）

区の東端に位置する。東は阿倍野区、南は歴史の散歩道を挟んで天神ノ森一丁目に接する。西境界を阪堺阪堺線が走り、二丁目に北天下茶屋駅がある。町域の東側に連なる上町台地にある海照山正円寺に聖歓喜天が祀られていて、俗に「天下茶屋の聖天さん」と言い習わされており、町名はその聖天さんの崖下に位置することに由来する（『大阪の町名』上）。明治初頭、東成《ひがしなり》郡天王寺村の一部であったが、明治二十二年（一八八九）四月一日の町村制の施行に伴い、天王寺村大字天王寺字天下茶屋の一部となった。大正十四年（一九二五）四月一日大阪市に編入され、住吉区天王寺町の一部となった。昭和四年（一九二九）八月二十日住吉区聖天下一～二丁目となった。同十八年四月一日の行政区画の変更に伴い、西成区に編入された。〔古川〕

城東区《じょうとうく》（大阪市）

昭和十八年（一九四三）四月一日に東成区と旭区に一部を分離して独立。区名は大阪城の東に位置することから命名された。〔堀田〕

庄内《しょうない》（豊中市）

明治二十二年（一八八九）、野田・三屋《さんや》・牛立《うしだて》・菰江《こもえ》・洲到止《すどうし》・島江・庄本・島田村の八か村が合併して「庄内村」が成立した。地名の由来は、中世に展開した椋橋《くらはし》荘にちなみ「椋橋庄内」と呼ばれたからだという（『豊能郡庄内村誌』）。昭和十四年（一九三九）には町制を施行して「庄内町」となる。同二十六年の阪急庄内駅の開業は庄内地区の人口急増をもたらした。市街化が進むにつれ庄内では大阪市か豊中市のどちらかと合併を望む議論が起こり、同三十年に豊中市に編入した。町名改正や住居表示実施により、庄内（東町・西町・幸町《さいわいまち》・栄町《さかえまち》・宝町《たからまち》）・三和町《さんわちょう》・大黒町《だいこくちょう》・千成町《せんなりちょう》・神洲町《かみすちょう》・日出町《ひのでちょう》・二葉町《ふたばちょう》・三国《みくに》・大島町《おおしまちょう》・島江町《しまえちょう》・名神口《めいしんぐち》・庄本町《しょうもとちょう》が成立した。〔田村〕

城南寺町《じょうなんてらまち》（天王寺区）

昭和四十年（一九六五）に誕生した町名。豊臣秀吉による大坂城下町建設の一環として整備された八丁目中寺町・八丁目東寺町の二つの寺町が母体となっている。大阪城の南にあることから命名された。織田作之助の墓のある楞厳寺《りょうごんじ》や混沌詩社の一員であった片山北海の墓のある梅松院が当地に存在す

る。〔大澤〕

庄屋《しょうや》（摂津市）

昭和四十一年（一九六六）に行われた町名変更でできた町名で、庄屋一丁目・二丁目がある。近世の庄屋村のうちで、明治二十二年（一八八九）の町村制施行により同村と坪井村・正音寺《しょうおんじ》村・味舌《ました》村・味舌上村・味舌下村が合併して味舌村が成立したためその大字になり、昭和二十五年（一九五〇）から味舌町、三十一年から三島町に属した。味舌村に編入された村々をあわせて近世に味舌郷と称し、千里丘陵から安《あ》威《い》川右岸にかけた長方形の地域で、中世の味舌庄にあたる。慶長十年（一六〇五）作成の「摂津国絵図」にはまだ庄屋村の名は見えないが、元和（一六一五―二四）初年の「摂津一国高御改帳」に織田長益知行地として「味舌・坪井・上村・庄や・下村」が、元禄郷帳にも味舌を冠して同村の名が記されているから、この頃までに味舌郷から分村したと見られる。摂津市の北部にあって、庄屋一丁目の南境と二丁目の中央部に阪急電鉄京都線が通り、JR岸辺駅・千里丘駅や阪急正雀駅に近いことから、近年は集合住宅が立ち並ぶ住宅地になっている。〔石原〕

少林寺町《しょうりんじちょう》（堺市堺区）

旧市域（環濠内）南組の江戸時代からみえる町名。その由来は、この地にあった少林寺の名によるという。元徳二年（一三三〇）小林修理亮《しゅりのすけ》によって小林寺が開創されたが、後に中国河南省の少林寺に擬して改めたという。北隣の寺地町も、かつては少林寺の境内であったという説もある（『泉州志』）。〔吉田豊〕

昭和町《しょうわちょう》（阿倍野区）

当町は明治初頭、東《ひがし》成《なり》郡天王寺村と住吉郡の北田辺村・南田辺村・猿山新田《さるやましんでん》の各一部であったが、大正十四年（一九二五）には住吉区の天王寺町・北田辺町・南田辺町・西田辺町の各一部となった。その後、昭和四年（一九二九）に各町の一部が昭和町中・西・東となり、昭和十八年（一九四三）に阿倍野区に編入され、昭和四十一年（一九六六）から現在の町名となった。町名は、この地域の土地区画整理に当たった「阪南土地区画整理組合」の土地造成が、昭和四年に完成し、それを記念して年号の昭和を町名としたことに由来する（『大阪の町名』上）。〔生駒〕

白原町《しらはらちょう》（岸和田市）「神於寺《こうのでら》縁起」に、役《えんの》行者《ぎょうじゃ》が神於山の地主明神と出会い、明神から寺院建立を要請された地を「白雲原上におほい、白人野中にあへるゆへ」白原と名づけた、とある。もとは河合村の一部であったが、慶応四年（一八六八）に分離して白原村となり、明治二十二年（一八八九）から昭和十六年（一九四一）大字白原、昭和十六年以後白原町となった。昭和十八年に一部が北阪町となった。現在、地内はすべて農地等で住民は登録されていない。ほかに上白原町がある。〔山中〕

城北《しろきた》（旭区）城北公園（公園名）、城北川（旧城北運河）、城北小学校などについた地名。名称の由来は不明であるが、昭和三年（一九二八）から始まる総合大阪都市計画に基づき、昭和九年（一九三四）に完成した大阪城公園（天守閣竣工を含む）に次いで、淀川改修工事による淀川流路跡が同九年に公園となった。この時、大阪城公園に次ぎ、その北側に位置する公園というという意味で「城北」という名称が誕生したと考えられる。その後、同十五年（一九四〇）には城北川（運河）が完成し、同二十二年（一九四七）には旧中村小学校を城北小学校と改称するにおよんで、この地域に「城北」の地名が定着した（『新修大阪市史』七、平凡社『日本歴史地名大系28　大阪府の地名』）。〔野高〕

城見《しろみ》（中央区）昭和五十四年（一九七九）以後の新しい地名である。大阪城に近接することから命名されたのであろう。江戸時代には鴫野《しぎの》村の一部で、幕府の煙硝蔵などが置かれた。明治時代になると陸軍省の用地となって、のちに造兵工廠が設けられた。第二次世界大戦後、長らく未開発の状態が続いていたが、一九七〇年代になって再開発計画が進められるようになり、現在では高層ビルの林立する大阪ビジネスパーク（OBP）となっている。〔豆谷〕

＊新池田町《しんいけだちょう》（港区）明治三十三年（一九〇〇）から昭和四十三年（一九六八）の町名。三十間堀川の右岸に位置。地名の由来は、江戸時代に池田新田を開発した池田正七（屋号は葭屋）の名による（『西成郡史』）。池田新田は、文政十二年（一八二九）に九条村の池田正七が開発した新田で、幕末の村高は五十四石余である（『旧高旧領取調

帳』)。天保十年(一八三九)刊「大坂湊口新田細見図」によると、当時の地主は、堂島新地三丁目大和屋吉右衛門とある。明治三十三年の町名設置の際、府下の池田町(現池田市)との混同を避けるため、新池田町と改められた。明治三十年に大阪市西区に編入されるが、大正十四年(一九二五)には港区に編入。昭和四十三年(一九六八)に池島一〜三丁目・三先《みさき》一〜二丁目となる。　[松永]

新今里《しんいまざと》(生野区)　区の中央北部、「中川」の東側に位置する。昭和十三年(一九三八)から同四十八年(一九七三)まで新今里町、同年から現在は新今里。この町域は旧片江村・中川村の田地の大部分(低湿地のため水鳥が群れをなして飛来し「白鷺の里」と呼ばれたという)であって、「片江中川土地区画整理地区」(=今里新地=昭和四年〈一九二九〉、近鉄の子会社「今里土地株式会社」により開設)の範囲にほぼ該当する。最寄りの近鉄「今里駅」の大正三年(一九一四)の開業当初の名は「片江停留所」、次いで大正十一年(一九二二)に「今里片江」と改称、昭和四年現駅名となった。このように新今里の地名は、主として、「今里新地」とこれに深い関連をもつ近鉄「今里駅」の駅名とに起因すると考えられる。→今里　[足代]

***新開通**《しんかいどおり》(西成区)　町名は旧小字名によるが、由来は不詳(『大阪の町名』上)。明治初頭、西成郡勝間《こつま》村の一部であったが、大正四年(一九一五)十一月十日玉出町の一部となった。大正十四年四月一日大阪市に編入され、西成区玉出町の一部となった。昭和二年(一九二七)一月一日新開通一〜四丁目となった。昭和四十八年(一九七三)十一月、千本北一〜三丁目・千本中一〜二丁目の各一部となった。　[古川]

***新開庄**《しんかいのしょう》(城東区)　中世の荘園名であり、江戸時代の地域名称でもある。名称は、新しく開発された荘園を意味すると考えられる。四天王寺「秋野坊文書」の興国元年(一三四〇)後村上天皇綸旨《りんじ》に、四天王寺三昧院領荘園としてみえるのが初見。江戸時代には、久宝寺川・平野川と闇越《くらがりごえ》奈良街道・摂河国境にはさまれた範囲を新開庄と呼称しており、荘園もおおむねこの範囲内に展開していたと推定される。　[藤田]

＊新　川《しんかわ》（浪速区）　道頓堀から難波《なんば》御蔵《おくら》へ通じる難波入堀川《なんばいりぼりがわ》（新川）に由来する（『大阪府全志』二）。一丁目の土橋では明治三十七年（一九〇四）から大正五年初頭まで大阪相撲が興行され、「土橋のスモウ」と称されていた。阿多《おた》福《ふく》茶屋は、入堀川に繰り広げられる四季の自然景観を背景に人気を集めたが、明治末期に閉店した。また、難波入堀川の叶《かのう》橋を渡ると、南の一大遊廓地を擁する難波新地にも通じていた（『浪速区史』）。〔吉村〕

＊新家町《しんけちょう》（福島区）　大正十一年～昭和五十年（一九二二～七五）の町名。大正十四年に此花《このはな》区に編入され、昭和十八年（一九四三）、新家町一丁目と二丁目の一部が福島区に編入された。昭和五十年、新家町一～二丁目は吉野四～五丁目・大開《おおひらき》四丁目の各一部となった。町名は、当町域の中心地域の小字名が新家前・新家東・新家西であったことに由来する（『大阪の町名』下）。〔吉田洋〕

真言坂《しんごんざか》（天王寺区）　生国魂《いくくにたま》神社北門から北の千日前通りに向けて下る坂。天王寺七坂の一つ。江戸時代、この坂の上や両側には生国魂神社に付属していた神宮寺が存在し、それらがすべて真言宗であったことからこの坂の名がある（『摂陽奇観』）。元禄十四年（一七〇一）刊の『摂陽《せつよう》群談《ぐんだん》』にみえる下寺町所在の安国寺坂をこれに当てる説もある（『摂津名所図会大成』）。宝永六年（一七〇九）段階では「生玉坂口」（『公私要覧』）と記されており、真言坂はそれ以降の呼称か。〔大澤〕

＊新在家《しんざいけ》（岸和田市）　現岸和田市岡山町の昭和十年（一九四〇）以前の旧名。永正六年（一五〇九）三月に畠山氏から岡孫太郎に「泉州新在家四分一収納事」が宛て行われたとするのが初見（「高野春秋」）。伝承では元は久米田池の池底にあった集落が、池の築造に伴って移転し新在家と呼ばれるようになったという。久米田池の南東約半分は今も岡山町地内に含まれ、また、久米田池の池底から須恵器等が多量に出土することからみて、蓋然性の高い伝承である。〔山中〕

新在家《しんざいけ》（摂津市）　昭和五十一年（一九七六）の町名変更によりできた町名で、一丁目ないし二丁目。近世は新在家村のうちで、明治二十二年（一八八九）の町村制施行により一津屋村・別府村と合併して味生《あじふ》村（昭和三十一年に三島町、四十一年に摂津市）の大字新在家の一部になった。安威《あい》川下流左岸にあって古くは鯵生野《あじふの》と呼ばれた地域で、同川と淀川・神崎《かんざき》川に囲まれ一津屋《ひとつや》村・別府《べふ》村とともに味生輪中《わじゅう》といわれる囲堤を形成した。近世にはこれら三村で安威川をくぐって神崎川へ放流する共同排水路を設置するなど地域的結合が強く「三か村」と総称された。慶長十年（一六〇五）の「摂津国絵図」に「新在家」の名がみえ、元和初年の「摂津一国高御改帳」には「別府、一屋新在家」と記載される。新在家の名称は「三か村」のうちでは新開の地域であったことによるか。町域は摂津市の中央部に位置して、北はJR東海道新幹線、南は府道大阪高槻線、西は府道大阪中央環状線と近畿自動車道で区切られ、新幹線と主要道に囲まれたなか工場と住宅が混在する地域であるが、近年集合住宅が多くなった。〔石原〕

新在家町《しんざいけちょう》（堺市堺区）

旧市域（環濠内）南組の江戸時代からみえる町名で、南端郷本町に属した。旧市域中心部の大《おお》小路《しょうじ》に近いところに、同じ南組で南本郷本町に属した本在家町がみえるが、これに対して江戸時代初期に市街地を南部に拡張したので新在家町といったのであろうか。〔吉田豊〕

心斎橋筋《しんさいばしすじ》（中央区）

心斎橋は長堀川に架かる橋。その名は、長堀川の開削と周辺の開発に関与した伏見町人・岡田心斎の名に由来する。大阪には開発町人に由来する橋や町名が多いが、長堀周辺もそれが集中する地区の一つである。心斎橋筋はその橋を起点として南に伸びる道筋で、それに沿った町の呼び名でもある。江戸時代から卸売商や小売商が集まる名店街として知られていた。昭和初期になると、ショーウィンドーを備えた洋品店なども登場するなどモダニズムの最先端をゆく町となり、ウィンドーショッピングを楽しむことは「心ぶら」と呼ばれて流行した。現在でも大阪を代表する商店街としての位置を保ち続けている。なお、長堀川は一九六〇年代から順次埋め立てられ、心斎橋も地名として残るだけで橋は現存しない。ただ明治六年に架けられた心斎橋の鉄橋のアーチは、現在鶴見緑地の緑地西橋として現存している。〔豆谷〕

新庄《しんじょう》（東淀川区）

新庄は新城とも表記し、一説には戦国期に茨木の中川清秀が新たな出城を築いたことに由来するとされ、近世にも「天主跡」「馬洗」の小字名があった。ただ既に、寛正二年（一四六二）の「中嶋崇禅寺目録」にも田地所持者の住所として「新庄」がみえる。また、味原牧《あじふ》の「新庄」に由来するともされる。慶長十年（一六〇五）の「摂津国絵図」には東新城村という記載がある。神崎川《かんざき》を隔てた吹田村との間には亀山街道吹田渡がある。上・下に分村したのは元禄十三年（一七〇〇）とされ、下新庄村はさらに東組・西組に分かれた。明治五年（一八七二）には合併して新庄村となるが、十年（一八八七）には再び上新庄・下新庄東組・下新庄西組に分村、十二年にみたび合併するも、十三年には三つに分村、十四年には下新庄の東西組が合併した。上新庄には榊を祀る榊神社があり、天正六年（一五七八）奈良春日社の分霊を勧請して本社とした。正月十一日の勧請日には氏子による千年講が開かれる習わしだった。〔上田〕

*新炭屋町《しんすみやちょう》（大正区）

もとは宝暦七年（一七五七）に岡島嘉平次が開発し、宝暦十三年（一七六三）に炭屋三郎兵衛が受け継いだ炭屋新田である。明治二十二年（一八八九）に川南村の大字炭屋となったが、明治三十三年（一九〇〇）に新炭屋町となり、昭和五十一年（一九七六）に千島一～三丁目に含まれた。〔堀田〕

新千里《しんせんり》（豊中市）

昭和三十三年（一九五八）、大阪府は高度経済成長が進み大都市への人口集中によって生じた住宅不足を解消するため、豊中市と吹田市にまたがる千里丘に大規模な住宅地建設の構想を打ち出した。この事業は吹田市側で先行し、同三十七年から佐竹台で町開きが行われた。一方、豊中市側では昭和四十年から建設が相次ぎ、同四十一年に新千里東町で入居が始まった。千里ニュータウンの豊中市域部分を「新千里」と名付け、東西南北の四町に区分する。千里ニュータウンは我が国初の本格的なニュータウンである。〔田村〕

信達市場《しんだちいちば》（泉南市）

市の中央部に位置する。『為房卿記《ためふさきょう》』の永保元年（一〇八一）十月十一日条に「信達庄」の名が見られる。初め摂関家領庄園であり、室町時代に伝法院（根来寺《ねごろでら》《ねごろじ》）領となった。また、熊野街道（紀州街道）が貫く市場村は、熊野行幸の宿所としての御所が置かれたことから、「御所村」と呼んだとも伝える。「後鳥羽院熊野御幸記」によれば、建仁元年（一二〇一）十月七日、後鳥羽院は厩戸《うまやど》王子に参詣し信達宿に入り、翌朝一ノ瀬王子に参詣したのち、熊野へと出発したとある。厩戸王子は中小路村に、一ノ瀬王子は市場村にあったと『和泉志』に伝えるように、信達宿には二つの王子があったとされる。このように熊野詣をはじめ、熊野街道を行き交う人々で賑わいを見せたことであろう。江戸時代には、紀州徳川家の参勤交代をはじめ宿駅として改めて整備され、市場村に本陣や伝馬所が置かれ、隣接する牧野村（現、信達牧野）・大苗代（現、信達大苗代）を含めて宿場町を形成した。 〔曽我〕

*新千歳《しんちとせ》（大正区）

もとは尻無川南西の寄洲であったところを、弘化二年（一八四五）に岡島嘉平次と木下延太郎によって開発され、千歳新田と名付けられた。千歳命名の理由は不詳。新田の永続を願ってのことかもしれない。明治に入り、さらに干拓地を加え明治三十三年（一九〇〇）に新千歳町となった。昭和五十一年（一九七六）に町域の変更があり、北村・北恩加島《おかじま》・小林西・南恩加島などに含まれた。なお、千歳の名前は、千歳の渡し、千歳橋等に残されている。 〔堀田〕

新堂《しんどう》（松原市）

応神天皇の招きにより来朝した百済の学者王仁《わに》が建立した聖堂に由来する地名と伝承される。新堂の南に隣接して岡の集落があるが、王仁はこの岡の地に聖堂を建てて住み、学問を広めたと伝えられる。聖堂は池の傍らにあったため、その池は「聖堂池《せいどういけ》」と呼ばれるようになり（『河内志』）、やがて「清堂池」と書かれるようになった。この清堂池は、岡と新堂との境界に位置し、「清堂」が「しんどう」と読まれて集落の名になったという。江戸時代に儒学が盛んになると、王仁はわが国の学問の祖として崇められるようになった。そうした時代背景のもとに成立した伝承と考えられる。 〔北川〕

真法院町《しんぽういんちょう》（天王寺区）

明治三十三年（一九〇〇）から現在に続く町名。大正十四年（一九二五）までは天王寺を冠した南区の町名であったが、同年、天王寺区の誕生に伴い現町名となった。明治二十一年（一八八八）刊の「大阪実測図」（内務省地理局、大阪府）に字名として「字真法院」が確認できる。同地には浄土真宗寺院の真法院があり、寺伝によれば聖徳太子が四天王寺と同

時期に建立した寺院とするが、確実な史料としては十五世紀の「信法院」（「天王寺金堂舎利講記録」）が早い。〔大澤〕

***信保町**《しんぽちょう》（北区）　区の南東部に位置する。江戸時代から昭和五十三年（一九七八）までの町名。江戸時代は天満四丁目と五丁目の間にあり、「初発言上候帳面写」には天満五丁目から分かれたという。明暦元年の「大坂三郷町絵図」では「東五丁目」とある。元禄期には信保町と呼ばれていたようである。町内で「しんぽ」と呼ばれる薬が売られていたのが町名の由来とされる。延享版の『難波丸綱目』では、「光悦丸」・「しんぽ」という名の薬を売る店が載る。現在の東天満一丁目、天満一丁目に含まれる。〔八木〕

新町《しんまち》（中央区）　江戸時代初期に伏見町人の移住によって成立した町で、北新町と南新町とがある。一般に「新町」という地名は、「新しく開発された町」を意味する場合が多いが、当町の場合は移住元の伏見の町名を引き継いだものという。なお、大阪で単に「新町」という場合は、江戸時代には公認の傾城町が所在した、現在の西区にある「新町」をさすことが一般的である。〔豆谷〕

新町《しんまち》（西区）　区の東部中央に位置する。長堀通の北側で四ッ橋筋から西側の木津川まで、新町一～四丁目がある。新町の名前は、江戸時代の初めに幕府が遊所を集めて新たに町を作ったことに由来する。寛永七年（一六三〇）頃に瓢箪町が最初に移り、明暦三年（一六五七）に三軒家の傾城町が移ってきて、新町遊郭が完成した（「古来ゟ《より》新建家目論見」）。江戸の吉原、京都の島原と並び三大遊郭として名を高めた。江戸時代の新町は周囲に溝をめぐらせ、出入り口は当初は西側の大門だけであったが、明暦三年には東側にも大門ができた。また西横堀川には新町に通じる新町橋が架けられた。場所は現在の新町一丁目付近にあたり、近くの新町北公園には「砂場」の碑がある。「砂場」はかつての西大門付近で、砂地であったことから砂場といい、ここに蕎麦《そば》屋があって有名であった。井原西鶴や近松門左衛門の作品にも登場するが、最も有名なのは寛文年間（一六六一～七三）の夕霧太夫である。明治五年（一八七二）の遊女解放令で新町遊郭は消滅した。しかし貸座敷《かしざしき》を中心として花街が引き続き賑いをみせ、第二次大戦で被災した

が、やがて復興した。昭和三十二年（一九五七）の売春防止法によって花街はなくなった。［堀田］

神明町《しんめいちょう》（泉大津市）　昭和十九年（一九四四）の町名改正により誕生した。もと泉大津市下条《げじょう》の一部。町内にあった神明神社にちなむ。神明神社は、明治四十一年（一九〇八）、神社合祀により、大津神社に合祀された。町内には、真宗大谷派南溟寺《なんめいじ》、浄土真宗本願寺派緑照寺《ろくしょうじ》、強縁《ごうえん》寺、真言宗長生寺《ちょうしょうじ》などの寺院が集中している。南溟寺は、正保二年（一六四五）に、伯太《はかた》藩主渡辺氏の菩提寺となり、境内には歴代藩主の墓碑がある。［森下］

***神明町**《しんめいちょう》（北区）　区の中央から西寄りに位置する。昭和十九年（一九四四）から昭和五十三年（一九七八）までの地名。曽根崎上一～二丁目と曽根崎永楽町のそれぞれの一部を合わせてできた。町名の由来は、当町に北接する曽根崎上一丁目にあった神明社に由来する。この神明社は、弘仁十二年（八二一）に源融《みなもとのとおる》がこのあたりにあった孤島（伊勢町あたりと伝えられる）に伊勢両宮を勧請し、神明宮を設けたことに始まるとされる。明暦元年の「大坂三郷町絵図」では西寺町と住吉町を結ぶ道の東側に神明社がみえるので、江戸時代以降神明社があったことは確かである。社殿が火災にあったため、明治四十三年（一九一〇）露天神社に合祀された。内平野町の「日中の神明」、神崎町の「朝日の神明」に対して、西を向いていたので「夕日の神明」として有名であったという。［八木］

神明町《しんめいちょう》（堺市堺区）　旧市域（環濠内）北組の戦国時代後期からみえる町名。地名は、東隣の神明山口町にあった神明神社の前に造った町に由来するという（『堺鑑』）。神明神社は、明治四十一年（一九〇八）に戎之町の菅原神社に合祀された。［吉田豊］

新森《しんもり》（旭区）　新森一～七丁目。旭区の南東部に位置する。東は守口市、南は国道百六十三号線をはさんで城東《じょうとう》区に隣接する。また西は京阪本線をはさんで同区森小路《もりしょうじ》・高《たか》殿《どの》と接する。南西部には城北《しろきた》川（運河）・阪神高速森小路線が走る。昭和八年（一九三三）、北清水・別所・上辻・貝脇・両国・千林各町の一部が新森小路北一～四丁目、同中一～四丁目、同南一～四丁目となった。「新森」は森小路町の東方にできた新町の略称に由来

する。［野高］

瑞光《ずいこう》（東淀川区）

町名は、聖徳太子創建と伝える臨済宗妙心寺派瑞光寺に由来する。寛永二十年（一六四三）天然《てんねん》が指月《しづき》寺として復興し、享保十四年（一七二九）瑞光寺と改められた。江戸時代は、上新庄・小松・江口と西・北・南大道《だいどう》村の一部であったが、昭和九年（一九三四）九月瑞光通一～六丁目となり、漸次町域を拡大して、現在は瑞光一～五丁目となっている。瑞光寺境内の弘済《こうさい》池には『摂津名所図会』で「難波一州の名奇なり」と謳われた雪鯨《せつげい》橋が架かる。この橋は、潭住《たんじゅう》和尚が紀伊太地浦での不漁を嘆いて鯨の骨で架けたものであった。［上田］

吹田《すいた》（吹田市）

千里丘陵南部から淀川・神崎《かんざき》川・安威《あい》川が作る沖積地上に位置し、古代には皇室領吹田御厨や醍醐寺末清住寺領吹田荘などがあった。三国川・淀川による水運の要地で、吹田浜から神崎川対岸の西成《にしなり》郡新庄村（現大阪市東淀川区）とを結ぶ吹田渡しも早くから存在した。南部は吹田砂堆上の低湿地であったことから「水田」が古名であるという説と、「行基年譜」の天平十三年記に「次田堀川」開削記事がみえ、これが古名だという説とがある。古代・中世には、「次田《すきた》里」、「水田庄」など、両方の表記が見受けられる。鎌倉初期に成立した「醍醐雑事記」に貞観七年（八六五）に淳和天皇の皇子基貞親王が吹田庄を立てた記事がみえる。［石原］

末広町《すえひろちょう》（北区）

区の中央から東よりに位置する。明治六年（一八七三）にできた町。江戸時代は川崎村の字新太郎地と東寺町の一部であった。新太郎地は備前岡山藩（池田氏、松平新太郎）蔵屋敷（備前屋敷）があったところで、天満堀川沿いは桜の名所として著名であった。［八木］

末吉橋《すえよしばし》（中央区）

末吉橋は長堀川との合流点に近い位置の東横堀川に架かる橋である。その名は橋の東側に平野の豪商・末吉孫左衛門の屋敷があったことに由来する。末吉孫左衛門は戦国時代に自治都市として繁栄した平野の有力町人であり、江戸時代初期には朱印船貿易にも従事し、大坂近郊の幕領の代官を務めるなど、権勢を誇っていた。大坂では東横堀と長堀が合流するあたりに拠点となる屋敷を設けていた。末吉橋（はじめ「孫左衛門橋」とも呼ばれた）は、もともとその屋敷に出入りするために架けられた橋であるという。明治時代以後には、橋から西に続く船場の南端、長堀川沿いの町名が末吉橋通と改められたが、現在は町名としては使われていない。 〔豆谷〕

*周防町《すおうまち》 （中央区）

島之内西部にあった旧町名である。「周防」は山口県東部の旧国名であり、その地と何らかの関係があるように見えるが、実際には別の由来でつけられた地名であるらしい。中世にこの一帯は、石清水八幡宮領の三津寺庄に含まれていた。地名は石清水八幡宮の神官・周防の名前に由来するという（『大阪の町名』上）。慶長十四年（一六〇九）の三津寺村検地帳には、「すおう様」の名がみられ（実際は一帯が町場になった元和六年〈一六二〇〉頃の記載）、付近に権利関係を持っていたことがわかる。市街地の中心に位置するため現在でも広く知れ渡っている地名であるが、住所表記としてはすでになく、御堂筋の交差点などに名を残すのみである。 〔豆谷〕

菅原町《すがはらちょう》 （泉大津市）

昭和十九年（一九四四）の町名改正により誕生した。もと泉大津市下条《げじょう》の一部で、昭和四十年（一九六五）には若宮町《わかみやちょう》の一部を編入した。町内に、菅原神社があったことにちなむ。菅原神社は、明治四十一年（一九〇八）、大津神社に合祀された。かつては大阪湾に面する漁村であったが、戦後に海岸部の埋め立てが進んだため、現在は海岸には接していない。 〔森下〕

菅原町《すがはらちょう》 （北区）

区の南端部に位置し、堂島川に接する。江戸時代から現在までの地名。天満十丁目の西から天満堀川までの町。天満宮の祭神菅原道真にちなむものと考えられる。江戸時代から乾物問屋が集まっており、現在でもその面影を残す。 〔八木〕

菅原《すがわら》 （東淀川区）

菅原は江戸時代には新家村と称したが、明治二十一年（一八八八）町内にある鎮守社菅原天満宮から名をとって改称した。新家村の由来は、開発者である三島江屋太郎兵衛の名をとって太郎兵衛新家村、二《ふた》重堤逆川《えづつみさかがわ》にちなんで二重新家村と称したことによっている。淀川沿いの当村もしばしば水害に苦しめられ、菅原天満宮では堤防の安全を祈って毎年「土持」が行われている。明治二十二年（一八八九）豊里村に組み込まれ、大正十四年（一九二五）大阪市に編入されて東淀川区豊里菅原町となった。

［上田］

杉本《すぎもと》（住吉区）

古代この地を含む周辺一帯は「よさみ」（羅・依網・依羅などの字があてられる）と呼ばれ、さらに律令制下における地方制度の整備によって大羅《おおよさみ》郷と呼ばれた。ここに鎮座し、朝廷の崇敬あつかった大依羅神社（現在の住吉区庭井）社頭の杉の木が地名の由来とされる。鎌倉時代前期の歌人藤原定家は「君が代はよさみのもりのとことはに　松と杉とやちたび栄えむ」（『拾遺愚草』）と、依羅森の松や杉を取り上げている。［宮本］

*杉山町《すぎやままち》（中央区）

かつて大坂城の南東部、玉造口の外側は「算用曲輪《さんようくるわ》」と呼ばれていた。一帯は岡状の高台で、杉の木が生い茂っていたことから「杉山」と呼ばれたという。景色のよい場所であったため、春先になると江戸時代の庶民の行楽地としてにぎわった（『摂津名所図会大成』）。明治時代に軍用地となると、小高い部分は削り取られてしまったため、現在では大阪市立音楽堂付近にある土地の段差によって、当時をしのぶことができる程度である。地名としても統合されて大阪城の一部となっており、現在では忘れられつつある地名の一つである。

［豆谷］

助松町《すけまつちょう》（泉大津市）

室町期からみえる地名で、この地を開発した三好長円の幼名助松丸にちなむと伝えられている。十五世紀頃には高野山金剛峰寺《こんごうぶじ》宝性院《ほうじょういん》領であった。村内を紀州街道が通っており、南下した街道が助松村に入った入り口に「一里塚」という小字名が残る。紀州街道に面する大庄屋田中家の邸宅は、紀州藩主の参勤交代時に小休所として利用された（国登録有形文化財）。下条《げじょう》大津村との境には「大津境」という小字がある。一方、下条大津側には「郷境」という小字名が残っており、両村の村境が、上条郷《じょうじょうごう》と下条《げじょう》郷の郷境であったことを示す。明治二十二年（一八八九）、上条郷に属する八か村が合併し上条《かみじょう》村が誕生し、その大字となる。昭和六年（一九三一）には大津町の大字となった。大正三年（一九一四）に南海本線助松駅（現松之浜駅）が開業し、宅地開発が進み、戦後には助松海水浴場も開設された。

［森下］

菅生《すごう》（堺市美原区）

江戸時代は河内国丹南《たんなん》郡菅生村。『和名類聚

抄』河内国丹比《たじひ》郡十一郷の一つに菅生郷がある。東《ひがし》除《よけ》川東岸にあり、『日本地理志料』などは菅の生い茂るところの意かとする（『角川日本地名大辞典27　大阪府』）。延喜式内の大社である菅生神社がある。鎌倉期には、皇室領の菅生庄があった。明治二十二年（一八八九）、平尾・小平尾・菅生の三か村が合併して平尾村となり、その大字になる。昭和三十一年（一九五六）に南河内郡美原町、平成十七年（二〇〇五）に堺市の大字となる。

〔吉田豊〕

砂　すな　（四条畷市）

砂は甲可郷北野村の一部であったとする。イエズス会宣教師ルイス・フロイスの『日本史』によれば永禄七年（一五六四）の記述に「砂の寺内」がみえ、ここにキリスト教に改宗した結城《ゆうき》アンタン左衛門尉の邸宅があったという。結城氏は飯森城主三好長慶《みよしながよし》の臣松永久秀《まつながひさひで》に属し、飯森城の麓である砂を含む甲可郷一帯を支配していた。結城氏がキリシタンとなって教会を建て布教した結果、砂のほか岡山も含めた一帯は、河内キリシタンの拠点となっていた。北野村は元和四年（一六一八）に砂東・砂西・岡山の三村に分立したとされるが、郷帳で確認できるのは延宝の河内国支配帳からである。幕府領、大坂町奉行・与力の所領などを経て小田原藩領、高槻藩預地となり、幕末は京都守護職役知となるなど支配は頻繁に変わった。明治四年（一八七一）、東西砂村が合併し砂村となった。砂村は、前述のように戦国期にはキリスト教徒の拠点であったが近世初頭のキリスト教弾圧により影をひそめ、次々に仏教寺院が創建された。中でも本能寺十七世日証創建の妙法寺は砂・岡山から寝屋川市域に及ぶ広範囲から法華信徒を獲得した。地名の由来は砂地が多いことに由来するというが詳細不明。

〔尾﨑〕

墨江　すみえ　（住吉区）

明治二十二年（一八八九）、市制・町村制の施行に伴い、殿辻村・沢之口村・遠里小野《おりおの》村・千躰《せんたい》村・上住吉村・長峡《ながお》町・浜口村・南浜口村・島村の各町村が合併して墨江《すみのえ》村が成立し、これが現在の地名のもとになっている。この墨江村は大正十四年（一九二五）に大阪市住吉区の一部となって消滅し、各村は住吉区の町名となったが（ただし沢之口村は沢之町、島村は住之江町となる）、昭和十年（一九三五）旧墨江《すみえ》村の各町が再編されて墨江中・墨江西・墨江東の各町が成立、昭和五十六年（一九八一）の住居表示変更によって、かつての浜口村・南浜口村あたりとなる町域が確定した。住吉神社を中心とした、現在の大阪湾に面する一帯を古代「すみのえ」といい、『古事記』や『万葉集』では「墨江」「清江」「須美乃江」「須美乃延」「住吉」「墨吉」などの字を用いたが、次第に「住吉」の表記が一般化し、「吉」の訓読から平安時代以降「すみよし」の読みが優勢になる。明治二十二年（一八八九）の墨江村成立にあたっては、すでに存在していた住吉村と区別し、また古代の表記を継承すべく「墨江」を採用したのだろう。昭和十年の墨江中・西・東の成立にあたって読みを「すみえ」としたのは、すでにあった住之江町との混同を避けたためと考えられる。〔宮本〕

住之江《すみのえ》 （住之江区） 住之江一～三丁目と西住之江一～四丁目に分かれる。区の南東部に位置する。南に大和川が流れ、町域を南海本線が通る。江戸時代は住吉《すみよし》郡島村の一部。古代から当地付近は「住吉」・「墨江」・「清江」・「須美之江」・「墨吉」などと表記されたが、いずれも「すみのえ」と発音した。これを簡明な文字で「住之江」と表記したことに由来する。『万葉集』や『古今和歌集』、『竹取物語』・『土佐日記』・『源氏物語』など奈良・平安時代の和歌や物語に始まり、中世において和歌や文学にさかんに登場する地名である。「摂津国風土記」逸文に「真住吉住吉国《ますみよしすみのえのくに》」と記されたように、「すみのえ」は「すみよし」に通じることから「住吉」は「すみのえ」とも「すみよし」とも呼ばれるようになり、やがて「すみよし」の発音が一般化する。したがって住吉《すみよし》と住之江《すみのえ》のように、起源を同じにする地名が二通りの発音で、現在でも残されている。明治二十二年（一八八九）住吉郡墨江村、同二十九年東成郡に移管。大正十四年（一九二五）大阪市に編入され大半は住吉区墨江町となったが、大字島だけは住吉区住之江町となる。昭和四十九年（一九七四）に住之江区に移管され、現在の町名となる（『大阪府全志』三、『大阪の町名』下）。〔野高〕

***炭屋町**《すみやまち》 （中央区） 島之内西端で西横堀に沿った部分の旧町名である。堀川沿いの水運の便がよい土地であるため炭屋が集まっていたことに由来する地名であろう。同町には炭屋以外では、大坂屋の銅吹所《どうふきしょ》があった。江戸時代の大坂は、日本の重要な輸出品であった銅の精錬拠点であった。その中で最大のものは、長堀に銅吹所を構

えていた泉屋（住友）であったが、大坂屋はそれに比肩する規模の銅精錬業者であった。現在はアメリカ村などがあり、当時とは町の空気が一変している。

［豆谷］

住吉《すみよし》（住吉区）

古くは「すみのえ」と読み、当地一帯が古代より大阪湾をのぞむ海辺で、穏やかで澄んだ入り江があったことに由来すると推定されている。『古事記』や『万葉集』では「墨江」「清江」「須美乃江」「須美乃延」「住吉」「墨吉」の字をあてた。交通や交易を行う津が発達したことから、大和朝廷成立期においては外交・軍事上の拠点とされ、津の守り神だった住吉神社は、神功《じんぐう》皇后創立の伝承を『日本書紀』が載せるとおり、国家鎮護の神としての性格を備えるようになった。以来、住吉神社の鎮座する信仰の地、あるいは歌枕として親しまれる。表記については平安時代以降「住吉」と記すことが一般化し、「吉」の訓読から「すみよし」の読みが定着する。古代律令制下においては「住吉郡」という、住道《すむち》・大羅《おおよさみ》・杭全《くまた》・榎津《えなつ》・余戸《あまりべ》などといった郷を統括する地方行政区画名として用いられ、範囲は現在の大阪市住吉区を中心に阿倍野区・住之江区・東住吉区・平野区、また堺市堺区・北区のそれぞれ一部にまで及ぶ。一方、神社周辺に発達した集落は「住吉村」と呼ばれ、江戸時代初期にはほぼ現在の住吉区北部一帯を範囲とした。江戸時代後期には沢口《さわのくち》・殿辻《とのつじ》・浜口など村内の集落が独立し、近世行政村としての住吉村の領域は縮小し、これが明治二十二年（一八八九）成立の住吉村、大正十四年（一九二五）大阪市編入によって成立した住吉区住吉町、昭和五十六年（一九八一）の住居表示変更による現在の住吉区住吉に受け継がれていく。

［宮本］

諏訪《すわ》（城東区）

昭和十九年（一九四四）、大阪市城東区の布屋町・新喜《しぎ》多《た》町《ちょう》・左専道《させんどう》町の各一部をとって新設された町名。菅原道真の休息伝説（道真の「腰掛け石」が存する）や秋祭りの獅子舞（豊臣秀吉が奉納したと伝える）で知られた、諏訪神社に基づく地名であるが、同社自体はこの時点では同町ではなく、左専道町にあった。諏訪神社が諏訪に含まれるようになったのは後の昭和四十八年（一九七三）で、このとき諏訪の範囲が広げられて左専道町および同区三組《みくみ》の両町名はなくなった。

［藤田］

住道矢田《すんじやた》（東住吉区）

住道は古代の「摂津国住吉郡住道《すむち》郷」（『和名類聚抄』）。『新撰姓氏録』に「住道首、伊弉諾命男素盞烏命之後」とあり、豪族住道氏の居住地であったと推定される。江戸時代には住道村。矢田は石清水八幡宮寺領の荘園名として平安時代までさかのぼる地名。明治二十二年（一八八九）の町村制施行の際、住道は矢田村の大字名となり、昭和五十五年（一九八〇）には矢田住道町を中心とする地域が住道矢田となった。〔跡部〕

成育《せいいく》（城東区）

昭和二十五年（一九五〇）、大阪市立榎並《えなみ》小学校南分校が本校から独立することになったが、その際地名には適当なものがなかったことから、子どもが健やかに育つようにとの意味をこめて成育小学校と命名された。昭和五十一年（一九七六）、これを町名として採用したものである。〔藤田〕

晴明通《せいめいどおり》（阿倍野区）

昭和四年（一九二九）から現在の町名。地名は、当町が天王寺村に属していたとき（大正十四年〈一九二五〉四月一日以前）からの通称で、当町と隣接する現在の阿倍野元町《あべのもとまち》に所在する平安時代の陰陽師安倍晴《あべのせい》明《めい》を祀る安倍晴明神社に由来する。安倍晴明神社は安倍晴明誕生の地と伝承され、寛政元年（一七八九）に晴明の末裔を称する保田家が、晴明を祀る小祠を建てたのが起こりとされる（『天王寺村誌』）。阿倍野を舞台とした安倍晴明の伝承が語られたのは、阿倍野が晴明の先祖である阿倍氏の本拠であったという事実と結び付けられたためであろう。〔生駒〕

瀬川《せがわ》（箕面市）

箕面市の南西端に位置し、池田市や豊中市と接する。箕面川と石澄《いしずみ》川の合流地点流域に位置しているため、川瀬に由来する地名ともいわれるが定かではない。「勝尾寺毎年出来大小事等目録」（勝尾寺文書『箕面市史』史料編一）に、宝治三年（一二四九）三月七日の般若会で瀬河の千福という芸能者が舞を奉納していることが記されており、鎌倉期頃より瀬川が地名として登場している。〔西田〕

***関谷町**《せきたにちょう》（浪速区）

日本橋筋の西に隣接し、阪堺《はんかい》鉄道（一八八六年開通、現、南海電車）より東の地域で、紀州街道を挟んで東関谷町と西関谷町に分かれていた。特に、江戸時代から木賃宿の営業によって窮民や貧民が多く居住していた旧名護町《なごまち》一帯と隣接している。東関谷町には、「五階跡南裏」「芋屋裏」「鶴屋裏」「竹屋裏」などいわゆる裏長屋が密集していた（『不良住宅ニ関スル資料』）。大阪市や内務省などが行った社会調査に広田町とともにたびたび登場し、明治時代の新聞には「蜘蛛巣」などと隠喩されることもあった（『大阪毎日新聞』）。戦前の各種の社会調査のなかに「関谷町」と表記されているのは、東関谷町を指しており、「六道ヶ辻《ろくどうがつじ》」と記した調査もある（『細民集団地区調査』）。これは現在、六道辻の碑文がある関谷公園にあたる場所にかつて六方面へ伸びる辻があったことに由来するとされており、これが仏教の来世にまつわる信仰と結びついたものであろう。現在は高層の市営住宅地となり、公園や中学校など公共施設が点在している。

［吉村］

関茶屋《せきちゃや》（堺市東区）　元禄十二年（一六九九）から同十五年にかけて、日置荘《ひきのしょう》西村の庄屋で日置（吉村）氏の第十三代正近が、関茶屋新田を開拓した。河内国丹南郡に属する。地名は、西隣の和泉国大鳥郡大野芝（大野ヶ原）との国境に、大野関があったことによるという（『大阪府全志』四）。日置氏の初代武光が、南北朝時代に西高野街道に関を設け、後にその関跡に茶屋が設けられたことによるらしい。明治二十二年（一八八九）、草尾・高松・関茶屋の三新田村が合併して大草村となり、その大字となる。大草の地名は、当地域が近世の開拓前に大野の芝などと総称されていたこと、合併三か村のうち草尾新田が最も大村だったことなどによるという。昭和二十五年（一九五〇）登美丘町、同三十七年（一九六二）堺市の大字。
［吉田豊］

関目《せきめ》（城東区）　須佐之男尊神社（関目神社）内に「関目発祥之地」の碑がある。それによると中世に関の見張所があったのが、地名の由来であるという。「山科家礼記」文明三年（一四七一）十月等に関目彦右衛門尉なる武士が現れており、河内国河俣御厨の荘官をしていたらしいことから、当地を本貫としたものと推定されている。だとすればこれが関目の史料上の初見ということになる。
［藤田］

清児《せちご》（貝塚市）　市の中央よりやや東部に位置する。伝承によると、奈良時代に行基が一羽の白鳥に導かれ鳥羽《とば》村あたりまできたところ、白鳥は羽根を落として飛び去ってしまった。そこで道に迷ってしまったが、童子が現れ水間まで案内して姿を消した。この童子は十六童子の化身であったため、この地に「稚児塚《ちごづか》」を築いて祀った。この伝承が「清児」の由来になったと考えられる。なお、岸和田市域内に貝塚市の飛び地として清児新町があったが、平成十九年一月に岸和田市に行政区画が変更され、尾生町《おぶちょう》に編入された。［曽我］

摂津市《せっつし》（摂津市）

大阪市の北東部に位置する。昭和四十一年（一九六六）、当時の三島町が市制を施行するにあたり、市内外から新市名を公募したところ、二五四種の案の応募があり、その中には「千里丘市・摂津市・摂津三島市・三島市」案などがあった。この中から審議会で三市名を残すこととなり、摂津市・北大阪市・三島野市の三案が最終選考対象となり、三島野市案が答申されたが、反対が多く、結局摂津市案が議会に提出され可決された。同年十一月一日、三島町を改めて三島市として市制実施が行われ、同日に三島市が摂津市と改称された。三島は三島郡によるものであり、摂津は摂津国にちなむものである。［堀田］

善源寺町《ぜんげんじちょう》（都島区）

善源寺町一～二丁目。大川（旧淀川）の左岸、都島区の中央部西側。古代にこの地に善源寺があり寺の周辺に寺領が形成されたことに由来するという説（『角川日本地名大辞典27 大阪府』）、中世に多田神社（兵庫県川西市）の所領である善源寺荘という荘園があったことに由来するという説（『大阪の町名』上）がある。地名「善源寺」の初見は建武四年（一三三七）七月二十五日付の「足利尊氏寄進状」（「多田神社文書」）である。ここに尊氏が諏訪三郎左衛門尉の欠所地である「摂津国善源寺東方地頭職」を多田神社に寄進したことが記されている。これとは別に、黄檗宗万福寺の末寺である善源寺がこの地に所在したことに由来するという説がある。善源寺楠公園には渡辺綱駒《わたなべのつなこま》つなぎのクスと楠街道碑がある。字八幡にある産土《うぶすな》神社境内には駒つなぎのクスがあった。樹齢八百年と伝えられたが、第二次世界大戦のときに被災して枯れた。［野高］

千躰《せんたい》（住吉区）

江戸時代初期の郷帳では住吉村に含まれていたが、のちに千躰村として独立する。当時ここには住吉神社の神主津守氏の広大な屋敷地や同氏の氏寺である津守寺があり、津守氏屋敷内には南北朝時代に南朝の後村上天皇が行在所とした正印殿、また大坂の陣のおり住吉に本陣を置いた徳川家康が名づけたとされる松栄亭などがあった。「千躰」については、現世に千の仏が現れるという仏説を造形化した「千体仏（千躰仏）」との関連が考えられ、当地にあった千躰地蔵菩薩像に由来するとも伝えるが、詳細は不明である。〔宮本〕

千堤寺《せんだいじ》（茨木市）

忍頂寺の前身神峯山寺《かぶさんじ》の塔頭千堤寺がこの地にあったことに由来するという（『大阪府全志』三）。キリシタン大名高山右近の所領であったことから、高槻藩領であった江戸時代にも隠れキリシタンの信仰が続き、大正八年（一九一九）以降「フランシスコ・ザビエル画像」・「マリア十五玄義図」などが発見された。千堤寺や周辺地域で発見された遺物やその複製品は、茨木市立キリシタン遺物資料館に展示されている。〔飯沼〕

栴檀木橋筋《せんだんのきばしすじ》（中央区）

中之島にある中央公会堂のすぐ南側に架かる橋が栴檀木橋である。かつて橋の近くに栴檀の大木が生えていたことからその名があるという（『摂津名所図会』）。この橋を起点に南へ伸びる道筋が栴檀木橋筋である。長堀に架かる三休《さんきゅう》橋に続いていることから、三休橋筋とも呼ばれる。堺筋と御堂筋のちょうど中間に位置しており、船場の中ではこれらの道路に次ぐ幹線道路となっている。〔豆谷〕

泉南市《せんなんし》（泉南市）

昭和四十五年（一九七〇）、泉南郡泉南町が市制を施行し、旧村名を市名とした。泉南郡は明治二十九年（一八九六）の成立で、旧和泉国の南半分に属する南郡と日根郡が統合されてできた。旧和泉国は北半分は泉北郡となった。〔堀田〕

千日前《せんにちまえ》（中央区）

地名は、同地にある法善寺の別名「千日寺」に由来するという（『南区志』）。法善寺は浄土宗の寺院で、江戸時代初期の寛永年間（一六二四～四四）に山城国から移転した。この寺で千日念仏が営まれたことから「千日寺」の異名が生まれたとされる。江戸時代、大坂三郷の周縁部に位置する千日前には墓地や刑場が置かれていた。江戸時代の大坂では、市街地の周囲に「七墓」と呼ばれた墓地が置かれていたが、千日の墓地はその中でも最大のものであった。一方でこの地は芝居小屋などが集まる遊興の場でもあった。近代になって墓地が移転するとともに、同地は歓楽街として発展し現在にいたっている。〔豆谷〕

***千年町**《せんねんまち》（中央区）　島之内にあり、江戸時代の常珍町《じょうちんまち》・南綿町・酒《さか》辺町《べちょう》が明治五年（一八七二）に改称されて「千年町」となった。近代になってまったく新たにつけられた町名であり、吉祥の意がこめられたものと推察されるが、確かな手がかりはない。〔豆谷〕

船場《せんば》（中央区）　商業都市大阪の中心地である船場の地名の由来については、次のようにいくつかの説がある。①海が近く船着場が存在したことから「船場」、②いくたびもの合戦の舞台となったことから「戦場」から転じたもの、③馬を洗う場所という意味の「洗馬」から転じたもの、④海岸に波が打ち寄せるさまを意味する「千波」から転じた、など。これと決めるだけの材料は乏しいが、このうち①の船着場説がもっとも有力と考えられている。町場としての船場の開発は、豊臣秀吉の時代に始まる。すなわち秀吉晩年の慶長三年（一五九八）、大坂城築城の仕上げとして三の丸の造成が実施された。これは死を意識した秀吉が、大坂城に残る息子・秀頼の身を案じて命じたものと言われる。新たに三の丸が築かれた場所には、すでに町家や寺社などが存在したが、それらはすべて強制的に移転を余儀なくされた。このうち町家については、まっすぐな道路で区画された土地が移転先として用意されたが、これが城下町船場の始まりである。このときに開発された範囲は、東は大坂城の外堀である東横堀川、北は道修《どしょう》町《まち》付近、西は丼池《どぶいけ》筋付近、南は順慶町《じゅんけいまち》付近（諸説あり）とされる。ただし、道修町より北側は、これより前から町が形成されていたと考えられている。また、船場の西端には、ほぼ時を同じくして東西の本願寺の別院が建設されている。のちに西横堀川と長堀川が開削されると、北側の大川と合わせて四方を堀川で囲まれた範囲が船場の範囲となる。さらに西横堀川以西を「西船場」と呼ぶこともある。以上のように「船場」とは、もともとは広い範囲を意味する地名であった。個別の町の名としては、『言経卿記《ときつねきょうき》』天正十四年（一五八六）の記事に「大坂センハ町」がみられる。ただしこの町名が具体的に何を指しているのかは不明である。その後江戸時代を通じて「船場」を用いた町名は

なく、近年になって中央大通の拡幅に伴い「船場中央」の町名が登場した。［豆谷］

千林《せんばやし》（旭区）

千林一～二丁目。旭区東部。東は京阪本線をはさんで同区清水《しみず》、北は今市一～二丁目と接し、西には国道一号線が通る。京阪本線千林駅と大阪市営地下鉄千林大宮駅（森小路《もりしょうじ》二丁目）の間には千林商店街が伸びる。江戸時代は千林村と称した。なお慶長十年（一六〇五）の「摂津国絵図」には「千林寺村」と記されている（平凡社『日本歴史地名大系28 大阪府の地名』）。現在の町名はこの旧村名による。古くは森小路や森口（守口）に続く森林地帯であり、川沿いの森林の意味から瀬林《せばやし》の地名が生まれ、これが転訛して千林となったという説がある（『大阪の町名』上）。当地は摂津国の東端にある。また古代には淀川に茨田堤《まんだのつつみ》が築かれた。その際、堤防の決壊箇所（絶間《たえま》）の工事が完成するよう武蔵の強頸《こわくび》が人柱の犠牲になった伝説が『日本書紀』に紹介されている。この強頸絶間碑が千林二丁目にある。近世には京街道と野崎街道が交わる地点だった。［野高］

千本《せんぼん》（西成区）

千本北・千本南・千本中がある。町名は、昔の十三間堀川の堤防に所在した千本松原という松原の名称による（『大阪の町名』上）。明治初頭、西成郡勝間《こつま》村の一部であったが、大正四年（一九一五）十一月十日玉出町の一部となった。大正十四年四月一日大阪市に編入され、西成区玉出町の一部となった。昭和二年（一九二七）一月一日千本通一～七丁目となった。［古川］

千里丘《せんりおか》（摂津市）

昭和四十一年（一九六六）の町名変更によりできた町名で、一丁目から七丁目がある。近世は坪井村と味舌《ました》上村のうちで、明治二十二年（一八八九）の町村制施行後は味舌村、昭和二十五年（一九五〇）に味舌町、三十一年に三島町の大字となった。摂津市の北端に位置し、町域の中央を主要地方道大阪高槻京都線が、東側をJR京都線が走り、一丁目に千里丘駅がある。町名はこれにより、昭和十三年（一九三八）に同駅が開業して、駅前に商店街が形成されたことで、三十一年（一九五六）に千里丘に改称した。現在は三丁目にかけて銀行・病院・郵便局などの公共施設や商店が町域に集中している。また行基開基と伝えられ府

文化財の不動明王立像を有する高野山真言宗蜂熊山金剛院や須佐之男命《すさのおのみこと》神社（いずれも三丁目）など社寺も多い。〔石原〕

千里丘上《せんりおかかみ》（吹田市）

旧大字山田下の一部だったが、昭和四十七年（一九七二）の町名変更で千里丘上に変更された。千里丘を冠したのは、JR京都線の駅名とJRの線路を挟んだ東側の摂津市町名、千里丘にちなんだもの。ちなみにこの千里丘というのは、昭和十三年（一九三八）に千里丘駅が開設されたことによる。千里丘上の区域は吹田市の北東部で千里丘陵の東端にあたり、主要地方道大阪高槻京都線に沿って北側に住宅地が広がる。山田下のうちで千里丘を冠した町名は、ほかに千里丘北・千里丘中・千里丘西・千里丘下がある。〔石原〕

千里万博公園《せんりばんぱくこうえん》（吹田市）

昭和四十五年（一九七〇）三月から九月にかけて、「人類の進歩と調和」をうたい、日本初の万国博覧会が開かれた。会場跡地二六四ヘクタールが町域で、町名もこれに由来する。現在は日本万国博覧会記念公園・日本庭園として保存され、中央にそびえる太陽の塔をシンボルに豊かな緑を市民に提供しているほか、国立民族学博物館・日本民芸館・エキスポランド（二〇〇九年に閉園）のほか、アーチェリー場や野球場などスポーツ施設、吹田市営資源リサイクルセンターなどの諸施設が設けられている。中国自動車道・府道中央環状線と大阪モノレールが区域内を横断している。〔石原〕

千里山《せんりやま》（吹田市）

千里山という山は現実にはない。大阪の北方に緩やかに丘陵地帯が広がり、平安時代に寂蓮法師が、その連なる様子を寝山と詠み、『摂津名所図会』では、「広大なるをもって千里《ちさと》と称す、またの名寝山という」と記す。明治二十二年（一八八九）の町村制施行に際して、片山村と佐井寺村が合併して千里村になった。大正期に大阪住宅経営株式会社が大字佐井寺の一部に千里山住宅地を開発したときに、北大阪電鉄が千里《せんり》山《やま》線（現阪急電鉄千里線）を敷設し、その終点駅を千里山とした。千里村は昭和六年（一九三一）には村会で、住宅地住民の便宜をはかるとして大字千里山の新設を決議している（『郷土吹田』）。住宅地は当時の田園都市構想に基づき、ロンドン郊外の都市レッチワースを模範として建設された。これは現在の千里山西一丁目・

四丁目が中心である。町の中心にロータリーを配して道路を放射状に展開させ、ガス・水道・電気が完備されていた。住宅地は当初は千里線の西側だけに展開していたが、昭和三十二年には日本住宅公団によって千里山団地が千里線の東側に建設され（千里山霧が丘・虹が丘・星が丘）、団地族のモデルともなった。また周辺地域も次第に住宅地化し現在に至っている。千里山を冠する町名には前記のほかに千里山東（一～四丁目）・千里山高塚などがある。〔堀田〕

宗右衛門町《そうえもんちょう》（中央区）

道頓堀北岸の町で道頓堀宗右衛門町とも呼ばれた。地元では普通「そえもんちょう」という。この地名は、江戸時代初期の町年寄・山ノ口屋宗右衛門の名に由来するという。また『南区志』では、道頓堀開削に関わった安井家出入りの百姓の名に由来するとしているが、この人物が上記の「山ノ口宗右衛門」と同一人物であるかどうかは定かでない。新地である同町は、江戸時代には遊所や芝居で繁栄し、現在でもミナミの歓楽街の中心としてにぎわっている。〔豆谷〕

総持寺《そうじじ》（茨木市）

元慶三年（八七九）頃藤原山蔭《やまかげ》によって創建された総持寺（総持寺一丁目）に由来する。総持寺は元亀二年（一五七一）の白井河原の合戦で伽藍を焼失したが、慶長八年（一六〇三）に豊臣秀頼によって再建された。西国三十三か所第二十二番札所であり、毎年四月十八日に行われる山蔭流包丁式でも知られる。初見は文和元年（一三五二）二月十八日の「総持寺寺領散在田畠目録写」（常称寺文書）。明治二十二年（一八八九）近隣七か村と合併して、三島村の大字となり、昭和二十三（一九四八）年近隣三町村と合併して茨木市となる。総持寺のつく現行町名には総持寺・総持寺駅前町がある。〔飯沼〕

*宗是町《そうぜちょう》（北区）

中之島の中央部より西に位置する。江戸時代から昭和五十三年（一九七八）までの町名。中之島の堂島川沿い、田蓑橋の東にある。早川宗是という富豪が開発したことからその名があるという。『中之島誌』によれば、大正六年（一九一七）まで田蓑橋筋沿いに早川氏の居宅があったという。設置時期は未詳だが、明暦元年の「大坂三郷町絵図」にもみえる。江戸時代は鳥

取藩（池田氏）の蔵屋敷があった。大正十五年にはダイビル（大阪ビルヂング）が建てられた。〔八木〕

*外島《そとじま》（西淀川区）

明治四十一年（一九〇八）、川北村布屋新田の一部が、同村大字外島と改称される。外島の地名は、布屋新田の内堤の外側に位置することから名付けられた。明治四十二年（一九〇九）四月、らい予防法（明治四十年公布）によって、ハンセン病療養所「外島保養院」が開設される。現在、跡地には「外島保養院跡の碑」が建立されている。大正十四年（一九二五）、大阪市西淀川区外島町となり、昭和四十七年（一九七二）より中島一～二丁目と変更される。〔荒武〕

曽根《そね》（豊中市）

地名の由来は不明である。正長元年（一四二八）「春日社新大般若会料田坪付帳」（今西家文書）に、料田加地子米負担者として「曽祢」の住人が登場する。明治二十二年（一八八九）、長興寺《ちょうこうじ》・服部・曽根・岡山・福井村と合併して中豊島《なかてしまむら》村が成立し、曽根は大字となる。昭和二十二年（一九四七）、豊中市に編入。昭和三十～四十年代の町名改正により、曽根東町・曽根西町・曽根南町などが成立した。〔田村〕

曽根崎《そねざき》（北区）

区の中央部に位置する。一～二丁目がある。江戸時代以前からの地名。観応元年（一三五〇）の四天王寺料所売券や寛正二年（一四六一）の「中嶋崇禅寺領目録」には「曾祢崎」の地名がみえる。当地の開発は国分寺の渡辺次郎源契によるものという。地名の由来は、当地が八十島祭の旧跡地と伝えられ、それに加わった住《すみ》吉須牟地曾根《よしすむちそね》神社の名によるともいわれる。「ソネ（确）」とは石が多く地味のやせた土地という意味があるので、淀川河口砂州地帯という当地の土地柄に由来するいう説もある。曽根崎村は、江戸時代には大坂三郷接続村として、集落はかなり都市化していたとみられる。また、宝永五（一七〇八）には蜆《しじみ》川沿いに曽根崎新地ができ、以後遊興の場として栄えていった。近松門左衛門が「曾根崎心中」を著したことで、全国的にも有名な地名となった。明治三十年（一八九七）の大阪市第一次市域拡張で大阪市に編入。〔八木〕

た行

田井《たい》（寝屋川市）　かつての河内国茨田郡《まった》に属す。川床が周囲の土地より高い「天井川」だった前川の右岸に開けた集落。中世には鞆呂岐《ともろぎ》荘の一部と推定される。江戸時代には田井村と称し、明治二十二年（一八八九）友呂岐《ともろぎ》村の大字となり、昭和十八年（一九四三）寝屋川町、同二十六年（一九五一）寝屋川市の一部となる。中世には安楽寿院領田井荘、石清水八幡領田井荘が存在したが、いずれも当地ではない。地名の由来は「田の中の井」（『寝屋川市誌』）とするが詳細不詳。［尾﨑］

大ヶ塚《だいがつか》（河南町）　町域北部で、金剛山地の北西部にあたる梅川左岸の河岸段丘上に位置する。地名は、台塚・大河塚とも表記し、天文年間（一五三二～五五）の源左衛門ほか四名による開墾時の塚に似た地形にちなむ説（『大阪府全志』四）、大永年間（一五二一～二八）に住宅を構えた根来寺の大河将監《おおかわしょうげん》の墓を称した大河塚に由来する説（『河内石川村学術調査報告書』所収「大雅塚由来略記」）がある。永禄初年（一五五八年ごろ）に根来寺の大将宗盛の下知で城を築き、大衆《だいしゅ》三十～四十人が転住したが、永禄十一年（一五六八）織田信長の河内侵攻で陥落し根来衆が帰寺した後、残留した村人が本願寺下の大ヶ塚村惣道場《そうどうじょう》（門徒の総意で建立した道場）を顕証寺（八尾市久宝寺）の兼帯所《けんたいしょ》（上位寺院の住職が住職を兼務する直轄の末寺）として寺内町を形成したと伝える（『大雅塚由来略記』）。「台塚」表記の初見は、元亀三年（一五七二）十月日付の大伴道場宛「遊佐信盛禁制」にみえる「諸式富田林台塚並事」との記載。「大ヶ塚」表記の確実な使用は、天正元年（一五七三）十一月二十二日付「柴田勝家判物《はんもつ》」の宛所「大ヶ塚寺内」。［吉井］

***大工町**《だいくまち》（北区）　区の南東部に位置する。江戸時代から昭和五十三年（一九七八）までの町名。明暦元年の「大坂三郷町絵図」にはみえず、元禄年間の地図からみえる。椋橋町から北に延びる町で、一七世紀にはあまり開発が進んでいなかったと考えられる。大工が集住していたことから町名ができたという。現在の東天満二丁目、天

神橋二丁目に含まれる。［八木］

大国《だいこく》（浪速区）　「木津の大国さん」として親しまれている敷津松《しきつまつ》之宮《のみや》に由来する地名で、「大黒」と記した場合もあった。かつて木津を冠称した勘助町《かんすけちょう》や大国町などとともに木津連合学区を経営していた。学区内には二つの尋常小学校があったが、大国町には木津第二尋常高等小学校が存在し、高等科の生徒も多く抱えていた（『大阪府全志』二）。現在は、北東角に地下鉄御堂筋線と四つ橋線とが連絡する大国町駅がある。［吉村］

太子《たいし》（太子町）　町域北西部で石川右岸に位置し、石川支流の太井川・梅川が流れる。地名は聖徳太子の廟所と、これを守護する叡福寺（単立）があることに由来する。初見は建武四年（一三三七）十一月日付「土屋宗直軍忠状」（土屋文書）の「打通春日太子」との記載。［吉井］

太子《たいし》（西成区）　区の北東に位置する。東は山王、西は萩之茶屋に接する。西の端に地下鉄動物園前駅がある。その付近は元飛田墓地があったところである。昭和四十八年（一九七三）に新設され、一～二丁目がある。町名の由来は、飛田墓地にあった太子地蔵尊による。同地蔵尊は寛政二年（一七九〇）に作られている。［古川］

太子堂《たいしどう》（八尾市）　聖徳太子と物部守屋が戦った古戦場付近に建てられた寺院に因む名称である。鎌倉時代成立といわれる醍醐寺本「聖徳太子伝記」には、この伝承がすでに見られ、寺院名を「河内国神妙椚木ノ太子堂」あるいは「野中寺」・「大将勝軍寺」と呼び、律院であるとする。また、清水寺蔵の円覚上人導御の弘安元年（一二七八）九月二十日の「持斎念仏人数目録」には、「河内国金光寺太子堂」とあり、別称があったことが知られる。『政覚大僧正記』文明十七年（一四八五）十月十二日条には、畠山政長が「勝軍寺上（植）松エ陣替」とあり、室町期には（大聖）勝軍寺に定着する。また、天文二十二年（一五五三）の三条西公条の「吉野詣記」に「これより神廟むくの木のある寺にまいりて、かの木のもとををがみ」とあり、鎌倉時代の椚木《かりん》伝承から現在の伝承とつながる椋木の伝承へと変化している。周辺には守屋池、守屋墓、鏑矢塚、弓代塚が残る。［小谷］

太子橋《たいしばし》（旭区）

太子橋一～三丁目。昭和四十六年（一九七一）住居表示改正後の新地名。旭区の北東部に位置する。北は淀川に面し、東は豊里大橋を越えて大きく守口市域に入り込む形となっている。南は国道一号線が走る。淀川河川敷には淀川河川公園がある。明治二十九年（一八九六）に始まる淀川改修工事以前は淀川右岸の豊里《とよさと》村大字天王寺庄・橋寺付近であった。「天王寺庄」は聖徳太子が四天王寺建立の計画を立てたことに由来するという（『西成郡史』）。また「橋寺」の由来として、①中世の橋寺荘にちなむ、②かつて橋本寺という寺院があったことにちなむ、という二つの説がある（『大阪の町名』上）。当地には昭和四十五年（一九七〇）に建設された豊里大橋があり、この橋の付近には奈良時代に行基が建設した高瀬大橋があったと推定される。このように聖徳太子や「橋」にゆかりのある土地であることから「太子橋」の町名が生まれたと思われる。〔野高〕

大正《たいしょう》（大正区）

区名。大阪市の西部に位置する。区域東・南・西の三方が川あるいは海で囲まれ、北端部で鉄道や地下鉄が接続する。昭和七年（一九三二）十月一日に港区から分離して成立。当初の候補は「新港区」であったが、区民から区名を募集したところ「三軒家区」と「大正橋区」が多数を占め、大正四年（一九一五）架橋の大正橋にちなむ「大正橋区」が採用されたが、橋をつける区がなかったことなどにより「大正区」となった。〔堀田〕

*大成通《たいせいどおり》（東成区）

昭和十九年（一九四四）、東成区猪飼野《いかいの》大通一～三丁目を、大成通一～三丁目と町名変更したことによる。同四十五年（一九七〇）、玉津一～三丁目と大今里西一～三丁目に改称されたため、大成通の名前は町名から姿を消す。ただし、「大成通り」の名前は玉津三丁目の商店街に残っている。〔荒武〕

大道《だいどう》（天王寺区）

明治三十三年（一九〇〇）に南区の町名として誕生した。大正十四年（一九二五）までは天王寺を冠したが、同年、天王寺区の発足とともに現町名となって現在に至る。さかのぼって明治二十一年（一八八八）刊の「大阪実測図」（内務省地理局、大阪府）では「字往大道」・「字下ノ大道」が確認できる。その由来は、「字往大道」の近くを東西に通る亀瀬越え奈良街道が古代の横大道を踏襲していることによるという説と、「字下ノ大道」の近くを南北に通る道が難波宮の朱雀大路にあたるためとする説がある。〔大澤〕

大道《だいどう》（東淀川区）　当地は、古代の難波大隅島にあたるとされ、応神天皇の大隅宮の大道が設けられたとされることに由来する。江戸時代初頭には一村であった大道村は、寛永二十年（一六四三）南大道村・北大道村・西大道村に分村し、寛文十二年（一六七二）三か村から大道新家村が独立した。北大道村には淀川を河内国茨田《まった》郡下島村へ渡す辻堂渡（下島渡）があった。また字逆巻では淀川の流れが激しく、川を上る船は帆を巻いて航行したという。明治二十二年（一八八九）北・西・南大道村が合併し、大道村となった。〔上田〕

大東町《だいとうちょう》（都島区）　大東町一〜三丁目。都島区北部。東はJR城東貨物線、南は城北川《しろきた》（運河）・阪神高速大阪守口線、西は毛馬町《けまちょう》、北は淀川に囲まれた地域。淀川に面して河川公園が広がる。大東亜戦争（太平洋戦争の当時の呼称）の最中に成立したので、「大東亜」の「大東」をとって町名としたという説がある。また一説に大阪市東部の新興町域であったことから、大阪市の東の意味で「大東」と命名したとも言われる（『大阪の町名』上）。〔野高〕

＊大仁《だいに》（福島区）　元禄十四年（一七〇一）刊行の『摂陽群談《せつようぐんだん》』には「大尓牟《だいにむ》」と称すると記されている。この地に王仁《わに》のものと伝える墓があることから王仁が変化し大仁となったとする説がある（『西成郡史』）。またこの地に居住していた和邇部《わにべ》（古代の有力氏族）が由来であるとの説もある（『大阪府全志』三）。その地名は古く、嘉吉《かきつ》・文《ぶん》安《あん》頃（一四四一〜四九）の記録に「大仁庄」の名が記されている（『西成郡史』）。江戸時代は西成郡に属し、幕領であったが、明治二十二年（一八八九）に鷺洲《さぎしま》村大字大仁となり、大正十四年（一九二五）大阪市に編入され西淀川区大仁町となった。昭和三年（一九二八）大仁東・大仁本町・大仁元町・大仁西・浦江北に分かれ、一部が昭和十八年（一九四三）に福島区大仁元町となり、昭和五十年（一九七五）まで続いた（『角川日本地名大辞典27　大阪府』）。〔吉田洋〕

*大仁《だいにん》（北区）

中世からの地名。寛正二年（一四六一）の「中嶋崇禅寺領目録」に「大二」「下大二」の地名がみえる。地名は朝鮮から渡来した王仁《わに》にちなむという。王仁という字があり、西隣の浦江村にある王仁の墓と伝えられる塚も当地から移されたというが、定かではない。浦江村と同様に尼崎へ向かう街道筋にあり、茶店などもあった。昭和三十八年（一九六三）、浦江町とともに大淀町となり、地名としては消えた。〔八木〕

ダイハツ町《だいはつちょう》（池田市）

企業名によってつけられた町名である。大阪市にあったダイハツ工業（当時、発動機製造株式会社）が池田市に広い土地を求めて工場移転したのは、昭和十四年（一九三九）であった。猪名《いな》川沿いの土地に工場を建設し本格的な自動車製造を始めた。その後、昭和三十六年（一九六一）に南東一・五キロの所に新工場が建設された。ここは第二工場と呼ばれ本社所在地である。当時の地名は神田町《こうだちょう》と北今在家町《きたいまざいけちょう》の一部であった。昭和四十一年（一九六六）に町名変更がありダイハツ町となった。〔室田〕

太平寺《たいへいじ》（柏原市）

太平寺は元々は寺院名で、聖武天皇や孝謙天皇が礼仏した智識寺の後身と考えられ、室町時代まで存在が確認できる（『経覚私要鈔』文明三年閏八月十五日条）。太平寺の地名の初見は、明応二年（一四九三）の興福寺大乗院尋尊が書いた「河内御陣図」である（『福智院家文書』）。天文十一年（一五四二）三月十七日信貴山城主木沢長政と室町幕府軍が戦った場所は、太平寺の落合であった。太平寺は、大和の信貴山から河内平野に出る最も南のルートに当たり、信貴山城ができる天文五年以降、重要な地域となった。〔小谷〕

*大宝寺町《たいほうじまち》（中央区）

島之内北部にあった東西町である。地名は、江戸時代初期まで同所にあった「大宝寺」に由来する。大宝寺は浄土宗の寺院で、文禄年間（一五九二〜九六）に島之内において創建されたといい、元和年間（一六一五〜一二四）に松平忠明による寺町の整備に伴って現位置である生玉寺町《いくたまてらまち》に移転した。しかし、移転後も元の場所に「大宝寺」の名が残されたようである。現在は町名としては残っていないが、繁華街のあちこちに旧地名を見ることができる。〔豆谷〕

太　間　たいま（寝屋川市）　『日本書紀』巻一一、仁徳天皇十一年に茨田《まったの》堤《つつみ》築造の難所だった当地で、茨田衫子《ころもこ》が知恵を働かせて自らの命を落とすことなく工事を成功させたという説話に基づき、当地を衫子断間《ころもこのたえま》と称したことを地名の由来とする。平安末期からは、同地に成立した鞆《とも》呂岐《ろぎ》荘の一部となったと推定される。江戸時代は太間村と称し、明治二十二年（一八八九）友呂岐《ともろぎ》村の大字となり、昭和十八年（一九四三）寝屋川町、同二十六年寝屋川市の一部となる。淀川水運の船着場として太間浜があり船問屋もあった。かつての淀川堤防の脇に家が並んだようで京街道の跡といわれるところが部分的に残る。〔尾崎〕

太融寺町　たいゆうじちょう（北区）　江戸時代は西成《にしなり》郡北野村であった。明治三十年（一八九七）の大阪市第一次市域拡張により、大阪市に編入され、明治三十三年に北野太融寺町ができた。大正十三年（一九二四）には太融寺町となった。町名は北野村内の同地にある真言宗寺院である太融寺にちなむ。太融寺の寺伝によれば、弘仁十二年（八二一）に嵯峨《さが》天皇の勅願によって空海が宝樹院として開基し、のち源融《みなもとのとおる》が伽藍を建立し、融の諱から「太融寺」の寺号を清和天皇から下賜されたという。大坂夏の陣で焼失したといい、元禄年間（一六八八～一七〇四）に復興された。江戸時代は大師信仰などで親しまれた。境内には淀君の墓と伝えられるものが残っている。〔八木〕

大　領　だいりょう（住吉区）　古代律令制の地方行政組織である「郡《ぐん》」の長官名「大領」に由来し、この付近に住吉郡の郡衙《ぐんが》（郡役所）が置かれていたと推定されている。また住吉社の神主七家の内、大領氏の居住地が当地にあったという伝承もある。江戸時代初期の郷帳では住吉村に含まれていたが、のちに大領村として独立した。〔宮本〕

鷹　合　たかあい（東住吉区）　『日本書紀』仁徳天皇四十三年条によると、依網屯倉《よさみのみやけ》の阿弭古《あびこ》がとらえて献じた異鳥を天皇が百済の王孫酒君《さかきみ》に見せたところ、酒君はそれが鷹であり、百済では飼いならして狩りに用いることを教えた。天皇は酒君にこれをあずけて調教させ、百舌鳥野《もずの》に出かけて放鷹したところ、たちまち数千の雉《きじ》をつかまえた。天皇は鷹甘部《たかかいべ》を定め、人々は鷹の飼育地を「鷹《たか》甘《かいの》邑《むら》」と呼んだという。わが国における鷹狩りの始まりを伝える話であるが、この「鷹甘邑」が、のちに鷹合村に転じたとされる。当地に残る「酒君塚」は四世紀末から五世紀初頭ころの古墳であるが、この酒君の墓と伝承される。 [跡部]

高石《たかいし》（高石市）

高石市の地名の由来は、歌枕の地であり、浜松の名所として著名だった高師浜にちなむ。古くは「高脚浜」、「高志浜」、「高石浜」などとも書いた。古代・中世には大鳥郡日下部《くさべ》郷に属し、高石正里、高石村などとみえる。その後、綾井村に属したようであるが、江戸初期には綾井村（綾井高石村とも呼んだ）から高石村がまた分村し、さらに江戸前期には高石北村、高石南村に分かれている。明治二十二年（一八八九）に高石北・南・今在家・新《にい》の四か村が合併し高石村となり、大正四年（一九一五）には高石町となる。昭和二十八年（一九五三）に、綾井・大園・新家・土生《はぶ》・富木《とのぎ》が明治二十二年に合併してできた取石《とりいし》村を編入し、昭和四十一年（一九六六）には高石市となる。 [吉田豊]

高井田《たかいだ》（柏原市）

柏原市の中央部に位置する。JR高井田駅がある。地名の由来については定かではない。西半部は『和名類聚抄』にみえる大県郡鳥坂《とさか》郷に、南部・東部は同鳥《と》取《とり》郷に比定されている。近鉄大阪線が横切る南西部の緩傾斜地には字戸坂があり、当地に孝謙天皇が巡拝した河内六寺の一つ、鳥坂《とさか》寺があったことが発掘調査によって確認されている（『河内高井田・鳥坂寺廃寺跡』）。 [別所]

***高尾町**《たかおちょう》（港区）

昭和二年（一九二七）から同四十三年の町名。地名の由来は、旧日本海軍巡洋艦高尾の名による（『港区誌』）。昭和二年に市岡町の一部が高尾町となる。昭和四十三年に市岡・三先《みさき》の一部となる。 [松永]

***高垣町**《たかがきちょう》（北区）

区の中央から西寄りに位置する。もとは西成《にしなり》郡北野村に属し、明治三十年（一八九七）の大阪市第一次市域拡張で大阪市に編入され、明治三十三年北野高垣町となった。大北野村の字高ノ内、カイチ（垣内）を合成して作られた町名という。大正十三年（一九二四）に高垣町となったが、昭和五十三年（一九七八）に、町域町名変更により町名が消えた。現在の堂山町に含まれる。 [八木]

*高岸町《たかぎしちょう》（浪速区）

高津入堀川《こうづいりぼりがわ》が町内の東端を縦貫していた町で、南北二町からなる。高岸町内の高津入堀川には船出《ふなで》橋、高岸橋《たかぎしばし》、朝日橋が架かっていた。北高岸町には、近代以降に花形産業になった大阪合同紡績（朝日紡績、天満紡績、広島紡績の合併）が操業しており、南高岸町には、久保田鉄工所の本社と久保田権四郎社長が私財を投じて貧民師弟の教育機関として設立した私立徳風小学校（のち、大阪市立へ移管）があった。 ［吉村］

高倉台《たかくらだい》（堺市南区）

泉北ニュータウンの造成により、昭和四十六年（一九七一）に新設された町名。泉北高速鉄道泉ヶ丘駅の東に位置する。町名は、行基四十九院の一つとされる大修恵山高倉寺（高蔵寺）があることによる。江戸時代は中世は和泉国大鳥郡陶器庄のうちである。江戸時代は高蔵寺村、あるいは高蔵村と称しており、行基に関する史料・伝承など過去の記録類でも高蔵寺と表記されることが多いが、一方で高倉天皇（在位一一六八〜八〇年）と関係する寺伝などにより高倉寺とも書かれた。 ［吉田豊］

高倉町《たかくらちょう》（都島区）

高倉町一〜三丁目。都島区のほぼ中央。西境に市道赤川天王寺線が通り、北に城北《しろきた》運河・阪神高速守口《もりぐち》線が走る。江戸時代の荒生《なぎ》・赤川《あかがわ》・友渕《ともぶち》・毛馬《けま》の各村に由来する生江《いくえ》・赤川・友渕・毛馬の各町の一部が、昭和十九年（一九四四）高倉町一〜四丁目になった。町名の由来は、治承四年（一一八〇）、高倉上皇が厳島神社に行幸した際に立ち寄った河尻《かわじり》寺江《のてらえ》と、『百錬抄』にみえる同年の福原行幸の際の寺江頓宮《とんぐう》が当地にあたるという伝承をもとに、この上皇の名が地名となったという（河尻寺江・寺江頓宮は兵庫県尼崎市に所在すると考えられる）。隣接する御幸町《みゆきちょう》も同じ伝承から採った名称である（『大阪の町名』上）。 ［野高］

高師浜《たかしのはま》（高石市）

町名としての高師浜は、江戸時代の和泉国大鳥郡高石北村のあたり。北村には大工が多く、大工村とも呼ばれた。先祖は行基とともに社会事業に尽力した、という伝承をもつ。明治二十二年（一八八九）に高石北・高石南・今在家・新《にい》の四か村が合併し高石村となり、高石北はその大字となる。大正四年（一九一五）に高石町高石北、同十二年（一九二三）高石町北と改称。昭和四十年（一九六五）、大半が高師浜となる。地名は、歌枕の地であり、浜松の名所として著名だった高師浜にちなむ。海岸の北寄りの部分は、後に浜寺と呼ばれるようになった。〔吉田豊〕

高瀬町《たかせちょう》（守口市）　市の南部に位置する。一～五丁目がある。地名は、淀川と大和川の合流による堆積土地形に由来するという。『和名類聚抄』の河内国茨田《まった》郡八郷の一つであり、行基造営の樋の一つである「高瀬堤樋、茨田郡高瀬里に在り」（『行基年譜』）とも記されているが、この高瀬里が現在の守口市高瀬地域に該当するかは不明である。行基建立と伝えられる高瀬寺があったともいわれるが、奈良時代後期の複弁蓮華文軒丸瓦などが出土しているだけで確定できない。また、「住吉大社司解」に長柄船瀬の四至として「東限高瀬大庭」とみえる（『住吉大社神代記』）。平安～鎌倉期には荘園名としてみえる。一方、『経俊卿記』建長六年（一二五四）八月十九日条初見で、室町期を通じて領家職が歓心寺に寄進されていた「小高瀬荘」も高瀬荘と同様だと考えられている。これは近世初期において小高瀬村の名がみえることや、水利における村落結合などから考えられる。小高瀬村は元禄中期（一六九五年頃）に大枝村・世木村・馬場村に分村する。明治十八年（一八八五）に大枝村・世木村・馬場村が合併して高瀬村となり、同二十二年に西橋波村・東橋波村・寺方村と合併して三郷町となった。〔橋本〕

高槻町《たかつきちょう》（高槻市）　高槻はもとは「高月」と書いたとされ（『摂津名所図会』）、この地に存在した天月弓社《あめのつきゆみのやしろ》を高月読社《たかのつきよみのやしろ》と呼んだことに由来するという伝承がある（『高槻村村誌』）。正暦年間（九九〇～九九五）に阿刀連《あとのむらじ》忠範が久米路山に高槻城を築いたと伝えられるが（『高槻町誌』）、真偽は不明。室町時代に駿河国から入江氏が高槻城に入り、永禄十二年（一五六九）入江氏が滅亡すると、和田惟政《これまさ》や高山右近が城主となって、城下の整備が進められた。江戸時代には高槻藩の城下町となるが、城下町で一般的に見られる地子免許などは行われず、行政的には村（高槻村および上田辺村の一部）として把握されていた。明治七年（一八七四）、京阪間鉄道の建設に必要な石材を得るために、高槻城は石垣を破却されて完全に姿を消し、跡地には明治四十二年（一九〇九）第四師団工兵第四大隊（のちの工兵第四連隊）が誘致された。昭和三年（一九二八）、新京阪鉄道の開通に伴い高槻町駅（現高槻市駅）が設置され、周辺の宅地開発が進んだ。高槻村は明治二十二年（一八八九）上田辺村と合併してその大字となり、明治三十一年（一八九八）の町制施行、昭和十八年（一九四三）の市制施行後も大字として継承されたが、昭和三十八年（一九六三）の町名改正で高槻市駅に隣接する地域が高槻町となった。［飯沼］

高殿《たかどの》（旭区）　高殿一～七丁目。昭和四十六年（一九七一）住居表示改正後の新地名。旭区の南部に位置する。西はＪＲ城《じょう》東《とう》貨物線をはさんで都島区に接する。北は城北川《しろきた》（運河）・阪神高速大阪森小路《もりしょうじ》線が通る。四丁目付近は豊臣秀吉が大坂城築城のとき、城の上から敵兵の様子を知るため、道を狭く蛇行させてつくったといわれる七曲がりがある。「高殿」の由来は不明である。北に大宮・中宮、西に高倉という地名があり、その関連で「高殿」が選ばれたのかも知れない。［野高］

高浜町《たかはまちょう》（吹田市）　南方の安威《あい》川・神崎《かんざき》川合流点付近に、「高浜」という船着場が古来あった。『摂津名所図会』に「吹田渡口」「高浜、吹田浜といふ」とある。『更級日記』に「たかはまといふ所にとどまりたる夜」と、淀川を下る折に遊女がやって来たという記述に絡んでみえるのが初見。淀川・神崎川による河川交通と陸路高槻街道が交差する交通の要衝であった。町内に旧村社の高浜神社があり、祭神は素盞嗚尊《すさのおのみこと》・春日大神・住吉大神ほかで、浜宮とも牛頭神社ともいわれた。旧吹田村（町）のうちで、昭和三十八年（一九五三）の町名変更で高浜町になった。ほかに高浜を冠する町名は南高浜町がある。現在はＪＲ吹田駅南口に連なる繁華街のうちである。［石原］

高見《たかみ》（此花区）　昭和三年（一九二八）、西淀川区の伝法《でんぽう》町北三丁目・姫島《ひめじま》町・野里《のざと》町・福町《ふくまち》の各一部をもって、高見町一～三丁目となり、同十八年四月一日の行政区画の変更に伴い、此花《このはな》区に編入された。町名は、旧字名が大高見であったことに由来する。昭和五十年（一九七五）の住居表示の実施に伴い、高見一丁目の全域と高見二～三丁目の各一部となった（『大阪の町名』下）。［吉田洋］

高宮《たかみや》（寝屋川市）

『和名類聚抄』の河内国讃良《ささら》郡高宮（郷）とあるのは当地のこと。高宮神には神封（神戸）一戸があてられ（神護景雲四年〈七七〇〉）ており、高宮には式内社の高宮大杜御祖神社、高宮神社が所在した（延喜式巻九、延長五年〈九二七〉）。永仁三年（一二九五）の「雑物進上人名簿帳」には「高宮童子」が「熟瓜一荷」を進上している。また文明十六年（一四八四）の「松木宗綱等御教書案」（「宣秀卿御教書案」）により豊原繁秋《しげあき》が故村秋《むらあき》跡の河内高宮等の知行を認められていることがみえる。豊原は「楽」の家であり、同家の知行地として高宮が相続されていたことがわかるが、このことは徳大寺家旧蔵本にのみ記述があり、宮内庁本には当該記はみえない。江戸時代から高宮村として現れ、明治二十二年（一八八九）豊野村の大字となり、昭和十八年（一九四三）寝屋川町、同二十六年（一九五一）寝屋川市の一部となる。地名の由来は古代高宮郷の高宮神主が郷の高所に祖神天剛風命を祀り高宮と呼んだことによる（『寝屋川市誌』）とする。

［尾崎］

高安《たかやす》（八尾市）

八尾市東部にあたる地域で、『和名類聚抄』にみえる郡名である。生駒山地の高峰のひとつ、高安山は、八尾市民のハイキングの山としても親しまれる。この付近には後期古墳群である高安古墳群が三〇〇基ほど確認されている。天智天皇六年（六六七）からみえる古代山城である高安城もこの付近にあったと推定される。中世では、安元二年（一一七六）二月付の「八条院領目録」に高安が見える。また、鎌倉時代後期には後深草上皇が高安庄を河内国叡福寺に寄進している（「叡福寺文書」）。現在高安の地名は、大和川付け替え後に新田となった柏村新田の北部にあたる近鉄大阪線の高安駅周辺に残されている。

［小谷］

田川《たがわ》（淀川区）

当地名は、住吉社の社家であった田川権太夫が開発したと伝えられる三津屋村南部の村境付近の田川集落による。三津屋村属村として、慶長十年（一六〇五）の「摂津国絵図」では「太中村」、『摂陽群談《せつようぐんだん》』では「田井中村」などとみえ、田川を指すとみられる。現在の田川は江戸時代の三津屋村・堀上村・野中村・今里村の一部で、昭和五年（一九三〇）から同四十九年まで田川通一～七丁目、四十九年以降は田川一～三丁目となっている。

［上田］

高　鷲　たかわし　（羽曳野市）　『古事記』にみえる雄略天皇の陵墓「丹比高鷲ケ原陵」にちなむ地名で、羽曳野市合併前の地域名称として高鷲村、高鷲町として使用されていた。古代の丹比《たじひの》郡《こおり》丹下《たんげ》郷《ごう》（『和名類聚抄』）の中心とされ、丹下の宮村（のちの十七世紀に北宮村・南宮村に分立、一名を北丹下・南丹下）と呼ばれていた。この地には、「丹下大宮」と呼ばれ、『延喜式』にも記載された大津神社が残る。現在は一～十丁目。　［中山］

＊滝川町　たきがわちょう　（北区）　区の南東部に位置する。江戸時代から昭和五十三年（一九七八）までの町名。江戸時代の天満七丁目と天満八丁目の間にあり、「初発言上候帳面写」によれば、天満七丁目が東西に分かれた西側という。町域の大川沿いの浜側は、江戸時代から昭和初期まで大阪の三大市場の一つであった「天満青物市場」が所在したところである。現在の天満三丁目に含まれる。　［八木］

竹　島　たけしま　（西淀川区）　昭和十九年（一九四四）一月、西淀川区加島町、佃町の一部から、竹島町一～五丁目が成立する。竹島町の中心になった地域が、旧加島町の字竹町であったことによる（『西淀川区史』）。なぜ竹町と名付けられたのかは不明である。同三十四年（一九五九）に加島町の一部を編入し、同四十七年（一九七二）、竹島町一～五丁目と、御幣島《みてじま》東一～四丁目、御幣島中一～五丁目それぞれの一部を含め、竹島一～五丁目となり、現在に至る。　［荒武］

＊竹屋町　たけやまち　（中央区）　島之内東部にあった旧地名で、東横堀から西へ二筋目の南北道に面した町である。江戸時代には「南竹屋町」であったが、明治五年（一八七二）に「竹屋町」となった。周辺には同業者の集住を思わせる町名が散見され、この地も竹を扱う商人が集まっていたことがうかがえるが、確実な証拠はない。　［豆谷］

高　向　たこう　（河内長野市）　北東流する石川の西側に位置し、南北に細長い村域をもつ。古代の高向《たかむこ》氏の居所とする説（『大阪府全志』四）があり、高向神社の本殿背後に高向王の墓と伝える古墳がある（『大阪府全志』四）というが、詳細は不明。「住吉大社司解」（「住吉大社神代記」）に「高向」とみえる。元慶七年（八八三）九月十五日付「観心寺勘録縁起資財帳」に「高向村」とあり、観心寺領高田庄《たかだのしょう》の一部があった。中世に皇室領の安楽寿院領荘園「高向庄」となる。現在の高向、南花台など。

〔吉井〕

多治井 たじい（堺市美原区）

江戸時代は河内国丹南《たんなん》郡多治井村。地名の由来について『大阪府全志』（四）は、丹比《たじひ》が丹治比、多治井と転訛したものというが、確定はしにくい。すなわち、丹治比は『日本霊異記』や「住吉大社神代記」など奈良・平安時代の記録から既にみえるが、それ以降はあまりみえないようである。一方、多治比は『古事記』などさらに古い史料にみえる。また、多治井は安土桃山時代から「たちい村」として見えるが、それ以前は不詳である。明治二十二年（一八八九）、多治井・河原城・野・樫山・郡戸の五か村が合併して丹南郡丹比《たんぴ》村となり、その大字となる。昭和三十一年（一九五六）に南河内郡南大阪町（昭和三十四年羽曳野市に改称）の三十一大字の一つとなるが、同三十二年に同郡美原町に編入される。平成十七年（二〇〇五）に堺市美原区多治井、同十八年に美原区多治井となる。

〔吉田豊〕

田島 たしま（生野区）

区の中央部南側に位置する。昭和四十八年（一九七三）から現在の町名で、旧・東成《ひがしなり》郡田島村の名を継承している。豊臣秀吉の朱印状（「足守木下家文書」）に天正二十年（一五九二）、北政所《きたのまんどころ》領「たしま」としてその名の現れるのが初見。明治二十二年（一八八九）町村制施行に際し、舎利寺村・林寺村などと同時に生野村の大字の一つとなり「生野村大字田島」と称し、大正十四年（一九二五）大阪市域編入に際し、「生野田島《たじま》町」となった。わざわざ「生野」を冠したのは、南区（当時）田島《たじま》町との区別のため。このとき以来、行政上の読みは「たじま」となっているが、『東成郡誌』に「但《ただし》、島は〈しま〉と清音なり」（ルビ、読点は引用者）と注記している通り、地元での呼び名や神社名・小学校名もすべて「たしま」である（諸書に「田島は但島とも書いた」との謬説が散見されるが、これは上記記述の誤読である）。田島の地名は、この地が今川と平野川の合流点付近に位置した田地で、摂津河内の国界の堤と平野川堤とによって輪中《わじゅう》のように囲われた島状の地形であったことに由来すると思われる。「田島神社明細帳」（昭和八年〈一九三三〉）の記述（「川底と同位の当町民家は西堤防によりわずかにその浸害を免るといえども…降雨止まざらんにはたちまち堤防決潰し…住民ははるか高地の舎利寺町に避難するを例とせしなり」）から推測するに、台地上の舎利寺辺りからの眺望はあたかも「田の島」といった情景であったろう。

〔足代〕

＊田島町《たじまちょう》（中央区）

空堀通の南側、谷町筋と松屋町筋の間に位置する。

この地は豊臣氏大坂城の外堀、いわゆる「空堀」の跡地である。このためか、江戸時代初期には「堀之外島町」と呼ばれていた。「堀之外」を冠したのは、城内にある「島町」と区別するためであろうか。これが転じて田島町となるが、なぜ「田」を冠したのかについては定説がない。

〔豆谷〕

田治米町《たじめちょう》（岸和田市）

「行基年譜」に久米田池の所在地を「泉南郡丹比郡《（部）》里」と記し、古代の条里地名「丹比部里《たじひべり》」が転訛した地名と考えられる。「行基年譜」の記事が正しいとすれば、久米田池は本来当地内に含まれていたことになる。そのためか、古来、田治米村は久米田池水利について特権を認められ、三箇所ある取水樋の一つ三番樋は田治米村が独占的に使用し、池普請の際にも費用や人足の負担はなく、湯茶接待の女性を提供するのみでよいとされた。

〔山中〕

田尻町《たじりちょう》（田尻町）

大阪府南部に位置する。

明治二十二年（一八八九）に吉見村と嘉祥寺村が合併して田尻村となり、昭和二十八年に町制を施行した。町名の由来については不詳。

〔堀田〕

忠岡北《ただおかきた》（忠岡町）

源平の合戦の際、大津川南岸の合戦で討死した平忠行を村民が憐れんで屍を埋葬し丘を築いて「忠行の丘」と呼び、それが転訛して「忠岡」となったという説があるが、歴史的事実ではない。「忠行の丘」について記された近世の地誌類は皆無であり、明治以降に作られた伝説であろう。忠岡の名が史料上確認できるのは、文禄三年（一五九四）の文禄検地が最初である。文禄検地の村高は七八八石余で、村内に生帰《しょうき》、浜塚《はまつか》、道村《どうむら》、下村《しもで》、西出《にしで》、南出《みなみで》の字（集落）があった。明治二十二年（一八八九）、町村制施行により、忠岡村と、高月《たかつき》村、北出《きたいで》村、馬瀬《まぜ》村が合併して忠岡村となり、昭和十四年（一九三九）には町制を施行した。昭和の大合併の際も、また、平成の大合併にあっても合併せず、

明治二十二年以来、一二〇年近くにわたって町域に変更がなく今日に至っている。〔森下〕

***畳屋町《たたみやまち》**（中央区）　かつて島之内にあった町名である。地名は、豊臣時代に大坂城の御用畳を扱った商人の居住に由来するという（『大阪の町名』上）。元和六年（一六二〇）の「三津寺町畑地屋敷成分書上帳」に「た、ミや町」の名が見られ、この時期頃には町場化が進んでいたことがわかる。豊臣時代にまで遡れるかどうかは明らかではないが、江戸時代に畳屋が集まっていたことは確かなようで、延享版『難波丸綱目』の諸職人所付では、畳屋の項に内本町上三丁、道修町《どしょうまち》五丁目とならんで、「島之内たたみ屋町」の名が挙げられている。〔豆谷〕

橘《たちばな》（西成区）　一～三丁目がある。区のほぼ中央に位置する。町名は元の町名である橘通を受け継ぐ。橘通は今宮町の小字名であるが、由来は不詳（『大阪の町名』上）。南海高野線の西天下茶屋駅がある。〔古川〕

***橘通《たちばなどおり》**（西成区）　一～九丁目があった。区のほぼ中央にあった。町名は今宮町の小字名によるが、その由来は不詳（『大阪の町名』）。明治三十年（一八九七）四月一日今宮村元今宮および元木津の一部となった。大正二年（一九一三）十二月十日大字今宮・大字木津の各一部となり、同六年九月一日に今宮町の大字今宮・大字木津の各一部となった。同十一年四月一日に、今宮町橘通一～九丁目となった。大正十四年四月一日に大阪市に編入され、大阪市西成区橘通一～九丁目になった。昭和四十八年（一九七三）十一月、住居表示の変更に伴う町域町名変更により、花園南一～二丁目、松一～三丁目、橘一～三丁目の各一部となった。〔古川〕

***龍田町《たつたちょう》**（北区）　江戸時代から昭和五十三年（一九七八）までの町名。江戸時代の天満五丁目と天満六丁目の間にあり、「初発言上候帳面写」によれば、天満六丁目が東西に分かれた西側という。天神橋から東の大川沿いの浜側にあった「天満青物市場」の東端にあたる。現在の天満三丁目に含まれる。〔八木〕

立部《たつべ》（松原市）　「多治比部《たじひべ》」が転訛したものと考えられる。『古事記』仁徳天皇段に「水歯別命《みずはわけのみこと》の御名代《みなしろ》と為《し》て、蝮《たじ》部《ひべ》を定」むとあり、『新撰姓氏録』の「丹比宿禰《たじひのすくね》」の項にも、「乃ち丹治部《たじひべ》を諸国に定め、皇子（多治比瑞歯《たじひのみずは》別命《わけのみこと》）の湯沐邑《ゆあみのむら》と為《な》す」と記されるように、「多治比部（蝮部・丹治部）」は「蝮水歯別命（多治比瑞歯別命）」、すなわち反正天皇養育のために設置された部民で、以後天皇家に領有されたと考えられる。反正天皇は即位して丹比柴籬宮《たじひのしばがきのみや》に都を置いたと伝えられるが、その故地は立部の北に位置する松原市上田の柴籬神社と推定されている。

［北川］

巽《たつみ》（生野区）　区の南東部分を占め、巽西・巽中・巽南・巽北・巽東がある。明治二十二年（一八八九）町村制施行の際、河内国渋川郡（のち中河内郡）西足代・大地《おおじ》・四条・矢柄《やから》・伊賀《いが》ヶの五か村が合併して巽村が成立した。村名の由来は、大阪城の東南（巽）に位置することによる。昭和三十年（一九五五）から同四十八年（一九七三）には、右五か村の名を継承した巽西足代・巽大地・巽四条・巽矢柄・巽伊賀ヶの五か町があった。現在は上記五か町とは関係なく道路や運河により「巽中・巽東・巽西・巽南・巽北」の五つに区分されている。地下鉄千日前線「北巽」「南巽」の二駅がある。

［足代］

＊巽伊賀ヶ町《たつみいかがちょう》（生野区）　現在の巽東の南半分にほぼ該当する。河内国渋川郡伊賀ヶ村の名を継承。伊賀ヶ村は、延宝年間（一六七三〜八一）の「河内国支配帳」には「五十川村」と記し、『河内志』に「伊賀个《いかが》」「伊賀个渠《いかがかわ》」の村名・川名が挙げられている。明治二十二年（一八八九）町村制施行の時に、伊賀ヶ村は巽村の大字となった。昭和三十年（一九五五）に大阪市に編入されたときに、巽村の大字であったところは巽の冠称がつけられ、伊賀ヶは生野区巽伊賀ヶ町となった。伊賀ヶの由来は不詳。

［足代］

＊巽大地町《たつみおおじちょう》（生野区）　現在の巽中・巽西の中央部にほぼ該当する。もと河内国渋川郡大地村。古代の渋川郡「邑智《おおち》郷」（『三代実録』『和名類聚抄』）、また平安時代末期の石清水八幡宮領「大地庄」の名を継承している。「大地《おおじ》庄」の田畑《でんばた》は四十三か所に散在するので近世の大地村そのものというわけではない。「大地庄」の初見は延久四年（一〇七二）の太政官牒（『石清水文書』）。なお「四天王寺御手印縁起」記載の「河内国　祖父間《おおじじま》」は「邑智《おおち》島」「大地《おおじ》島」（大きい郷の島か）の意であろうと

考える説がある（『あしたづ 第十一号』「古代橘島余話〈二〉」二〇〇九年）。明治二十二年（一八八九）町村制施行の時に、巽村の大字となった。昭和三十年（一九五五）に大阪市に編入されたときに、巽村の大字であったところは巽の冠称がつけられ、大地も生野区巽大地町となった。当村と摂津国東成《ひがしなり》郡田島村との境界（摂津・河内の国界）付近にあった「印地宮《いんじのみや》」が並河《なびか》誠所によって延喜式内の「横野神社」として復興されたが、明治末期に巽神社に合祀され、現在その跡地に宮跡碑と犬養孝揮毫による万葉歌碑（「紫の根延ふ横野の春野には君を懸けつつ鶯鳴くも」）が建っている。「横野」は『日本書紀』仁徳十三年条にみえる「横野堤」に関係付けられている。〔足代〕

＊巽四条町《たつみしじょうちょう》（生野区）

現在の巽南の大部分、巽中・巽西の各一部にあたる。もと河内国渋川郡四条村。明治二十二年（一八八九）町村制施行の時に、巽村の大字となった。昭和三十年（一九五五）に大阪市に編入されたときに、巽村の大字であったところは巽の冠称がつけられ、四条も生野区巽四条町となった。同町にある小丘山桒原院定願寺（真宗大谷派）所蔵の「方便法身尊像」の裏書に「永正十四年（一五一七）河州渋川郡桒原《くわばら》庄西四条村」などの文字が見られる。その村名の由来は、同寺の開基・楠正長の事績による。正長は楠木正成の三男である正儀の三男で、伯父・正行の霊を弔うため一時四条畷に居住し、その後当地の天神社に隠棲して「四条居士」と号したので、東の四条畷に対して西の四条の称が生まれたという。なお、渋川郡における条里制の四条によるとの説もあるが、四条村とは合致しない。〔足代〕

＊辰巳町《たつみちょう》（港区）

昭和二年（一九二七）から同四十三年の町名。地名の由来は、同地の地主和田家の屋号辰巳屋による（『港区誌』）。昭和二年に市岡町の一部が辰巳町となる。昭和四十三年に市岡元町・波除《なみよけ》の一部となる。〔松永〕

＊辰己通《たつみどおり》（西成区）

区の南東部に位置した。町名は旧小字名によるが、小字名の由来は不詳（『大阪の町名』上）。明治初頭、西成郡勝間《こつま》村の一部であったが、大正四年（一九一五）十一月十日玉出町の一部となった。大正十四年四月一日大阪市に編入され、西成区玉出町の一部となった。昭和二年（一九二七）一月一日辰己通一〜三丁目となった。昭和十八年四月一日の行政区画の変更に伴い、辰巳通一～二丁目のうち都市計画道路平野柴谷線以北と辰巳通三丁目全域が西成区辰巳通一～三丁目となった。同三十六年一月三十一日辰巳通二丁目の一部が辰巳通二丁目・姫松通二丁目に編入された。昭和四十八年十一月に玉出中二丁目・玉出西二丁目の各一部になった。　［古川］

＊巽西足代町《たつみにしあじろちょう》（生野区）　→足代

＊巽矢柄町《たつみやからちょう》（生野区）　現在の巽北・巽中・巽東の一部にあたる。もと河内国渋川郡矢柄村。矢柄村は、「四天王寺御手印縁起」に「蛇草地《はぐさ》」のうち「宅良里《やから》」の記述がみられ、当地一帯は古くは蛇草《はぐさ》に含まれていたと見られている。明治二十二年（一八八九）町村制施行の時に、巽村の大字となった。昭和三十年（一九五五）に大阪市に編入されたときに、巽村の大字であったところは巽の冠称がつけられ、矢柄も生野区巽矢柄となった。

地名の由来は不詳であるが、古老の言い伝えに「むかし弓削道鏡《ゆげのどうきょう》が弓削村（現・八尾市）から西に向かって矢を放ったところ、その矢がこの地に落ちたことから矢柄村の名が生まれた」という昔話がある。　［足代］

＊盾津《たてつ》（東大阪市）　東大阪市中央部北半にあった旧村名、町名。

昭和六年（一九三一）に北江村、東六郷村、西六郷村が合併してできた村で、昭和十八年（一九四三）に町制を施行した。盾津の地名は現存しないが、中学校や自治会の名称として残っている。『日本書紀』によると、神武天皇が孔舎衛坂《くさえざか》で長髄彦《ながすねひこ》との戦いに敗れて草《くさ》香津《かのつ》へ引き返し、この地に盾を並べて雄叫びをあげ、後にこの地を盾津（蓼津）と呼ぶようになった、という。神話であるとはいえ、素直に読めば盾津は日下に位置するのでこの地域には何ら関係がない。典型的な国威発揚のための地名と言えよう。第二次大戦中には現在の東大阪ジャンクション周辺に大阪陸軍飛行場（通称盾津飛行場）が設けられ、鴻池町南の楠風荘には軍人専用の社宅が開発された。また、徳庵駅から鴻池新田駅付近にかけての片町沿線には飛行機工場をはじめとする軍需工場が多数あり、鴻池元町には砲台があったりと、戦争とは密接に関連する地域であった。　［別所］

かつては難波を冠称しており、町のほぼ中心部を明治三十三年（一九〇〇）に開業した大阪高野登山鉄道（のち、南海汐見橋線）が縦貫しており、明治時代後期には難波第二尋常小学校があった。昭和三十一年（一九五六）には立葉公園が整備され、昭和四十一年（一九六六）には国鉄大阪環状線（現JR）が開通し、わずかに南西端を高架で通過している。金属、鉄工関連の中小企業が多く軒を連ねている（『浪速区史』）。［吉村］

立葉《たてば》（浪速区）

田中《たなか》（港区）

安治《あじ》川の下流左岸に位置。

地名の由来は、江戸時代に田中新田を開発した田中又兵衛の名による（『西成郡史』）。田中新田は、安永五年（一七七六）に大坂の田中又兵衛が開発した新田で（『大阪市史』一・『港区誌』には安永七年とある）、幕末の村高は三百五十石余である（『旧高旧領取調帳』）。天保十年（一八三九）刊「大坂湊口新田細見図」によると、当時の地主は、新天満町万屋仁兵衛とある。明治二十二年（一八八九）の町村制施行に際して、川南村の大字名となる。明治三十年に大阪市西区に編入されるが、大正十四年（一九二五）には港区に編入。昭和二十五年（一九五〇）の港湾地帯高潮対策事業に伴う安治川拡張工事によって、町内の一部が安治川の水面下となる。昭和四十三年に東田中町・西田中町・田中元町・石田芦花町・八幡屋《やはたや》雲井町・八幡屋松ノ町・八幡屋錦町・八幡屋元町・夕凪《ゆうなぎ》町の各一部が合併して、田中となる。［松永］

多奈川谷川《たながわたにがわ》（岬町）

町の北部中央に位置し、大阪湾に面する。

多奈川と谷川は本来同じ地名を指すものであったと考えられる。『岬町の歴史』には、タガワと読めば、東川・西川の合流、タナガワと読めば「棚川」をもとにする、あるいは、上流の犬飼《（牽牛）》畑となぞらえて、七夕伝説からタナバタの「タナ」とする説まで様々とある。『土佐日記』の承平五年（九三五）一月三十日の記述によると、「とらうのとき《寅卯時》はかりにぬしま《沼島》といふところをす《過》きてたなかは《多奈川》といふところをわたる」とある。鎌倉時代から室町時代にかけては、「谷川庄」と呼ばれる興福寺領の庄園が広がっていた。『土佐日記』の記述からも、古くから港湾機能を持つ地であり、寛政七年（一七九五）刊の『和泉名所図会』では「谷川湊」の図が描かれている。明治二十二年（一八八九）、谷川・西畑・東畑・小島の四か村は合併し多奈川村となった。昭和十八年（一九四三）多奈川町になり、昭和三十年（一九五五）岬町の一部となった。地域の呼称として多奈川と谷川はその時代により広狭が変化した。〔曽我〕

田辺《たなべ》（東住吉区）

奈良時代の郷名に「田辺郷」がある。天平五年（七三三）の右京計帳に「摂津国住吉郡田辺郷戸主正七位上田辺史真立」とあり（「正倉院文書」）、渡来系氏族の田辺史《たなべのふひと》が一帯を管轄していたと推定される。平安時代には荘園名として「田部《たなべ》」がみえる（「長秋記」）。江戸時代は南田辺村と北田辺村があり、美味の田辺大根や、綿の新種「田辺土佐」（青木）の産地として知られた。江戸時代の南田辺村・北田辺村・松原新田・猿山新田の四村が明治二十二年（一八八九）の町村制施行に際し合併して田辺村となり、大正三年（一九一四）には田辺町に改称された。〔跡部〕

谷町《たにまち》（中央区）

谷町の地名については、大阪城から法円坂にかけての標高の最も高い土地の西にあり、南北に通じる谷状の地形に由来するとの説がある（『大阪の町名』上）。ただし、近年の遺跡の発掘によって判明した周辺の地形は、かなり複雑な様相を呈しており、単純に南北の谷筋とすることは不適切である。とはいえ、いくつもの小さな谷が入り組んでいたことは事実であり、これが地名の由来であることは間違いのないところであろう。地名としての谷町は、上町台地上を南北に走る「谷町筋」に沿った地区の町名である。明暦元年（一六五五）の「大坂三郷町絵図」では、北から現在とほぼ同じ位置に谷町一丁目～三丁目の地名があり、その南には、「すずや（錫屋）町」「北谷町」「南谷町」と続いている。そして、八丁目以南の寺町は大坂三郷の外であった。なお、大相撲の贔屓《ひいき》筋として使われる「タニマチ」は、昭和初年まで大阪を拠点に興行していた「大阪相撲」の有力な後援者が谷町六丁目付近に居を構えていたことに由来している。〔豆谷〕

*田端通《たばたどおり》（西成区）

町名は旧小字名によるが、由来は不詳（『大阪の町名』上）。明治初頭、西成郡勝間《こつま》村の一部であったが、大正四年（一九一五）十一月十日玉出町の一部となった。大正十四年四月一日大阪市に編入され、西成区玉出町の一部となった。昭和二年（一九二七）一月一日田端通一～五丁目となった。同三十六年一月三十一日田端通二丁目の一部は田端通一・三丁目に編入され、田端通四丁目の一部が玉出新町通四丁目に編入された。また、玉出新町通二〜三丁目の一部が田端通二〜三丁目に編入された。昭和四十八年十一月、千本南一〜二丁目・岸里三丁目・玉出中一丁目の各一部となった。

〔古川〕

*玉江町《たまえちょう》（北区）

中之島の西部に位置する。明治五年（一八七二）に、大規模な町域町名の変更があり、それまでの常安裏町・次郎兵衛町・小倉屋仁兵衛町・庄村新四郎町を合わせてできた町。江戸時代は諸藩の蔵屋敷が建ち並んでいる場所で、熊本藩や徳島藩などの大きな蔵屋敷があった。町名は堂島川に架かる玉江橋から名付けられたものと考えられる。江戸時代の玉江橋の橋上からは四天王寺の五重塔が見えたという。昭和五十三年（一九七八）に町域町名変更により消滅。現在の中之島五丁目に含まれる。

〔八木〕

玉川《たまがわ》（福島区）

大正年間（一九一二〜二六）に埋め立てられた野田玉川に由来する。十三世紀頃から藤で有名で、室町幕府二代将軍足利義詮《よしあきら》を始めとして、公家・武家・歌人らが歌を詠んだ。また、豊臣秀吉も文禄三年（一五九四）に藤を愛でながら茶会を催している。江戸時代にも藤の名所として知られ、野田村は「藤野田村」とも呼ばれていた（『福島区史』）。明治三十三年（一九〇〇）西野田玉川町となり、昭和五十年（一九七五）に福島区玉川一〜四丁目・野田一〜六丁目となる（『角川日本地名大辞典27　大阪府』）。

〔吉田洋〕

玉櫛《たまくし》（茨木市）

明治二十二年（一八八九）、沢良宜《さわらぎ》東・沢良宜西・沢良宜浜・真砂・内瀬《ないぜ》・水尾《みずお》の六か村が合併した際に、近隣にある溝咋《みぞくい》神社の祭神玉櫛媛命《たまくしひめのみこと》の名にちなんで村名を「玉櫛」としたという（『大阪府全志』三）。昭和二十三年（一九四八）玉櫛村は茨木町・三島村・春日村と合併して茨木市となり、玉櫛の地名は消滅したが、昭和四十三年（一九六八）の地名改正で旧玉櫛村の一部が玉櫛となった。

〔飯沼〕

玉津《たまつ》（東成区）

古代の「玉造の津」に由来するとの説がある。伊勢参りの奈良街道に「玉津橋」という橋があり、また明治時代初期まで、この地域に船着場があったと伝えられる。正式な町名となったのは、昭和四十五年（一九七〇）で、もとの東成区中道本町一～三丁目、大成通一～三丁目などの町域から、玉津一～三丁目が設置された。

〔荒武〕

玉造《たまつくり》（天王寺区・中央区）

現在の天王寺区から中央区にかけて広がる地名で、町名としては天王寺区に玉造元町と玉造本町が、中央区に玉造一～二丁目がある。『日本書紀』に難波玉造部が登場し、玉類の製作がこの地で行われていた可能性が指摘されているものの、発掘調査ではまだ確認されていない。室町時代には比叡山領玉造庄が確認でき（『華頂要略』）、また天正二十年（一五九二）の豊臣秀吉朱印状では「玉つくり」のうち二百石が北政所の知行所として与えられている（「足守木下家文書」）。江戸時代にはその多くが大坂市中に組み込まれ、玉造越中町など玉造を冠した町名が多数誕生したが、一部は玉造村として存続した。明治二十二年（一八八九）から同三十年（一八九七）までは東《ひがし》成《なり》郡の自治体名として玉造町が存在し、その後、同三十三年に東区玉造町が誕生した。さらに昭和五十四年（一九七九）には、周辺の町がまとめられて玉造一～二丁目が成立し、平成元年（一九八九）に中央区へと継承された。一方、天王寺区では昭和四十年（一九六五）に玉造元町と同本町が誕生し現在に至っている。

〔大澤〕

玉手《たまて》（柏原市）

柏原市の南西部に位置する。大和川・石川合流点南方の丘陵は玉手山丘陵と呼ばれる。丘陵は凝灰岩の基盤からなり、山稜部には前方後円墳と円墳からなる玉手山古墳群、裾部には凝灰岩をくり抜いた横穴群（玉手山東横穴群および安福寺横穴群）が分布する。ほとんどの古墳は盗掘されており、それらの古墳から多くの玉が出土したことに地名が由来するのだろうか。あるいは武内宿禰《たけうちのすくね》の後裔、玉手臣に関係するのか。行基によって開基されたと伝えられる安福寺は、荒廃と再興を繰り返しつつも、現在は同丘陵西側斜面にある。いつから周辺を玉手と呼ぶようになったのか定かではないが、文禄三年（一五九四）の検地帳には「玉手村」とみえる（「安田家文書」）。大坂夏の陣の戦場でもあり、豊臣方の後藤又兵衛基次《もとつぐ》が自害した地としても知られる。かつて丘陵頂部には明治四十一年（一九〇七）に開園した近鉄玉手山遊園地があった。同園は東京の浅草花やしきに次いで国内で二番目に古い遊園地

であった。〔別所〕

玉出《たまで》（西成区）

区の南東部に位置する。玉手中・玉出東・玉出西・玉手本通・玉手新町通がある。町名は小字名が玉出であったことに由来する。「玉出実記」所載の神話によれば、海神の豊玉彦に由来する「井戸の御社」の場所を「珠出岸」（「玉手の岸」）と称した。また当地区が仁治年間（一二四〇—四三）に開発され、住吉神社領となったときに玉出の里と呼ばれたこと、あるいは住吉神社北門を出たあたりを玉出嶋と称したという（『大阪史跡辞典』）。明治初頭、西成郡勝間《こつま》村の一部であったが、大正四年（一九一五）十一月十日玉出町の一部となった。大正十四年四月一日大阪市に編入され、西成区玉出の一部となった。石山合戦の頃、現在の玉出に属する勝間村に環濠があったことが知られており、昭和九年（一九三四）頃まで環濠に架かる橋の一部が残っていたという。〔古川〕

＊玉堀《たまほり》（中央区）

現在のＪＲ大阪環状線森ノ宮駅と玉造駅の中間あたりにあった地名。地名の由来は定かではないが、明治時代に玉造町と清堀村の一部を合わせる形で町が成立したことから、二つの旧地名から一字ずつを取って命名されたものと考えられる。現在は中央区玉造一丁目に含まれる。〔豆谷〕

＊玉水《たまみず》（西区）

江戸時代から明治五年（一八七二）までの町名。元禄時代の絵図や水帳には玉水町の名がある。現在は土佐堀一丁目の一部。西横堀川から、西側で土佐堀側に接する場所。近くに玉之井と称する名水があったことから、町名になったという（『摂津名所図会大成』）。現在金光教の玉水教会がその町名をとどめており、建物は国の有形登録文化財（平成十一年二月）に指定されている。〔堀田〕

＊玉屋町《たまやまち》（中央区）

島之内の中央にあった南北町である。町名の由来は、江戸時代中頃の元文年間（一七三六～四一）頃まで、この地に「玉屋治左衛門」の屋敷があったことによる（「浪華百事談」）。玉屋治左衛門は倹約家として知られ、屋敷の建築に石を多用したことから「石の治左衛門」と呼ばれたともいう。現在は統合されて中央区東心斎橋の一部となったが、ビルや店舗の名前に旧町名は数多く残っている。〔豆谷〕

湧き出る清水から来た町名である。「石ばしる垂水の上の早蕨《さわらび》の萌え出づる春になりにけるかも」（『万葉集』巻八、春の雑歌）。志貴皇子《しきのみこ》の著名なこの歌にいう「垂水」は滝のことで、糸田川右岸の同町付近を指すと考えられている。『新撰姓氏録』の右京皇別上に「垂水公」がみえ、その由来について、孝徳天皇の時代に日照りに際して、阿利間公《ありまのきみ》が垂水岡から湧き出る清水を長柄豊碕宮に高樋で通水して献じたことから「垂水公」の姓を賜り、垂水神社を掌らせたといい、当時この地方が井泉の供給源の一つであったことがうかがえる（『大阪府全志』三）。垂水神社は『延喜式』「神名帳」にみえる「豊島郡五座」の一つで、垂水町一丁目に所在し、豊城入彦《たまきいりひこ》命・大己貴《おおなむち》命・少彦名《すくなひこな》命などを祭る。また「行基年譜」の天平十三年記に「垂氷布施屋　在豊嶋郡垂氷里」とあり、交通の要所の垂水に旅人のための「布施屋」（休息所）が設けられていた。古代・中世には摂関家私牧で後に春日大社領になる垂水牧が所在した。近世は垂水村で、明治二十二年（一八八九）の町村制施行により、榎坂村と合併して豊津村大字垂水に、昭和四十一年（一九六六）、町名変更によって垂水町一～三丁目になった。［石原］

垂水町《たるみちょう》（吹田市）

*樽屋町《たるやまち》（北区）

江戸時代からの町名。天満堀川に架かる樽屋橋を挟んで東樽屋町と西樽屋町に分かれていた。東樽屋町は菅原町の北、西樽屋町は樋上町の北に位置する。明治五年（一八七二）の大規模な町域・町名の変更により、西樽屋町は消滅し、東樽屋町が樽屋町として、昭和五十三年（一九七八）まで存続した。天満の地域は江戸時代に酒造業が盛んで、その酒樽をつくる職人が集住していたことによるものだと考えられる。現在の天神西町に含まれる。［八木］

田原《たわら》（四条畷市）

近世の田原村。江戸時代初期は一村（高五百五十二石余）であったが、少なくとも延宝年間（一六七三～一六八一）には、南側が上田原村、北側が下田原村となる。現在の大阪府域では、生駒山地の東側に位置する集落はここだけである。明治二十二年（一八八九）の町村制施行によって田原村となり北河内郡が成立したとき同郡に属する。昭和三十六年（一九六一）、四條畷村と合併し、同四十五年の市制施行以来、四條畷市の一部となる。古くは、安貞二年（一二二八）

の七条院（後鳥羽天皇の母、藤原殖子）領処分状に田原庄がみえる。上田原の住吉神社には鎌倉期の石風呂があり府指定文化財となっている。戦国時代には、上田原字八ノ坪に田原城があり城主は田原対馬守であったと伝える。代々城主の菩提寺であったとする千光寺跡から天正九年（一五八一）の十字架の刻まれたキリシタン墓碑（府指定文化財）が出土し、これに「礼幡（田原レイマン）」という洗礼名が刻まれていたことから城主田原氏がキリシタンであったことがわかる。地名の由来は不詳。〔尾崎〕

俵屋《たわらや》（泉佐野市）　開発者の名に由来する地名で、正保二年（一六四五）より日根野村・長滝村の空地を俵屋次郎右衛門らが開発し、俵屋新田村となった。俵屋次郎右衛門は大坂町人とも推定されているが、不詳。俵屋新田の開発はその後貞享三年（一六八六）まで続けられ、その村域は、現在の俵屋・葵町付近を中心としつつ、貝塚市堀、泉南市幡代《はたしろ》・新家《しんげ》・信達中《しんだちなか》・馬場などに広がり、岸和田藩領内に広く点在していた。〔山中〕

丹上《たんじょう》（堺市美原区）　江戸時代は河内国丹南《たんなん》郡丹上村。『和名類聚抄』記載の丹比《たじひ》郡十一郷のうち、平安時代に丹南郡となる南部の七郷（狭山・菅生・黒山・丹上・田邑・丹下・野中）に起源をもつ。地名の由来について『古事記伝』などは、東除川《ひがしよけ》下流にあった丹下郷に対して、その上流の美原区北東部から東隣の羽曳野市一帯にかけて同郷があったからと推定する。明治二十二年（一八八九）、丹上・丹南・今井・真福寺・大保《だいほ》の五か村が合併して丹南郡丹南村となり、その大字となる。丹南村は、鎌倉・室町時代に全国展開する丹南鋳物師発祥の地として知られている。昭和三十一年（一九五六）に南河内郡美原町の大字、平成十七年（二〇〇五）に堺市の大字となる。〔吉田豊〕

淡輪《たんのわ》（阪南市・岬町）　阪南市の西端および岬町の東部に位置する。面積は岬町部分が大部分を占める。『日本書紀』雄略天皇九年五月条に、「大連奉勅使土師連小鳥冢墓於田身輪邑而葬之也」とあり、紀小弓宿禰《きのこゆみのすくね》の墓が作られ葬られている「田身輪邑《たむわむら》」は当地に比定されている。鎌倉時代から室町時代には「淡輪庄」としてその名がみられ、下司職・公文職は代々淡輪氏が務めた。建永元年（一二〇六）の慈円起請文の記載が早く、建暦三年（一二一三）に弟子朝仁親王に譲られ、後鳥羽上皇、幕府、青蓮院門跡へと移った。『岬町の歴史』には、海岸線が弧状に撓《たわ》んでいるさまを表した撓みの囲《わ》から来ているのではないかと推定されている。 ［曽我］

近木 →こぎ（貝塚市）

近木庄 →こぎのしょう（貝塚市）

千島 ちしま（大正区） 区の東部中央に位置する。千島一〜三丁目がある。木津川河口部の寄洲であったが、宝暦七年（一七五七）、岡島嘉平次が請地し、明和五年（一七六八）に最初の検地を受け、順次新田化していった。岡島嘉平次の出身地である千林村と岡島の姓から一字ずつをとり、千島新田とした（『大阪府全志』二）。大正時代には、大正運河が開削され、貯木池等も造られるなど、木材業者が集住したが、昭和四十四年（一九六九）に千島計画が策定された。これにより運河や貯木池を埋め立てると共に、地下鉄工事の残土を積みあげて、人工の山（昭和山、標高三十三メートル）が造られ、公園化された。 ［堀田］

築港 ちっこう（港区） 昭和四十三年（一九六八）から現在の町名。大阪市営地下鉄中央線「大阪港」駅周辺に位置。地名の由来は、同地域に大阪港が築かれたこと、またはかつて大阪市西区にあった「花園橋」駅と、港区「大阪港」駅間を結んでいた大阪市電築港線（日本初の公営の路面電車路線）の路線名によるとみられる。昭和四十三年に港区一条通・二条通・三条通・四条通・五条通・北海岸通・天保町の各一部が合併し、築港となる。 ［松永］

千早 ちはや（千早赤阪村） 金剛山（標高一一二五メートル）西麓で、石川支流の千早川の上流に位置し、大和方面への千早街道が通る。茅葉屋・千剣破・千波屋などとも表記する。地名は、勢い激しく吹く風に由来すると考えられる。南北朝期の楠木氏の拠点で、南東の金剛山へ連なる丘陵上に、元弘二年（一三三二）楠木氏が最後の拠点となる詰城《つめのしろ》として千早城（標高六七〇メートル・比高二五〇メートル）を築いた。 ［吉井］

千早赤阪村 ちはやあかさかむら（千早赤阪村） 大阪府の南東部に位置する。

村名の由来は、昭和三十一年（一九五六）に千早村と赤坂村が合併したことによる。南北朝時代に楠木正成がこの地で挙兵したことで知られる。千早は、千波屋・茅破屋・茅葉屋・千岩屋・千剣破とも記される。なお、大阪府で唯一の村である。

［堀田］

千舟《ちふね》（西淀川区）

明治二十二年（一八八九）、西成《にしなり》郡の大和田村、大野村、百島新田《ひゃくじましんでん》、佃村、蒲島新田の五か村が合併して、千船村が成立する。『万葉集』巻六の「浜清く浦うるはしみ神代より千船の泊つる大和田の浜」から、千船と命名する。明治三十九年（一九〇六）に一部を伝法町へ編入し、同四十三年（一九一〇）に大字百島新田、蒲島新田を、百島、蒲島と変更する。農業とともに江戸時代以来の漁業が明治時代においてもさかんに行われる。水運に恵まれた地形から、紡績業などの製造業が多く進出する。明治三十八年には阪神電鉄大和田、佃駅が開設されたが、大正十年（一九二一）両駅を廃止、千船駅が設置された。翌年、千船町となり、同十四年（一九二五）に大阪市西淀川区の一部となった。これに伴い、千船の地名は消滅したが、昭和十九年（一九四四）に旧千船町の一部が、千舟東一・二丁目となり（のち三丁目が加わる）、同四十七年（一九七二）、千舟一〜三丁目となり、現在に至る。

［荒武］

茶臼山町《ちゃうすやまちょう》（天王寺区）

明治三十三年（一九〇〇）に南区の町名として誕生した。その後、大正十四年（一九二五）までは天王寺を冠したが、同年、天王寺区の発足とともに現町名となった。その由来は町内にある茶臼山である。茶臼山は従来古墳といわれてきたが、現在は否定的見解が強い。茶臼山の名は、慶長十九年（一六一四）から翌年にかけての大坂の陣の際、徳川方が着陣した場所として登場する（『慶長年録』ほか）。山が重なるような形状であることからその名があるという。「勝山」と呼ばれていたこともある（元禄元年〈一六八八〉「辰歳増補大坂図」）。

［大澤］

*茶園町《ちゃえんちょう》（福島区）

現在の大開《おおひらき》一丁目にあった町。明治初頭は野田村の一部であったが、明治三十年（一八九七）大阪市に編入され、北区西成野田字茶園となった。同三十三年西野田茶園町となる。大正十四年（一九二五）此花《このはな》区に編入され、茶園町となり、さらに昭和十八年（一九四三）福島区に編入された。昭和五十年（一九七五）、大開一丁目の一部となった。町名の由来は、小字名による（『大阪の町名』下）。　［吉田洋］

茶屋町《ちゃやまち》（北区）　区の北西部に位置する。元は西成《にしなり》郡北野村。明治三十年（一八九七）の大阪市第一次市域拡張により大阪市に編入される。明治三十三年（一九〇〇）に北野茶屋町となる。大正十三年（一九二四）に茶屋町となる。当地は大阪から北に延びる街道筋（中国街道・能勢街道）の出発点の位置にあり、また菜の花がきれいな野原もあったので、「鶴の茶屋」「萩の茶屋」「車の茶屋」など茶屋が立ち並んでいることから、その名がついたという。北野村の字名として「茶屋の下」がある。明治二十二年には町内に九階建ての楼閣「凌雲閣」が建てられた。　［八木］

中　央《ちゅうおう》（城東区）　昭和五十一年（一九七六）、住居表示が改められた際に採用された町名。城東区のほぼ中央に位置し、区役所等の官公庁が集中的に立地していたことから、このように名づけられた。　［藤田］

中央区《ちゅうおうく》（大阪市）　大阪市の中央に位置することからつけられた。もともと、江戸時代には大阪三郷の北組と南組であったが、明治二年（一八六九）六月二日に大坂三郷は廃止され、東大組・南大組・西大組・北大組に区分され、当地は東大組と南大組となった。その後第一大区・第二大区となったが、明治十二年には東区・南区となり、大阪市の市制施行時にもそのまま大阪市東区・大阪市南区となった。平成十三年（二〇〇一）に区の合区が行われ、中央区となった。　［堀田］

長興寺《ちょうこうじ》（豊中市）　地名の由来は、中世に長興寺という寺院があったことによる。文治五年（一一八九）三月春日社領垂水西牧榎坂《えさか》郷検注加納田畠取帳（今西家文書）に「村寺長興寺」がみえる。また、鎌倉時代後半には、長興寺別当職の帰属をめぐり興福寺と在地の間で紛争が起きている（『春日社記録』二）。長興寺は七堂伽藍を擁した大寺院であったという伝承もあるが（『摂取山念佛寺記録』）、江戸時代には廃寺となった。明治二十二年（一八八九）、中豊島村の大字となる。昭和二十二年（一九四七）に豊中市に編入され、同四十年には住居表示の実施により、長興寺北・長興寺南などの町名が誕生した。

［田村］

千代崎《ちよざき》（西区）　区の南部で木津川左岸沿いに位置する。元は寺島の一部である。木津川の西側に面し、一～二丁目がある。寺島は木津川と尻無川が分かれるところに位置し、先端に大きな松があったことから「松島の鼻」と呼ばれた（『摂津名所図会』）。明治元年（一八六八）に新地が開発され、五年には遊郭が集められて松島遊郭と称された。同年、北堀江との間に千代崎橋が架橋された（橋名の由来は不詳）。船を通すために、橋の中央部分が左右に引き込まれるという珍しい構造で、そろばん橋とも呼ばれた。松島の町名はいくつかあって変遷を重ねたが、昭和三十九年（一九六四）に、千代崎橋にちなみ千代崎町となり、同五十二年に千代崎となった。

［堀田］

＊千代見町《ちよみちょう》（港区）　昭和二年（一九二七）から同四十三年の町名。地名の由来は、当町にかつて波除山《なみよけ》（瑞賢山《ずいけん》）があり、遠望できたことから、これを千代に（永遠に）望見できることを願ってつけられたといわれる（『大阪の町名』上）。昭和二年に池山町・市岡町の一部が千代見町となる。昭和四十三年に磯路・弁天の一部となる。

［松永］

＊対込町《ついこみちょう》（福島区）　現在の野田五～六丁目にあった町。もと野田村の一部であったが、明治三十年（一八九七）大阪市に編入され、北区西成野田字対込となった。同三十三年西野田対込町となり、大正十四年（一九二五）此花区《このはな》に編入され、対込町となった。昭和十八年（一九四三）に福島区に編入、昭和五十年（一九七五）に現在の形となる。町名の由来は小字名による（『大阪の町名』下）。

［吉田洋］

塚本《つかもと》（淀川区）　当地名は、『和《わ》名《みょう》類聚《るいじゅ》抄《しょう》』に「槻本郷都木乃毛止」とあり、奈良～平安期にみえる槻本郷に由来するという説、南浜村源光寺の本尊が一時安置され、そこに供養のための如来塚が築かれたことに由来するという説がある（『摂陽奇観』）。中津川が湾曲する内側にあたり、村の西部には野里村とを結ぶ野里渡がある。明治二十九年（一八九六）以降の淀川改修工事では村南部の五～六丁目の一部が新淀川となった。

［上田］

佃《つくだ》（西淀川区）

歌枕などで有名な難波八十島のひとつ「田蓑島」をこの地域とする説がある。貞観年間（八五九～八七七）に佃という地名となり、佃氏をはじめとする十七軒が協力して開発を行ったという伝承を持つが、その由来については定かではない。中世には住吉社領大和田庄に含まれていたとされる（『住吉松葉大記』）。当時から漁業が活発に行われ、佃千軒と呼ばれる繁栄をみせていた。慶長年間（一五九六～一六一五）、徳川家康から海上隠密方を命じられ、献魚の役を務めたとの伝承もある。慶長十八年（一六一三）、海川漁猟御免として全国的な漁業特権を与えられ、寛永七年（一六三〇）には佃の漁師たちが江戸へ移住し、佃島を形成するに至る。産《うぶ》土神《すながみ》の田蓑神社は、「田蓑島」という古来の地名による。江戸時代には、住吉明神・住吉神祠などと称されるが、徳川家康との由緒から東照宮なども祀られる。現在、境内は「佃漁民ゆかりの地」として大阪市顕彰史跡に指定される。明治二十二年（一八八九）、近隣四か村と合併して千船村大字佃となり、大正十四年（一九二五）に大阪市西淀川区佃町一～七丁目となる。昭和四十七年（一九七二）、同区佃一～七丁目に変更される。昭和二十年（一九四五）六月、町内の左門橋南詰の防空壕に二トン爆弾が直撃、五十三名が死亡する惨事が起こり、戦後になってから地域の有志者で「大東亜戦争被爆者鎮魂の碑」と地蔵堂が建立された。

〔荒武〕

対馬江《つしまえ》（寝屋川市）

かつての河内国茨田《まった》郡に属す。文明十九年（一四八七）の「北野社一切経奥書」（大報恩寺所蔵）に「河内国対馬江庄広度寺住良盛」なる僧が書写に参加したことが記されるが、広度寺は後の史料にまったくみえず、早い時期に廃絶したものと思われる。江戸時代から対馬江村として現れ、明治二十二年（一八八九）九個荘《くかしょう》村の大字となり、昭和十八年（一九四三）二月九個荘町、同年四月寝屋川町、同二十六年（一九五一）寝屋川市の一部となる。地名の由来は、古代氏族津島部の住地で、「つしまべ」が転訛したもの（『寝屋川市誌』）とする。現在寝屋川市黒原と道一本隔てた守口市に所在する茨田郡一ノ宮津島部神社は、もと当地にあったとする。

〔尾崎〕

津田《つだ》（枚方市）

嘉禄二年（一二二六）がその初見とされてきたが、これは江戸時代後期に創られた椿井文書と呼ばれる偽文書群に拠るもので、正しくは正嘉二年（一二五八）の三之宮神社棟札写が初見（『ヒストリア』一九四）。集落東部にある国見山には、戦国期に北河内最大級の国人領主であった津田氏の居城津田城があったとされるが、これは一六九〇年頃に創作された話（『城館史料学』二）。山頂にある遺構は寺院に伴うものと考えられる。［馬部］

廿山《つづやま》（富田林市）

市域西部で羽曳野《はびきの》丘陵の西端に位置する。「津々山」（延文五年（一三六〇）六月日付「田代顕綱軍忠状」）や「二十山」とも表記する。なだらかな山が幾重にも連なる地形に由来すると考えられる。元弘二年（一三三二）に楠木正成が築き、隅田《すだ》氏の居城となった廿山城址がある。現在の廿山・津々山台《つづやまだい》など。［吉井］

津堂《つどう》（藤井寺市）

小山の北側にあり、聖徳太子が渡津を設けて堂舎を建立したことにちなむ（『大阪府全志』四）とされるが、大和川付け替え以降にできた伝承であろう。百済系渡来氏族津氏の堂にちなむとの考えもあるが不明である。東南に接する津堂城山古墳には戦国時代に小山城があり、城に関連する小字名「本丸」「二の丸」「三の丸」「四の丸」「町」「殿町」「奉公人町」などが残っている。現在は津堂一～四丁目。［中山］

常吉《つねよし》（此花区）

天保五年（一八三四）に、西成《にしなり》郡南方《みなみかた》村（現淀川区）の常吉庄左衛門が、本酉島《ほんとりしま》新田の寄洲《よりす》を開発し、常吉新田と称するようになった。明治二十二年（一八八九）川北村大字常吉新田となり、同二十九年度からの淀川改修工事に伴い、その一部は淀川河川敷となった。同三十年、大阪市西区川北大字常吉となり、同三十三年常吉町となる。大正二年（一九一三）、大阪港内公有水面（国の所有に属するもの）が埋め立てられ、島舟町となり、同十四年常吉町・島舟町ともに此花《このはな》区に編入された。昭和三十五年（一九六〇）に常吉町・島舟町の両町は酉島《とりしま》九丁目の一部となり常吉町は消滅したが、同四十三年に常吉町を新設、同五十年に常吉一～二丁目全域と酉島五丁目の一部となった（『大阪の町名』下）。［吉田洋］

津之江《つのえ》（高槻市）

筑紫津《つくしつ》神社（津之江北町）の「筑紫津」は、催馬楽《さいばら》「難波の海」に「難波の海　漕ぎもて上る　小舟大船

筑紫津までに　今少し上れ　山崎までに」と見える「筑紫津」であり、津之江の「津」もここに由来すると考えられている。中世には津江《つのえ》庄が成立。南北朝期には国人津江氏の活動が見られる。江戸時代の津之江村は高槻藩領。明治二十二年（一八八九）近隣四か村と合併して如是《にょぜ》村の大字となり、昭和九年（一九三四）に高槻町と合併した。津之江のつく現行町名は、津之江町と津之江北町がある。〔飯沼〕

壺井 つぼい（羽曳野市）

古代の石川郡《いしかわのこおり》大国郷《おおくにごう》（『和名類聚抄』）の地に当たると考えられる。源満仲の三男頼信が河内守に赴任して、当地に館を構えたという。壺井の名の由来には次のような伝承がある。頼信の子頼義と孫の義家が前九年の役で苦戦したおり、伊勢大神宮に祈って水を得て勝利に至った。そこで、凱旋の際に清水を壺に入れて持ち帰り、新たに壺井八幡社の前に掘った井戸に沈めた（『河内鑑名所記』）という。そのため、この井戸を「壺井」と称した。この井戸の形式や奥壁に刻まれている如来坐像の様式から、頼義時代のものと考えられている。壺井八幡社から南に三百メートルほどの所に、源氏の氏寺通法寺があり、源頼信・頼義・義家の三代の墓所が付近にある。通法寺は源頼義が長久四年（一〇四三）九月に仁海谷で得た千手観音像を本尊として建立したと伝える。しかし、本当に寺院が建立されたのは、もう少し後ではないかと考えられている。江戸時代には荒廃していたが、元禄年間（一六八八〜一七〇四）に僧隆光の仲介で将軍徳川綱吉の保護を得て、整備された。現在は壺井・通法寺。〔中山〕

*壺屋町 つぼやまち（北区）

区の南東部に位置する。江戸時代から昭和五十三年（一九七八）の町名。江戸時代の高島町東筋から北に延びる町で、北は同心屋敷に続く。「大坂三郷町絵図」には茶染町とあり、「初発言上候帳面写」には、茶染町が壺屋町になったとある。『北区史』によると、酒蔵が多く、水がめ・油がめが販売されていたためという。現在の東天満一〜二丁目、天満三〜四丁目に含まれる。〔八木〕

津守 つもり（西成区）

津守・北津守・南津守がある。昭和四十八年（一九七三）以前には、津守西・津守東があった。町名は、古名として伝わる津守の浦にちなんでつけられた。古代には上町台地の西側の広い地域を津守と呼んだようである。難波津《なにわづ》を守るという意味で津守と称されたと思われ、奈良時代には津守郷があった。「行基年譜」に津守村に善源院を建てたとみえる。豪族として津守氏もいた。津守連《むらじ》の存在も知られる。のち津守連は津守宿禰となり、代々住吉神社の神職を務めた（『大阪の町名』上・『大阪史跡辞典』）。江戸時代に新田が開発され、津守新田と称された。津守西は、明治初頭、西成郡の津守新田・住吉郡の加賀屋新田の各一部と川上新田の全域であったが、明治十五年（一八八二）七月十五日に住吉郡の加賀屋新田の北部と川上新田が合併して北加賀屋新田となった。同二十二年四月一日の町村制の施行に伴い、津守新田は西成郡川南村となりその大字に、北加賀屋新田は住吉郡敷津村になりその大字になった。同二十九年四月一日に住吉郡は東成《ひがしなり》郡となった。同三十年四月一日西成郡津守新田は津守村となった。同三十二年十月六日に埋立地が北加賀屋新田に編入された。同四十三年十二月に北加賀屋新田は北加賀屋となった。大正十四年（一九二五）四月一日大阪市に編入され、西成区の津守町・北加賀屋町の各一部となった。昭和二十三年（一九四八）十一月五日津守町・北加賀屋町の各一部が津守町西七〜八丁目となった。昭和二十六年一月十五日残りの津守町の一部が津守町西一〜六丁目となった。昭和四十八年十一月、津守西は、南津守二丁目および同五丁目の全域、北津守一〜四丁目、南津守一丁目、同三〜四丁目、同六丁目の各一部となった。

津守東は、明治初頭、西成郡の津守新田・桜井新田および住吉郡の加賀屋新田の各一部であったが、明治五年（一八七二）九月桜井新田は住吉郡となり、同十五年七月十五日に住吉郡の加賀屋新田の北部は北加賀屋新田となった。同二十九年四月一日に住吉郡は東成郡となった。同三十年四月一日西成郡津守新田は津守村となった。同三十二年十月六日埋立地が北加賀屋新田に編入された。同四十三年十二月に敷津村の大字北加賀屋・大字桜井の各一部となった。大正十四年（一九二五）四月一日大阪市に編入され、西成区の津守町・北加賀屋町・桜井町の各一部となった。昭和二十三年（一九四八）十一月五日津守町・北加賀屋町・桜井町の各一部が、津守東八〜九丁目となった。昭和二十六年一月十五日残りの津守町の一部が津守東一〜七丁目となった。昭和四十八年十一月、津守東は、南津守・北津守・中開《なかびらき》・南開《みなみびらき》・出城《でしろ》・長橋・鶴見橋・

旭・松・橘・千本北・千本中・千本南・玉出西の各一部となった。 ［古川］

釣鐘町《つりがねまち》（中央区）

町名はこの地に「釣鐘屋敷」があることに由来する。大坂夏の陣後に大坂が徳川幕府領となってしばらくたったころ、寛永十一年（一六三四）に将軍徳川家光が大坂を訪れた。この時徳川家光は、将来にわたって大坂町中の地子銀を免除することを宣言した。これを記念して建てられたのが釣鐘屋敷である。江戸時代を通じて、鐘をついて市中に時を知らせる役割を果たしていたという。建物は明治三年（一八七〇）に廃され、釣鐘は府立博物場、のち府庁で保管されたが、昭和六十年（一九八五）に現地に新たな鐘楼が建設され旧来の地に戻されている。 ［豆谷］

鶴野《つるの》（摂津市）

昭和四十八年（一九七三）の町名変更によりできた町名で、一丁目から四丁目がある。近世は鶴野新田村の一部で、明治二十二年（一八八九）の町村制施行時に東蔵垣内《くらがいち》村・西蔵垣内村・丑寅《うしとら》村・乙辻《おとのつじ》村・太中《たいなか》村・小坪井村・宇野辺村と合併して三宅村が成立した後は同村の大字鶴野のうちになった。三宅村は昭和三十二年（一九五七）に茨木市と合併したが、大字鶴野と小坪井・太中・乙辻は三島町に編入され、昭和四十一年に摂津市になった。鶴野というのは、応永六年（一三九九）の三善景衡公験文書紛失状（宝鏡寺文書）に三善氏相伝の私領として「鳥養村内稲福庄并鶴野村」とあるのが初見か。安威《あい》川と茨木川（町域付近では現在は廃川）の合流点付近に位置し、近世には三宅村の属邑で鶴野新田と称したが（享保二十年〔一七三五〕「摂河泉石高調」ほか）、明治十五年（一八八二）に鶴野村に改称した（『大阪府全志』三）。町名はこれらにちなみ、両川にはさまれた低湿地にあって水鳥が多く見られたことによるものか。摂津市の中央部に位置して、北・東は茨木市界、南は安威川、西は府道大阪中央環状線と近畿自動車道に囲まれ、二丁目に大阪モノレール線摂津駅がある。 ［石原］

鶴野町《つるのちょう》（北区）

区の北部に位置する。もとは西成《にしなり》郡本庄村と北野村の境付近。明治三十年（一八九七）の大阪市第一次市域拡張で大阪市に編入される。明治三十三年に本庄西権現町・北野茶屋町となっていたが、大正十三年（一九二四）の町域町名変更により、新たにできた町名。茶屋町の東に位置する。町名は「鶴の茶屋」に由来するといわれる。「鶴の茶屋」は茶屋町にあり、同地にあった石碑の文面によると、大阪の豪商松波竹塘《まつなみちくとう》の別荘があり、そこで鶴を二羽放し飼いにしていたとあり、そのことにちなむ命名であると考えられる。　［八木］

鶴橋《つるはし》（生野区）　区の北西部に位置する。鶴橋の地名は明治二十二年（一八八九）町村制施行に伴い、猪飼野《いかいの》・木野《この》・岡・小橋《おばせ》・東小橋《おばせ》の五か村が合併した際、日本最古の橋とされる「鶴之橋」にちなんで「鶴橋村」と命名されたことに始まる。「鶴之橋」は旧・平野川（古名・百済川）に架し、『日本書紀』仁徳天皇十四年条に載せる「猪甘津《いかいつ》の橋」の古跡とされ、この橋の辺りに鶴が多く集まったことから鶴之橋と呼ばれるようになったという（『摂陽群談』）。その橋跡は大阪市顕彰史跡に指定され、記念碑・石橋の親柱などの建つ一角は、歴史の散歩道に沿った史跡スポット公園として整備されている（桃谷二―一七）。JR環状線・近鉄線・地下鉄千日前線にそれぞれ「鶴橋駅」があって、これらは生野区の北西隅付近に集中しており、現「鶴橋」の町名はこれらの駅の近接地域であることに由来している。しかし、かつての「鶴橋村」は、現「鶴橋」「桃谷」「勝山北」「中川西」などのほか東成区・天王寺区の各一部を含む広い領域を占めていた。なお、旧・木野村の弥栄神社氏子青年団体が「鶴橋若中会」と称しているのは、昭和四十八年（一九七三）以前の旧町名「鶴橋北之町・鶴橋南之町」（現・鶴橋一～三丁目、桃谷一～二丁目辺りに該当）に基づくもので、この場合の「鶴橋」は「木野村」の別称というべきものである。　［足代］

鶴町《つるまち》（大正区）　区の南西部に位置し、周囲は海水域に接する。鶴町一～五丁目がある。鶴町は、明治三十年（一八九七）から始まった大阪築港《ちっこう》工事のときに、海面を埋め立ててつくられた造成地である。大正八年（一九一九）に鶴町と名付けられた。地名の由来は、奈良時代の田辺福麻呂《たなべさきまろ》の詠んだ、「潮干れば葦辺に騒ぐ白鶴（百鶴とも）の妻呼ぶ声は宮もとどろに」（『万葉集』巻六―一〇六四）から取られた。　［堀田］

鶴見《つるみ》（鶴見区）　大正十四年（一九二五）の第二次市域拡張で東《ひがし》成《なり》郡榎本村が大阪市に編入されたとき、同村に四つあった大字のうち三つは旧名がそのまま新町名となったが、大字下ノ辻のみは「鶴見町」となった。その後鶴見緑地・鶴見区ができるなど、現在ではかなり広く知られる地名である。語源の説明としては、源頼朝が富士の巻狩の際に放した金の短冊をつけた鶴が飛来して人々がそれを見た、また周辺が湿地で鶴が多かった等のことがいわれているが、いずれも典拠不明であり、あえてこの町名を採用した経緯・事情は明らかではない。［藤田］

鶴見橋 つるみばし （西成区）

区の中央の北寄りに位置する。町名は、津守地域との境界であった十三間堀川（昭和四十年代に大半が埋め立てられる）に架かる鶴見橋の、東方への直進道路の一筋北側の道路沿いの地域であることに由来する（『大阪の町名』上）。なお、鶴見橋の命名の由来は、西区（現大正区）鶴町を真正面に望見できる橋であったためと伝える。明治初頭、西成郡木津村の一部であったが、明治三十年（一八九七）四月一日、今宮村元木津の一部となった。大正二年（一九一三）十二月十日大字木津の一部となり、同六年九月一日に今宮町大字木津の一部となった、同十一年四月一日に今宮町鶴見橋北通一～八丁目となった。同十四年四月一日に大阪市に編入され、西成区鶴見橋北通一～八丁目となった。昭和四十八年（一九七三）十一月に鶴見橋北通は鶴見橋一～三丁目および長橋一～三丁目の各一部となった。［古川］

出来島 できじま （西淀川区）

寛正二年（一四六一）の「中嶋崇禅寺領目録」に、「出来島」との地名が記されているが、この地域と同一かどうかは定かでない（『崇禅寺文書』）。元禄十一年（一六九八）、幕府が新田開発を促進していた時期、摂津国島下《しましも》郡福井村の倉橋屋四郎兵衛が地代金千百六十両にて請け負った。この地域の旧称である出来島・願念島から、「出来島新田」と名付けられるが、その由来については明らかではない。天保十年（一八三九）の「大坂湊口新田細見図」によれば、地主が大坂道修町二丁目の袴屋仁右衛門となっている。明治二十二年（一八八九）、川北村大字出来島新田となり、同四十三年（一九一〇）に同村大字出来島、大正十四年（一九二五）には大阪市西淀川区出来島町との変遷を辿る。昭和四十七年（一九七二）より出来島一～三丁目となり、神崎《かんざき》川と西島川が分流するところには、歩いて渡ることのできる出来島水門が設置されている。［荒武］

テクノステージ（和泉市）　和泉市久井町《ひさい》および春《はる》木《き》町西部の丘陵地に関西国際空港の開港をにらんで開発された中小企業団地。昭和五十五年（一九八〇）以降、大阪府と和泉市が関係機関と提携して「和泉コスモポリス」事業を推進し、平成八年（一九九六）から造成が始まった。平成九年（一九九七）六月に団地愛称が公募され、「テクノステージ和泉」に決定した。平成十年（一九九八）から企業分譲が始まり、平成十一年（一九九九）にはテクノステージ一丁目～三丁目の住居表示が行われた。総面積は一〇三・四ヘクタール、関西国際空港と大阪市内の中間に位置し、阪和《はんわ》自動車道岸和田インターに近く、交通の利便性が高い。平成十八年（二〇〇六）三月企業分譲が完了し、同年十二月現在、製造業を中心に一〇二社が立地しており、大阪南部の「ものづくり」拠点としての発展が期待されている。〔森下〕

*__出崎町__《でさきちょう》（港区）　明治四十年（一九〇七）から昭和四十三年（一九六八）の町名。地名の由来は、同地が明治期の大阪湾築港《ちっこう》埠頭埋立地東南の突出した崎にあり、直接海面に接していたことによる（『大阪の町名』上）。明治四十年に大阪湾築港埠頭埋立地の一部が西区出崎町となる。大正十四年（一九二五）には港区に編入。昭和二十五年の港湾地帯高潮対策事業に伴う天保山運河拡張工事によって、町内の一部が天保山運河の水面下となる。昭和四十三年に海岸通・八幡屋《やはたや》の一部となる。〔松永〕

出城《でしろ》（西成区）　町名は、天正四年（一五七六）の織田信長と本願寺門徒との戦いのとき、木津川河口の防衛のため本願寺門徒が城塞（出城）を築いたのがこの地域付近に当たるという伝承に由来する。字地名である出城が、木津砦の跡とされている（『大阪の町名』上）。明治初頭、西成郡木津村の一部であったが、明治三十年（一八九七）四月一日、今宮村元木津の一部となった。大正二年（一九一三）十二月十日大字木津の一部となり、同六年九月一日に今宮町大字木津の一部となった。同十一年四月一日に大阪市に編入され、西成区出城通一～九丁目となった。昭和四十八年（一九七三）十一月に、出城通は出城一～三丁目、南開《みなみびらき》一～二丁目、中《なか》開《びらき》一丁目の各一部となった。〔古川〕

帝塚山《てづかやま》（阿倍野区）　住吉区帝塚山西二丁目に所在する古墳時代中期の帝塚山古墳を中心とした、阿倍野区から住吉区にまたがる広域の地名。昭和九年（一九三四）から帝塚山中・西・東のように町名として使用され、昭和四十二年（一九六七）から現在の阿倍野区の町名となった。帝塚山古墳は旧住吉村の所有であったが、大正十四年（一九二五）に設立された財団法人住吉村常磐会が引き継ぎ、古墳周辺の環境整備、古墳そのものの維持・保存に尽力し、国の史跡指定を求める運動を重ねた結果、昭和三十八年（一九六三）十月十九日に国史跡指定を受けることとなった（『住吉区史』）。〔生駒〕

鉄砲町《てっぽうちょう》（堺市堺区）　堺市三宝村の各大字を昭和四年（一九二九）に再編成するときに、この付近に近世は鉄砲鍛冶射的場があったことから名付けられた。江戸時代は、南東部に近接する桜之町（旧市域北組）などに、鉄砲鍛冶が集住していた。〔吉田豊〕

寺《てら》（交野市）　嘉吉元年（一四四一）の年紀をもつ「興福寺官務牒疏」には、交野郡内に「徳泉寺」という寺院があると記される。この古代寺院の存在が、地名の由来の有力な説となっていた。しかし「興福寺官務牒疏」は、江戸時代後期に創られた椿井文書という偽文書の一つで、堺市美原区に実在した徳泉寺の所在を交野郡に変更して掲載したことは明白である（『忘れられた霊場をさぐる』三）。よって地名の由来は、現在のところ不明といわざるを得ない。〔馬部〕

寺田町《てらだちょう》（天王寺区）　明治三十三年（一九〇〇）から現在に続く町名。大正十四年（一九二五）までは天王寺を冠した南区の町名であったが、同年の天王寺区誕生に伴い現町名となった。町名の由来は四天王寺の寺田が所在したことによるという説があるが、未詳（『大阪の町名』下）。字名としては明治二十一年（一八八八）に「字東寺ノ町」が現寺田町よりやや西方に確認できるものの（内務省地理局、大阪府「大阪実測図」）、関係性は明らかでない。〔大澤〕

***寺　町**《てらまち》（北区）　天満組の市街地の北端に東西に寺が連なっており、天満寺町と呼ばれていた。天満堀川を境に東寺町と西寺町に分かれていた。東寺町が十八寺、西寺町が十三寺

を数える。東寺町の東端は専念寺で、西端は九品寺である。九品寺はもと天神橋筋との北東角（のちの大鏡寺の位置）にあったのが、天正十八年（一五九〇）に移転したという（『言経卿記』）。内田九州男《うちだくすお》の説では、九品寺の前の位置が元々の寺町の西端に位置し、寺町のプランは九品寺と専念寺が成立した天正十一年頃にできたものであるとする。西寺町は冷雲院が東端で、寒山寺が西端である。東寺町がおもに豊臣秀吉の時代に成立したと考えるのに対し、西寺町は少し遅れて、豊臣期から大坂の陣を挟んで元和期にかけて形成されていったものと考えられる。もとは西成《にしなり》郡北野村・川崎村に属していたが、明治三十年（一八九七）の大阪市第一次市域拡張により大阪市に編入、明治三十三年にそれぞれ西寺町・東寺町となり、昭和五十三年（一九七八）まで続いたが、同年の町域町名の変更により、東西寺町の町名は消滅した。西寺町は現在の兎我野・野崎町に含まれ、東寺町は現在の天神橋三丁目・与力町・同心一丁目に含まれる。〔八木〕

＊寺山町《てらやまちょう》（中央区）　大阪城の南方に位置する。地名から何らかの寺院との関係がうかがえるが、詳細はわからない。この付近が小高い地形であり、かつ南に寺町が存在するためそれとの関係が指摘されているが、この点についても特に確証はない（『大阪の町名』上）。江戸時代のこの地には、大坂城代屋敷の一つである寺山屋敷が置かれていた。現在では中央区上町の一部になっており地名表記からは姿を消したが、かろうじて大阪府立寺山住宅にその名をとどめている。〔豆谷〕

天下茶屋《てんがちゃや》（西成区）　天下茶屋・天下茶屋北・天下茶屋東がある。もとこの地は勝間新家《こつましんけ》と称したが、芽木光立《めぎこうりゅう》が武野《たけの》紹鷗《じょうおう》がいた場所に天正年間（一五七三〜九二）に茶店を出し、豊臣秀吉が住吉社参詣のときに休憩したことから太閤殿下茶屋といい、転じて天下茶屋と呼ばれるようになったという。秀吉は、天神ノ森の湧水に「恵泉」と命名している。また和中散是斎屋《わちゅうさんぜさいや》は天下茶屋の名を有名にし、『東海道中膝栗毛』八編下巻にも記されるまでになった（『角川日本地名大辞典27　大阪府』）。明治初頭、東成《ひがしなり》郡天王寺村字天下茶屋の一部であったが、明治二十二年（一八八九）四月一日の町村制の施行に伴い、天王寺村大字天王寺字天下茶屋の一部となり、大正十四年（一九二五）四月一日大阪市に編入され、住吉区天王寺町の一部となった。昭和四年（一九二九）八月二十日天下茶屋一～三丁目となった。昭和十八年四月一日の行政区画の変更に伴い、西成区に編入された。昭和四十八年（一九七三）十一月、天下茶屋一～三丁目は、岸里東一～二丁目、天下茶屋一～三丁目、天下茶屋東二丁目、聖天下《しょうてんした》一～二丁目の各一部となった。〔古川〕

天神《てんじん》（池田市）　阪急石橋駅の西、約二百メートルの所に「天神の森」と呼ばれた小さな森があり天神社があった。明治期の神社合祀により天神社は亀の森・住吉神社に合祀されたが、森は長く戦後まで残っていた。天神の町名はこの天神の森、天神社からつけられた。この地域は、かつて東市場と呼ばれていた所である。江戸時代には麻田藩領の東市場村であった。昭和四十年（一九六五）の町名変更により江戸時代より続いていた東市場という地名はなくなった。〔室田〕

天神坂《てんじんざか》（天王寺区）　逢坂一丁目と伶人町《れいにんちょう》の境界を東西方向に通る、上町台地西斜面の坂。天王寺七坂の一つ。文政三年（一八二〇）段階で「天神坂筋」の名がみえる（「増修改正摂州大坂地図」）。その名は坂の南側にある安井神社（安居天神社）にちなむ。天神社としての由緒は菅原道真が九州へ左遷される途中にこの近辺で休息したことに基づくといい（「天王寺誌」）、確実な史料では正平二十年（一三六五）に「安居天神」の名が確認できる（「秋野家伝証文留」）。〔大澤〕

天神ノ森《てんじんのもり》（西成区）　区の南側の東端に位置し、一丁目と二丁目がある。町名は、紹鷗《じょうおう》森天満宮が当町域内に所在することに由来する（『大阪の町名』上）。当社は武野紹鷗《たけのじょうおう》隠棲の地として知られ、楠の老巨木が森を成している。なお、『太平記』によれば、貞和三年（一三四七）十一月、北朝方の細川顕氏・山名時氏が遠里小野《おりおの》で南朝の楠木正行に敗れ、天神松原に逃れたといい、また延文五年（一三六〇）幕府の動揺に乗じて蜂起した楠木正儀・和田正武も天神ノ森に陣取ったとみえる。なお、当地はかつて天下茶屋遊園地の開かれたところで、のち邸宅街となった。明治初頭、東成《ひがしなり》郡天王寺村字天下茶屋の一部であったが、明治二十二年（一八八九）四月一日の町村制の施行に伴い、天王寺村大字天王寺字天下茶屋の一部となり、大正十四年（一九二五）四月一日大阪市に編入され、住吉区天王寺町の一部となった。昭和四年（一九二九）八月二十日天神ノ森一〜二丁目となった。昭和十八年四月一日の行政区画の変更に伴い、西成区に編入された。昭和四十八年、一部が聖天下《しょうてんした》一〜二丁目となり、岸松通一〜三丁目の一部を編入した。

〔古川〕

天神橋《てんじんばし》（北区）

大川に架かる天神橋北詰から北に長く連なる町名。一丁目から八丁目までである。町名は天神橋にちなむ。天神橋は、大坂天満宮の会所支配人・連歌所宗匠大村由《ゆう》己《こ》が文禄三年（一五九四）に架けた橋。天満宮が管理する橋なので天神橋と呼ばれるようになったという。橋から南北に延びる道が天神橋筋と呼ばれていたようであるが、南では松屋町筋とも呼ばれていた。この道筋は、大川に橋はないが、上町台地西崖下の重要路として中世から存在していたとする説がある。天神橋筋は、江戸時代は天神橋北詰が、天満橋筋一丁目から西に数えて天満十丁目にあたっていたところから、十丁目筋とも呼ばれた。天神橋筋の地名は一〜四丁目が明治五年（一八七二）にでき、後に九丁目までできた。大正十四年（一九二五）に北大阪急行電鉄（後に新京阪。現阪急千里線）が京都までの路線を開業したときに、大阪側の始発駅が天神橋筋六丁目に作られた。当初は天神橋駅であったが、「天六駅」と愛称されている。天満宮の表筋が天満堀川に架かる橋は元禄期頃までは天神橋と呼ばれていたが、江戸時代中頃に天神小橋と改称された。

〔八木〕

天道町《てんどうちょう》（吹田市）

近世は片山村・吉志部村・吹田村などの一部で、町名はその小字「天道」に由来する。昭和四十年（一九六五）に大字片山・七尾・吉志部・南の各一部と吹田町の小字天道・三本松が町名変更で天道町になった。昭和十五年（一九四〇）に吹田市に編入される以前は片山村・吹田町・吉志部村三町村境界が接した地域で、三町村それぞれに「天道」の小字があった。町域の亀岡街道から佐井寺に向かう参詣道の分岐点に享保十八年（一七三三）建立の道標があった。施主は大坂在住となっており、大坂から佐井寺への参詣者が多かったことがうかがえる。昭和五十二年（一九七七）に破損により撤去し佐井寺に保管されているという（『吹田の歴史学習資料集』吹田市立教育研究所）。千里丘陵の南東端に位置し、北側を大阪高槻京都線が走り、区域の南半

分をJR京都線が占めている。〔石原〕

天王《てんのう》（茨木市）　旧玉櫛村の小字天王にちなみ、昭和五十年（一九八五）の町名改正で付けられた町名。小字天王は、かつてこの地に天王社が存在したことに由来する。この天王社は現在は移転して、素盞鳴尊《すさのおのみこと》神社（沢良宜《さわらぎ》西二丁目）となっている。〔飯沼〕

天王《てんのう》（能勢町）　能勢町の北西端に位置し、東は京都府亀岡市・同南丹市、北西は兵庫県篠山市に接する。天王畑《てんのうばた》、天野畑ともいう。宝徳三年（一四五一）二月八日の「経覚私《きょうがくし》要鈔《ようしょう》」（『能勢町史』第三巻資料編）に「天王畑」の記載があり、戦国時代頃より散見する地名。地名の由来は、『大阪府全志』(三)に「大梵天王を勧請して産土神《うぶすながみ》と崇敬し、村名をも天王と改め」と記載されている。〔西田〕

天王寺区《てんのうじく》（大阪市）　大正十四年（一九二五）四月一日の大阪市第二次市域拡張により、南区から分離してできた区名。明治三十年（一八九七）の大阪市第一次市域拡張で市域には含まれていたが、このときに独立した。区名は旧村の天王寺村によるが、この村名も聖徳太子が創建した四天王寺が地域内にあることから、省略した呼称である天王寺という呼び方が付近一帯に広まっていたことによる。〔堀田〕

＊天王寺庄《てんのうじしょう》（東淀川区）　淀川の北岸にあたる地で、聖徳太子が四天王寺創建の地を求めて訪れた際、西大道《だいどう》村にあたる地に三宝寺という寺を置いたことに由来するとされる。江戸時代には市田（平田《へいだ》）・野（野田）・高間（竹ノ間）・能条（野条）の四つの集落から成る村で、寛永～正保年間（一六二四～四八）の「摂津国高帳」には平田村が見える。その後、延宝五年（一六七七）に天王寺庄村と称している。平田という地名は貞永二年（一二三三）の土地売券に現れており、古くからのものであったことがわかる。また、平田には淀川を挟んで東成《ひがしなり》郡今市村とを結ぶ平田渡があり、大坂へ向かう中島街道が走っており、淀川を上る川船を改める平田番所があり、交通の要衝であった。明治二十二年（一八八九）豊里村に組み込まれ、同二十八年からの淀川改修工事では淀川の両岸に二分された。大正十四年（一九二五）大阪市に組み込まれた際に大字名としての天王

寺庄も失われた。〔上田〕

天王寺町《てんのうじちょう》（阿倍野区）　当町は、明治時代初頭、東成《ひがしなり》郡の天王寺村・国分《こくぶ》村および住吉郡桑津《くわづ》村の一部であったが、明治から大正にかけての複雑な町域の編成を経て成立している。大正十四年（一九二五）から住吉区の町名として使われていたものが、昭和四十年（一九六五）の住居表示の実施に伴い、阿倍野区の町名として現在に至っている。町名の由来は、町名改称当時、江戸時代以来の巨村である天王寺村の名が、町名として消滅するのを惜しんだ地元住民の希望により、特に名付けられたものとされる（『阿倍野区史』）。〔生駒〕

天王田《てんのうでん》（城東区）　当地を含む、城東区の寝屋川以南は、江戸時代の地域呼称では新開荘に属する。天王田はもとは本庄村の一部で、寛文七年（一六六七）分村したという。村名は、用命天皇を祀る鵲杜宮《かささぎのもりみや》の神田であったことによるという。〔藤田〕

伝法《でんぽう》（此花区）　地名の由来には、①欽明天皇の時代に仏教の経巻が初めて着岸し、その法を伝えた、②鳥羽上皇が高野山伝法院を建立する際に、その用材を船積みした港であった、③この地に伝法寺という寺院があったのが廃寺となって、地名に残った、④白雉《はくち》五年（六五四）、仏教を広めるため来日した法道《ほうどう》仙人が、伝法山西念寺を建てた、などが伝わっている（『西成郡史』）。中世末期には、中津川河口の湊として交通の要衝となっており、伝法口と呼ばれた。元和元年（一六一五）、松平忠明《ただあき》の支配下で船手加子《ふなてかこ》（水夫）役《やく》を賦課され、同六年には大坂にある幕府の船の管理や大坂を出入りする船の監視などを行う大坂船手の支配下となった。寛文十年（一六七〇）幕領となる。明治初頭、西成《にしなり》郡北伝法村・南伝法村であったのが、町村制の施行・大阪市への編入などを経て、昭和五十年（一九七五）より、此花《このはな》区伝法となった（平凡社『日本歴史地名大系28　大阪府の地名』、『大阪の町名』下）。〔吉田洋〕

***天保町**《てんぽうちょう》（港区）　安治《あじ》川の河口左岸に位置。地名の由来は、天保二年（一八三一）に安治川の土砂を浚渫《しゅんせつ》させ、堆積してできた天保山の名による（『西成郡史』）。天保山は周囲約二百メートル、高さ十八メートル余の小山で、廻船入津の目標となったため、目印山とも呼ばれた。その後、

山および裾に植樹され、天保山百景と呼ばれる名勝がつくられ、大坂町民の行楽地となった（『天保山名所図会』）。安政元年（一八五四）にロシアの軍艦ディアナ号が天保山沖に停泊したため、市中は騒然となる。その後、海岸防備の拠点として、元治元年（一八六四）に台場が築かれたが、明治維新後に撤去された。明治元年（一八六八）に大阪府の管轄に入り、同四年天保町となる。明治三十年に大阪市西区に編入されるが、大正十四年（一九二五）には港区に編入。昭和二十五年（一九五〇）の港湾地帯高潮対策事業に伴う安治川拡張工事によって、町内の一部が安治川の水面下となる。昭和四十三年に港晴《こうせい》・築港《ちっこう》の一部となる。現在、天保山公園には、「天保山跡」碑や西村捨三《にしむらすてぞう》翁顕彰碑・銅像、元彦根藩井伊家の庭園にあった名石「朝陽岡《ちょうようこう》」などがある。〔松永〕

天満《てんま》（北区）

区の南西端の地域一帯に位置する。天満を冠する町名には、天満橋一～二丁目、東天満一～二丁目、天満一～四丁目がある。現在の大阪天満宮とその周辺の地域を指す地名。古代・中世はより広域な渡辺や中島といった地域に含まれていたと考えられる。天満宮周辺は森があり、順興寺《じゅんこうじ》実従《じつじゅう》の『私心記』天文二年（一五三三）九月十六日条に「天満森へ行」とあるのが、天満が地名としてみえる早いものだという（平凡社『日本歴史地名大系28　大阪府の地名』）。以後、天満あるいは天満森の地名は散見される。天正十一年（一五八三）から大坂築城を開始した豊臣秀吉は、天正十三年（一五八五）に本願寺に対し、天満宮の東に寺地を与え、本願寺の寺内町が形成された。本願寺は天正十九年（一五九一）に京都の堀川に移転したが、町は天満宮の門前町とともに存続していたと考えられ、その北には寺町も形成された。江戸時代になると、その地域は大坂三郷のうち天満組となり、惣年寄が置かれた。天満組は三郷として一括されてはいたが、北組・南組とはその形成過程が異なっており、十七世紀中頃までは町奉行所の出す触などでも「大坂・天満町中」などと併称されることも多かった。天満の町割りは南北の道路（筋）が中心で、明暦元年の「大坂三郷町絵図」では天満橋の東からほぼ二筋ずつ天満一丁目～九丁目まであり（三・四丁目と八・九丁目は入り組みあり）、十丁目は天神橋筋（十丁目筋）から天満堀川まで、天満堀川から西が十一丁目となっていた。この天満の名前が町に付けられていることから、このあたりが本願寺の寺内町や天満宮の門前町と想定され、その町割りの影響を受けていることも考えられる。しかし、これ以降元禄期（一六八八〜一七〇四）までに筋ごとにそれぞれ固有の町名を持つようになり、江戸時代中期以降は、一〜十丁目の町名と固有の町名が交互にあるという形態となった。これら町名は昭和まで続いたが、昭和五十三年（一九七八）に天満一〜四丁目、天神橋一丁目などに再編された。〔八木〕

天満橋《てんまばし》（中央区）

大川をはさんで谷町筋と天満を結ぶ橋である。江戸時代には北側で現在よりも一筋東に架かっていた。同じく大川に架かる難波橋・天神橋とともに「浪花三大橋」と呼ばれ、そのうち最も東にある。豊臣時代から存在が認められる。大坂（上町）と天満を結ぶ橋であることからその名が付けられたのであろう。ただし、現在の町名としての「天満橋」は橋から北に離れたところに位置する。これは明治時代に天満橋より北に伸びる通り沿いが「天満橋筋」と呼ばれていたものが、のちに橋に近い部分が「天満」となった際に、橋から遠い北部では旧地名が残っており、そのまま「天満橋」となったようである。〔豆谷〕

*天満橋京町《てんまばしきょうまち》（中央区）

天満橋南詰の現町名である。平成元年（一九八九）東区と南区の合併に伴って新たに誕生した町名で、旧来は「京橋」の一部であった。この地には江戸時代の船着場「八軒屋」があった。「八軒屋」は大坂と京とを結び淀川を往来した三十石船の起点であった。地名は、これにちなんで、「天満橋」の名に「京町」を合成して新たに名付けられたのであろう。〔豆谷〕

土居川《どいがわ》（堺市堺区）

江戸時代の環濠の一部。堺のまちは明治二十二年（一八八九）に市制を施行したが、その範囲は元和元年（一六一五）に幕府によって開削された環濠の内側や港湾部であり、これを旧市域と呼ぶ。環濠は、まちの周囲のうち北・東・南の三方に掘られた。土居（堤防）は早くに削られてなくなったようであるが、その印象が強かったのか三方の堀を土居川と呼んだ。西部の海岸線は、江戸時代を通じて土砂が溜まり沖に伸びていったが、初期の海岸線跡が排水用などの堀として現在でも残り、内川《うちかわ》と呼ばれている。三方の土居川は、昭和四十三年（一九六八）頃に阪神高速道路の建設などで東側が埋められ南側を残すのみであるが、内川と結んで海につながっており、土居川、内川とも二級河川となっている。［吉田豊］

*問屋町《といやまち》（中央区）

島之内の東端で東横堀沿いに位置する町である。水運の便がよい立地であることから、問屋が集まっていたことに由来する地名と考えられるが、どのような問屋であったかなど詳しいことはわからない。江戸時代の南問屋町と小西町の一部が明治五年（一八七二）に統合されて「問屋町」となっており、町名としては近代以後に成立したものである。［豆谷］

堂ヶ芝《どうがしば》（天王寺区）

明治三十三年（一九〇〇）に南区の天王寺堂ヶ芝町が誕生した。その後、大正十四年（一九二五）には天王寺区の誕生に伴い同区堂ヶ芝町となったが、昭和五十六年（一九八一）に堂ヶ芝と改称し、現在に至る。地名としては、明治二十一年（一八八八）に「字堂ヶ芝」が確認できるのが早い（内務省地理局、大阪府「大阪実測図」）。この周辺にあったとする百済寺跡に由来する地名との説があるが（『摂津名所図会大成』）、発掘調査の結果、百済寺の故地は細工谷付近であることが明らかにされた。一方、堂ヶ芝では別の寺院跡が確認されており、堂ヶ芝廃寺と呼ばれている。［大澤］

陶器北《とうききた》（堺市中区）

江戸時代の和泉国大鳥郡北村であり、陶器北村とも称した。中世にこのあたり一帯にあった陶器保・陶器庄の中心集落だったと思われ、江戸時代には当村に陶器藩（一六〇四～九六年）一万石の陣屋もあった。その由来については、『和泉名所図会』に「陶器荘。昔は大村郷。深坂村、田園《たぞの》村、辻ノ村、大村、北村、府久田《ふくた》村、高蔵村、岩室村をいふ。むかしは、此地にて陶器《すえもの》を多く作り出すゆへ、名とす」との記述がある。明治二十二年（一八八九）に、福田・上之《うえの》・見野山・岩室の四村と合併し、東陶器村の大字となった。村役場はここに置かれた。当地から高倉台にかけてを中心に、『日本書紀』の「茅渟《ちぬ》の県の陶邑《すえむら》」があったとされ、泉北ニュータウン造成時には五百基以上の須恵器の窯跡が確認されている。高倉台にある高倉寺は古くは修恵《すえ》寺とも呼ばれ、近くの上之には陶荒田《すえあらた》神社もある。［吉田豊］

堂島《どうじま》（北区）

区の中央より西に位置する。堂島を冠する町名には、堂島一～三丁目、堂島浜一～二丁目がある。堂島川とかつての蜆川《しじみ》（曽根崎川、明治末年に埋め立てられた）に挟まれた中洲をいう。寛正三年（一四六二）十二月二十六日の「中嶋崇禅寺領目録」の曾祢崎のところに「堂島畠」がみえる。地名の由来は大きく三説ある。①寺院（堂）建立のための木材を置いたからという説。聖徳太子が四天王寺を建立したときや醍醐寺三宝院山門を建てたときに使われたとされる。②川に挟まれた地形を太鼓の「胴」（あるいは「筒」）に見立てたという説。③近世前期（承応年間（一六五二～五五））に京都の風流人小川宗吾が、梅・桜・牡丹・蓮・菊を庭に植えた五花堂を建てたことに由来するという説、がある。貞享四年（一六八七）に河村瑞賢（軒）が堂島川・曽根崎川の改修・浚渫を行って堂島新地（十五町）が開発されるまでは、中洲の東に堂島船大工町など五町がある程度であった。新地には、中之島と並んで諸藩の蔵屋敷が多く置かれた。また、米会所も設置されて、大坂の商業の中心地域の一つになっていった。［八木］

東上町《とうじょうちょう》（天王寺区）

明治三十三年（一九〇〇）から現在に続く町名。大正十四年（一九二五）までは南区に属し、天王寺を冠したが、同年の天王寺区誕生に伴い現町名となった。明治二十一年（一八八八）刊の「大阪実測図」（内務省地理局、大阪府）では「字東上郷」が確認でき、それを継承したとする（『大阪の町名』下）。その名の由来は不詳である。［大澤］

東大寺《とうだいじ》（島本町）

天平勝宝八年（七五六）に成立した東大寺領水無瀬《みなせ》荘に由来する地名。江戸時代初期には離宮八幡宮・高槻藩・薬師曽谷《そだに》氏の相給、高槻藩領は板倉重宗領を経て寛文十年（一六七〇）京都所司代永井尚庸《なおつね》領、また曽谷領は天保十一年（一八四〇）幕領となり、それぞれ幕末に至った。広瀬村と共に山崎宿の御定人馬の四割を負担。明治四年（一八七一）村内二十軒が京都府に編入されたが、明治六年（一八七三）大阪府の所属となった。明治二十二年（一八八九）近隣六か村と合併して島本村となり、その大字となった。現在は東大寺一丁目から四丁目と大字東大寺がある。［飯沼］

道頓堀《どうとんぼり》（中央区）

道頓堀は江戸時代の初期に人工的に開削された堀川である。その名は、開削の中心人物の一人であった成安道頓《なりやすどうとん》の名に由来している。道頓については、「安井道頓」の名で広く知られていた。しかし、「安井家文書」（大阪歴史博物館所蔵）などの研究によって、現在では「成安」が本当の姓であるとの理解が有力である。江戸時代の大坂の南端を流れる道頓堀は、慶長十七年（一六一二）に平野藤次・成安道頓・安井治兵衛・安井九兵衛の四人によって開削工事が開始された。しかし、ほどなく安井治兵衛は病死し、成安道頓は大坂夏の陣（一六一五）の時に豊臣氏に味方して大坂城に籠城し、その結果戦死してしまった。このため工事は一時中断を余儀なくされたが、残った平野藤次と安井九兵衛は工事の再開を申し出、大坂の陣後の元和元年（一六一五）にようやく完成した。このとき大坂城主であった松平忠明は、道頓の功績をたたえて、新たに竣工した堀川を「道頓堀」と命名したという。近年新たに発見された寛永初年（一六二〇年代）の古絵図（「佐藤恭敏家文書」）には「道頓堀」の文字が明瞭に書かれており、遅くともこの時期までに「道頓堀」の名称が定着していたことが明らかになった。新たに開削された道頓堀の両岸では新地の開発が行われた。やがて「角の芝居」や「中の芝居」などをはじめとする芝居町が形成され、江戸時代における大坂一の歓楽街となった。近代に入ると、活動写真など新たな要素を加え、現在では芝居小屋は姿を消してしまったが、形を変えながら遊興の地としてのにぎわいを今に伝えている。［豆谷］

東平《とうへい》（中央区）

もともと「東平野町」であった地名が省略されて正式名称となったものである。上町台地の稜線上に位置するこの地は、天正十一年（一五八三）に豊臣秀吉が大坂城を築城したときに、最初に開発された城下町と言われる。秀吉は大坂城から四天王寺を経て堺にまでつながる、南北に長大な城下町を構想していたとされ、そこには近隣の平野から住民を移住させたため「平野町」と呼ばれた。しかし、のちに船場が開発されるなど城下町の基軸が南北から東西に重心を移したため、この地は城下町の中心から外れていったものと考えられる。船場に「平野町」が成立したことに伴って、これと区別するため「東」を冠したものであろう。大坂の陣以後は、大坂三郷の町場には含まれず、支配の上では村扱いとなった。しかし実態は町場であり、地名も「東平野町」が踏襲されたのである。昭和五十七年（一九八二）に現在の町名となったが、省略したため本来の意味がわかりづらくなった感は否めない。

［豆谷］

道明寺《どうみょうじ》（藤井寺市）

古代の志紀郡土師《はにし》郷の地で、古墳築造と関わりの深い土師氏の本拠地の一つである。この地に残る道明寺の縁起によれば、この地の豪族、土師連八島《はじのむらじやしま》が推古天皇の御願として土師寺を建立したと伝え、現在も塔心礎などが残る。その後土師氏の子孫、菅原道真が叔母である土師寺の住持覚寿尼《かくじゅに》を訪ね、十一面観音を刻み、五部大乗経を書写したと伝え、多くの道真の遺品が道明寺天満宮に残っている。道真の死後、天神信仰の高まりによって、菅原道真の字道明にちなんで道明寺と呼ばれ、道真を祭神とする天満宮が鎮守として一体化した。『扶桑略記』治安三年（一〇二三）十月二十三日には藤原道長が「道明寺」を訪れたことが記される。鎌倉時代には、西大寺の叡尊《えいそん》が「河内国諸宿文殊供養」を行い（『感身学正記』）、以後も西大寺の末寺の尼寺として続き、室町期には謡曲「道明寺」もつくられた。近世には、門前の道明寺村百七十四石余が寺領とされたが、明治維新後の神仏分離令によって道明寺は西側に移転し、旧境内は道明寺天満宮となって今日に至っている。天満宮の供飯に起源をもつとされる「ほしい」（干飯）は、道明寺名産として織豊期から記録され、異称「道明寺粉」はこの寺名にちなむ。現在は道明寺一〜五丁目。

［中山］

*東門町《とうもんちょう》（天王寺区）

昭和十九年（一九四四）から同五十八年（一九八三）まで存続した町名。四天王寺の東門前に位置することから命名された。かつてこの場所が伊勢街道口の要衝であり、そのにぎわいを復活させる願いからこの町名になったという（『角川地名大辞典27 大阪府』）。字名としては、明治二十一年（一八八八）刊の「大阪実測図」（内務省地理局、大阪府）で「字東門前」が確認できるが、さらにさかのぼっては、嘉暦元年（一三二六）の年紀をもつ四天王寺石鳥居の銅額裏書に「東門村小木小路願主右衛門入道沙弥誓阿少輔公」（『天王寺誌』）とあるという。昭和五十六年（一九八一）に一部が四天王寺一丁目と真法院町に組み込まれ、同五十八年に残りが四天王寺二丁目と勝山一丁目になって名が

消えた。〔大澤〕

堂山町《どうやまちょう》（北区）　区の中央から北寄りに位置する。もとは西成《にしなり》郡北野村のうち。明治三十年（一八九七）の大阪市第一次市域拡張の時に大阪市に編入され、同三十三年に北野村字堂ノ後・堂山が北野堂山町となり、大正十三年（一九二四）堂山町となった。太融寺のお堂があったので、その名があるという。〔八木〕

＊東和町《とうわちょう》（北区）　区の北西にある。もとは西成《にしなり》郡に属し、明治二十二年（一八八九）の町村制の施行に際して成立した豊崎村の一部であった。豊崎村は明治四十五年（一九一二）に町制を敷いたが、大正十四年（一九二五）の大阪市第二次市域拡張の時に大阪市に編入され、東淀川区となった。昭和十八年（一九四三）の区界変更で北区となり、昭和十九年（一九四四）に豊崎西通が東和町となった。「東洋平和」を願って名付けられたという。戦時中の雰囲気を感じさせる町名である。〔八木〕

十日市町《とおかいちちょう》（茨木市）　十日市はかつて一か月に十日間青物市が開かれたことに由来するという伝承がある（「十日市村村誌」）。中世には安威《あい》荘に含まれたが、万治元年（一六五八）に分村。旗本中川氏領として幕末に至る。明治二十二年（一八八九）安威村と合併して、その大字となり、昭和二十八年（一九五三）茨木市と合併、昭和五十二年（一九七七）の町名改正で一部が十日市町となった。〔飯沼〕

兎我野《とがの》（北区）　区のほぼ中央に位置する。もとは西成《にしなり》郡北野村の字。明治三十年（一八九七）の大阪市第一次市域拡張のときに大阪市に編入された。同三十三年、北野村の字名である兎我野が、北野兎我野町となり、大正十三年（一九二四）兎我野町となった。兎我野の地名は『日本書紀』にみえる。まず、神功皇后摂政元年二月条に反乱を起こした麛坂王《かごさかのみこ》と忍熊王《おしくまのみこ》が「兎餓野」で祈狩をしたというのがみえる。また、仁徳天皇三十八年七月条には、天皇が毎夜兎餓野から鹿の鳴く声が聞こえ、その声を哀れんだという記事もある。この「兎餓野」が、北野村の字名に比定されている。〔八木〕

常盤町《ときわまち》（中央区）　元和年間（一六一五～二四）に伏見町人の移住によって成立した町と伝えられる。はじめ伏見立売町と称したが、延宝八年（一六八〇）に常盤町と改められた。南には同じく伏見町人の開発による両替町があったが、中央大通が拡幅され両替町の南半が道路にあり、のちに両者を統合して現在の常盤町になった。町名の由来は伝えられていない。「常盤」は永遠を意味するおめでたい言葉であるので、町名を決める際にそうした意味合いを込めたのであろうか。　〔豆谷〕

徳　庵　とくあん（鶴見区）　もと河内国茨田《まった》郡に属する。江戸時代の徳庵は独立した村ではなく、諸口《もろくち》・今津両村領にまたがる集落の呼び名であった（『河内志』）。承応四年（一六五五）に開削された徳庵川があり、大和川付け替え後はこれが寝屋川の本流となった。地名は、当地にあった寺庵の名によるという。南北朝期に徳庵城があり、また名産の徳庵納豆を南朝に献じたとも伝わる。徳庵納豆は京都の大徳寺納豆に類似したものであったというが、近代には生産されなくなっていたようである（『大阪府全志』三）。　〔藤田〕

徳井町　とくいちょう（中央区）　元和年間（一六一五～二四）に伏見町人の移住によって成立した町と伝えられる。はじめ北本町九郎右衛門町または伏見権助町と称しており、開発に関わった町人の名を冠して呼ばれていたと思われる。徳井町の名は伏見の町名を移してきたとの説があるが（『大阪の町名』上）、伏見には同じ町名が伝えられていない。このためその正否も含めて詳しいことはわからない。　〔豆谷〕

利　倉　とくら（豊中市）　地名の由来は不明である。平治元年（一一五九）、安《あん》楽寿院《らくじゅいん》新御塔領として美福門院《びふくもんいん》（鳥羽院の皇后）の旧領を寄進したなかに「利倉庄」がある（安楽寿院文書）。鎌倉初期の安楽寿院領諸荘園所済注文案（同）に久寿二年（一一五五）三月十一日の立券と記され、この年に美福門院領の荘園として立てられたと考えられる。利倉春日神社と正法寺《しょうほうじ》（現在は廃寺）には、平安時代前半の淳和天皇皇后正子内親王が勧請・開基したという伝承があるが（『大阪府全志』三）、これはこの地が王家領となっていたことと関連するだろう。明治二十二年（一八八九）、南豊島《みなみてしま》村の大字となる。昭和四十年代の住居表示の実施により、利倉・利倉西・利倉東の町名が成立した。　〔田村〕

土佐堀《とさぼり》（西区）

区の東部北端にあり土佐堀川沿いに位置する。中之島の南側を流れる土佐堀川に接し、西横堀川以西で、一～三丁目がある。豊臣時代には土佐座と呼ばれたが、土佐国の商人が集住し、国元から材木や物資をこの地で販売したことによる。江戸時代には、玉水町・白子町・船町・白子裏町・土佐堀一～丁目・齋藤町等があったが、明治五年（一八七二）に土佐堀通一～五丁目・土佐堀裏町となり、昭和五十二年（一九七七）に現行町名となった。江戸時代には、長州・薩摩・久留米・福山などの大名の蔵屋敷があった。〔堀田〕

道修町《どしょうまち》（中央区）

「どしょうまち」と読む。大阪の地名でも難読地名の一つに数えられる。地名の由来には諸説ある。①かつて「道修谷」と呼ばれていたところから転じたもの、②この地に「道修寺」なる寺院が存在したことによるもの、③北山道修という人物がこの地に住み着いたことによるとするもの、④周辺に私塾などが多く「修学修道」の地であることによるとするもの、である（『大阪の町名』上）。このうち有力な説は①であろう。江戸時代前半の古地図や地誌類では、この地を「道修谷」と表記している場合がしばしば見られる。その中には「どうしゅたに」「どうしゅたな」と、仮名で表記されているものがあり、もともとは漢字の音に近い読み方であったことがうかがえる。現在では平坦に見える船場も、自然の地形では凹凸があり、その名残が「～谷」の地名であるとも言われる。実際に道修町付近の遺跡の発掘では、町の成立以前に谷状の地形が存在したことが確認されている。船場の都市開発が行われたのは、豊臣秀吉晩年の慶長三年（一五九八）以後のことと言われる。ただし、道修町については、すでに天正十六年（一五八八）に毛利輝元が上洛した際の記録にみられることから、早くから町が成立していたものと考えられる。江戸時代前半の寛永年間（一六二四～四四）以後になると、この地に薬種屋が集住をはじめ、やがて「薬種中買仲間《やくしゅなかがいなかま》」を結成して取引の統制を図るほどの「くすりの町」に発展していった。近代以後にもこの伝統は引き継がれ、現在でも主要な製薬会社はこの地に社屋を構えている。また、「薬種中買仲間」の会所から発展したという少彦名神社は「神農《しんのう》さん」の名でも知られ、毎年十一月二十二・二十三日に行われる「神農祭」では、名物の虎の張り子をはじ

めとする装飾で町中が飾られ、普段のオフィス街の趣とは一変して祭り一色の景観になることで有名である。〔豆谷〕

土塔町《どとうちょう》（堺市中区）

本村である大鳥郡土師《はぜ》村に、分村として字土塔が江戸時代から存在した。字土塔の地名は、奈良時代に行基が土塔を築いたことによるものであろう。一方、延宝五年（一六七七）に、土師村の南東部に土塔新田が開拓されたが、天保十一年（一八四〇）の史料などによれば西部の深井村農民が新田開発に関わっているようである（『角川日本地名大辞典27　大阪府』）。昭和十八年（一九四三）に、東百舌鳥《ひがしもず》村大字土師の字土塔と、深井村の大字土塔（もとの土塔新田）などが一緒になり、堺市土塔町となった。〔吉田豊〕

*止々呂美《とどろみ》（箕面市）

箕面市の北端に位置し、池田市・豊能町・兵庫県川西市と接する。集落は山々に囲まれており、中央を余野《よの》川が流れ、それに沿う形で余野道摂丹街道が通る。貞和五年（一三四九）十一月日の「鳥居造立条々注文」（勝尾寺文書『箕面市史』史料編一）に「止々呂美上下」と記されているものが初見で、上・下に分かれていたことがうかがえる。止々呂美地区はそれ以前、平安時代末期から比叡山山門領の荘園となり、荘園名を真河原庄といった。この荘園名は、美河原《みかわら》庄・真川原庄・止々呂美庄・止々呂岐庄・轟見《とどろみ》之庄などと変転している。この名称のいずれもが地区内を流れる余野川に関連した地名とも考えられている。また、止々呂美の村名について『止々呂美村誌』には、庄保の改廃後、「止々呂岐」の「止々呂」と「美河原」の「美」を合わせて「止々呂美」と改称したと記されている。現在止々呂美の地名は、上止々呂美と下止々呂美がある。〔西田〕

刀根山《とねやま》（豊中市）

天文年間（一五三二～五五）、刀根山に砦が築かれ、美濃三人衆（稲葉一鉄・氏家卜全・安藤守就）が在城したため「殿山」と呼ばれたが、後に「刀根山」に転訛したという（『摂津志』）。しかし、実際に稲葉・氏家らが刀根山城に配置されたのは、天正六年（一五七八）に織田信長が有岡（伊丹）城主荒木村重の討伐に乗り出した時のことである（『信長公記』）。刀根山元町には、「門口」「出口」「大町筋」「西射場」などの小名があり、発掘調査でも城関連のものとみられる遺構が発見されており、ここに刀根山城が存在したことは確かだろう。江戸時代前半までに、北刀根山村と南刀根山村に分村した。明治二十二年（一八八九）、桜井谷村の大字となる。昭和二十年代後半以降の町名改正により、刀根山・刀根山元町《とねやまもとまち》・千里園《せんりえん》・待兼山町《まちかねやまちょう》が成立した。〔田村〕

殿辻《とのつじ》（住吉区）

南北朝時代、南朝の後村上天皇は住吉を行宮とし、当時の住吉神社神主である津守国夏《つもりのくにか》は、自邸内にあった正印殿（神社の秘物を納めた箱を安置する施設、現在の大阪市住吉区墨江の内）を御座所として提供した。この地は正印殿に近接する街道の辻に開けた集落であることから殿辻と称したと考えられる。江戸時代初期の郷帳では住吉村に含まれていたが、その後「殿辻村」として独立する。〔宮本〕

塔原町《とのはらちょう》（岸和田市）

岸和田市の山間部に位置する。地名は「峠の原」が転訛したものといわれる。正平七年（一三五二）の年紀がある蕎原《そぶら》（貝塚市）宮座所蔵の銅鉦に、「和泉国荅（ママ）原願主薬師女」と刻まれるのが初見。近隣の相川《そうかわ》・河合・蕎原《そぶら》・木積《こつみ》と共に、葛城山頂に鎮座する八大竜王社を惣社とする五ケ荘（五ケ畑）を構成し、雨乞い踊りなどを奉納した。現在では塔原のみで雨乞い踊り（かつらぎ踊り）が行われており、大阪府の無形民俗文化財に指定されている。〔山中〕

丼池筋《どぶいけすじ》（中央区）

難読地名の一つである。「どぶいけすじ」と読む。現在の御堂筋から東へ二筋目の南北道である。心斎橋のあたりにかつて難波薬師堂があり、その近くにあった「蘆間《あしま》の池」の呼び名に由来すると伝える（『摂津名所図会大成』）。また、この道は「大溝筋」と呼ばれたこともあった（『難波丸綱目』）。この道筋付近が豊臣時代に最初に開発された船場の西端にあたると考えられることから、それに関係する溝のようなものがあったことを示しているのかもしれない。江戸時代から続く繊維問屋街で、現在でも商業の町大阪の雰囲気を色濃く残している。〔豆谷〕

***富島**《とみじま》（西区）

江戸時代には、大仏島ともいう（『大阪市史』二）。富島は、元禄元年（一六八八）安治《あじ》川開削の時に、安治川と古川の間に形成された新地である（同）。大仏島は東大寺大仏殿再建のため龍門院公慶がこの地に小室を作って、勧進活動を始めたことに由来するという。その後、勧進活動の結果莫大な浄財が得られたため富島と称するようになったという（『本田地誌』）。明治維新後、慶応四年（一八六八）大坂開港の時に、この地には川口波止場が設置され、税関や外務局などの施設が置かれ、雑居地ともなった。また大阪における最初の電信も明治三年（一八七〇）にこの地で設置された。現在は川口三丁目に含まれる。 ［堀田］

＊富田町《とみたちょう》（北区） 区の中央より南に位置する。江戸時代から昭和五十三年（一九七八）までの町名。伊勢町の西にある南北の町で、浪花橋筋の一筋西にあたる。江戸時代は北富田町と西富田町に分かれていた。現在の西天満五丁目、および西天満三丁目に含まれる。 ［八木］

友渕町《ともぶちちょう》（都島区） 友渕町一〜三丁目。都島区の西部、大川（旧淀川）と接する。北は城北《しろきた》運河・阪神高速守口線が走る。奈良時代には「鞆淵」（『住吉大社神代記』）、鎌倉時代には「舳淵」（文永十一年〈一二七四〉、舳淵荘盛福寺に寄進された梵鐘の銘文。『日本古鐘銘集成』）と記した。江戸時代は東《ひがし》成《なり》郡友淵村。大正十四年（一九二五）の第二次市域拡張で東成区友淵町が生まれる。「住吉大社神代記」にみえる長柄長瀬《ながらのながせ》の西端が「鞆淵」であり、この鞆淵が当地付近に比定されたところから地名となり、のち「鞆」の字が「友」に替わり現在の地名となったという（『大阪の町名』上）。これに関連して、かつて水深のある港湾であったことに由来するという説もある（『東成区史』）。 ［野高］

燈油《とゆ》（寝屋川市） かつての河内国交野《かたの》郡に属す。江戸時代の燈油村には本村と分村の二つの集落があった。明治二十二年（一八八九）水本《みずもと》村の大字となり、昭和三十六年（一九六一）寝屋川市と合併し、その一部となる。地名の由来は、当地は山城石清水八幡宮との関係が強く、同宮に献ずる神灯の油にちなむ（『寝屋川市誌』）という。確かに近郷星田荘は石清水との関係があるが、当地との具体的つながりを示す史料がなく不明。 ［尾﨑］

豊川《とよかわ》（茨木市） 明治二十二年（一八八九）、道祖本《さいのもと》・宿久庄《しゅくのしょう》・清水・小野原・粟生《あお》の五か村が合併した際に、箕川《みのかわ》や勝尾寺川など川水に恵まれ、豊作を得る地であることから、村名を「豊川」としたとされる（『大阪府全志』三）。豊川村は昭和三十一年（一九五六）十二月一日に箕面町と合併して箕面市となり、同二十五日に粟生岩阪・宿久庄・清水・道祖本と粟生間谷《まだに》・小野原の一部が茨木市に編入されて、地名は消滅したが、昭和五十五年（一九八〇）旧豊川村の一部が豊川・西豊川町となった。

〔飯沼〕

豊崎《とよさき》（北区）　区の北部に位置する。明治時代からの地名。一～七丁目がある。明治二十二年（一八八九）の市町村制施行に伴って、南長柄・北長柄・国分寺・本庄・南浜村の五か村が合併して豊崎村ができた。のち豊崎町となった。名前の由来は、長柄村に隣接することから孝徳朝の「難波長柄豊碕宮」から取ったものであろう。古代の「豊碕」という地名は淀川河口部の砂州の名称と考えられるが、現在のどのあたりかわかっていない。

〔八木〕

豊里《とよさと》（東淀川区）　菅原村・橋寺村・三番《さんば》村・天王寺庄村が合併して明治二十二年（一八八九）に成立した村名。豊里を聖徳太子の異名とする俗説もあるが、「豊熟田里」であることから採用されたとする説が有力である（『大阪府全志』三）。大正十四年（一九二五）大阪市に編入され、東淀川区の豊里町・豊里菅原町などに名前を残している。万博の事業として昭和四十五年（一九七〇）平田渡《へいだ》に斜張橋である豊里大橋が完成し、渡船は廃止された。

〔上田〕

豊島《とよしま》（池田市）　豊島の字は奈良時代から「摂津国豊嶋郡」（『続日本紀』）としてよく使用されている。この「豊嶋郡」は猪名《いな》川の東部、池田から豊中にかけての広い範囲の地名として登場する。この地域は弥生時代の大集落跡がいくつもあることから、早くから人々が住み開発された所である。豊かな土地であったところから豊島と呼ばれたと思われる。古代「豊嶋」をどのように読んでいたのかは、「手嶋郡」と書かれた例があることから「てしま」と読んでいたと思われる。明治七年（一八七四）開校の北豊島小学校、明治二十二年（一八八九）誕生の北豊島村はいずれも「きたてしま」と呼んでいる。そして豊島郡の北部に位置することから北豊島となった。昭和四十年（一九六五）に町名変更があり、豊島南一～二丁目、豊島北一～二丁目ができた。その時に読み方として、行政は「とよしま」と定めた。地元で

は現在でも「てしま」と呼ぶ人が多い。 ［室田］

＊豊島町《とよしまちょう》 （北区） 区の北部に位置する。現在の中崎西四丁目に含まれる。昭和十九年（一九四四）に南浜町一丁目が改名してできた町名。昭和五十三年（一九七八）に消滅。中世の荘園である豊島荘にちなむという（『北区誌』）。実際は富島荘の間違いかと思われる。 ［八木］

豊津町《とよつちょう》 （吹田市） 明治二十二年（一八八九）の町村制施行により、榎坂村と垂水村二か村が合併して豊津村ができた。村名は両村合併時に作られたもので、榎坂村の字地「豊」と垂水村の字地「津」を合わせたといわれ、現在の町名の由来でもある（『大阪府全志』三）。『吹田市史』第二巻の「字図」に、神崎川北岸近くの芳野町付近に「豊」の小字が記載されている。現在の豊津町は旧榎坂村に属し、昭和十五年（一九四〇）に豊津村から吹田町に編入され大字榎坂に、昭和四十一年（一九六六）から現在の町名になった。現在は吹田市西端で豊中市と西接し、東側を府道新御堂筋と大阪市営地下鉄御堂筋線が南北に通り、地下鉄江坂駅の西側に位置する。 ［石原］

豊中《とよなか》 （豊中市） 明治二十二年（一八八九）、岡町・桜塚・山ノ上・南《みなみ》轟木《とどろき》・新免《しんめん》の五か村が合併し、「豊中村」が成立した。地名は、当地が豊島《てしま》郡の中央にあることから名付けられたという（『大阪府全志』三）。大正二年（一九一三）、箕面有馬電気軌道（後の阪急）は、岡町駅—蛍池駅間の大字新免の地に豊中駅を開業し、駅周辺に住宅地や豊中運動場を建設した。豊中運動場は、高校野球・高校ラグビー・高校サッカー・高校アメリカンフットボール発祥の地となる。昭和二年（一九二七）に町制を施行、同十一年には桜井谷・麻田・熊野田村と合併して「豊中市」となり、北摂で初めて市制に移行した。その後、同二十二年には小曽根《おぞね》・中豊島《なかてしま》・南豊島《みなみてしま》村を、同二十八年に新田村上新田を編入した。そして、同三十年に庄内町を合併して、現在の市域が成立する。 ［田村］

豊能町《とよのちょう》 （豊能町） 大阪府の北部に位置する。町名はかつて所属した豊能郡に由来する。豊能郡は明治二十九年（一八九六）四月一日に、能勢郡と豊島郡があわされて成立している。元は東能勢村であった。 ［堀田］

＊豊宮町《とよみやちょう》（北区）　昭和十九年（一九四四）に新しくできた町名である。古代の宮殿である難波長柄豊碕宮にちなんで名付けられたという。難波長柄豊碕宮は、現在では中央区の法円坂遺跡に比定されているが、その当時は地名から当町がある長柄・豊崎地域も有力な候補地の一つであったためである。〔八木〕

取石《とりいし》（高石市）　明治二十八年（一八九五）、綾井・大園・新家・土《は》生《ぶ》・富木《とのぎ》の五か村が合併して取石村が成立。地名の由来は、奈良時代からこのあたりに所石頓宮や取石池、取石造（氏族名）、取石宿などがみえることにちなむものであろうが、不詳。昭和四十一年（一九六六）、高石町が市に移行するのに伴う市域内の地名の全面的改称に伴い、旧富木村とその周辺が高石市取石となる。最寄り駅はJR富木《とのぎ》駅である。〔吉田豊〕

鳥飼上《とりかいかみ》（摂津市）　元は大字鳥飼上・鳥飼下の一部だったが、昭和五十一年（一九七六）の町名変更で鳥飼上一丁目、ついで五十九年七月に同二丁目から五丁目になった。中世の鳥養《とりかい》（鳥飼）郷、近世の鳥飼上村で、明治二十二年（一八八九）の町村制施行により鳥飼村（昭和三十一年〈一九五六〉に三島町、四十一年に摂津市）になった。地名は古代部民の一つである鳥養部にちなむといい（『日本書紀』垂仁天皇二十三年条）、「延喜式」にみえる古代の近都牧《きんとまき》（兵部省が畿内などに設置した牧）の一つで右馬寮《うめりょう》所管の「鳥養牧《とりかいまき》」が同付近に設けられていた。中世の鳥飼郷は安威《あい》川左岸から淀川右岸にかけての低湿地に位置して、高槻市柱本《はしらもと》との境界および鳥飼井路・番田井路・安威川と淀川に囲まれ、土豪鳥養氏が低湿地に築かれた縄手（囲堤）の樋や用排水路の維持・管理に当たっていた（葉間家文書ほか）。『建内記』嘉吉元年（一四四一）十一月壬申条に鳥養牧三か村、同東西両村の名がみえ、近世中期までには上・中・下・西・八防・八町・野々とそれぞれ鳥飼を冠した七か村が成立した。明治二十二年（一八八九）の町村制施行時にこれら七か村が合併して鳥飼村になり、各村名は大字に継承された。鳥飼を冠する現行町名は、鳥飼上（一～五丁目）、鳥飼新町《しんまち》（一・二丁目）、鳥飼本町《ほんまち》（一～五丁目）、鳥飼銘木町《めいもくちょう》、鳥飼中《なか》（一～三丁目）、鳥飼下《しも》（一～三丁目）、鳥飼西《にし》（一～五丁目）、鳥飼野々《のの》（一～三丁目）、鳥飼八防《はちぼう》（一・二丁目）、鳥飼八町《はっちょう》（一・二丁目）、鳥飼和《わ》道《どう》（一・二丁目）である。鳥飼上は淀川堤防上の大阪街道に沿い古くから集落が形成され、一丁目には浄土真宗本願寺派の西誓寺・誓覚寺の寺院もある。もとは湿田を中心にした田園地帯であったが、昭和二十九年（一九五四）に淀川左岸と結ぶ鳥飼大橋が完成し、三十九年に東海道新幹線が開業して鳥飼八町一丁目から二丁目がその敷地になったことに加え、車両基地が作られたことで、地域の景観は大きく変わり、運輸・流通会社の営業所・車庫・倉庫などが多くなった。［石原］

富田林《とんだばやし》（富田林市）

石川左岸の河岸段丘上に位置し、北西部を東高野街道が通る。永禄二年（一五五九）九月日付「畠《はたけ》山高政禁制《やまたかまさきんぜい》」（『富田林市史』二「古記輯録」）に「冨田林」とみえるのが初見とされ、原本が現存する永禄三年（一五六〇）七月七日付「三好政康禁制」（興正寺文書）に記された「冨田林道場」がこれに次ぐ。開発については、興正寺《こうしょうじ》（真宗興正派本山）十四世の証秀《しょうしゅう》が百貫文の礼銭で三好長慶から申し請けた荒芝地「富田之芝」を、近隣の中野《なかの》村・新堂《しんどう》村・毛人谷《えびたに》村・山中《やまちゅう》田《だ》村の協力を得て開き、芝地開発と御堂建立をし「冨田林」に改名したと伝える（「興正寺御門跡兼帯所由緒書抜」）。富貴な田地を意味する「富田《とんだ》」という地名は、戦国期に成立した真宗系寺内の呼称として好まれたようで、尾張国富田・摂津国富田・河内国富田林で採用されている。富田林寺内町《じないまち》の中央部にある興正寺別院は、戦国期の富田林道場の後身であり、天文元年（一五三二）誉田《こんだ》城の陥落後に畠山義堯《はたけやまよしたか》が潜伏した「石川《いしかわ》道場《どうじょう》」の系譜を引く。近世の在郷町《ざいごうまち》を経て、近代以降は郡役所が設置され、南河内の中心地となる。現在の富田林町・本町・常盤町《ときわちょう》。［吉井］

な 行

長 居《ながい》（住吉区・東住吉区） 明治二十七年（一八九四）、当時の依羅《よさみ》村に含まれていた江戸時代の寺岡村・堀村・前堀村は、分離独立して「長居村」となった。寺岡村の東部にあった大御池《おおみいけ》が、平安時代より和歌に詠まれた長居池にあたるとの推定による命名であった。大御池は埋め立てによって現存せず、また万代池（住吉区万代）こそがかつての長居池だったとの説もある。〔宮本〕

長池町《ながいけちょう》（阿倍野区） 昭和二十九年（一九五四）から現在の町名。町名は古くからこの地域に所在する池が「長池」と呼ばれていたことに由来する（『大阪の町名』上）。長池は昭和三年（一九二八）に長池公園として整備され現在に至る。また、当地には大正十三年（一九二四）に電気メーカーシャープの前進にあたる早川電機が長池池畔に進出しており、現在でも同所にシャープの本社ビルが建っている。〔生駒〕

***中江町**《なかえちょう》（福島区） もと野田村の一部であったが、明治三十年（一八九七）大阪市に編入され、北区西成野田字中江となった。同三十三年、西野田中江町となり、大正十四年（一九二五）此花《このはな》区に編入され、中江町となった。昭和十八年（一九四三）に福島区に編入され、昭和五十年（一九七五）に大開《おおひらき》一丁目・吉野一～二丁目の一部となった。由来となった小字名は、玉川の細流が奥深く入った地域であったことから名付けられたとの説がある（『大阪の町名』下）。〔吉田洋〕

長 尾《ながお》（枚方市） 天正六年（一五七八）の三之宮神社棟札写（『ヒストリア』一九四）に長尾の地名がみえるが、一つの村としては自立していなかったようである。寛永二十年（一六四三）、当地の領主であった旗本久貝氏はこの周辺の開発を命じ、翌年新村として取り立てられ福岡村と命名されたが、貞享三年（一六八六）に長尾村に復された。元禄二年（一六八九）には、当地に久貝氏の陣屋が設けられた。陣屋は跡形もないが、久貝氏の菩

提寺正俊寺が残る。　［馬部］

長峡町《ながおちょう》　（住吉区）　明治十五年（一八八二）、安立町新田を改称して命名された。「長峡」とは、地形に由来すると考えられる住吉地域の古地名で、『日本書紀』によると、神功《じんぐう》皇后は住吉三神（表筒男・中筒男・底筒男）の「わが和魂《にぎみたま》を大津渟中倉《おおつのぬなくら》の長峡《ながを》に居《ま》さしむべし」との託宣に従って住吉に滞在したとある。住吉大社西鳥居から浜に向かう道筋に架かる長峡橋は江戸時代、脇の高灯籠とあわせ往来の名所として親しまれた。　［宮本］

中川《なかがわ》　（生野区）　中川西・中川・中川東がある。区の中央部北側に位置する。昭和四十八年（一九七三）から現在の町名で、旧・東成《ひがしなり》郡中川村、のちの中川町の名を継承している。中川村は、天正二十年（一五九二）、秀吉の室・北政所《きたのまんどころ》の所領として「中川」とみえるのが初見（「足守木下家文書」）。村名はその集落に中ノ川という細流があったのにちなむという（『東成郡誌』）。ただし、現在の中川・中川西は、旧中川町の範囲を大きく越えて旧猪飼野《いかいの》町のかなりの部分を占有している。これは「中川小学校」（昭和六年〈一九三一〉創立。校名は旧中川町に由来）校区であることが命名の理由であって、猪飼野町の中央部を貫流していた中ノ川（上記細流と同名だが別）の名に由来するとの説は誤りである。ちなみに中川村旧集落のある「中川東」は「東中川小学校」（昭和十四年〈一九三九〉創立）の校区となっている（『猪飼野郷土誌』）。　［足代］

中区《なかく》　（堺市）　平成十八年（二〇〇六）に、堺市が政令指定都市になった際に、堺市の中央部分に位置するところからつけられた。　［堀田］

中崎《なかざき》　（北区）　区の中央部からやや北寄りに位置する。中崎一～三丁目、中崎西一～四丁目がある。大正期からの地名。旧豊崎村大字本庄の字上中野・奥中野・南中野・三味ノ側・西ミドロが本庄中野町となり、大正十三年（一九二四）から中崎町となった。昭和五十三年（一九七八）に中崎となる。由来は不詳。　［八木］

中島《なかじま》　（西淀川区）　元禄十一年（一六九八）、幕府の新田開発政策に沿う形で、京都の丁字（丁子）屋中島市兵衛が地代金二千二百十五両で開発を請け負った。開発者の市兵衛によって「中島新田」の地名が冠せられる。享保三年（一七一八）まで市兵衛が地主となっていたが、その後は数度にわたり変更されている。明治二十二年（一八八九）、川北村の一部となり、大正十四年（一九二五）に大阪市西淀川区中島町、昭和四十七年（一九七二）に近隣の外島町・布屋町を含めて中島一・二丁目と町名変更され、現在に至る。〔荒武〕

中庄《なかしょう》（泉佐野市）

古くは中野村又は中野荘と呼ばれたことから生じた地名とする説もあるが（井上正雄『大阪府全志』五）、史料的に確認できない。暦応三年（一三四〇）十一月九日「十生寄人等請文」（「和田《みきた》文書」）に、大歌所十生長官職の得分から「佐野・中庄・鶴原雑免」を除外すると現れるのが初見。佐野・中庄・鶴原は、「佐野三ケ庄」（「中家文書」）と呼ばれた地域と考えられることから、中庄の称は、佐野三ケ庄の地理的位置関係によるものであろう。〔山中〕

長曾根町《ながそねちょう》（堺市北区）

江戸時代以来の河内国八上郡長曾根村の中心集落部。延宝六年（一六七八）までは堺付の村として、年貢を堺のまちに運んだ。中世には、長曾根庄、長曾根郷があった。文永三年（一二六六）の史料によれば、日置《ひき》・金田《かなた》・長曾根には鋳物師がいた。明治二十二年（一八八九）に金田村と合併し金岡《かなおか》村の大字となったが、昭和十三年（一九三八）には堺市の一部となり、翌年堺市長曾根町となる。地名（長曾根）の初見は保安二年（一一二一）であり、現在にまで引き継がれているが、由来の詳細は不明。〔吉田豊〕

永田《ながた》（城東区）

当地の蓮乗寺は応仁二年（一四六八）、本願寺蓮如が河内国叡福寺に参詣の途次立ち寄り、その後創建したと伝えられ、蓮如が説法する間は蛙が鳴かなかったという「不鳴池」、蓮如腰掛け石などが存する。同時代史料では、『私心記』天文四年（一五三五）六月十日に、「長田」が一向一揆軍と幕府軍の戦場になったことがみえる。地名の由来は不明。〔藤田〕

長滝《ながたき》（泉佐野市）

天福二年（一二三四）六月二十五日官宣旨（『九条家文書』）に、「長滝庄」とあるのが初見。地名の由来は、ある樵夫が犬鳴山第二の滝の岩穴に葛葉を投げ入れたところ、一昼夜後に滝から二里余り隔てたところにある、長滝の取水樋である葛葉井に流れついたた

め、長滝の地名が生まれたという（『泉州志』）。鎌倉・室町時代には東北院領長滝荘が存在した。　［山中］

中津《なかつ》（北区）　明治時代からの地名。一〜七丁目がある。区の北西部に位置し、淀川に接している。明治二十二年（一八八九）の市町村制の施行に伴って、それまでの西成《にしなり》郡成小路村・下三番村・光立寺村・小島新田・小島古堤新田の五か村が集まって中津村ができた。村名は当時村の北を流れていた中津川から取ったものである。中津川は淀川の支流で、長柄三ツ頭で大川と分流し大阪湾に注いでいた。長柄川ともいい、『摂津名所図会大成』には「長柄にてハ長柄川といひ、いにしへハ下をくま川といひしとぞ、神崎川と難波津の堀江の川の中を流るるを以て中津川といふ歟」とあり、中津は神崎川・大川に挟まれた「中島」とほぼ同じ意味に理解している。また、中世には七条院領中津庄もあった。中津川は明治末年の淀川改修により新淀川ができ、中津村の北側も大部分が新淀川の河床となった。中津村は、中津町をへて大正十四年（一九二五）の第二次大阪市域拡張で大阪市東淀川区に編入され、その後区名が昭和十八年（一九四三）には大淀区、平成元年（一九八九）に北区となった。　［八木］

中寺町《なかでらまち》（中央区）　大阪城の南方、上町台地を南北に通る道筋に沿って、寺院の集中する地区「寺町」がある。大阪における寺町の成立は、かつては大坂夏の陣後に松平忠明の手によって行われたと考えられてきたが、最近では豊臣秀吉が大坂城の築城を始めた頃からすでに着手されていたことが明らかになっている。寺町は上町筋と谷町筋にはさまれた地区、最初期の城下町の名残と言われる「平野町」（現在の東平《とうへい》・上汐《うえしお》）の両側に展開し、西側の寺町はさらに、谷町筋沿いの「谷町八丁目寺町」、松屋町筋沿いの「下寺町」、その間にある「生玉《いくたま》中寺町」の三つの区域に分かれている。東から「上寺町」「中寺町」「下寺町」と呼ぶ場合もあった（『難波丸綱目』）。このように「中寺町」とは、三つの寺町のうち中央に位置することから命名されたものといえる。現在の大阪では江戸時代以前の雰囲気を残している場所は多くないが、寺院の建ち並ぶこの周辺はそうした数少ない場所の一つである。　［豆谷］

長野《ながの》（河内長野市）　東・西の高野街道が一つになり高野山へ向か

う交通の要衝で、石川と天見《あまみ》川の合流点の河岸段丘上に位置する。南北方向に長く伸びた（長）、ゆるやかな傾斜地（野）に由来すると考えられる。初見は平安末期に高野山へ納骨に向かう公家の中山忠親が長野の田屋《たや》で食事した記事「於長野或田屋勧饌」（『山槐記』保元三年〔一一五八〕九月二十八日条）。中世に錦部《にしごり》郡「長野郷」（「河合寺寺僧等愁訴状案」）に属し、法成寺領荘園「長野庄」（建久七年〔一一九六〕六月二十五日付「天野遠景請文案」など）があった。現在は長野町・本町など。

〔吉井〕

中之島《なかのしま》（北区）

区の南端に位置する。大川（淀川）が堂島川と土佐堀川とに分かれた中洲の島。文字通り、中洲の島なのでその名があろう。東端は明治中期までは難波橋より西で、備中成羽《なりわ》の山崎氏の屋敷があったことから「山崎の鼻」と呼ばれた。大正年間には天神橋の東の現在の位置に延び、形状から「剣先」と呼ばれるようになった。西端は、木津川と安治《あじ》川の分流地点となっている。江戸時代は、中之島の大部分は諸藩の蔵屋敷が置かれ、明治以降は公共機関や大学・病院などが置かれ、大阪の政治・経済・文化の中心地となった。町名としての中之島は東から一〜六丁目がある。江戸時代以来の町名として、常安町・宗是《そうぜ》町・玉江町などがあったが、昭和五十三年〔一九七八〕の町域町名変更により消滅した。

〔八木〕

中茶屋《なかのちゃや》（鶴見区）

もと河内国茨田《まった》郡内。諸《もろ》口《くち》村領内の古堤街道沿いにできた集落で、その名のとおり、もともとは街道に水茶屋が何軒かあるといったものだったのであろう。宝暦四年〔一七五四〕の「摂州榎並河州八個両荘之地図」によると、付近に今津村・安田村に属する茶屋もあり、諸口のものはそれらに挟まれた間にあったことから、「中茶屋」と呼ばれるようになったと考えられる。

〔藤田〕

中之町《なかのちょう》（堺市堺区）

旧市域（環濠内）南組の戦国時代からみえる町名。中小路《なかしょうじ》とも称したらしい。旧市域北組にも、戦国時代に山口中町が見える。これは、江戸時代の北中之町と考えられる。南北どちらも、それぞれの組（戦国時代までは荘園）の中央付近にあったことに由来するかと思われる。

〔吉田豊〕

中野町《なかのちょう》（都島区）

中野町一～五丁目。都島区南部。西は大川（旧淀川）、南は国道一号線、北は市道大阪環状線、東は市道赤川天王寺線に囲まれた地域。江戸時代に中野村と呼ばれたことに由来。大川堤防一帯は桜の名所として有名で桜宮《さくらのみや》堤と呼ばれた。『摂津名所図会大成』には「浪花において花見第一の勝地といふべし」と記されている。桜宮堤の下に小さな湾があり茶の湯に適した水が得られたので豊臣秀吉が愛用したという。この小湾を青湾《せいわん》といい、この付近の水が飲料水として販売された。花見の頃には桜宮神社から大川対岸へ船渡しがあり、桜の渡しと呼ばれた（平凡社『日本歴史地名大系28大阪府の地名』）。江戸時代から源八《げんぱち》渡と呼ばれる渡し船が大川対岸と結び、昭和十一年（一九三六）に源八橋ができるまで利用された。二丁目の大長寺には、近松門左衛門の「心中天の網島」の主人公小春と治兵衛を供養する比翼塚がある。また明治二十八年（一八九五）に大阪市最初の上水道が桜宮から送水されたことを記念して、都島橋東詰の桜宮公園内に大阪市水道発祥の地の碑が建てられている。［野高］

長橋《ながはし》（西成区）

区の北部に位置する。町名は小字によるが、その由来は不詳。明治初頭、西成郡木津村の一部であったが、明治三十年（一八九七）四月一日、今宮村元木津の一部となった。大正二年（一九一三）十二月十日大字木津の一部となり、同六年九月一日に今宮町大字木津の一部となった。同十一年四月一日に今宮町長橋通一～九丁目となった。同十四年四月一日に大阪市に編入され、西成区長橋通一～九丁目となった。昭和四十八年（一九七三）十一月に長橋一～三丁目、出城《でしろ》一～三丁目の各一部となった。［古川］

中浜《なかはま》（城東区）

もとは中間と呼ばれた。天文四年（一五三五）六月十日、一向一揆軍と幕府軍の戦場となったことが、『私心記』にみえる。元禄十四年（一七〇一）刊行の『摂陽群談《せつようぐんだん》』に「世俗奈加末村と称す」とあり、まず表記が「中浜」になり、その後読み方も「なかはま」になっていったものらしい。地名の由来は不明。［藤田］

長堀橋《ながほりばし》（中央区）

長堀川は心斎橋の名の由来にもなった伏見の町

人・岡田心斎らの手によって、元和八年（一六二二）頃に完成した。長堀川には全部で十六の橋が架けられたが、そのうち堺筋の通る橋が長堀橋である。橋の名は文字通り「長堀川に架かる橋」の意である。これは堺筋が大阪市中第一の幹線道路であり、この橋が長堀川に架かる橋の中で唯一の公儀橋であることから、長堀川を代表する橋という意味が込められたのであろう。長堀川は一九六〇年代に埋め立てられてしまったため、今では橋そのものはないが、交差点の名や地下鉄の駅名になっていることもあり、長堀橋の名前は現在でも広く通用している。

［豆谷］

中道《なかみち》（東成区）

この地域の中央を通る奈良街道（暗《くらがり》峠越え）から、中道の地名が生まれたとされる。中世には近江日吉《ひえ》社領日吉庄があり、鎌倉時代中期に作成されたとみられる「日吉社領注進」に「摂津国中道内日吉庄」と記されている。慶長十年（一六〇五）の「摂津国絵図」には東成郡中道村とあり、明和元年（一七六四）には奈良街道沿いに中道村新建家が許可され、旅籠屋五軒などが公認された。この新建家は玉造と隣接するため、玉造新建家とも呼ばれ、江戸時代後期には遊所として有名になった。関係する史跡として、現在のＪＲ玉造駅の東側に「二軒茶屋の旧跡」の碑がある。二軒茶屋は黒門橋（石橋）のたもとにあった「つる屋」「庄屋」の二軒で、伊勢参りの人々や奈良街道を通る旅人にとって重要な茶屋であった。明治二十二年（一八八九）、中本村大字中道となり、現在も東成区中道一～四丁目として、その地名を残す。

［荒武］

中宮《なかみや》（旭区）

中宮一～五丁目。旭区の中央部に位置する。東は大宮一～五丁目、南は城北《しろきた》川（運河）・阪神高速大阪森小路《もりしょうじ》線、北は淀川にはさまれた地域。平安時代から室町時代にかけて、この付近に中村御厨《みくりや》があったという。当御厨は承安五年（一一七五）、藤井中納言が伊勢神宮に寄進した（「神鳳抄」）。このため江戸時代には中村と呼ばれた（『東成郡誌』）。大正十四年（一九二五）に大阪市へ編入される時、隣の大字江野にあった大宮八幡宮の「大宮」に対し、大字「中」を「中宮」と改称したのが由来である（『大阪の町名』上）。近世の中村は脚気に効能のある河骨《ここつ》が特産であった。

［野高］

中本《なかもと》（東成区）

明治二十二年（一八八九）、中道など六か村が合併して成立した。中心となった、中道・中浜・本庄の村名から中本村と命名した。都市化・工業化に伴い、人口も大幅に増加し、大正元年（一九一二）に町制施行、同十四年（一九二五）の大阪市編入によって、東成区中本町となる。当初の町域とは変動があるが、現在も東成区中本一～五丁目の地名があり、八王子神社が四丁目に所在する。〔荒武〕

長吉《ながよし》（平野区）

古くは「住吉」を「すみのえ」、「日吉」を「ひえ」と読んだように、「長吉」も本来は「ながえ」と読んだと考えられる。「ながえ」は「長江」で、古代にはこの辺りを流れた大和川を意味するのであろう。当地に鎮座する志紀長吉神社は『延喜式』神名帳に載る古社で、祭神は長江襲津彦命《ながえのそつびこのみこと》と事代主命《ことしろぬしのみこと》の二柱である。長江襲津彦は、『古事記』の孝元天皇段に「葛城《かつらぎ》の長江曾都毘古《ながえのそつびこ》」と記されるように、古代大和の豪族葛城氏の祖とされる人物で、仁徳天皇の皇后磐之媛《いわのひめ》の父とされる。この長江襲津彦を祀る志紀長吉神社が当地にあることは、葛城氏の勢力が大和の葛城地方から大和川に沿って河内にまで及んでいたことを示すのであろう。〔北川〕

長柄《ながら》（北区）

区の北東端の地域一帯を指す。淀川（大川）から中津川が分岐してからすぐの南側。江戸時代、大坂市中の天満橋筋から北に延びる亀山街道沿いに南長柄村と北長柄村があった。この分岐点の二股に分かれた一帯が「長柄」と呼ばれていたと考えられる。「長柄」の地名は、孝徳朝の「難波長柄豊碕宮」や奈良時代の文献からみえるようであるが、場所は特定できていない。また、長柄川に架かる長柄橋が、『日本後記』弘仁三年（八一二）六月三日条にみえるのを初見として、以後種々の文献に名前がみえる。また、長柄橋再建に関し、人柱をしたという伝承もある。「長柄」の地名は、淀川河口部の砂州などにちなむものと考えられている。中津川を渡す長柄の渡しがあった。町名としての長柄は、長柄西一～二丁目、長柄中一～三丁目、長柄東一～三丁目がある。〔八木〕

渚《なぎさ》（枚方市）

現在、渚は淀川から離れているが、古来は文字通り淀川沿いにあった。永仁五年（一二九七）には讃岐国善通寺の修復費用を徴収するため、当地の渚院に川関が設けられている（善通寺文書）。渚院とは、もと文徳天皇の皇子惟喬《これたか》親王の別荘の名で、『伊勢物語』には、惟喬親王が在原業平を伴ってここを訪れ、遊興を楽しむ場面が描かれている。当地にあった観音寺はその跡地とされ、江戸時代前期に永井尚庸《なおつね》によって建てられた石碑が残る。〔馬部〕

浪速・浪花・浪華《なにわ》（中央区）→難波

浪速区《なにわく》（大阪市）　大正十四年（一九二五）四月一日の第二次市域拡張に際し、南区から分離独立した。区名は、古歌の「難波津に咲くやこの花冬ごもり　今ははるべと咲くやこのはな」から採用された。この歌は百済から来日した王仁《わに》博士の作と伝える。「この花」は梅と考えられている。〔堀田〕

浪花町《なにわちょう》（北区）　区の中央より東に位置する。大正十三年（一九二四）に天神橋筋六丁目と天神橋筋西二丁目の各一部を合わせてできた町名。町名の由来は不詳。〔八木〕

***難波橋筋**《なにわばしすじ》（中央区）　難波橋は大川に架かる橋梁。現在は堺筋の延長部にあるが、これは大正四年（一九一五）に市電を通すために架け替えられて以降の位置で、それまでは一本西の南北道路の延長線上にあったことから、それにとりつく道を難波橋筋と呼んだ。その名は明暦元年（一六五五）「大坂三郷町絵図」にみえる。範囲は北浜から長堀までで、江戸時代では道修町《どしょうまち》から淡路町までは足袋屋や提灯屋が多く、北久太郎町から長堀までは塗師職人町であったという（延享版『難波丸綱目』）。〔大澤〕

並松町《なみまつちょう》（堺市堺区）　旧市域の北側に接する摂津国住吉郡七道村のうち、中央を南北に通る紀州街道に沿って、寛永年間（一六二四～四四）に堺奉行によって松が植えられたことに由来するという（平凡社『日本歴史地名大系28　大阪府の地名』）。文政年間（一八一八～三〇）までに七道村から独立し、堺北組に属した。明治二十二年（一八八九）、環濠内の各町とともに堺市となった。〔吉田豊〕

波　除《なみよけ》（港区）　JR大阪環状線「弁天町」駅の北東に位置。地名の由来は、貞享元年（一六八四）に九条島を開削したときの土砂を運び、積み上げてできた波除山の名による。波除山は、別名瑞賢《ずいけん》山ともいい、航海の目印として利用された。九条島の開削は、江戸幕府の命を受けた河《かわ》村瑞賢《むらずいけん》によるもので、これによって淀川は直流するようになり、元禄十一年（一六九八）に安治川《あじ》と命名された。波除山は明治末年まで残されていたが、現在その姿は見られない（『港区誌』）。昭和四十三年（一九六八）に港区南境川町・繁栄町・弁天町・抱月町《ほうげつちょう》・辰巳町・八雲町・南安治川通の各一部を合併し、波除となる。町内の波除公園には、「市岡新田会所跡」碑が建てられている。

〔松永〕

成合《なりあい》（高槻市）

春日神社の神体を檜尾《ひお》川東岸の鷹取山から山麓の森に移したときに、「里に成り合いたる地」であるというお告げがあり、この地に村を築いたという伝承がある。延暦九年（七九〇）参議阿部是雄が安満《あま》寺を建立、一時衰退したが、千観が康保元年（九六四）に再興し、金龍寺と号した。江戸時代には高槻藩領と金龍寺領。太平洋戦争末期に陸軍が高槻地下倉庫（タチソ）を建設した。

〔飯沼〕

*鳴尾町《なるおちょう》（北区）

区の南東部に位置する。江戸時代から昭和五十三年（一九七八）までの町名。現在の天神橋一丁目および天神西町に含まれる。由来は不詳。菅原町の北に東西に伸びる両側町。

〔八木〕

*南海通《なんかいどおり》（西成区）

区の南東部に位置した。町名は、南海電気鉄道会社の本線と高野線が立体交差する岸ノ里駅を中心とした町域であることに由来する（『大阪の町名』上）。明治初頭、西成郡勝間《こつま》村の一部であったが、大正四年（一九一五）十一月十日玉出町の一部となった。大正十四年四月一日大阪市に編入され、西成区玉出町の一部となった。昭和二年（一九二七）一月一日南海通一〜二丁目となった。同三十六年一月三十一日田端通一丁目の一部が南海通二丁目に編入された。昭和四十八年十一月、玉出東一丁目、玉出中一丁目、岸里二〜三丁目の一部となった。

〔古川〕

楠公《なんこう》（四条畷市）

元は、四條畷市南野《みなみの》の一部であったが、昭和五十年（一九七五）に楠公となる。これは同地の小楠公墓所、四條畷神社とその参道にひらけた楠公通り商店街等から名付けたと思われる。

〔尾崎〕

南港《なんこう》（住之江区）

南港中一〜八丁目、南港東一〜九丁目、南港

南一～七丁目、南港北一～三丁目に分かれる。埋め立て工事により人工的に造成された土地。北港（此花区）に対する南港である。大阪築港《ちっこう》が手狭となったため、港域を北は神崎《かんざき》川から南は大和川まで拡大し、北港と南港を開発する第二次修築計画が昭和二年（一九二七）に立案された。「南港」という名称はこの中で誕生したと思われる。初めて町名に採用されたのは南港東一丁目の昭和四十年（一九六五）である（『大阪築港百年』上巻、『住之江区史』）。〔野高〕

難波　なんば　（中央区）

中央区南部一帯の汎称。町名としては中央区内に難波、難波千日前があり、それと接する浪速区内にも難波中の町名がある。難波の名は広く駅名などにも使用されている。古くは「浪速」、「浪花」、「浪華」などと表記し、読みは「なにわ」であった。もともとその指す場所は現在より広く、住吉を除く上町台地一帯のことを意味した。その由来については『日本書紀』神武天皇即位前紀に、難波崎にて速い潮流に出会ったことから浪速国と名づけたとの記事がある。難波崎とは上町台地の突端部で、現在の河内平野がかつて入江になっており、難波崎のところで水路状に海とつながっていたため、大阪湾の干満によってこの場所で急流が発生したと推測されており、『日本書紀』の記述はこのことを意味するという考え方が有力である。古代では難波江《なにわえ》や難波潟《なにわがた》などが歌枕として知られた。難波が特定の地域・集落を指した事例としては『天文日記』の天文十二年（一五四三）正月八日条が早く、これはかつての上難波村（現在の久太郎町四丁目、南・北久宝寺町四丁目付近にあり、十七世紀初頭に大坂市中に組み込まれた）と、その南にあった下難波村の一帯を意味したと推測される。江戸時代、上難波村と下難波村はあわせて難波村となり、その村名は明治三十年（一八九七）の南区編入まで続く。難波の名はその後区内の大字として継承され、町名としては昭和五十七年（一九八二）に誕生し、平成元年（一九八九）から中央区に属した。〔大澤〕

*難波島　なんばじま　（大正区）

難波島は木津川下流の中にあった島であり、木津川を木津川と三軒家川に分けていた。名称の由来は不詳。古代にあった難波崎に由来するか、あるいは難波八十島の一つであったためかと考えられるが、いずれも未詳。水上交通の妨げとなるため、元禄十二年

（一六九九）に河村瑞軒《かわむらずいけん》（賢）が島の中央を開削し、木津川の流路を直線化した。島は南北に分かれ北側を月《げっ》正《しょう》島、南側を旧によって難波島と呼んだ。難波島は水上交通の要所を占めていたことから北側にある三軒家町などとともに栄えた。明治三十三年（一九〇〇）に難波島町となったが、昭和五十一年（一九七六）に三軒家東に含まれた。難波島の名称は、難波島渡しとして残っている。［堀田］

並松町《なんまつちょう》（岸和田市）

岸和田城下の北端部に位置し、地内を紀州街道が通る。江戸時代には、並松・幟《のぼり》町・忍町・鉄砲町・水主《かこ》町・吹屋町・袋町・周防殿《すおうどの》町・桝形・御茶屋前などいくつかの小地区に分かれ、主に商工業者や中下級武士が居住した。紀州街道の両側に土堤を設け、松を植えて松並木としたことから並松の称が生まれたと考えられる。明治期には岸和田並松町となり、明治二十二年（一八八九）から大正元年（一九一二）まで大字岸和田並松、大正二年以後並松町となった。［山中］

新高《にいたか》（淀川区）

当町名は、この地域が周辺よりも高い土地であったことに由来するという説と、米の石高を「高」ということから新しく開けた土地を意味するという説とがある。また、大正十四年（一九二五）に新高町の町名が付けられた際、台湾の新高山が日本領で一番高い山として知られていたこととの関連も指摘されているが、詳細は不明である。当町は新在家村・堀上村・宮原新家村の一部が合併し、神津《かみつ》村大字新在家・堀上の一部となり、昭和五年（一九三〇）町域を南北に分け、新高北通一〜三丁目・南通一〜三丁目となった。［上田］

*仁右衛門町《にえもんちょう》（中央区）

大阪城の南東にあり当町の含まれる玉造地区は、豊臣時代に大名屋敷が建ち並んでいたと伝えられ、越中町や岡山町などそれに由来するという町名が多い。当町には、一説には藤堂高虎の家臣であった藤堂仁右衛門の屋敷が、また別の説では豊臣政権の五奉行の一人である増田長盛（仁右衛門）の屋敷があったという。いずれも確実な記録を欠くため決めがたいが、いずれにしても武家屋敷に由来する町名であった可能性が高い。現在では中央区玉造および上町の一部となって、旧町名は失われている。［豆谷］

*賑町《にぎわいちょう》（中央区）

もと南区の町名で、東・西に分かれており、明治四十五年（一九一二）から存在したが、昭和五十七年（一九八二）に現在の谷町六丁目と安堂寺町二丁目に分割・消滅した。この一帯は江戸時代、御用瓦師寺島藤右衛門拝領の瓦土取場で、荒涼とした地であったため野漠（一名高原）と呼ばれていたが、明治元年（一八六八）に新瓦屋町として成立し、明治六年（一八七三）には東・西新瓦屋町となったが、同四十五年に東西賑町と改称した。商売繁盛の町となるようにとの地元民の要望を受けての命名であった（清文堂『大阪の町名―大坂三郷から東西南北四区へ―』）。〔大澤〕

西浦《にしうら》（羽曳野市）　高屋城のある高屋丘陵から見て、西側の低地の意味であろうと推定される。古い時期にはみられず、畠山氏が高屋城の攻防戦を繰り広げてから史料に散見する地名。明応二年（一四九三）三月二日の『蔭涼軒日録』によれば、「にしの浦　誉田より四町」とある。また、地区内には『蔗軒日録』文明十七年七月十九日条にみえる宝寿寺や、「西浦」門徒（『石山本願寺日記』天文九年（一五五一）九月二十八日条など）の中心となった覚永寺があった。現在は一～六丁目。〔中山〕

西御旅町《にしおたびちょう》（吹田市）　区域にある高浜神社（現高浜町所在）の御旅所が地名の由来である。小字天王島・御旅島・大畑島と池田島の一部で、昭和三十八年（一九六三）の町名変更で東御旅町とともに現在の町名になった。近世は吹田村のうちで、明治十一年（一八七八）竣工の神崎川付け替えによって旧吹田村のうち両御旅町が同川南岸に切り離された格好になり、大阪市東淀川区下新庄町四丁目から六丁目と境を接する。〔石原〕

二色《にしき》（貝塚市）　市の西部に位置する。美しい海浜をとらえていう「白砂青松」の白と青の二つの色に由来している。貝塚市脇浜地先の大阪湾を造成してできた埋立地で平成元年（一九八九）町開きにより誕生し、「二色の浜パークタウン」の愛称を持つ。しかし、二色および二色の浜の名称はそれ以前に遡る。昭和八年（一九三三）に貝塚市澤の海浜に南海鉄道（現、南海電気鉄道）が二色の浜海水浴場を開設し、翌年に臨時停車駅として二色浜駅が設けられ、昭和十三年（一九三八）に常設駅となった。また、昭和二十六年（一九五一）には海水浴場を含む一帯を大阪府営二色の浜公園として整備している。このため、二色の浜は、貝塚市の南西海浜部を広く指す地名となっている。二色一〜四丁目、二色中町、二色南町、二色北町がある。〔曽我〕

錦町《にしきちょう》（北区）

区の東部に位置する。大正十三年（一九二四）に天神橋筋と天満橋筋の各町を合わせて南錦町と北錦町ができた。天満駅を中心に南北に分かれていたが、昭和五十三年（一九七八）の町域町名変更により、周辺の町の一部を統廃合し、新たに錦町が成立した。町名は佳名による。〔八木〕

西区《にしく》（大阪市）

大阪市の中央よりやや西側に位置する。江戸時代は大坂三郷の北組と南組に含まれたが、明治二年（一八六九）六月二日に三郷が廃止され、東大組・南大組・西大組・北大組に区分され、当地は西大組に属した。その後第三大区と改められたが、明治十二年に西区となった。大阪市制施行時にそのまま大阪市西区となった。〔堀田〕

西区《にしく》（堺市）

平成十八年（二〇〇六）に、堺市が政令指定都市になった際に、堺市の西部分に位置するところからつけられた。〔堀田〕

西九条《にしくじょう》（此花区）

もとは寛永元年（一六二四）に開発された九条村（現西区）の一部であったが、貞享元年（一六八四）、河村瑞賢《ずいけん》（軒）による安治《あじ》川の開削で東西に二分され、その西部分を西九条と呼ぶようになった。だが、近世全般にわたって、行政的には九条村に含まれていた。九条の由来は「九条」の項目を参照されたい。現在は此花《このはな》区西九条一〜七丁目となっている（『日本歴史地名大系28　大阪府の地名』・『大阪の町名』下）。〔吉田洋〕

西郡《にしごおり》（八尾市）

八尾市北部に位置する。「正倉院文書」天平勝宝九年（七五七）四月七日付「西南角領解」には、錦部連乙万呂《にしきべむらじおとまろ》「河内国若江郡錦部里」とあり、古代は錦部と呼ばれていた。渡来係氏族錦部氏の本拠のひとつからこの地名がついたのであろう。白鳳期と推定される西郡廃寺の礎石が現在西郡天神社にある。この西郡天神社については、奈良県山添村の常照院本大般若経に「若江北条錦部郷天満御経」と墨書があり、少なくとも鎌倉後期には天神社があった。〔小谷〕

西島《にしじま》（西淀川区）

古来より「西島」と称された地域を、元禄十一年（一六九八）、幕府の新田開発政策に伴い、西成郡《にしなり》九条村の池山新兵衛が地代金四百二十両で開発を請け負う。佃・大和田より西に位置することから「西島」と呼ばれたとの説もある（『西成郡史』）。開発当初は反別十二町二反余り、高八十三石余りであったが、安永元年（一七七二）・天明六年（一七八六）・寛政三年（一七九一）・同十一年（一七九九）の高波によって大破したとされる。その後、京都の鍵屋九右衛門が所有し、天保十四年（一八四三）・嘉永五年（一八五二）に増し開き（拡張）を実施し、高百五十六石余りの規模を有する。明治二十二年（一八八九）、川北村の一部となり、大正十四年（一九二五）に大阪市西淀川区西島町、昭和四十七年（一九七二）に近隣の矢倉町・北西島町の一部を含めて西島一・二丁目と町名変更され、現在に至る。〔荒武〕

*西長堀《にしながほり》（西区）

地下鉄千日前線・長堀鶴見緑地線の駅名。長堀をつけた駅名には地下鉄堺筋線に長堀橋駅がある。長堀の由来となった長堀川は、元和五年（一六一九）に、移住を命じられた伏見町人によって東横堀川の南端から西に木津川まで開削された。川に沿った一帯は長堀と呼ばれ、川に沿って作られた町には長堀清兵衛町、長堀平右衛門町、長堀心斎町のように開発町人の名が冠された。この長堀川は昭和三十八年（一九六三）に西横堀川以東が、昭和四十八年に西横堀川以西が埋め立てられ、長堀大通となった。〔堀田〕

西成区《にしなりく》（大阪市）

大正十四年（一九二五）四月一日の大阪市第二次市域拡張の時に、旧西成郡の多くを含んでいたことから、その郡名にちなんでつけられた。西成郡の郡名命名は和銅六年（七一三）である。上町台地の西部を難波《なにわの》小郡《こごおり》と呼んだが、それを改めたものである。西生郡とも記載された。なお、上町台地の東部を難波大《なにわのおお》郡《ごおり》と呼んだが、こちらは東成郡とされた。東成は東生とも記載された。なお、東成郡と西成郡の境界は谷町筋にあるという説がある。〔堀田〕

*西野《にしの》（此花区）

もとは九条村の堤外地《ていがいち》（川および河川敷）であったが、元禄年間（一六八八～一七〇四）に九条村の池山新兵衛が地代金を幕府に納めて開発を行った。以後、寛政の頃（一七九〇年代）まで開発が続いた。西野新田という名は、開発者池山新兵衛の家より西の方角にあたる野であることをもって名付けたという（『西成郡史』）。西成《にしなり》郡西野新田は、明治二十二年（一八八九）に川北《かわきた》村大字西野となり、同三十年に大阪市に編入され、西区川北大字西野となり、同三十三年、西野上之町《かみのちょう》と西野下之町《しものちょう》になった。大正十四年（一九二五）此花《このはな》区に編入された。昭和五十年（一九七五）、西野上之町は西九条一・三・五丁目の各一部に、西野下之町は西九条五～七丁目の各一部となった（『大阪の町名』下）。

［吉田洋］

西の庄町《にしのしょうちょう》（吹田市）

昭和三十九年（一九六四）の町名変更で、小字西之庄町・城ケ谷・桂堂・庄田および宮ノ後・見斎・片山前・原田の各一部が西の庄町になった。近世の吹田村のうちで、『摂津志』村里条に「吹田属邑十三」として「西庄町」の名があがり、元和元年（一六一五）の「村絵図」にも「西之庄村」の集落が記載される（「橋本義敏家文書」）。吹田村の西端に位置することから西の庄といわれたか。西端に泉殿神社があり、建速素盞烏男神《たけはやすさのおのかみ》を主神にする。もと吹田村（町）に属し、北側は大阪高槻京都線、南側はＪＲ京都線、東側は片山町、西側は阪急電鉄千里線に囲まれ、町域の大部分を明治二十二年（一八八九）創業のアサヒビール吹田工場が占める。

［石原］

*西浜《にしはま》（浪速区）

江戸時代の渡辺《わたなべ》村が町名を変更して誕生した西浜町に由来する。元禄十四年（一七〇一）以降に木津村領内に移り住んだ渡辺村の人々は、坐摩《ざま》神社（現、中央区）と縁の深い「渡部《わたなべ》の里」に起源をもつとされており、木津村への定住以前は城下町の拡張整備により数度にわたる強制移転を繰り返し、天正年間（一五七三～九二）には「天満《てんま》・福島《ふくしま》・渡辺・博労《ばくろう》・三寺《みってら》」の五か所に分散して住んでいた。宝永三年（一七〇六）には屋敷割が完了し、水帳《みずちょう》や絵図も作成された（『摂津役人村文書』）。屋敷地は、かつて下難波《しもなんば》村領内にあったころから、大坂三郷と同様に地子《じし》（年貢以外に田畑や宅地にかけられる租税）免除であった部分と年貢および役負担の対象となる部分とがあり、道を挟んだ両側で構成する両側町であった。村全体は堀割で囲まれていた。年貢などは木津村を介して上納されるため、本村―枝郷体制をとる一方で、大坂町奉行所のもとで天満組の支配を受け、司法警察機構の末端に位置づく役負担も行っていた。たとえば、市中の火消人足に動員される助成として、市中に小便桶を設置して銀子《ぎんす》に換金する特権なども有していた。このほか市中の様々な役負担をこなしていたため、摂津役人村と自称することがたびたびあった。全国に名を馳せていた「和漢革問屋」のほか、太鼓屋又兵衛など太鼓業者もおり、西日本屈指の皮革の集産地として江戸・浅草と並び称せられる町であった。明治四年（一八七一）の賤民廃止令（解放令）を「其よろこびかきりなし」と受け取った渡辺村の人々は、町中の太鼓を打ち鳴らして歓喜にわきかえり（『近来年代記』）、明治五年（一八七二）には皮革業の積立金を充塡して小学校を建設・運営した。その後、栄町、穂波町《ほなみちょう》など十か町をあわせて、同二十年（一八八七）に西浜町となる。同三十三年（一九〇〇）には、西浜を冠した北通・中通・南通が町割となり、世間では「西浜」の呼称が戦後まで定着していくことになった。江戸時代から続く皮革の生産は軍需用、民生用ともに需要が高く、皮革産業の一大拠点として大小の様々の皮革関連業者が操業し、隆盛を極めた（『東洋皮革新誌』）。明治三十六年（一九〇三）に天王寺公園で開催された第五回内国勧業博覧会へ出品された皮革製品の数々も評価が高く業界の繁栄につながったが、昭和二十年（一九四五）の大阪大空襲で全町が焼土と化した。町の一角には浪速神社もあり、坐摩神社の末社として、坐摩大神《いかすりのおおかみ》などを祭神として祀っている。特に七月二十一日、二十二日の夏祭は戦前から蒲団太鼓《ふとんだいこ》の巡行が豪勢に行われ、雑誌『上方』の表紙も飾った。〔吉村〕

西本町《にしほんまち》（西区）

昭和五十二年（一九八七）の町名改称でつけられた。一～三丁目がある。東区（現中央区）本町の西に位置するところからの命名だと思われる。もとは阿波座北通・阿波堀通・阿波座上通・阿波座中通・靱本町・立《い》売堀《たちぼり》上通の一部からなっている。〔堀田〕

西町《にしまち》（東淀川区）

中島大水道より分岐した用水路が村内を通って再び大水道に合流している。もとは北方村と称して山口村と一村であった。村名の由来は不詳であるが、村内に城・城ノ越・中縄手などの地名があり、戦国期には城郭があったことがわかる。北方村からの分村の時期は不詳だが、慶長十年（一六〇五）「摂津国絵図」

にはすでに村名がみえる。明治二十二年（一八八九）西中島村の一部となり、大正十四年大阪市に編入された。［上田］

＊二条通《にじょうどおり》（港区）　明治四十年（一九〇七）から昭和四十三年（一九六八）の町名。地名の由来は、築港《ちっこう》埠頭埋立地に町名をつける際に、安治《あじ》川左岸沿岸から順番に、一条から八条までの路線名を付したことによる（『大阪の町名』上）。明治四十年に大阪湾築港埠頭埋立地の一部が西区二条通となる。大正十四年（一九二五）には港区に編入。昭和二十五年の港湾地帯高潮対策事業に伴う天保山運河拡張工事によって、町内の一部が天保山運河の水面下となる。昭和四十三年に築港・港晴《こうせい》の一部となる。［松永］

西淀川区《にしよどがわく》（大阪市）　大阪市の北西部に位置する。区名は区の南部に接する淀川にちなむ。大正十四年（一九二五）四月一日の大阪市第二次市域拡張に際し、淀川以北の西成郡が編入され、東淀川区・西淀川区となった。［堀田］

＊日東町《にっとうちょう》（浪速区）　日本橋《にっぽんばし》筋の東側に近接することに由来する日本橋筋東から転じた町名。昭和二年（一九二七）の不良住宅地区改良法の施行によって、「桃ノ木裏」「下駄屋裏」はクリアランスされ、昭和時代初期には仮設改良住宅が建設された（『改良住宅における居住者の実態』）。さらに鉄筋コンクリート造りの多層構造をもつアパート（通称、軍艦アパート）が昭和六年（一九三一）から順次建設された。現在、日本橋東一帯は、老朽化によって解体されたアパート群の跡地が再開発され、近辺に新たな市営住宅が建設されている。［吉村］

日本橋《にっぽんばし》（中央区）　現在、堺筋の東側に中央区から浪速区にかけて広がる町名。その名は、道頓堀川に架かる幕府管轄の公儀橋であった日本橋に由来する。日本橋の南へ延びる町は長町と呼ばれていたが、寛政四年（一七九二）に日本橋と改称された。大坂三郷北組に属した。明治二年（一八六九）に大阪南大組に属し、同五年、いったん日本橋筋と変更されたが、明治二十二年（一八八九）に大阪市南区を経て、昭和五十八年（一九八三）に河原町・高津町・日本橋筋・御蔵跡町のそれぞれ一部が合併して日本橋が復活した。平成元年（一九八九）、中央区に属した。［大澤］

日本橋《にっぽんばし》（浪速区）

江戸時代の公儀橋の一つ日本橋に由来する。道頓堀川にかかる鋼橋は昭和四十四年（一九六九）の架橋。橋の北詰は讃岐の金刀比羅宮《ことひらぐう》参詣船の発着場で、紀州街道にのびる交通の要衝で、かつては高札場《こうさつば》も設けられていた。橋の南詰は立慶町《りゅうけいちょう》となっており（『摂陽群談』）、その辻以南は長町《ながまち》と称されていた。南下すると、すべて「長町」の名を冠して、順に新助町《しんすけちょう》・甚左衛門町《じんざえもんちょう》・嘉右衛門町《かえもんちょう》・毛皮屋町《けがわやまち》・谷町《たにまち》・笠屋町《かさやまち》となり、南端が長町筋茂助町《ながまちすじもすけちょう》となっていた。これらの町が元禄六年（一六九三）には長町一～九丁目となり、寛政四年（一七九二）には一～五丁目だけが日本橋一～五丁目と改称された（『南区志』）。それ以南の長町六～九丁目（のち三～五丁目に改称）には、旅人宿《りょじんやど》（旅籠《はたご》）、木賃宿などが軒を連ね、市中へやってくる人の往来で繁盛していたが、江戸時代中後期から明治時代にかけて、窮民や貧民が多数生活の拠点としていたために、「名護町《なごまち》」「名呉町《なごまち》」とも通称され、スラムとして全国に名を馳せていた。明治時代のルポルタージュや新聞、雑誌、さらに社会調査の類には必ずといってよいほど取り上げられていた。このため、市区改正や都市計画事業の過程でクリアランスの対象となっていった。日本橋北詰東角には道頓堀開鑿《かいさく》に功績のあった安井道頓（市右衛門成安《なりやす》）と従兄弟の道卜《どうぼく》（九兵衛定吉《さだきち》）の顕彰碑が建っている。また、三丁目には大乗坊《だいじょうぼう》と毘沙門天王立像がある。大乗坊は、四天王寺東北方牛崎《うしがざき》（筆《ふで》ケ崎《がさき》）にあり、天文（一五三二～五五）・天正（一五七三～九二）年間に信長の焼き討ちにあい現在の地に逃れて再興され、宝暦年間（一七五一～六四）に信者の寄進によって広大な寺域を持つようになった。これ以来「長町の毘沙門さん」として信仰されてきた。本尊秘仏の「毘沙門天王立像」は、日本の四大毘沙門天王像の一つに数えられる（『浪速区史』）。

［吉村］

如意谷《にょいだに》（箕面市）

箕面市の中央部に位置し、北部が箕面山地となっている。箕面山地の南麓から三世紀末の銅鐸が出土し、早くから開けていた地域である。文永元年（一二六四）七月二日の「法橋経朝注進状」（勝尾寺文書『箕面市史』史料編二）に「如意谷左衛門入道」という地名と同名の人物が記されている。地名の由来については、『摂陽群談《せつようぐんだん》』に「此所、如意輪有縁の地を以て、如意谷と称す」と記されている。

［西田］

庭井《にわい》（住吉区）　現在の住吉区南東部を中心とした一帯を、古代律令制の時代には「大羅郷《おおよさみごう》」といい、当地に鎮座する大依羅神社は郷の守護神として崇敬を集めていた。境内には、雨乞いに霊験があるという「庭井の井戸」（依羅の井戸、庭井の清水）があり、これが当地名の由来とされる。永禄十二年（一五六九）八月付の今井宗久禁制の宛先八か村の中に「庭井村」がみえる。〔宮本〕

＊庭窪《にわくぼ》（守口市）　市の北東部に位置する。旧大庭《おおば》庄の四か村（佐太・大日・大庭七番・八雲村）と旧大久保庄の五か村（東・北・梶・金田・藤田村）が明治二十二年（一八八九）に合併してできた村名で、役場は佐太に設置された。この地域は淀川の決壊にたびたび悩まされ、淀川の川筋を変えるなど大規模な河川改修が行われた。昭和二十三年（一九四八）に町制施行。同三十二年に守口市の一部となった。村名の由来については、大庭の庭と、大久保（大窪）の窪を合わせたものと考えられる。〔橋本〕

忍頂寺《にんちょうじ》（茨木市）　平安時代初期に三澄《さんちょう》が創建し、貞観二年（八六〇）清和天皇によって勅願寺とされた忍頂寺に由来する。忍頂寺は平安時代末期には仁和寺の末寺となり、付近には仁和寺領の忍頂寺五ヶ庄と呼ばれる荘園が形成された。五ヶ庄は戦国時代には仁和寺の支配を離れ、忍頂寺が高山右近や織田信長から所領を安堵されている（寿命院文書）。忍頂寺村は五ヶ庄の一村で、忍頂寺の所在地であることから寺辺《じへん》村とも呼ばれた。正保期（一六四四～四七）には京都所司代板倉重宗《しげむね》領、明暦二年（一六五六）幕領、万治元年（一六五八）旗本小田切家領となり、幕末に至った。明治二十二年（一八八九）近隣六か村と合併して見山《みやま》村の大字となり、昭和三十年（一九五五）茨木市に編入された。〔飯沼〕

布屋《ぬのや》（城東区）　大和川の旧河道にあたり、宝永元年（一七〇四）の大和川付け替え後、布屋新田が開発・立村された。享保年間（一七一六～三六）の村の史料に布屋九右衛門なる人物がみえており、これが新田の開発者で、村名の由来になったのであろうと推定されている。〔藤田〕

＊布屋《ぬのや》（西淀川区）　嘉永六年（一八五三）、中島新田の南西に続く寄洲を、大坂中之島の布屋（高瀬）甚九郎が開発した

ことに始まる（『西成郡史』）。甚九郎の屋号から、「布屋新田」と命名される。明治四年（一八七一）、暴風のため田畑が破壊されたが、同十五年（一八八二）に滋賀県神崎郡長勝寺村（現・東近江市）の清水荘三郎が復旧する。昭和四十七年（一九七二）に西淀川区布屋町から、同区中島二丁目となり、この地域から布屋の地名は消滅する。［荒武］

寝屋《ねや》（寝屋川市）

かつての河内国交野《かたの》郡に属す。交野市星田から流れる傍示《ぼうじ》川（タチ川）と枚方市茄子作《なしづくり》から流れる北谷川が寝屋で合流するところから一級河川寝屋川となる。集落はタチ川右岸の段丘上にあり、東高野街道沿いに大谷という出郷がある。大谷は街道を挟んで寝屋の大《おお》谷《たに》と星田《ほしだ》（交野市）の大谷とに分かれる。江戸時代の寝屋村は明治二十二年（一八八九）水本《みずもと》村の大字となり、昭和三十六年（一九六一）寝屋川市と合併し、その一部となる。地名の由来は星田牧の従事者の宿泊所が存在したことから、あるいは東高野街道の旅人の布施屋の設備が存在したことによる（『寝屋川市誌』）とするが、根拠となる史料がなく不明。［尾崎］

寝屋川市《ねやがわし》（寝屋川市）

大阪府東北部北河内に位置する。市名は市内を流れる寝屋川に由来する。市名は寝屋川町（その以前は寝屋川村）を引き継いでいるが、江戸時代に寝屋川があり、その川名の由来は上流の寝屋からきている。寝屋の由来については不明である。［堀田］

野《の》（羽曳野市）

村中を竹内街道が通り、丹比野《たじひの》の中心であったための命名と伝える。慶長十七年（一六一二）の狭山池水割符帳によれば、隣村櫟山村とともに配水を受けている。現在の野。［中山］

納花町《のうけちょう》（和泉市）

『大阪府全志』（五）によれば、納花という名は、この地に槇尾山施福寺《まきのおさんせふくじ》の花畑があり、四季の花を納めていたことによるものというが、伝承の域を出ない。村の南部には、鎌倉時代に俊乗坊重源《しゅんじょうぼうちょうげん》によって築かれたと伝えられる谷山《たにやま》池がある（納花町域にあるが、府中町飛地）。以前は、池の中島に重源を祀った御影堂があり、毎年三月十八日、谷山池懸りの村々で法会を行っていたという。現在は、本堤防上に重源像を祀った小祠がある。明治二十二年（一八八九）、南池田村の

大字となり、村役場が置かれた。 〔森下〕

農人橋《のうにんばし》（中央区） 東横堀川に架かる農人橋から東へ延びる町で、現在は谷町筋と東横堀川の間が一～三丁目となっているが、かつて農人橋の橋詰部分は農人橋詰町と称した。町名の初見は元和二年（一六一六）で（『大阪史談』所収「同年本帳」）、江戸時代は大坂三郷南組に属した。町名は橋名に由来しており、その名はかつて船場の開発が進む以前、田畠が多かった頃に上町に住む農民が耕作のためにこの橋を渡ったことによる（『摂津名所図会大成』）。明治二十二年（一八八九）から大阪市東区となり、平成元年（一九八九）、中央区に属した。 〔大澤〕

＊農人町《のうにんまち》（北区） 江戸時代から明治五年（一八七二）までの町名。明治五年からは此花町一～二丁目となった。河内町の西・大工町の東に位置し、天神裏門筋から寺町まで南北に延びる両側町。明暦元年の「大坂三郷町絵図」にもみえる。十七世紀末から十八世紀にかけての絵図では、町の周辺は「野畠」と記されており、立地も市街地周縁部であることから、住民が農業に従事していたことに由来するものと考えられている（平凡社『日本歴史地名大系28 大阪府の地名』）。 〔八木〕

野江《のえ》（城東区） 野江一～四丁目。区の北西部に位置する。北と西は都島区、東はJR城東《じょうとう》貨物線に接する。昭和四十六年（一九七一）の住居表示変更前は旭区・都島区にもまたがる地名であった。野江の地名が史料に現れるのは、『一条宴乗《えんじょう》記』元亀元年（一五七〇）九月十一日が初見である。野江の由来は不詳だが、低湿地であることから「野」（荒地）・「江」（陸に入り込んだ水面）などの呼称が生じたものであろう。戦国時代に榎並《えなみ》荘の支配の中心であった榎並城は当地にあったとされており、四丁目には城の水難防止のため祀られたのが起源と伝える水神社（野江神社）がある。榎並城は何度か築かれた可能性があるが、よく知られるのは天文十一年（一五四二）に河内国守護代木沢長政を討って榎並を支配下に収めた三好政長（宗三）が築いたもの。『私心記』天文十五年（一五四六）には「榎並宗三舘」とみえるが、同十八年の江口合戦までに城郭化されたとみられる。地名の由来には次の三説がある。①野は野原、江は岸を意味し、室町時代に淀川の流末の低地帯に生まれたことにちなむ（『城東区史』）。②淀川左岸から寝屋川右岸に至る後背湿地の南部で、難波江の跡の平野部に位置する地域を意味する地名「野江」に由来する(『大阪の町名』上)。③孝謙天皇の時代(七四九〜七五七)に油を献上した故事から「油江」と称した地域が付近にあり、後年、油江が転じて野江となったという(『東成郡誌』)。元和年間(一六一五〜二四)の「摂津一国高御改帳」には油江村がみえる。 [藤田・野高]

野崎町《のざきちょう》 (北区) 区の中央部よりやや南に位置する。この地域は、もと西成《にしなり》郡北野村と川崎村に属していたところで、明治三十年(一八九七)の大阪市第一次市域拡張で大阪市に編入され、明治三十三年(一九〇〇)に野崎という町名ができた。北野村の「野」と豊崎村の「崎」を合わせて作られた町名という。町域は複雑な経過をたどったが、昭和五十三年(一九七八)の町域町名変更の際に新しい野崎町が成立した。 [八木]

野　里《のざと》 (西淀川区) 古来、「三野郷」と呼ばれていたことに由来し、「野郷」から「野里」へと転訛したと伝えられる。嘉吉二年(一四四二)十月三日付け「小河式部丞賢家書状案」に、「当嶋(摂州中嶋=西成《にしなり》郡の意)野里庄内」と記されているのが史料上の初見と考えられている(「藻井家文書」)。そのほか、いくつかの中世文書に野里の地名が散見がされ、永正十二年(一五一五)作成の「春夢草」に「中嶋野里」で詠んだ歌二首が収められる(『続群書類従』三六)。野里一帯を流れる中津川のことを野里川とも称し、享禄四年(一五三一)六月には、この付近で細川晴元と同高国の軍勢が激突し、高国方の七千名余りの死体が川中に沈んだと伝えられる。この野里川合戦を含め「摂州の大物崩れ」と呼び、畿内における晴元政権が安定化する契機となった(『新修大阪市史』二)。江戸時代には中津川の対岸である海老江村新家との間に「野里の渡し」があった。これには諸説があるが、『五畿内志』には「柏済(渡)」、つまり「柏の渡し」が野里村にあったこと、また『摂津名所図会大成』では「柏渡(柏の渡し)」は今の野里の渡しにあたる、と述べられている。現在の野里一丁目には「野里の渡し跡碑」が建立されている。明治二十二年(一八八九)、加島・御幣島《みてじま》両村と合併して歌島村大字野里、大正十四年(一九二五)に大阪市西淀川区野里町となる。昭和四十八年(一九七三)より野里一〜三丁目へと変更が行われ、現在に至る。 [荒武]

能勢町《のせちょう》（能勢町）

大阪府の最北端に位置する。町名は旧郡名の能勢郡に由来する。能勢郡の成立は和銅六年（七一三）であるが、その成立以前においても能勢と呼ばれていたと推定される。能勢の地名由来については不詳である。［堀田］

野田《のだ》（熊取町）

町の中心部に位置する。朝《あさ》代《しろ》・成合《なりあい》・野田の三か村から成り、室町時代にはそれぞれの村名が確認できる。朝代は古くは「朝社」とも記した。しかし、地域の集合体としての熊取谷においては三か村であったが、公には一か村として扱われた。そのため、寛永年間（一六二四〜四四）の状況を表すと推測される『和泉国郷村帳』などには「野田村」として三か村の村高が一括されている。平成三年（一九九一）より進められた住居表示整備事業を受けて、野田一〜四丁目、美熊台《みくまだい》一・二丁目、朝代《あさしろ》東一〜四丁目、朝代西一〜四丁目、和田一〜五丁目、成合《なりあい》東、成合西、成合南、成合北などに分けられた。［曽我］

野田《のだ》（福島区）

由来については不明であるが、足利義詮《よしあきら》著の『住吉《すみよし》詣《もうで》』に、貞治三年（一三六四）「それより南にあたりて野田の玉河と云所あり」とみえる。また十五世紀前半には、四天王寺領鷺島《さぎしま》庄の一村であったことが判明している。さらに嘉吉《かきつ》二年（一四四二）、崇禅寺《そうぜんじ》に「野田村平田跡」が寄進されている（藻井《ものい》家文書）。元亀《げんき》元年（一五七〇）、織田信長の石山本願寺攻めに対して、三好三人衆は野田・福島に城を築き、本願寺を援助、以後野田・福島の地は石山本願寺の勢力下に入った。しかし天正四年（一五七六）に信長は猛攻を加えてこの地を奪取し、石山本願寺攻撃の拠点の一つとするに至った。野田城・福島城の詳細は明らかではないが、もともと三好衆は野田・福島を拠点としており、これらの城の起源は享禄四年（一五三一）頃とされる（『福島区史』）。江戸時代は幕領。元禄十一年（一六九八）、野田村の一部が安井九兵衛・平野次郎兵衛請所《うけしょ》となる。明治二十二年（一八八九）西成郡野田村となり、同三十年に大阪市北区に編入され、「西野田」に旧小字名を付す町村となった（『福島区史』）。その後変遷を重ね、昭和五十年（一九七五）に、福島区野田・玉川・吉野・大開《おおひらき》となった。［吉田洋］

野田町　のだまち（都島区）→東野田町

野中　のなか（藤井寺市）

隣接する羽曳野市野々《のの》上《うえ》とともに古代の丹比《たじひ》郡野中郷（『和名類聚抄』）の地にあり、「野中の堂」とよばれた野中寺があった（『日本霊異記』）。羽曳野市野々上に現存する野中寺は延暦十八年（七九九）三月十三日にはすでにみえ（『日本後紀』）、百済系渡来氏族の船氏の氏寺と推定されている。中世の一時期には、古市郡の「誉田《こんだ》」の一部と考えられたらしく、「こんたの野中」という表現がみえる（蓮如『御文』）。文禄三年（一五九四）の検地では、野々上村と一村とされ、同年北条氏規《うじのり》にあてがわれた（北条家文書）。遅くとも慶長十二年（一六〇七）には、別村として扱われていた。現在の野中一～五丁目、青山一～三丁目、陵南《りょうなん》町《ちょう》、藤ケ丘一～四丁目付近。なお、青山は同地にある青山古墳により、陵南町はミサンザイ古墳の南ということで命名された。藤ケ丘は『河内名所図会』にみえる「藤森」（藤の森古墳）や付近の小字名「藤井」にちなむものと考えられる。〔中山〕

野中　のなか（淀川区）

地名は野の中の小さな村に由来するとされるが、詳細は不明である。江戸時代初頭には東野中村・西野中村の二か村であった。明治二十二年（一八八九）堀上村などとともに神津《かみつ》村となり、大正十四年（一九二五）大阪市に編入された。村の東を能勢街道が通っており、中島大水道は能勢街道の手前で南に折れて、当村と平行して南側を流れている。また、村内には野宮神社があったが、明治四十二年神津神社に合併された。〔上田〕

野々上　ののうえ（羽曳野市）

隣接する藤井寺市野中とともに古代の丹比《たじひ》郡野中郷（『和名類聚抄』）の地で、野中村から近世になって分立した。野中の標高の高い所に位置するの意味であろう。区域内に現存する野中寺は延暦十八年（七九九）三月十三日にはすでにその名がみえ（『日本後紀』）、百済系渡来氏族の船氏の氏寺と推定されている。他に野中寺奥院と伝える黄檗宗法泉寺がある。現在は一～五丁目。〔中山〕

は 行

梅香《ばいか》（此花区）

大正十四年（一九二五）、四貫島《しかんじま》町・春日出《かすがで》町の一部をもって梅香町とする。町名は、当地の所有者政岡家の先代養母の法名が梅香であったことに由来する。昭和五十年（一九七五）の住居表示の実施に伴い、梅香一～三丁目、春日出中《かすがでなか》一～三丁目となる（『角川歴史地名大辞典27 大阪府』）。

［吉田洋］

梅南《ばいなん》（西成区）

区の中央部に位置する。町名一～三丁目がある。町名は旧今宮町の小字名によるが、その由来は不詳（『大阪の町名』上）。明治初頭、西成郡の木津村・今宮村の各一部であったが、明治三十年（一八九七）四月一日に今宮村の元木津・元今宮の各一部となった。大正二年（一九一三）十二月十日大字木津・大字今宮の各一部となり、同六年九月一日に今宮町大字木津・大字今宮の各一部、同十一年四月一日に今宮町梅南通一～九丁目となった。同十四年四月一日大阪市に編入され、西成区梅南通一～九丁目となった。昭和十六年（一九四一）七月一日、梅南通二丁目の一部が梅南通一丁目に編入された。昭和四十八年十一月、梅南通一～九丁目は、梅南一～三丁目、松一～三丁目、天下茶屋一丁目の各一部となった。

［古川］

伯太町《はかたちょう》（和泉市）

『新撰姓氏録《しょうじろく》』にみえる伯太首《はかたのおびと》神主にちなむ。町域は、信太山《しのだやま》丘陵の中腹から平野部にかけて展開している。熊野街道（小栗《おぐり》街道）が通り、街道の要所に設けられた熊野権現の末社である九十九王子《きゅうじゅうきゅうおうじ》の一つ平松《ひらまつ》王子がある。近世当初は幕領、寛文元年（一六六一）、大坂定番《じょうばん》渡辺氏領、元禄十一年（一六九八）から大庭寺《おばでら》藩渡辺氏領となる。享保十二年（一七二七）に、渡辺氏は伯太に陣屋を移し、伯太藩となった。藩の所領は和泉・河内・近江《おうみ》の三十九か村、一三五〇〇石余であった。陣屋および家臣団の屋敷は、大阪湾を一望できる信太山丘陵の中腹に設けられた。熊野街道沿いを除く三方には赤土の土塀が巡らされ、大手門前には堀も築かれていた。現在、その面影はほとんど見られないが、昭和十二年（一九三七）に建立された伯太営

址の記念碑が残る。また、堺市南区豊田《とよだ》の小谷《こたに》城郷土館の表門は、明治初年に伯太藩の搦手《からめて》門を移築したものという。［森下］

萩之茶屋《はぎのちゃや》（西成区）

一〜三丁目がある。区の北東部に位置する。町名の由来は、かつて当町付近に萩の植え込みがあった二軒の茶店があり、萩之茶屋と称されたことによる（『大阪の町名』上）。茶店は明治四十年（一九〇七）南海鉄道（現南海本線）敷設に伴い廃止され、萩之茶屋駅が開業した。萩之茶屋は駅名および東萩町・西萩町などの町名として残った。現町域はもとは西成区東入船町・西入船町・海道町・甲岸町・東萩町・三日路町・東田町・今池町の各一部。昭和四十八年（一九七三）十一月に町域変更および町名改称で成立した。［古川］

*萩町《はぎまち》（西成区）

西萩町・東萩町があった。区の北東部に位置する。町名の由来は、かつて当町付近に萩の植え込みがあった二軒の茶店があり、萩之茶屋と称されたことによる（『大阪の町名』上）。茶店は明治四十年（一九〇七）南海鉄道（現南海本線）敷設に伴い廃止され、萩之茶屋駅が開業した。駅の西側が西萩町、東側が東萩町になった。明治初頭、西成郡今宮村の一部であったが、明治三十年（一八九七）四月一日今宮村元今宮の一部となった。大正二年（一九一三）十二月十日大字今宮の一部となり、同六年九月一日に今宮町大字今宮の一部となった。同十一年四月一日に今宮町字西萩町および東萩町となった。同十四年四月一日大阪市に編入され、西成区西萩町・東萩町となった。昭和四十八年（一九七三）十一月、西萩町は花園北二丁目、鶴見橋一丁目、旭一丁目、萩之茶屋二〜三丁目になった。東萩町は萩之茶屋二〜三丁目の各一部になった。［古川］

*蛇草《はぐさ》（東大阪市）

東大阪市南西部に位置する。地名としてはすでに消滅したが、いくつかの公共施設に蛇草という名称が使われている。現在の寿町二丁目に北蛇草村、柏田西一丁目に南蛇草村の集落があった。両村は明治二十二年（一八八九）に柏田村、衣摺《きずり》村、大蓮村、吉松新田、金岡新田と合併し、長瀬村となった。北蛇草村字大加《おおが》には波牟許曾《はむこそ》神社が鎮座する。波牟《はむ》は蛇を意味する「ハミ」が転じたもの、許曾は社《こそ》の意。「ハミコソ」がさらに転じて「ハグサ」となり、地名の由来となったと考えられる。「四天王寺御手印縁起」（寛弘四年〈一〇〇七〉発見）には「蛇草地」とみえる。北蛇草村字東ノ庄の荒馬《ありま》墓地（現長瀬共同墓地）は行基が開いた河内七墓の一つである。〔別所〕

博労町《ばくろうまち》（中央区）

江戸時代から現在に至る町名。江戸時代には大坂三郷南組に属していた。慶長二十年（一六一五）に「はくろう町四丁目」とみえるのが初見（「大坂濫妨人并落人改帳」）。町内に馬医師や伝馬年寄の居住が確認できることから（元禄九年〈一六九六〉『摂州難波丸』）、伝馬に関する機能に由来した町名と推測される。明治二十二年（一八八九）に大阪市東区となり、平成元年（一九八九）に中央区に属した。〔大澤〕

箱作《はこつくり》（阪南市）

市の西部に位置する。京都にある賀茂別雷《かもわけいかずち》社の改修の際、古い神体の奉安箱を川に流したところ、この海岸に流れ着いたことから、「箱着里《はこつくり》」の地名となったとされる。その奉安箱を祀ったことを起源とする加茂神社は弘仁四年（八一三）に造営されたと伝わる。また、箱作庄は遅くとも鎌倉時代初めには賀茂別雷社領の庄園であった。〔曽我〕

箱の浦《はこのうら》（阪南市）

市の西部に位置し、岬町と接する。昭和四十七年（一九七二）南海町と東鳥取村が合併し、阪南町が誕生した際、箱作《はこつくり》・山中・淡輪《たんのわ》の一部を合わせ新たに設けられた大字。地名としては『土佐日記』の承平五年（九三五）二月一日条に「けふ《今日》はこのうら《箱浦》といふところよりつなて《綱手》ひきてゆく」と見られ、箱作から貝掛《かいがけ》の海浜に比定されている。〔曽我〕

羽衣《はごろも》（高石市）

江戸時代の和泉国大鳥郡今在家村とその周辺。同村は、明治二十二年（一八八九）に高石村の、大正四年（一九一五）からは高石町の大字となる。大正十二年（一九二三）、高石町羽衣と改称する。地名の由来は、明治四十五年（一九一二）に南海鉄道の羽衣駅がこの地にできたことによると思われる。北部の浜寺から南部の高師の浜にかけて、古くから松の名所として有名であり、羽衣松があったことによる。〔吉田豊〕

*橋寺《はしでら》（淀川区）

古くは上長柄と称したとされ、『日本後紀』弘仁三年（八一二）六月三日条にみえる長柄橋があった地ともいわれ、地名は長柄橋の近くに建立された橋本寺に由来するという説がある。この寺は誓願寺のこととされ、村内に小字名として名を残しており、「橋寺廃寺跡」も発掘されている。文献上では、建保七年（一二一九）付の勝尾寺文書に橋寺庄がみえるのが初見である。明治二十二年（一八八九）豊里村に組み込まれた。［上田］

*橋寺町《はしでらちょう》（旭区）

昭和四十六年（一九七一）の住居表示変更前の町名。現在は太子橋《たいしばし》三丁目の全域と同二丁目の一部である。江戸時代は橋寺村と称した。同村は明治二十九年（一八九六）の淀川改修工事以前は淀川右岸（現東淀川区）にあった。淀川中洲の橋寺島では桑・茶・綿・藍などを栽培した。大正十四年（一九二五）、大阪市東淀川区に編入された時、橋寺町と改称した。町名の由来は、承久元年（一二一九）の畠地売券に橋寺御庄の荘名があり、鎌倉時代の橋寺荘によるという説がある（『大日本地名辞書』）。また一説に、長柄橋《ながらばし》はかつてこの付近と河内国の橋並村を結ぶもので、橋のたもとの寺院を橋本寺と称したのに由来するという伝承もある（『大阪の町名』上）。橋本寺は当地の廃寺である誓願寺と伝えられている。［野高］

橋波《はしば》（守口市）

市の東部に位置する。中世以前は「波志波」。鎌倉～南北朝期に荘園名でみられる。建暦三年（一二一三）二月日の「慈鎮所領譲状案」（『鎌倉遺文』一九七四）にみえるのが初見で、当初は比叡山常寿院領であった。近世に入り、東橋波村と西橋波村に分かれた。明治二十二年（一八八九）に高瀬村・寺方村と合併し、三郷村の一部となった。現在は守口市の町名として残る。橋波西之町一～三丁目、橋波東之町一～四丁目がある。［橋本］

橋本町《はしもとちょう》（阿倍野区）

昭和四年（一九二九）から現在の町名。町名は、明治二十年代、私財を投じて聖天坂《しょうてんさか》の道路開発、天下茶屋《てんがちゃや》遊園地の開設、同四十三年（一九一〇）阪堺《はんかい》電気軌道北天下茶屋・聖天坂停留所の設置に尽力し、付近一帯の宅地化に貢献した橋本尚四郎・久五郎兄弟の事績を記念して付けられたことに由来する（『阿倍野区史』）。［生駒］

柱本《はしらもと》（高槻市）

大化二年（六五二）に長柄橋が架けられた際に和田松を伐って柱としたことにちなむという伝承が

あるが（「柱本村村誌」）、淀川に停泊地の目印として立てられた柱に由来するという説もある。初見は『台記』久安四年（一一四八）三月二十一日条。元弘二年（一三三二）五月の楠木正成の挙兵に対し、六波羅方が布陣した「柱松」は柱本のこととされる。江戸時代には淀川を往来する船に飲食物を販売した「くらわんか船」の拠点として栄えた。柱本のつく現行地名は、柱本（大字・一〜七丁目）・柱本新町・柱本南町がある。

［飯沼］

走井《はしりい》（豊中市）

村社走井神社内の「走井」という清水に地名の由来があるという（「明治十二年摂津国豊嶋《てしま》郡走井村村誌」）。「豊嶋郡誌」には「其地泉ヲ出スヲ以テ名クルニ似タリ」と記すが、よく清水が湧き、あふれ出て流れていたようである。明治四十二年（一九〇九）、走井神社は原田神社に合祀され、現在は存在しない。南北朝時代前半頃の大炊寮領六車《むぐるま》御稲田《みいなた》雑掌善覚重申状案に垂水西牧六車郷で活動する「御家人走井孫九郎」が登場することから、この頃には地名として成立していただろう（『師守記』暦応二年〈一三三九〉八月二十九日条紙背文書）。応永八年（一四〇一）六月八日足利義満袖判御教書（法観寺文書）には八坂法観寺《やさかほうかんじ》普翠庵・双竜庵領として「走井」がみられる。江戸時代に走井村は原田郷七か村の一つであったが、明治二十二年（一八八九）に麻田村の大字となる。昭和四十八年（一九七三）、住居表示の実施により町名に改まる。

［田村］

土師町《はぜちょう》（堺市中区）

古代は『和名類聚抄』の和泉国大鳥郡土師《はにし》郷に含まれ、中世には当村あたりを中心に土師保があったとされる。一帯に、日本で八番目に大きい土師（ニサンザイ）古墳をはじめ多数の古墳がある。『日本書紀』六五四年条にみえる「百舌鳥土師連土徳」など、畿内の古墳造りに関わった土師氏の一部は、土師郷を本貫地としており、これが地名の由来と思われる。『和泉名所図会』は、「土師《はじ》村は万代《もず》の辺なり。上古、土師氏の所居といふ。今も其裔孫ありとぞ。」と記す。土師町は、江戸時代の土師村のうち本村部分であり、南東部に土塔《どとう》が分村として存在した。また、東部には新家が分村として存在したという（『大阪府全志』五）。

［吉田豊］

秦《はだ》（寝屋川市）

『和名類聚抄』の河内国茨田《まった》郡幡多（郷）とあるのは当地

のこと。永徳二年（一三八二）の「熊野先達職補任状案」（『米良《めら》文書』）には、熊野参詣にかかる「はたの郷」他の諸檀那の先達職《せんだつしき》が補任されている。天文九年（一五四〇）の『真観寺《しんかんじ》文書』には、当時事実上の河内国守護として並存した畠山在氏《はたけやまありうじ》側守護代木澤長政《きざわながまさ》と畠山弥九郎側遊佐長教《ゆさながのり》が真観寺に秦南泉庵を返付する件でやりとりしていることがわかる。ただし、秦に南泉庵があったことについては、他に史料を得ず、詳細不明。また、上記「はたの郷」は「秦」を含む広い範囲であったらしく江戸時代の秦村は河内国讃良《ささら》郡に属していた。明治二十二年（一八八九）豊野《とよの》村の大字となり、昭和十八年（一九四三）寝屋川町、同二十六年（一九五一）寝屋川市の一部となる。秦には、渡来系氏族秦氏の子孫と称する旧家があり、市内川勝町に所在する秦河勝を顕彰する五輪塔（慶安二年〈一六四九〉）の地輪銘文と同じ内容を含む由緒書を所有する。地名の由来は秦氏の系譜になる人々が居住したことによると推定する。ただ、通名を「はだ」とにごることについては詳細不明。　［尾﨑］

*旅籠町　はたごまち　（北区）

区の南東部に位置する。江戸時代から昭和五十三年（一九七八）までの町名。魚屋町の西に南北に延びる町で、明暦元年の「大坂三郷町絵図」にもみえる。町名の由来は、『北区史』によれば、町奉行所に出向く人や諸国商人のための旅籠があったと伝えられる、という。現在の天神西町に含まれる。　［八木］

八王寺　はちおうじ　（池田市）

八王寺は八王寺川の名前に由来する。五月《さつき》山の麓から流れ出てほぼ北から南へ流れていく。八王寺二丁目にある夫婦池に沿って流れ、錆川と合流し江原川となり猪名《いな》川に注ぐ。この川の名から昭和四十年（一九六五）に八王寺という町名ができた。八王寺川の由来は不明である。夫婦池は神田池とも呼ばれ上池と下池があった。現在、上池は貯水池となり下池は夫婦池公園テニスコートである。　［室田］

*八ヶ所（八ケ庄）　はちかしょ　（鶴見区）

八ヶ所は応永十五年（一四〇八）（前田家所蔵文書）に所見せられる、北野社領荘園である。名称は所領ないし村落が八つあったことによると思われるが、『北野社家日記』明応二年（一四九三）二月二十三日には「八ヶ所村々名事」として、大和田・島頭《しまがしら》・馬伏《うまぶせ》・岸和田・東日野・新田・諸福《もろふく》・

安田・下《しも》と九か所が挙がっている。これらの村名からして、八ヶ所はおおむね、古川と深野池・新開池によって画された範囲を占めたものとみられる。江戸時代にも、この地域を「八ケ庄」と呼称した。〔藤田〕

鉢ヶ峯寺《はちがみねじ》（堺市南区）　「鉢峯山長福寺縁起」（『堺市史続編』四）には、空鉢（法道）仙人の飛鉢之法などから天智天皇による勅願寺の建立が行われたこと、山号の鉢峯はこの飛鉢を埋めた峯であることに由来することなどが記されている。もとは長福寺と称したが、九代将軍徳川家重の長福丸の名を憚って法道寺に改称したという（同編五巻）。また、山号により鉢峯寺とも称し、江戸時代の村名も鉢峯寺村、鉢ヶ峯寺村、鉢峯山村などと史料にみえている。上神谷《にわだに》上条九ヵ村の一つである。〔吉田豊〕

＊八条通《はちじょうどおり》（港区）　明治四十年（一九〇七）から昭和四十三年（一九六八）の町名。地名の由来は、築港《ちっこう》埠頭埋立地に町名をつける際に、安治《あじ》川左岸沿岸から順番に、一条から八条までの路線名を付したことによる（『大阪の町名』上）。明治四十年に大阪湾築港埠頭埋立地の一部が西区八条通となる。大正十四年（一九二五）には港区に編入。昭和二十五年の港湾地帯高潮対策事業に伴う天保山運河拡張工事によって、町内の一部が天保山運河の水面下となる。昭和四十三年に海岸通・八幡屋《やはたや》の一部となる。〔松永〕

鉢塚《はちづか》（池田市）　大阪府史跡に指定されている鉢塚古墳は、古墳時代後期の築造といわれ巨大な横穴式石室がある。五社神社の本殿裏に石室の入り口がある。玄室の長さ六・四八メートル、高さは五・二メートル、幅は三・二メートルである。鉢塚というのは、封土が円形で鉢を伏せたような形であることからつけられたのか、あるいは石室内から鉢が発掘されたことからか、どちらかであろうと言われている（『新修池田市市史』一）。その出土した鉢は、釈尊の鉄鉢として釈迦院に祀られている。元禄十四年（一七〇一）発行の『摂陽群談《せつようぐんだん》』に「釈迦院伝来の宝物、鉄鉢はここの窟《いわや》から出た。それによって院名を釈迦院と名づけ、地名を尊鉢と名づけた」と紹介している。江戸時代は尊鉢《そんぱち》村と才田《さいだ》村があった。明治十八年（一八八五）の地形図を見ると、能勢街道の北側に才田村、南側に尊鉢村があり、一つの大きな

集落のようにつながっている。昭和四十年（一九六五）に鉢塚一丁目から三丁目ができ、その時に鉢塚が町名となる。 ［室田］

＊八幡町《はちまんちょう》（中央区） 明治五年（一八七二）から平成元年（一九八九）の中央区誕生まで存在した町名で、現在の中央区心斎橋筋二丁目と西心斎橋二丁目に含まれる。江戸時代初めまでは三津寺村の一部であったが元和六年（一六二〇）に大坂城下町に編入され、江戸時代は毛綿町、南毛（木）綿町と変遷した。明治二十二年（一八八九）から大阪市南区に属した。町名は同町内にあり、八～九世紀頃に勧請されたとする御津八幡宮に由来する。 ［大澤］

＊八箇所《はっかしょ》（門真市） 淀川左岸の下流域である守口・門真市域は中世より低湿地であった。そのため、水害を防ぐことは最大の課題であり、囲堤が多数造られた。この囲堤で囲まれた地域は中世の荘（庄）とは異なる原理で結びついた。八箇所もそのうちの一つで、上郷（上四ケ）と下郷（下四ケ）に分かれる。地名の由来はこれによる。特に室町期に北野社領としてまとまってから呼ばれた。南に寝屋川、古川を挟んで西側に十七箇所があった。 ［橋本］

服部《はっとり》（豊中市） 地名の由来は不明である。『新撰姓氏録』摂津国神別にみえる服部連は、豊中市服部付近に本拠地を置いた可能性がある（『新修豊中市史』通史一）。「中臣祐賢日記」弘安三年（一二八〇）四月六日条に「服部・穂積両村」とある。服部村はもともと穂積村の一部であったが、この頃には分村していた。明治二十二年（一八八九）に中豊島《なかてしま》村の大字となる。町名改正や住居表示実施により、服部（本町《ほんまち》・元町《もとまち》・豊町《ゆたかまち》）、城山町《しろやまちょう》などとなった。 ［田村］

花川《はなかわ》（西淀川区） 神功皇后来訪のとき、餅を柏の葉に載せ、野の花を添えて献上したのに対し、「鼻川の里」と命名された故事に由来する。のちに、「鼻川」を「花川」に書き改め使用した。西淀川区海老江町の一部を昭和三年（一九二八）に花川町として、同十七年（一九四二）にその一部が花川南之町・同北之町などと変更された。同四十八年（一九七三）、花川町・花川南之町・野里町のそれぞれ一部から花川一・二丁目を形成し、

現在に至る。 〔荒武〕

花園《はなぞの》（西成区） 花園北と花園南がある。区の北部中央よりやや東寄りに南北に長く位置する。町名は、大正期前半までは付近がのどかな田園地帯であったことにより、佳名として旧字名となっていたことに由来する（『大阪の町名』上）。明治初頭、西成郡今宮村の一部であったが、明治三十年（一八九七）四月一日今宮村元今宮の一部となった。大正二年（一九一三）十二月十日大字今宮の一部となり、同六年九月一日に今宮町大字今宮の一部となった。同十一年四月一日に今宮町字花園となった。同十四年四月一日大阪市に編入され、西成区花園町となった。昭和四十八年（一九七三）十一月、町域町名変更により、花園町は花園北二丁目、花園南一丁目、萩之茶屋三丁目、天下茶屋一丁目の各一部となった。 〔古川〕

放出《はなてん》（城東区） 式内社阿遅速雄《あちはやお》神社（八剣神社）がある。同時代史料としては、保元二年（一一五七）の「榎並庄相承次第」に、摂関家領榎並《えなみ》荘に付帯した所領として、「放出村」がみえる。『九条家文書』、『後法興院雑事要録』など南北朝・室町期の史料には「仲牧放出村」「仲御牧放出村」とある。仲牧について詳細は不明だが、この一帯に展開した牧と推定される。読み方はもともとは「はなちで」。『摂陽群談《せつようぐんだん》』では「ハナチデ」とふりがなを付しつつも「世俗放天と称す」と注記しているので、江戸時代前期頃に現在の読み方に転訛したものであるらしい。地名の由来は、大和川の放水路があったため、牛馬が放牧されていたため（『九条家文書』などによると、当地は「仲牧」の一部であった）など、諸説ある。一般に放出とは住宅建築の用語で、邸宅の寝殿の外部に付帯した建物をいう。榎並荘と鯰江《なまずえ》川をもって隔てられた所領であったために、このように呼ばれたものかもしれない。また摂関家の別荘があったのではないかとする説もあるが、詳細は不明。 〔藤田〕

羽曳が丘《はびきがおか》（羽曳野市） 昭和三十一年（一九五六）から大和ハウスが広大な羽曳野丘陵を「羽曳野ネオポリス」として造成、開発した。羽曳が丘西は羽曳が丘に続いて開発された地域である。現在、羽曳が丘は一～八丁目、羽曳が丘西は一～五丁目。 〔中山〕

はびきの（羽曳野市）

かつて埴生野《はにゅうの》新田と呼ばれた地域を中心として新たに編成された。「羽曳山」の地名から、日本武尊が白鳥陵から再び羽を曳いて西に飛び去ったことに由来すると伝えられるが明確な出典は定かではない。近世中期には「羽曳原」「羽引野」の名称で呼ばれている。『日本書紀』履中天皇即位前紀によれば、仁徳天皇の死後、住吉仲皇子《すみのえのなかつみこ》が太子である履中天皇を襲撃したが、平群木菟《へぐりのずく》らが気転を利かして履中天皇を馬に乗せて大和に向かったところ、「河内国埴生坂」で目覚め、難波宮の火を見て驚いたとある。『古事記』にも類話が記録されており、竹内街道の野々上《ののうえ》付近のことかと考えられている。竹内街道以南は、かつて丹《たん》南《なん》郡十か村の入会地であり、享保年間（一七一六～三六）から新田開発計画が起こったが、治山治水上の問題で長引き、寛延三年（一七五〇）に開発請負人手塚采女に六十三町余（羽曳野市から堺市美原区・大阪狭山市・富田林市におよぶ）が引き渡され順次開発されていった。残る二百四十八町は従来通り丹南郡十か村の入会地とされた。［中山］

浜《はま》（鶴見区）

もと河内国茨田《まった》郡内。『河内志』等によればもとは「浜治」といったというが、「河内国一国村高扣帳」（正保郷帳写）ではすでに「浜」になっている。地名の由来は明瞭ではないが、集落が古川沿いにあったことにかかわるものであろう。［藤田］

*浜《はま》（淀川区）

南東にある南方《みなみかた》村から寛永～正保年間（一六二四～四四）に分村した村で、南を中津川が南流し、横関渡が存在する。村名は南方村の浜辺であったことに由来するとされる。明治二十二年（一八八九）の町村制の施行で西中島村に組み込まれ、明治二十九年からの淀川改修工事では村域の大半が新淀川の川敷となった。さらに大正三年（一九一四）三月の柴島《くにじま》水源地の竣工で町域のほとんどが用地となった。［上田］

浜口《はまぐち》（住之江区）

浜口東一～三丁目と浜口西一～三丁目に分かれる。区の東部、住吉大社の西に位置する。東を南海本線、西を阪神高速堺線が通る。国道二十六号線をはさんで浜口東と同西に分かれる。江戸時代の浜口村から続く町名である。古来から住吉《すみのえ》の浜にあり、住吉川の河口にあったことから「浜口」の地名が生まれたという（『大阪の町名』下）。また『住吉松葉大記』は安立《あんりゅう》町成立以前に当地が浜海に近かったことから「浜口」を村名としたと記している。江戸時代の浜口村は紀州街道沿いに展開する安立村をはさんで東西に分かれている。かつては海岸付近であり「出見《いでみ》の浜」と呼ばれた。旧暦三月三日の潮干狩と旧暦六月十四日の御祓いの御輿洗いには大阪市中などから多数の人出があった（『大阪府全志』三）。浜口東一丁目のほぼ全域は府下最古の公園である住吉《すみよし》公園がある。公園内には松尾芭蕉の「升買て分別かはる月見かな」の句碑がある。この句を読んだ翌月、芭蕉は大坂で亡くなった。浜口西一丁目には有名な高灯籠《たかどうろう》がある。『摂津名所図会』は「高燈籠　出見《いでみの》浜にあり。夜走《よばし》りの船の極《めあて》とす。闇夜《あんや》に方角失ふ時、住吉大神《すみよしのおほかみ》を祈れば、此燈籠の灯《ともしび》殊に煌々《こうこう》と光鮮なりとぞ」と記している。同一丁目にはまた、江戸時代に大和川を中心に物資を運搬した剣先船《けんさきぶね》の碑がある。〔野高〕

＊浜崎町《はまざきちょう》（北区）　区の北西部に位置する。大正十三年（一九二四）から昭和五十三年（一九七八）までの町名。本庄西権現町や南浜町などの一部によってできた町。町名の由来は、旧南浜町の南端であったことに由来するという（『北区わがまち』）。昭和五十三年の町域町名変更により消滅。現在の鶴野町・茶屋町に含まれる。〔八木〕

浜寺《はまでら》（堺市西区）　明治二十二年（一八八九）、和泉国大鳥郡下石津村・船尾村・下村の三か村が合併して、浜寺村となる。それ以前の明治六年（一八七三）には、域内南西部から高石市の海岸部にかけて浜寺公園が成立。東京の上野公園や大阪の住吉公園などとともに、国指定公園の第一号である。この直前に、浜寺付近をたまたま通った初代内務卿大久保利通の影響によるものという。明治三十年（一八九七）に開業した南海鉄道浜寺駅は、同三十九年の浜寺海水浴場開設に伴い、翌四十年に浜寺公園駅と改称された。この時に、辰野金吾等設計の現駅舎（国の登録文化財）に改築されている。地名の由来は、浜寺（大雄寺）や浜寺公園による。大雄寺は、南北朝時代に後醍醐天皇などの帰依を受けた三光国師が建立した寺。同じく南朝方の寺であった奈良県吉野町の日雄寺（現在の日雄山大日寺）を山寺といったのに対して、大雄寺を浜寺といったらしい。その中心は、平安時代からの瓦などが出土した伽羅橋《きゃらばし》遺跡（高石市高師浜）あたりと推定されているが、堺市の浜寺船尾町から浜寺諏訪森町にかけて三光川や三光橋もある。 ［吉田豊］

＊葉村町《はむらちょう》（北区） 区の中央付近に位置する。もとは西成《にしなり》郡本庄村のうち字葉村。明治三十年（一八九七）の大阪市第一次市域拡張で大阪市に編入され、明治三十三年に本庄葉村町となり、大正十三年（一九二四）に葉村町となった。昭和五十三年（一九七八）の町域町名変更により町名は消滅。現在の中崎西一～二丁目に含まれる。 ［八木］

土室《はむろ》（高槻市） 土室は『日本書紀』欽明天皇二十三年（五六二）十一月条に新羅人の子孫が住んでいると記されている摂津国三島郡の「埴廬《はにいほ》」が転訛したものとされる。上土室一丁目には日本で最古・最大級の埴輪生産遺跡である新池《しんいけ》埴輪製作遺跡があり、「埴廬」はこの遺跡をさすと考えられている。「土室」の初見は「長秋記」保延元年（一一三五）八月十四日条。そこには「津州真上・土室・田部三庄」とみえ、荘園が成立していたことがわかるが、やがて下司の土室氏は平家家人として源平の争乱に加わり、下司職を没官されている。近世には土室村となり、高槻藩松平家・京都所司代板倉重宗・高槻藩永井家と領主は交替し、幕末に至った。明治二十二年（一八八九）近隣六か村と合併して阿武野村の大字となり、昭和二十三年（一九四八）に高槻市と合併した。土室のつく現行町名は、土室・土室町・上土室がある。 ［飯沼］

林《はやし》（藤井寺市） 由来は不詳であるが、古代の志紀郡拝志《はやし》郷（『和名類聚抄』）や、この地の氏族林連に関係する地名である。『延喜式』に「伴林氏《ともばやしうじの》神社」がみえ、『三代実録』貞観九年（八六七）二月二十六日条に官社に列せられた「志紀郡林氏神」がみえるが、同じ神社と推定される。伴林氏神社の境内には塔心礎が残り、林廃寺も同地に存在した。なお、幕末の勤皇派であった伴林光平はこの地の尊光寺の生まれで、伴林氏神社にちなんで名を改めた。伴信友の門下にあって、河内・大和などの陵墓を巡り、文久三年（一八六三）天誅組の乱に加わったが捕らえられ、翌年刑死した。現在は林一～六丁目。 ［中山］

林寺《はやしじ》（生野区）　区の南西に位置する。昭和四十八年（一九七三）から現在の町名で、旧・東成《ひがしなり》郡林寺村・林寺新家村の名を継承している。応永三十一年（一四二四）の「天王寺金堂舎利講記録」などに「林地庄」の名がみえ、「足守木下家文書」に秀吉の正室ねね（北政所《きたのまんどころ》、高台院）の所領としてこの村名が登場。その天正二十年（一五九二）の分には「はやし寺」、文禄四年（一五九五）が「林寺」、慶長九年（一六〇四）には「はやしじむら」とある。『摂陽群談《せつようぐんだん》』に「林寺蛙岩」の記事を載せる。なお、「浪華往古図」に「林津」、「摂津国東生郡浪速総社生国玉大明神御神名記」に「林津邑《むら》」とみえ、これについては近くに「桑津」の地名があるだけに、一概にでたらめとも言い難いようだが、『摂津名所図会大成』に、允恭天皇の寵臣速志津彦命の居住地・速志都の遺称とするのは疑問である。今井啓一「摂津国百済郡考」では、渡来系氏族「林史《はやしのふひと》」の氏寺があったためではないかと説く。ちなみに、地域の学校名は「林寺《はやしでら》小学校」（昭和九年〈一九三四〉命名）で、町名と読み方を異にしている。［足代］

原田《はらだ》（豊中市）　地名の由来は不明である。中世には六車《むぐるま》荘（原田郷）に属す。弘安元年（一二七八）多田院御堂上棟馬注文（多田神社文書）に「原田左衛門尉」が、南北朝期には六車御稲田の供御米を抑留する「原田兄弟」が登場する（『師守記《もろもりき》』康永三年〈一三四四〉九月二十五日条）ことから、遅くとも十四世紀には「原田」の地名が成立していただろう。室町時代には原田郷七か村（原田・勝部《かつべ》・走井《はしりい》・桜塚・曽根・岡山・福井）や中倉《なかくら》村が成立し、原田村は原田郷の親村として機能した。村落の中心部には、室町・戦国時代の城郭である原田城（北城・南城）が存在した。現在、北城に土塁《どるい》の一部が残存している。十七世紀中頃の原田村は南町《みなんちょ》・梨井《なしい》・中倉・角《すみ》の四か村に分かれていた。ところが、元禄十一年（一六九八）に国絵図作成を契機として原田郷内に村落間の主導権争いが起こり、この紛争を解決する過程で、四か村を合わせて「原田村」と呼ぶことが一般的となった。明治二十二年（一八八九）、南豊島《みなみてしま》村の大字となる。町名改正や住居表示実施により、原田元町・原田中・原田西町・曽根南町・曽根西町などの町名が成立した。［田村］

原　町《はらちょう》（吹田市）

近世の片山村に「原」という小字があった。『摂津志』村里条にも「片山属邑四」として原・天道・出口・山の谷があがる。片山村は明治二十二年（一八八九）の町村制施行に際して佐井寺村と合併して千里村に、昭和十五年（一九四〇）に吹田市に編入された。四十年（一九六五）の町名変更で、片山・吉志部・小路・南の各一部をもって現在の町名になった。昭和三年（一九二八）五月、ＪＯＢＫ（日本放送協会大阪中央放送局）は千里村片山の現原町に千里放送所を開設して、五月二十日から本放送を開始した。原町四丁目で、現在はアサヒビール大阪工場になっている。千里放送所は二十六年（一九五一）に閉鎖されたが、鉄塔以外の建物は現在も残っている。　［石原］

*腹見町《はらみちょう》（生野区）

昭和四十八年（一九七三）までであった町名。ほぼ現在の小路《しょうじ》東四～六丁目にあたる。もと東成《ひがしなり》郡腹見村。腹見村の初見は慶長十年（一六〇五）「摂津国絵図」である。『東成郡誌』には片江村・中川村より見て高地をなしていたため「原見」の地名が起こったと記し、口碑によれば、天武天皇が飛鳥浄御原《きよみはら》宮から難波《なにわ》に行幸の折り、野原がきれいに見渡せたのでこの地名が付けられたという（『わが郷土小路を語る』（生野区役所・二〇〇二年）など）。　［足代］

針中野《はりなかの》（東住吉区）

大正十二年（一九二三）に大阪鉄道（略称「大鉄」）が道明寺・天王寺間の路線（現在の近鉄南大阪線）を開通させた際、針中野駅がつくられた。この駅名は、平安時代以来の歴史をもつと伝える著名な中野鍼療院（中野鍼、中野小児鍼）にちなむもので、同院を営む中野家が鉄道開通に尽力したことによる。同院は江戸時代の『摂陽群談《せつようぐんだん》』などにも当地の名所として紹介されている。昭和五十五年（一九八〇）に中野道、湯里町、東鷹合町、砂子町などが再編されて針中野の地名が誕生した。　［跡部］

播磨町《はりまちょう》（阿倍野区）

昭和四十一年（一九六六）から現在の町名。町名は、同区王子町《おうじちょう》に所在する播磨塚に由来する。播磨塚は『摂陽群談《せつようぐんだん》』に「昔播磨守に侍りける人の、古墳也と云ふの所伝たり。其証不詳」とある。また南北朝期の播磨守護であった赤松氏一族の赤松貞範《さだのり》が、貞和三年（一三四七）の楠木正行《まさつら》率いる南朝軍との戦

いで、この地において戦死した部下を埋め追悼した遺跡とも伝えられる。［生駒］

＊繁栄町《はんえいちょう》（港区） 昭和二年（一九二七）から同四十三年の町名。地名の由来は、同地の地主和田家の繁栄にあやかり、地域の繁栄を願ったことによる（『港区誌』）。昭和二年に市岡町・南境川町の各一部が繁栄町となる。昭和四十三年に市岡元町・波除《なみよけ》の一部となる。［松永］

万歳町《ばんざいちょう》（北区） 区の中央付近に位置する。もとは西成《にしなり》郡本庄村および北野村のうち。明治三十年（一八九七）の大阪市第一次市域拡張で大阪市に編入された。明治三十三年に本庄・北野を冠した町ができたが、大正十三年（一九二四）に町域町名変更があり、新たにできた町名。町内を通る中国・能勢街道筋に万歳橋があり、その名が由来という。橋の場所は綱敷天神社のあたりで、現在、綱敷天神社の境内に橋の欄干（安政期）が置いてあり、そこには「満載橋」と刻まれている。昭和五十三年（一九七八）の町域町名変更により町域は変更されている。［八木］

半町《はんじょ》（箕面市） 箕面市の南西部に位置し、南は豊中市に接する。地域のほぼ中央部分を西国街道が横断している。慶長十年（一六〇五）の「摂津国絵図」に地名がみられることから、近世初頭には村として存在していたことがわかる。また、万治二年（一六五九）の絵図には箕面川右岸に「元半丁」とあり、集落が移転していることがわかる。地名の由来については定かではないが、元は坂の上にあった集落が西国街道の発展に伴って移り住んだという伝説から「坂上」を音読みして地名となったという説や、坂上田村麻呂の一族が住み着いたという説、集落の範囲が本陣から半丁のところにあったという説などがある。［西田］

半田《はんだ》（大阪狭山市） 市域東部で狭山池東方に位置する。『日本書紀』崇神天皇条にみえる「河内狭山の埴田《はにた》水少なし」の「埴田」が半田に変化したと伝える（『大阪府全志』四、『狭山町史』一）。埴《はに》とは赤色で粘り気のある粘土のことで、西除川《にしよけがわ》（天野川）の低地に開かれた水田が地名の由来と考えられる（『大阪狭山市史』十二）。嘉元四年（一三〇六）六月十二日付「昭慶門院御領目録《しょうけいもんいんごりょうもくろく》」

に皇室領の宝樹院《ほうじゅいん》領「半田池尻」とみえるが、大半は興福寺領狭山荘に属したと考えられる。天正十一年（一五八三）に豊臣秀吉は伊東祐兵《いとうすけたけ》に半田村のうち五〇〇石を与えている。近世には狭山藩陣屋の下屋敷《しもやしき》が設置され、狭山池樋《ひ》役人《やくにん》の集落「狭山新宿《さやましんじゅく》」が置かれた。集落は「北村」「浦之庄」「東村」「前田」「川向」の五か所に分かれる。現在、半田一～六丁目。［吉井］

万代《ばんだい》（阿倍野区）

町名は住吉区に古くから所在する万代池（住吉区万代三丁目）と、その周囲の小字名である万代に由来する。万代一～六丁目のうち万代一丁目のみが阿倍野区であり、ほかは住吉区に属する。町名としては、大正十四年（一九二五）から住吉区住吉町の一部が万代東・万代西として使われていたが、昭和十八年（一九四三）に都市計画道路平野柴谷線（現大阪港八尾線）北側の町域が阿倍野区に編入され、昭和四十二年（一九六七）に両町が万代一丁目となり、現在の町名となった。町名の由来となった万代池は、聖徳太子が池にすむ魔物を鎮めるために曼陀羅《まんだら》経をあげさせたことから、曼陀羅池となり、それが万代池になったと伝承される（『住吉区史』）。また『住吉名勝図会』では、『堀河院後《ご》度《ど》百首』などで詠まれる「長井の池」（長居の池）が当池に比定される。現在では万代池公園として整備されている。［生駒］

八田寺町《はんだいじちょう》（堺市中区）

古代の和泉国大鳥郡蜂田《はちた》郷、中世の蜂田庄のうちに、近世村として家原《えばら》（家原寺）・平岡・毛《け》穴《な》・八田寺・堀上・八田北・南・小坂（小阪）・東・平井・楢葉・升屋（東山新田）などの諸村が成立している。八田寺村の地名は、蜂田《はちた》寺があったことにちなむ（『大阪府全志』五）。蜂田寺は華林寺《かりんじ》とも称し、行基が最初に建立した寺とも伝える。家原寺蔵「行基菩薩行状絵伝」には花林寺とみえ、行基十三歳の建立とある。行基の母は、蜂田氏の出身である。華林寺の南東には、式内社の蜂田神社（鈴の宮）が所在する。八田寺村は、明治二十二年（一八八九）に家原寺・平岡・毛穴・堀上・八田北・南の六か村と合併してできた八田荘《はんだのしょう》村の大字に、昭和十七年（一九四二）からは堺市の大字に、翌年から八田寺町になる。［吉田豊］

半町《はんちょう》（堺市堺区）

旧市域（環濠内）の北端に北半町、南端に南半町がある。由来は、町の大きさが南北方向で通常の町の半分しかないことによるものであろう。また、その内側には、北旅籠町、南旅籠町がそれぞれある。ともに、大坂夏の陣で焼失した後に拡張された、新しい町割り部分である。〔吉田豊〕

阪南市《はんなんし》（阪南市）

大阪府南部に位置する。市名は大阪府の南部という意味からつけられた。〔堀田〕

阪南町《はんなんちょう》（阿倍野区）

昭和四年（一九二九）、住吉区の天王寺町・住吉町・南田辺町・北田辺町の各一部が阪南町中・西・東となり、昭和四十一～四十二年（一九六六～六七）、住居表示の実施に伴い、現在の町名となる。町名は、この地域の土地区画整理にあたった「大阪市阪南土地区画整理組合」の組合名に由来する（『大阪の町名』上）。〔生駒〕

*半入町《はんにゅうちょう》（中央区）

江戸時代から明治六年（一八七三）までの町名。江戸時代は大坂三郷北組に含まれ、明暦元年（一六五五）「大坂三郷町絵図」にその名がみえる。明治二年（一八六九）には東大組に属し玉造を冠したが、同六年に東成《ひがしなり》郡西玉造村の一部となって町名は消滅した。現在の玉造二丁目の北東部にあたる。町名の由来は豊臣秀吉の子秀頼の側室であったお愛の実父青木半入がこの地に居宅を構えていたことによるという（『東区史』）。〔大澤〕

馬場町《ばんばちょう》（中央区）

明治十二年（一八七九）から現在に至る町名。当初、大阪城全域と外堀の南と西に接する地域が町域であったが、現在は外堀の南側のみとなっている。江戸時代の大坂城の大手前には芝の馬場が広がっており、それが町名として採用された。明治二十二年（一八八九）に大阪市東区に属し、平成元年（一九八九）から中央区となった。〔大澤〕

東浅香山町《ひがしあさかやまちょう》（堺市北区）

江戸時代の浅香山村で、明治二十二年（一八八九）に五箇荘村大字浅香山となる。江戸時代までは摂津国住吉郡に属したが、明治四年（一八七一）に七道村や本村など大和川以南の村々は和泉国大鳥郡に変わっている。地名の由来は、浅香山があることによる。昭和十三年（一九三八）に堺市と合併し翌年に町となるのに際して、西隣にすでに堺市浅香山町があったため、東浅香山町に改称した。宝永元年（一七〇四）の大和川の付け替えで、難所であった浅香山・浅香山谷を掘り進めるため、この地にある狐塚に祈願し神社として祀ったという伝承をもつ浅香山稲荷神社が所在する。南朝方として活躍したが文亀元年（一五〇一）に落城したと『大阪府全志』（五）が記す浅香氏の浅香山城は、本神社およびその北北東に隣接してあったと思われる浅香山のあたりに所在したらしい。〔吉田豊〕

東大阪市《ひがしおおさかし》（東大阪市）

大阪府の東部に位置する市。平成十七年（二〇〇六）に近鉄けいはんな線生駒―奈良登美ヶ丘駅間が開通するまでは、長田―生駒駅間を近鉄東大阪線と称した。昭和四十二年（一九六七）に布施市、河内市、枚岡《ひらおか》市が合併し、東大阪市が誕生した。新市域には若江、河内、枚岡など歴史的に重要な地名が残っていたにもかかわらず、「大阪府の東部に位置する」という理由で「東大阪市」と命名されたことに、当時の歴史学者や地理学者から異論が噴出したが、合併から四十年以上過ぎた現在では完全にこの名称が定着しているといえる。〔別所〕

東区《ひがしく》（堺市）

平成十八年（二〇〇六）に、堺市が政令指定都市になった際に、旧美原町と堺市の西部分に位置するところからつけられた。〔堀田〕

*東田町《ひがしたちょう》（西成区）

区の北東部にあった。町名は、旧西成郡の東端に属する今宮村の地域であったために字名を東田と称したことに由来する（『大阪の町名』上）。明治初頭、西成郡今宮村の一部であったが、明治三十年（一八九七）四月一日今宮村元今宮の一部となった。大正二年（一九一三）十二月十日大字今宮の一部となり、同六年九月一日に今宮町大字今宮の一部となった。同十一年四月一日に今宮町字東田となった。同十四年四月一日大阪市に編入され、西成区東田町となった。昭和十八年（一九四三）三月三十一日の行政区画の変更に伴い、関西線（現JR大阪環状線）以南が西成区東田町となった。昭和四十八年（一九七三）十一月、住居表示の変更に伴う町域町名変更により、東田町は太子一～二丁目、山王一丁目、萩之茶屋一丁目の各一部になった。〔古川〕

東成区《ひがしなりく》（大阪市）

大正十四年（一九二五）四月一日の大阪市第二次市域拡張の時に、旧東成郡の多くを含んでいたことから、その郡名にちなんでつけられた。東成郡の郡名命名は和銅六年（七一三）である。上町台地の東部を難波《なにわの》大郡《おおごおり》と呼んだが、それを改めたものである。東成は東生とも記載された。なお、上町台地の西部を難波小《こ》郡《ごおり》と呼んだが、こちらは西成郡とされた。東成郡と西成郡の境界は谷町筋にあるという説がある。また、中世の一時期には欠郡《かけぐん》と称されたこともある。〔堀田〕

東野田町《ひがしのだまち》（都島区）

東野田町一～五丁目。都島区南部。東と南は城東《じょうとう》区に接し、南に京阪本線が東西に走る。江戸時代初頭は東成《ひがしなり》郡野田村であった。平安時代の河臨祓《かりんのはらえ》の斎場の一つ農太はこの地に比定される。また村を囲むように榎並《えなみ》水道がめぐり、「榎並ノ野田」と呼ばれる場合もあった（『享保八年摂州《せっしゅう》榎並《えなみ》河州《かしゅう》八箇《はちか》両荘《りょうしょう》之地』）。集落の東を京街道が通り、村の南を流れる鯰江《なまずえ》川には公儀橋の一つである野田橋があった。また明暦元年（一六五五）の「大坂三郷町絵図」は町域の東部を坂口町と記す。大坂口の町の略称であったと考えられる。このように当地は「京道の入口」（『天保町鑑』）という立地条件にめぐまれ、野田橋北詰付近は街道沿いに街区を形成し町場化し、十七世紀半ばに大坂三郷に編入され、北組野田町となった。明治三十年（一八九七）、野田村が大阪市に編入された際、旧村名の野田村（現片町二丁目付近）を西成《にしなり》郡野田村と区別するため東成郡の野田村の意味で東成野田を略して東野田としたことに由来する（『大阪の町名』上）。同三十三年（一九〇〇）に東野田町となった。〔野高〕

東山《ひがしやま》（貝塚市）

市の中央部に位置する。平成八年（一九九七）に着手した東山丘陵特定土地区画整理事業によって新たに開かれた宅地。地名は名越、森の集落から見て東側の山（丘陵）であったことからつけられた江戸時代以降の小字名に起因する。三ケ山《みけやま》、三ツ松《みつまつ》、森、名越《なごせ》、清児《せちご》にまたがっており、平成十七年から十九年にかけて、東山一～七丁目に改められた。〔曽我〕

東淀川区《ひがしよどがわく》（大阪市）

大阪市の北西部に位置する。区名は区の南部に接する淀川にちなむ。大正十四年（一九二五）四月一日の大阪市第二次市域拡張に際し、淀川以北の西成郡が編入され、東淀川区・西淀川区となった。その後、昭和四十九年（一九七四）に東淀川区の西側が淀川区として分離独立した。

〔堀田〕

日置荘《ひきしょう》（堺市東区）

昭和戦前までは、「ひきのしょう」と呼ばれることが多かった。日置荘の地名は、古代に太陽神の祭祀をもって大和政権に奉仕したといわれる「日《ひ》置部《きべ》」集団の居住地であり、中世には興福寺の荘園であった「日置庄」がおかれたことに由来するといわれる。日置荘西町に、日の神を祀ってきたといわれる「日高宮」があったが、明治時代に萩原天神に合祀された。明治二十二年（一八八九）、西・北・原寺・田中新田の四か村が合併し、日置荘《ひきのしょう》村の四大字となる。昭和二十六年（一九五一）日置荘町の大字となり、同三十三年（一九五八）堺市の大字として継承された。翌年、日置荘西町、日置荘北町、日置荘原寺町、日置荘田中町となり現在に至る。昭和二十九年（一九五四）には、神戸大学講師高尾一彦編『日置荘町誌』が刊行されている。

〔吉田豊〕

日置荘原寺町《ひきしょうはらでらまち》（堺市東区）

江戸時代の河内国丹南郡原寺村であり、明治二十二年（一八八九）に日置荘《ひきのしょう》村の大字となり、昭和三十四年（一九五九）に堺市日置荘原寺町となる。地名の由来は、天平三年（七三一）聖武天皇勅願、行基創建と伝える大聖寺がこの地にあり、それを原寺と俗称したことによるという（『大阪府全志』四）。日置荘大宮（日置天神）の宮寺として、萩原山大聖寺を通称原寺と呼んだらしい。明治初期の神仏分離で大聖寺は移転廃寺となり、日置荘大宮を萩原神社と称するようになった（『日置荘町誌』）。

〔吉田豊〕

*曳船町《ひきふねちょう》（西成区）

区の中央東部の北寄りに位置した。町名は、往昔当地付近まで遠浅の海浜が迫り、沖合いの船を海岸に曳き寄せる習わしがあったとの伝承による（『大阪の町名』上）。明治初頭、西成郡今宮村の一部であったが、明治三十年（一八九七）四月一日今宮村元今宮の一部となった。大正二年（一九一三）十二月十日大字今宮の一部となり、同六年九月一日に今宮町大字今宮の一部となった。同十一年四月一日に今宮町字曳船となった。同十四年四月一日大阪市に編入され、西成区曳船町となった。昭和四十八年十一月、住居表示の変更に

伴う町域町名変更により、曳船町は天下茶屋北二丁目、萩之茶屋三丁目の各一部となった。　[古川]

菱　屋《ひしや》（東大阪市）

近鉄長瀬駅から同河内小阪駅付近にかけての長瀬川沿いに菱屋西一～六丁目が、同河内花園駅から同荒本駅付近にかけての旧菱江川河床に菱屋東一～二丁目、菱屋東がある。かつて御厨五丁目および御厨中二丁目にも菱屋中があった。土地の人は「ひっちゃ」と言う。宝永元年（一七〇四）の大和川付け替え工事の後、新家村の菱屋岩之助によって長瀬川・旧楠根川・旧菱江川河床を開発された新田の名称で、それぞれ菱屋西・中・東新田と呼び分けた。享保十二年（一七二七）に質入れされて越後屋（三井家）へ所有が移り、さらに明治時代に菱屋中新田の北半が藤戸家に売却された（藤戸新田）。この三新田の会所（三井会所）は御厨五丁目に置かれていたが昭和三十年代に廃止された。現在同所には「旧菱屋中顕彰碑」がある。　[別所]

美章園《びしょうえん》（阿倍野区）

明治初頭、当地は東《ひがし》成《なり》郡天王寺村・住吉郡桑《くわ》津《づ》村の各一部であったが、明治二十二年（一八八九）四月一日の町村制の施行、明治二十九年の住吉郡の廃止、同地の大正十四年（一九二五）の大阪市及び昭和十八年（一九四三）の阿倍野区への編入を経て、昭和二十六年の町名改正から天王寺町と桑津町の一部が現在の町名となる。町名は、大正年間に「美章土地株式会社」を設立し、当地の宅地開発に努めた山岡美《び》章《しょう》の名前に由来する（『阿倍野区史』）。昭和五年（一九三〇）には、阪和電気鉄道（現JR阪和線）が開通して「美章園駅」が設置され現在に至る。　[生駒]

悲田院町《ひでんいんちょう》（天王寺区）

明治三十三年（一九〇〇）から現在に続く町名。大正十四年（一九二五）までは南区に属し天王寺を冠していたが、同年の天王寺区の誕生に伴い現町名が誕生した。「四天王寺御手印縁起」によれば、悲田院とは四天王寺に付属した四院の一つで、貧窮孤独の人々が寄住し、飢渇を癒す場所であった。町名はこの悲田院に由来する。ただし、「同縁起」ではその場所を四天王寺の北東とするのに対し、現在の悲田院町は同寺の南方に位置する。明治二十一年（一八八八）刊の「大阪実測図」（内務省地理局、大阪府）では現在地に字名「非田《ママ》院」がみえる。　[大澤]

一津屋　ひとつや　（摂津市）　昭和五十一年（一九七六）の町名変更でできた町名で、一津屋一丁目から三丁目がある。近世は一津屋村のうちだったが、明治二十二年（一八八九）の町村制施行時に味生《あじふ》村（昭和三十一年（一九五六）に三島町、四十一年に摂津市）の大字になった。ほかに東一津屋・西一津屋がある。一津屋は「一屋」とも書き、『建内記』嘉吉二年（一四四二）条に、東寺口の禁裏御厨子《みずし》所《どころ》雑分所の関所を「摂津国鳥養内一屋辺」に移したという記述がみられる。淀川と神崎《かんざき》川の合流点の低地に位置して交通の要地であったことから古くから津屋《つや》（港・川運業者か）が存在し、それが町名の由来になったと思われる。慶長十年（一六〇五）の「摂津国絵図」には「一屋村・新在家《しんざいけ》村・別府《べふ》村」と三か村一緒に記載される。鳥飼《とりかい》地域に続く淀川右岸の低湿地であり、前記三か村で一つの輪中《わじゅう》を形成して地域的つながりが強い。淀川堤防上の大阪街道に沿って集落が形成され、味生《あじふ》神社や阿弥陀寺（二丁目）、誓源寺（二丁目）の社寺がある。現在は摂津市西南に位置して、北は府道大阪高槻線、南は淀川右岸、西は府道正雀一津屋線に囲まれ、東側を府道大阪中央環状線が走っている。元は田園地帯だったが、平成九年（一九九七）に町域東隣の東一津屋に大阪モノレール線の南摂津駅が開業して、マンションや商業施設などが建ち、市街化が進んでいる。〔石原〕

日根野　ひねの　（泉佐野市）　『日本書紀』允恭天皇八年（四一九）条に、天皇が皇后の妹衣通郎姫《そとおしのいらつめ》のために茅渟宮を造営し、しばしば日根野に遊猟したとあるのが初見。延暦二十二年（八〇三）・同二十三年には桓武天皇が日根野に遊猟するなど（『日本紀略』）、古代の日根野は狩猟に適した原野で、鎌倉末期においても広大な荒野が広がっていたことは正和五年（一三一六）の「日根野村荒野絵図」（「九条家文書」）にもうかがえる。「日根」の称の由来は、①神功皇后が朝廷に従わない羽白熊鷲《はしろくまわし》を誅伐して熊取の地を得た後、「日晩《く》れ御宿賜ひし地」を「日寝」と言うとするもの（「住吉大社神代記」）、②神武東征のとき、五瀬命《いつせのみこと》が「道路に老衰《ひね》」た地であるので日根と言うとするもの（「日本惣国風土記第四　和泉国」）、の二説がある。鎌倉・室町時代には九条家領日根荘を構成する五か村の一つであった。〔山中〕

*樋上町《ひのうえちょう》（北区）

区の南部に位置し、堂島川に面している。江戸時代から昭和五十三年（一九七八）までの町名。大川から分かれる天満堀川の西岸に位置し、大川から北へ東西の三筋からなる町。天満堀川が大川から分かれるところに樋があり、大川北岸の道が堀川を渡る橋が門樋橋、その一つ北の橋が樋上橋といったことから、これらにちなんで名づけられたのであろう。昭和五十三年（一九七八）の町域町名変更で消滅した。現在の西天満一丁目に属する。〔八木〕

樋之口町《ひのくちちょう》（北区）

区の東端で大川が大きく内側にくびれている場所に面している。もとは西成《にしなり》郡国分寺村の内であったが、明治二十二年（一八八九）の町村制施行時に、西成郡豊崎村に含まれた。明治三十年の大阪市第一次市域拡張時に大阪市に編入され、明治三十三年に樋之口上之町と樋之口下之町となった。大正十三年（一九二四）に、樋之口上之町全域と下之町の一部で樋之口町が成立した。町名は、当町が天満堀川と淀川（大川）の合流地点の地名で、そこに樋があったことから名付けられた。天満堀川は大川からまっすぐ北に延びたところで行き止まっていたが、天保九年（一八三八）に北東に延ばされ大川に通じるようになった。そこが樋の口で、江戸時代から桜の名所として有名なところであった。〔八木〕

氷室町《ひむろちょう》（高槻市）

『日本書紀』仁徳天皇六二年条にみえる「闘鶏《つげ》」の「氷室」に由来するという説がある（『摂津名所図絵』）。しかし『延喜式』には摂津国の氷室が記載されていないことや、当地の「闘鶏野《つげの》」という小字は明治の地租改正の際に新たに作られたものであることから、『日本書紀』の氷室は『延喜式』に記載されている大和国都介《つげ》の氷室と見るべきである。当地には謡曲「氷室」に由来すると思われる氷室塚の伝承も残されており、地名はここから生まれたものと推測される。初見は『蔭涼軒日録』長禄元年（一四五九）十月十三日条にみえる大蔵寺領氷室庄。ただし観応三年（一三五二）七月の史料には、近隣の土室《はむろ》庄に地頭氷室七郎次郎貞家という人物が存在したことが確認できる（法金剛院文書）。近世には氷室村となり、高槻藩松平家・京都所司代板倉重宗・高槻藩永井家と領主は交替、幕末に至った。明治二十二年（一八八九）近隣六か村と合併して阿武野村の大字となり、昭和二十三年（一九四八）に高槻市と合併。平成十四年（二〇〇二）の調査で闘鶏《つげ》山《やま》古墳（氷室町六丁目・上土室二丁目）に未盗掘の石室二基が確認され、注目を集めている。〔飯沼〕

姫里《ひめさと》（西淀川区）　昭和前期までは姫島・野里の町域の中にあり、花川の一部を含む。土地区画整理事業を実施するときに、町名を一文字ずつ重ねて「姫ノ里」とし、昭和十七年（一九四二）に姫島三町会と野里五町会が合同する。昭和二十四年（一九四九）、西淀川区姫里町一～三丁目となり、同四十七年（一九七二）に姫里一～三丁目と変更され、現在に至る。〔荒武〕

姫島《ひめじま》（西淀川区）　いわゆる難波八十島の一つにあたり、奈良時代から「牧」が設置されたことで知られる。日女島・比売島・媛島・彌売島《みめしま》とも書き、『古事記』や『日本書紀』などの古代諸文献にもたびたびそれらの地名が登場する。中世から近代にかけては、姫島が転訛して「稗島《ひえしま》・薭島《ひえしま》」と呼ばれた。寛正二年（一四六一）の「中嶋崇禅寺領目録」には野里庄内高徳庵分のうちに「字ヒエ島」、野里村内浄心分のうちに「字ヒエ島朔」の地名がみえる。慶長十年（一六〇五）の「摂津国絵図」で「ヒヘ島村」は高三百五十一石余りであったが、幕末期には千四百六十五石余りと大きな成長を遂げた。江戸時代後期には東西に村が分割され、支配・運営が行われる。特産品には縄・木綿などが挙げられるが、大坂周辺地域の特徴として、干物・青物商人や田螺《たにし》取のような商人・職人が多数居住したことも明らかになっている。明治維新以降もそのまま単独で稗島村を継続したが、明治二十九年（一八九六）以降の淀川改修工事により、旧村域は新淀川の南北に分かれる。大正十一年（一九二二）に町制施行のため稗島町となり、同十四年（一九二五）、大阪市西淀川区姫島町となる。姫島町としたのは前述のような古代の地名による。昭和四十七年（一九七二）、旧姫島町のほか、野里町・福町など近隣町域の一部を含め、姫島一～六丁目となり、現在に至る。〔荒武〕

＊姫松通《ひめまつどおり》（西成区）　区の南東部に位置した。町名は、当地付近に昔、名勝となっていた「岸の姫松」が所在したという故事に由来する（『大阪の町名』上）。明治初頭、西成郡勝間《こつま》村の一部であったが、大正四年（一九一五）十一月十

日玉出町の一部となった。大正十四年四月一日大阪市に編入され、西成区玉出町の一部となった。昭和二年（一九二七）一月一日姫松通一～五丁目となった。同三十六年一月三十一日、姫松通三～五丁目は姫松通二～四丁目となり、姫松通二～四丁目と玉出本通三～五丁目との間の各一部で相互編入が行われ、また辰巳通二丁目の一部は姫松通二丁目に編入された。昭和四十八年十一月、住居表示の変更に伴う町域町名変更により、玉出東二丁目、玉出中二丁目、玉出西二丁目の各一部となった。

［古川］

百島《ひゃくしま》（西淀川区）

百島の由来は不詳であるが、江戸時代の新田開発以前は百島助太夫《すけだゆう》島・行徳《ぎょうとく》島と呼ばれていた。元禄十年（一六九七）に大和田村の次郎右衛門が地代金四百十五両にて開発を請け負った。農業では綿作が行われていたほか、鯉漁も有名であった。明治時代には近郊農業として蔬菜栽培が主力となった。明治二十二年（一八八九）、近隣四か村と合併して千船村の一部となり、大正十四年（一九二五）に大阪市西淀川区百島町、昭和四十七年（一九七二）、百島一・二丁目と変更される。

［荒武］

平池《ひらいけ》（寝屋川市）

かつての河内国茨田《まった》郡に属す。江戸時代から史料に名がみえる。平池村は明治二十二年（一八八九）友呂岐《ともろぎ》村の大字となり、昭和十八年（一九四三）寝屋川町、同二十六年（一九五一）寝屋川市の一部となる。地名の由来は、茨田池の一部「広池」が転訛して平池となった（『寝屋川市誌』）とする。同地には江戸時代からの旧家平池氏があり代々当主は与次兵衛を名乗り近在きっての大地主であった。同家は平池を苗字の地とした。

［尾崎］

平尾《ひらお》（大正区）

区の南東部に位置し、木津川に接する。平尾一～五丁目がある。もと木津川河口付近の寄洲であったが、宝暦七年（一七五七）、岡島嘉平次が開拓の許可を得、のち江戸堀の平尾与左衛門に譲渡した。平尾与左衛門は明和八年（一七七一）に開発し、開発者の名前から平尾新田となった。なお、平尾一丁目にある亥開《いびらき》公園の南東側に、第一次世界大戦当時に青島《チンタオ》にいたドイツ兵の大阪俘虜収容所があった。その跡地の碑が、平成十八年（二〇〇六）に公園内に建てられた。

［堀田］

＊枚岡《ひらおか》（東大阪市）　東大阪市東部の旧市名。近鉄枚岡駅がある。『新撰姓氏録』（弘仁六年〈八一五〉）の河内国神別に「平岡連」とある。神津岳から西へ派生する尾根の麓（近鉄枚岡駅周辺）を「枚岡」と呼んでいたといわれるが、古くから式内社枚岡神社が鎮座していたためであろう。地名の由来については、枚岡の地はもともと平坦であったとか、河内母樹馬飼首《かわちのおもきのうまかいのあたい》御狩《みかり》の本拠地であり、御狩の経営した「牧」が「枚」に転化したという説があるが、いずれもはっきりとしない。［別所］

枚方市《ひらかたし》（枚方市）　大阪府北東部北河内に位置し、東は生駒山地、西は淀川に面する。枚方の地名は、「枚方ゆ笛吹きのぼる近江のや毛野の稚子い笛吹きのぼる」という歌に初めて登場する。『日本書紀』継体天皇二十四年条にみえるこの歌は、対馬で病死した近江臣毛野の遺体を迎えにきた妻が、枚方で詠んだものといわれる。また「播磨国風土記」は、播磨国揖保《いぼ》郡の枚方の里（現太子町平方）を、河内国茨田《まった》郡「枚方の里の漢人」が開墾して移り住んだ地とする。地名の由来は不詳であるが、平潟に由来するとの説もある。［堀田］

開《ひらき》（西成区）　北開《きたびらき》・中開《なかびらき》・南開《みなみびらき》がある。区の中央北部にある。また、昭和四十八年以前には新開もあった。北開は北は浪速区浪速東三丁目、西は同区浪速西四丁目に接する。なにわ筋（主要地方道大阪伊丹線）の東側が一丁目、西側が二丁目。二丁目南端を国道四十三号線がかすめて通る。町名は、かつて浪速区と西成区の区境に造られた樋門に由来する。その字地の最も北寄りの町域であることに由来する（『大阪の町名』上）。明治初頭、西成郡木津村の一部であったが、明治三十年（一八九七）四月一日、今宮村元木津の一部となった。大正二年（一九一三）十二月十日、大字木津の一部となり、同六年九月一日に今宮町大字木津の一部となった。同十一年四月一日に今宮町北開一～四丁目となった。同十四年四月一日に大阪市に編入され、西成区北開一～四丁目となった。

中開は、旧字を南北に三分しその中央部に位置することに由来する。南開は、旧字を南北に三分しその南に位置することに由来する。新開の町名は、旧小字名であったことに由来する。［古川］

平野《ひらの》（平野区）

もとは杭全《くまた》郷といったが（『和名類聚抄』）、平安時代初期の征夷大将軍として著名な坂上《さかのうえの》田村《たむら》麻呂《まろ》の子広《ひろ》野麻呂《のまろ》が弘仁年中（八一〇～二四）に当地を朝廷から賜り、広野麻呂の「広野」が訛《なま》って「平野」になったのだという。また広野麻呂の妹春子は桓武天皇の后となり、葛井《ふじい》親王および春日内親王を生んだが、天皇の没後出家して尼（慈心尼）となり、天皇の菩提を弔うため当地に長宝寺（平野区本町三丁目）を開いたと伝えられる。広野麻呂の子孫坂上家は「平野殿《ひらのどの》」と称され、長宝寺境内に屋敷を構え、長宝寺の住職は代々坂上家の娘たちが尼となって務めた。坂上家はまた杭全神社の神主も務めたが、本家坂上家は直接には神事に関与せず、「七名家《しちみょうけ》（七苗家）」と称される、傍系の末吉《すえよし》・三上《みかみ》・土橋《つちはし》・成安《なりやす》・西村《にしむら》・辻葩《つじはな》・井上《いのうえ》の七家によって祭祀が執行され、江戸時代には平野郷町の惣年寄もこの七名家から就任して、町政を司った。七名家の内、末吉家（西末吉）からは江戸時代初頭の朱印船貿易で有名な末吉勘兵衛利方《としかた》が出ている。杭全神社に隣接する平野宮町一丁目の長宝寺墓地には坂上春子の墓があり、平野市町《ひらのいちまち》一丁目の坂上公園には坂上広野麻呂の墓がある。広野麻呂の墓所がある場所には、かつて広野麻呂が父田村麻呂の菩提を弔うために創建した修楽寺があり、天長五年（八二八）閏三月九日に広野麻呂が亡くなると、その墓所も同寺境内に営まれたが、応永年間（一三九四～一四二八）に至り、同寺の荒廃が著しくなったため、諸堂を杭全神社に移し、墓所のみを旧地に留めたといい、七名家によって祭祀が続けられてきた。なお、杭全神社境内に田村堂があり、坂上田村麻呂像が祀られるが、これはもと長宝寺の田村堂（現在の大師堂）に祀られていたもので、明治維新の神仏分離の際、杭全神社の大師堂（現在の田村堂）に祀られていた弘法大師像と相互に移し替えたものである。

［北川］

平野町《ひらのまち》（中央区）

近世初めから現在に至るまで船場に位置する町名。慶長五年（一六〇〇）の「平野町橋」は同町の東端にある東横堀川に架かる橋である（『当代記』）。明暦元年（一六五五）には難波橋筋から東を東平野町、西を西平野町と称しており（「大坂三郷町絵図」）、延宝七年（一六七九）に両町が合併して平野町となった。なお、現在は東横堀川から旧西横堀川までが平野町の範囲だが、江戸時代の初めには西端部に善左衛門町、水溜町、藪田町があり、その後、後者二町が合併して亀井町となり、最終的に明治五年（一八七二）にすべて平野町を称するという変遷をたどった。江戸時代は大坂三郷北組に属した。町名は平野町四丁目に隣接する御霊神社の祭神が百済氏の出身である早良《さわら》親王とされ、その百済氏を祀る神社として京都平野神社があることから、その御霊神社に近いために平野町と名づけられたとする説がある（『大阪の町名―大坂三郷から東西南北四区へ―』）。明治二十二年（一八八九）に大阪市東区、そして平成元年（一九八九）に中央区に属した。［大澤］

*平野町 ひらのまち （天王寺区）

現在の中央区上汐一〜二丁目、東平一〜二丁目、および天王寺区上汐三〜六丁目と上本町六〜九丁目の西側がそれにあたる。豊臣秀吉は天正十一年（一五八三）の大坂城築城にあわせて城下町の建設に乗り出した。初めに着手したのが大坂城と四天王寺を結ぶ町の建設で、平野町はその中心的な町として並行する二筋の南北道路を挟んで奥行二十間の短冊型地割を持っていた。秀吉が城下町の建設にあたり平野郷の住民を天王寺へ移住させたことが知られており（『兼見卿記』）、平野町が彼らの手によって開発されたことが町名の由来である。その初見は天正十六年（一五八八）の「大坂平野町」である（『言経卿記』）。慶長二十年（一六一五）の大坂夏の陣後、平野町は多くの住民が大坂市中へ移転したため城下町から外れ、東成郡南北平野町村となって年貢地に転換した。その後、二筋の町は近世では東側が本平野町や野堂町、西側が塩屋町・上塩町・南北平野町（明暦元年〈一六五五〉「大坂三郷町絵図」他）と呼ばれ、近代に入ると二筋をあわせて南北平野町や東平野町と称したり、西側を上汐町と呼ぶなど複雑な変遷をみせる。このうち東平野町は明治三十三年（一九〇〇）から昭和五十六年（一九八一）まで存続したが、船場の平野町との混同を防ぐため東を冠したとされる（『天王寺区史』）。［大澤］

平林 ひらばやし （住之江区）

住吉川をはさんで平林南一〜二丁目と平林北一〜二丁目に分かれる。区の中央部西寄りに位置する。東は敷津《しきつ》運河、南は大和川、西は南港、北は木津川に囲まれた地域。域内には貯木池が点在する。住之江区に編入される昭和四十九年（一九七四）以前、当地域の大半は釜口町と呼ばれていた。明治四十五年

(一九一二)にこの地を開発した釜口政吉にちなんで「釜口」の名称が生まれたという。この釜口や北島地先の沖合北側を釜口政吉と大阪港土地会社が大正十年(一九二一)から昭和七年(一九三二)にかけて埋め立て、南側を平林甚輔(のち飛鳥組)が大正九年から昭和七年にかけて埋め立て、平林北之町・平林南之町が成立した(『住之江区史』)。これが昭和四十九年、住之江区への編入にあたり平林南・平林北となった。「平林」の名称は、かつて陸軍管轄地であった当地を払い下げた当時の第八連隊長平林盛人にちなむという説と、和歌山の平林甚輔が埋め立てたことに由来するという説がある。平林北二丁目の正平橋北詰には釜口政吉の業績などを記した釜口町の町名由来碑がある。〔野高〕

*平松町《ひらまつちょう》 (福島区)

現在の玉川一～二丁目・福島四丁目・吉野一丁目にあった町。もとは野田村の一部であったが、明治三十年(一八九七)大阪市に編入され、北区西成野田字平松となり、同三十三年、西野田平松町となった。大正十四年(一九二五)此花《このはな》区に編入され、平松町となり、昭和十八年(一九四三)に福島区に編入された。昭和五十年(一九七五)現在の形となる。町名の由来は小字名による(『大阪の町名』下)。〔吉田洋〕

*広小路町《ひろこうじちょう》 (中央区)

明治六年(一八七三)から昭和五十四年(一九七九)まで存続した町名。広小路は現在の法円坂一丁目のほぼ中央部を南北に貫通していた通りで、延享二年(一七四五)頃の「大坂御家中屋敷割図」が初見。それ以前は越中町二丁目であった(「摂津大坂図鑑綱目大成」ほか)。道路が広いことから名づけられた(『浪華百事談』)。明治二十二年(一八八九)に大阪市東区に属し、現在の上町一丁目にあたる。江戸時代にはこの通りをはさみ、大坂城代家中屋敷・京橋定番家中屋敷が広がっていた。〔大澤〕

広瀬《ひろせ》 (羽曳野市)

もとは石川の氾濫原で壺井河原と呼ばれたが、元和元年(一六一五)に大坂夏の陣直後に、幕府代官五味豊直の勧めにより大黒村の塩野小左衛門・同清右衛門を棟梁として新田開発が進められた。翌年から近隣の五十軒が取り立てられ、出入り口に枡形を設け、藪と環濠に囲まれた集落を形成した。当初から、「新町村」と称したが、もとの小字名が石川の河原の広い部分を指す「広瀬」であったことで広瀬の村名に強い

支持があったようだが、近世には改称が認められず、明治になって広瀬村を称した。〔中山〕

＊**広田町**《ひろたちょう》（浪速区）　町内にある広田神社に由来し、南限は高津《こうづ》入堀川《いりぼりがわ》にかかる夕日橋と広田橋である。広田神社は、元来、天王寺の鎮守で、今宮村の産土神《うぶすなかみ》だが創建年代などは不詳である（『浪速区史』）。江戸時代には「廣田の杜《もり》」といわれ、地誌には「森の中にあり」と記しており（『摂陽群談』）、葉がうっそうと生い茂る森の中に「広《ひろ》田社《たのやしろ》」が描かれている（『摂津名所図会』）。さらに、「近年境内に桜樹多く植て殊更美景なり」ともされており（『摂津名所図会大成』）、風光明媚な土地であったことがわかる。地元は古くから漁師町として栄え、漁師の信仰も厚く、境内は広く整備され、紅白二種類の萩の花を植えた茶店があり「萩の茶屋」と呼ばれていた（『大阪府全志』二）。明治時代中期以降の広田町は、東《ひがし》関谷町《せきたにちょう》の西に隣接していることから窮民や貧民が多数居住するようになり、大阪市や内務省の社会調査にたびたび登場するようになる。「社の裏」「荒物屋裏」と呼ばれる裏長屋が存在していたこともあり（「不良住宅ニ関スル資料」）、社会からは都市スラムとされていた。現在は、市営広田住宅などが建ち並んでいる。〔吉村〕

備後町《びんごまち》（中央区）　近世初めから現在に至る町名。慶長五年（一六〇〇）、東横堀川に架けられていた「備後橋」（『当代記』）は同町にちなむものと思われる。町としては、明暦元年（一六五五）の「大坂三郷町絵図」にその名がみえる。江戸時代は大坂三郷北組に属した。明治二十二年（一八八九）に大阪市東区、そして平成元年（一九八九）からは中央区に属した。江戸時代、町の範囲は東横堀川から井池《どぶいけ》筋の少し西までであったが、明治五年（一八七二）の町名分合改称を経て現在のように西は旧西横堀川までとなった。町名の由来は不詳である。〔大澤〕

深井《ふかい》（堺市中区）　古代の和泉国大島郡常凌《ふかい》郷、中世の深井郷の一帯である。近世の深井村・土塔《どとう》新田・畑山新田が合併し、明治二十二年（一八八九）に深井村になった。昭和十八年（一九四三）、深井を冠する北・中・東・清水・水池・沢・畑山の各町と土塔町に分かれた。深井の地名は、行基が掘ったと伝える冷泉の深井清水にちなむという。それは、深井村字清水（現在の深井清水

町）の地にあったという。〔吉田豊〕

深江《ふかえ》（東成区）

旧大和川沿いにあった当地の地形が深い入江状を形成していたことから、深江の地名が付けられた。この付近は、『万葉集』巻三に登場する「笠縫の島」であったとする説もある。本居宣長も『古事記伝』で笠縫氏の居住地であったという深江付近に比定している。中世には新開庄に含まれていたと考えられるが、江戸時代に至っても一帯は低湿な土地柄であったため、たびたび洪水に見舞われた。古代から菅笠の産地として有名で、当初は伊勢神宮の式年遷宮に供するものなどを生産していたが、江戸時代に入ると、伊勢参りなど奈良街道を利用する一般旅人向けのものを販売することで、さらにその評判は広まった。明治二十二年（一八八九）、南新開荘村の大字となり、大正五年（一九一六）からは神路村の大字であった。同十四年（一九二五）の大阪市編入によって東成区深江町となる。現在は、東成区深江北・同区深江南という地名が残されている。〔荒武〕

福崎《ふくざき》（港区）

尻無川の下流右岸に位置。地名の由来は、江戸時代に福崎新田を開発した福崎孫四郎の名による（『西成郡史』）。福崎新田は、文政十二年（一八二九）に大坂京町堀の福崎孫四郎が開発した新田で、幕末の村高は九十一石余である（『旧高旧領取調帳』）。天保十年（一八三九）刊「大坂湊口新田細見図」によると、当時の地主は、京町堀五丁目柴屋孫四郎とある。明治二十二年（一八八九）の町村制の施行に際して、川南村大字北福崎新田となる。明治三十年に大阪市西区に編入されるが、大正十四年（一九二五）には港区に編入。明治三十三年から大正十二年までの町名は北福崎町。大正十二年に町名が北福崎東之町・北福崎西之町となる。昭和四十三年（一九六八）から現在の町名となる。江戸時代以来、福崎と尻無川左岸の泉尾《いずお》（現大阪市大正区）間には、「甚兵衛の渡し」があった。この渡船の由来は、船小屋が甚兵衛小屋と呼ばれたことによる（『摂津名所図会大成』）。現在は、「甚兵衛渡船場」として運航されている。〔松永〕

福島《ふくしま》（福島区）

昭和十八年（一九四三）に区名ともなった地名。中世初期には、渡辺の津（現在の天満橋付近）の西に形成された島であったとされる。島名がそのまま地名となったもので、菅原道真が餓鬼《がき》島と呼ばれていた当地を、福島に改めたという（『角川日本地名大辞典27　大阪府』）。寛正二年（一四六二）に作成された「中嶋崇禅寺《そうぜんじ》領目録」にもその名が見られ、上村・中村・下村に分かれていた（『吹田市史』四）。中世末期には、要害地として、織田信長と三好三人衆・石山本願寺との合戦では三人衆が城を築き、また大坂冬の陣では西軍が砦を築いた。延宝五年（一六七七）、上下に分離し、上福島村・下福島村となった。しかし、分離後も一村として扱われることが多い。明治以降、上福島村は上福島北・中・南を経て福島一～八丁目および玉川一丁目の各一部に、下福島村は下福島を経て玉川一～三丁目、野田一～四・六丁目、福島四丁目の各一部となった（平凡社『日本歴史地名大系28　大阪府の地名』、『大阪の町名』下）。〔吉田洋〕

***福町**《ふくまち》（大正区）　明治三十年（一八九七）から始まった大阪築港《ちっこう》工事のときに、海面を埋め立ててつくられた造成地である。大正八年（一九一九）に福町と命名された。地名の由来は、奈良時代の田辺福麻呂《たなべさきまろ》にちなむ。田辺福麻呂の詠んだ、「潮干れば葦辺に騒ぐ白鶴（百鶴とも）の妻呼ぶ声は宮もとどろに」（『万葉集』巻六－一〇六四）から、同じく造成地の鶴町の名が取られている。昭和五十一年（一九七六）に、南恩加島と鶴町に含まれた。〔堀田〕

福町《ふくまち》（西淀川区）　正保元年（一六四四）、福新田として大野村の樋口忠兵衛が開発したといわれる。福の由来については不詳である。農業とともに漁業がさかんであり、明治十五年（一八八二）頃の統計では、戸数三百五十七のうち、漁業本業四十八、兼業五十七であり、漁船も九十七隻あった。淀川で獲れるシラウオ、ウナギ、貝類などが特産として挙げられる。明治二十二年（一八八九）、南酉島新田と合併して新たな「福村」が成立し、旧福村は福村大字福となる。大正十四年（一九二五）、大阪市西淀川区の一部となり、同区福町と南島町を形成する。昭和四十七年（一九七二）には、南島町などの近隣町域を含め福町一～三丁目となる。現在の福町二丁目付近には、漁師町であった「福の町並み」が今も残される。淀川での川魚漁業を中心とした福漁港は大阪市内で数少ない漁港の一つであり、現在も数軒の漁師がここを拠点に活動する。〔荒武〕

深日《ふけ》（岬町）

町の北部に位置し、大阪湾に面する港町。『万葉集』には、「吹飯乃浜《ふけいのはま》」、『千載集』には「ふけひのうら」として、その他数多くの和歌に詠まれる名勝である。寛政七年（一七九五）刊の『和泉名所図会』では「吹飯浦」や「深日浦漁船」が描かれ、古代の和歌が紹介されている。深日村としては、天平十九年（七四七）二月十一日の「法隆寺伽藍縁起并流記資財帳」に「河内国日根郡鳥取郷深日松尾山壱地」とみられる。『続日本紀』の天平神護元年（七六五）十月二十六日条に「到和泉国日根郡深日行宮」とあり、称徳天皇が紀伊国行幸の帰途、深日の行宮に立ち寄ったとされる。『岬町の歴史』には、フクロ、フクれるなどの海岸線の有様か、泓《ふけ》など水位の深い所や、鞴《ふいご》を吹くからという諸説があげられている。〔曽我〕

藤井寺《ふじいでら》（藤井寺市）

古代の志紀郡長野郷《ながの》（『和名類聚抄』）の地と推定され、『延喜式』に「長野神社」がみえるが、丹南郡に属した時期もあり、この地にあった葛井寺《ふじい》を「藤井寺　河内丹南郡」（『拾芥抄』）としている。本来は、百済系渡来氏族の葛井氏の本拠地で氏寺葛井寺を建立したことによる地名であろう。寺伝（寺蔵『勧進帳』三条西実隆筆）では葛井寺は聖武天皇の御願、行基の開基で、平安初期に阿保親王が復興したとあり、阿保親王の母は葛井氏で（『続日本後紀』承和九年〈八四二〉十月二十二日条）あったことによるものであろう。後に荒廃して、永長元年（一〇九六）に大和の藤井安基が再建したため藤井寺とも呼ぶようになったと伝える（『西国三十三所名所図会』）が、定かではない。中世以降は混用されるが、藤井寺の表記の方が多い。現在は寺名は葛井寺、地名は藤井寺となっている。現在の藤井寺一～四丁目、東藤井寺町、藤井寺公団、御舟町《みふねちょう》。〔中山〕

伏尾町《ふしおちょう》（池田市）

池田市の最北部に位置する伏尾は、余野川（久安寺川）が止々呂美《とどろみ》の山間部から大きく蛇行し平野部に出たところにある。川に沿って国道四百二十三号が通り、伏尾の旧集落は亀岡街道に沿って形成された。この集落は古くからの植木の産地である。伏尾の地名については、元禄十四年（一七〇一）発行の『摂陽群《せつようぐん》談《だん》』に伏尾村が掲載されている。それによると、「鳥羽院の皇后がお産のとき、賢実上人が久安寺で安産祈願したので無事出産した。これが鳥羽院の第八皇子であり、永治元年（一一四一）に即位し近衛帝となった。このことからここを不死王村と称するようになった。後に伏尾の文字になった。」と記されている。久安寺は縁起によれば、神亀二年（七二五）に行基によって創建。後、久安元年（一一四五）に賢実上人によって再興され、近衛帝によって久安寺と命名されたという。昭和六十三年（一九八八）から平成三年（一九九一）にかけて、旧集落よりもさらに北にバードヒルズ一・二・三号館が建設された。同町の世帯数、人口の過半数はこのマンションの住人である。〔室田〕

藤阪《ふじさか》（枚方市）　永仁六年（一二九八）がその初見とされてきたが、これは江戸時代後期に創られた椿井文書と呼ばれる偽文書群に拠るもので、正しくは天正六年（一五七八）の三之宮神社棟札写が初見（『ヒストリア』一九四）。津田村から分村したものと思われる。地内に府の顕彰史跡伝王仁墓があるが、ただの自然石であり、歴史的な根拠はない。元和二年（一六一六）の年紀を持つ「王仁墳廟来朝紀」がその一つの根拠とされているが、これも椿井文書である（『史敏』二）。〔馬部〕

伏見町《ふしみまち》（中央区）　江戸時代から現在に至る町名。明暦元年（一六五五）の「大坂三郷町絵図」にその名がみえる。江戸時代は大坂三郷北組に属した。町名は、大坂夏の陣により疲弊した大坂の町を復興させるべく京都伏見茶屋町の町人が招致され、居住したことに由来する（「初発言上候帳面写」）。なお、伏見町の西に続く呉服町も同様に伏見から移住した町人の居住地で、当初は伏見呉服町と称した。明治二十二年（一八八九）に大阪市東区、平成元年（一九八九）より中央区に属した。〔大澤〕

＊布施《ふせ》（東大阪市）　東大阪市西部の旧市名、町名、村名。旧布施市は昭和四十二年（一九六七）に河内市、枚岡《ひらおか》市と合併し東大阪市となった。明治二十二年（一八八九）に荒川村、太平寺村、岸田堂村、東足代村、菱屋西新田、永和村が合併して布施村が成立したが、村名決定の事情はわからないという（『布施町誌』、『布施市史』）。大正十四年（一九二五）に町制を施行し、昭和八年（一九三三）に高井田村を編入、同十二年（一九三七）に小阪町、楠根町、意岐部村、長瀬村、弥刀村と合併し、布施市

が誕生した。『持斎念仏人数目録』（文永八年〈一二七一〉）には河内国「布施郷」、『河内国御給人御蔵入之内より出米記録』（天正十一年〈一五八四〉）には「ふせ村」、『森川家文書』（宝暦十二年〈一七六二〉）には「布施之庄」がみえ、古くから東足代村や長堂村、荒川村をまとめて「布施」と総称されることがあり、明治二十二年（一八八九）の村成立時にこの名称が採用されたと思われる。現在では布施と言えば近鉄布施駅周辺のことを指し、一帯は市内最大の繁華街をなしている。地名としては現存しないが、駅のほか、府立高校や警察署などの公共施設にその名を留めている。近鉄布施駅を挟んで南北に連なる商店街はかつての放出道《はなでみち》であり、そこを東西に暗越《くらがりごえ》奈良街道が交差し、駅付近では放出道から東の方へ十三街道が枝分かれしていた。このように布施周辺は古代の陸上交通の要所であり、労役や兵役で都を往来する人々が頻繁に行き交っていたと思われる。周辺にはこのような人々を一時的に救護するための布施屋が寺院に設けられており、これが地名の語源になったというのが有力である。いっぽう、放出道はかつての川の跡であることが発掘調査で確かめられており、道に沿って北から、布施（足代・長堂）、小瀬（於勢とも）、三ノ瀬と、「セ」の音がつく村が連続して並ぶことから、地形がその由来である可能性もある。 ［別所］

伏屋町《ふせやちょう》（和泉市）

槇尾《まきお》川東岸の信太山《しのだやま》丘陵上に位置し、村内を父鬼《ちちおに》街道が通る。もと池田下《いけだしも》村の一部で、上野原山と呼ばれていたが、宝永七年（一七一〇）、万町《まんちょう》村の大庄屋伏屋氏によって新田開発され、伏屋新田となった。享保十一年（一七二六）には、伏屋氏が坪井村澤氏から銀一五七貫目を借りるかわりに「伏屋新田一郷」などが売却され、伏屋新田は澤氏の手にわたった。大正十五年（一九二六）には、伏屋新田四十二町余が自作農創設組合によって七五〇〇〇円で買い取られ、この地はようやく、実際に耕作する農民の土地となった。明治二十二年（一八八九）、北池田村大字伏屋新田となり、昭和三十一年（一九五六）、和泉市合併により、伏屋町となる。 ［森下］

*二ツ井戸町《ふたついどちょう》（中央区）

明治五年（一八七二）から昭和五十八年（一九八三）まで存在した町名。江戸時代の高津五右衛門町が前身で、その町域は現在の中央区道頓堀一丁目・高津二丁目内に含まれる。町名の由来は、現在の阪神高速道路道頓堀ランプの出口（上大和橋東詰）付近にあった二ツ井戸である。これは往来の中央にあって、石枠の井戸の中央を石で仕切って二つの井戸としていた（『浪華の賑ひ』）。水はきれいで周辺住民の用水として利用されていたが（『摂津名所図会』）、なぜか二つの井戸のうち、一方は飲料に適さず、それが珍しくて大坂名所になった。明治二十二年（一八八九）に道路拡張工事のため埋められて姿を消したとする（『大阪の町名—大坂三郷から東西南北四区へ—』）。〔大澤〕

府中町《ふちゅうちょう》（和泉市）

和泉国の国府が置かれたことにちなむ。御館山《みたちやま》あたりに国府があったと推定されており、御館山公園内には「和泉国庁跡」の石碑が建つ。現在、和泉府中駅前の再開発に伴って、国府推定域内の発掘調査も進められているが、奈良時代の遺構はほとんどみられず、国府の詳細はいまだ不明である。泉井上《いずみいのうえ》神社には、和泉の国名の由来となった和泉清水《いずみしみず》（大阪府指定史跡）がある。境内には和泉五社総社も祀られている（重要文化財）。また、古代寺院・和泉寺もあったが鎌倉期には荒廃した。府中という地名の初見は、『明徳記』で、明徳三年（一三九二）正月、和泉国守護であった大内義弘が、山名義理《よしまさ》を討つため堺をたって、「当国の府中」に陣取ったとある。域内を小栗《おぐり》街道が通り、近世には、街道筋や和泉清水周辺に社寺や民家が建ち並び、南之町《みなみのちょう》、小社町《うぐすのちょう》、馬場町《ばばのちょう》、東町《ひがしのちょう》、市辺町《いちのべちょう》の町場を形成していた。村領の大半は上条《じょうじょう》郷に属するが、一部が上泉《かみいずみ》郷・軽部《かるべ》郷にまたがっていた。両郷の村域は、耕地のみで人家はなかったが、別に高請けされ、庄屋も別に置かれていた。明治二十二年（一八八九）には国府村の大字、昭和八年（一九三三）には和泉町大字となり、村役場・町役場が置かれた。昭和四年（一九二九）には阪和電鉄が開通し、和泉府中駅が設置された。和泉市合併後の昭和三十三年（一九五八）には、府中町二丁目に和泉市役所が建設された。古代から現代まで行政の中心地である。〔森下〕

二田《ふった》（泉大津市）

古代氏族二田氏にちなむ。二田氏は、物部氏の祖神饒速日尊《にぎはやひのみこと》降臨の際に従った「二田造《ふったのみやつこ》」「二田物部」の子孫といわれている。正応二年（一二八九）の「和泉国神名帳」には、「従五位上二田国津神社」の記載がある。村内には、天神社（明治初年に二田国津《くにのつ》神社と改称）があったが、明治四十二年（一九〇九）曽《そ》禰《ね》神社に合祀された。村内を紀州街道が通る。昭和四十六年（一九七一）九月一日、住居表示実施により、助松《すけまつ》、北曽根、森の一部と合わせて、二田町一丁目〜三丁目が新設された。［森下］

筆ヶ崎町《ふでがさきちょう》（天王寺区）　明治三十三年（一九〇〇）以来、現在までの町名。ただし、大正十四年（一九二五）までは南区の天王寺筆ヶ崎町で、それ以降現町名となる。明治二十一年（一八八八）刊の「大阪実測図」（内務省地理局、大阪府）では「字筆ヶ崎」が確認できる。この地は傾斜地であり、一説に経文を書写した際の筆を埋めて筆塚と呼んだことから「筆ヶ坂」という地名であったが、その古名が「筆が崎」であったという（『摂津名所図会大成』）。［大澤］

船越町《ふなこしちょう》（中央区）　江戸時代から現在に至る町名。江戸時代は大坂三郷北組に属していた。明暦元年（一六五五）の「大坂三郷町絵図」では内鍛冶（屋）町と称していたが、延宝七年（一六七九）に改称して船越町となった（安政三年〈一八五六〉「水帳」）。船越駿河守の蔵屋敷が当町北側、骨屋町筋より西に二軒目のところにあったことから、町名はそれに由来したとする説がある（『角川日本地名大辞典27　大阪府』）。明治二十二年（一八八九）に大阪市東区、そして平成元年（一九八九）より中央区に属した。［大澤］

＊**船出町**《ふなでちょう》（浪速区）　明治十一年（一八七八）、鼬《いたち》川と難波新川《なんばしんかわ》の貫通工事中に発掘された全長十二メートルほどのくり船に由来するといわれている。前後二本の楠木で造られた、いわゆる複材式のくり船で、継ぎ目の部分は釘を使わない仕組みとなっていた（『大阪府全志』二）。高津《こうづ》入堀《いりぼり》川《がわ》と南海鉄道に挟まれた土地柄であり、明治中期には国内有数の鉄工製造業者に成長する久保田鉄工（久保田権四郎社長、現、クボタ）が二丁目で操業し、明治時代初年に皮革業で成長した大倉組（蔵前町所在）や藤田組などを糾合した日本皮革大阪本社も一丁目を拠点としていた。［吉村］

舟橋町《ふなはしちょう》（天王寺区）　明治三十三年（一九〇〇）以来、現在までの町名。ただし昭和十八年（一九四三）までは東区に属し、それ以降天王寺区の現町名となる。明治二十一年

(一八八八)刊の「大阪実測図」(内務省地理局、大阪府)には「字舟橋」とみえる。その由来は、近接地にある比売許曾神社《ひめこそじんじゃ》の主祭神である下照比売命《したでるひめのみこと》が降臨した際に天磐船に乗って来たという伝承による(『大阪史蹟辞典』)。

[大澤]

＊舟場町《ふなばちょう》(北区)

区の中央部付近。もとは西《にし》成《なり》郡本庄村・南浜村の内。明治三十年(一八九七)の大阪市第一次市域拡張に伴い、大阪市に編入された。大正十三年(一九二四)に本庄東権現町・本庄葉村町・南浜町の一部が舟場町を形成し、昭和五十三年(一九七八)まで存続した。北野青物市場へ舟で品物を運ぶ荷積み場があったところから生まれた町名。昭和五十三年の町域町名変更で消滅。現在の中崎西三丁目に含まれる。(『北区史』)。

[八木]

船町《ふなまち》(大正区)

区の最南端に位置する埋立の島で、周囲は海水域。船町一〜二丁目がある。明治三十年(一八九七)から始まった大阪築港《ちっこう》工事のときに、海面を埋め立ててつくられた造成地である。大正八年(一九一九)に船町と命名された。地名の由来は、田辺福麻呂《たなべさきまろ》の歌「あり通ふ難波の宮は海近み海人をとめらが船見ゆ」(『万葉集』巻六‐一〇六三)から取られた。船町は大正期から昭和期にかけて、立地のよさから重工業会社が集中して工場を建設し、阪神重工業地帯の中心となった。そのため煤煙などの公害も生じた。また、大正十二年(一九二三)には大阪木津川尻工場が開設され水上飛行機が発着した。のち陸上機も発着。しかし煤煙による飛行機事故が起こり、昭和十四年(一九三九)に、伊丹空港が開設されるに伴い、その役目を終えた。

[堀田]

文の里《ふみのさと》(阿倍野区)

昭和二十六年(一九五二)に阿倍野区天王寺町・北田辺町・桑津町の各一部および西田辺町の飛地の一部が現在の町名となる。町名は大正二年(一九一三)の南海電鉄平野線(現在廃線)の開通に伴い、当地に開設された「文の里」駅に由来する。駅名自体の由来は、当地が駅設立地を中心に旧制高校・中学および女学校などの集中する文教地区であったことによる。現在は昭和五十五年(一九八〇)に天王寺駅から八尾南駅間に開通した地下鉄谷町《たにまち》線の文《ふみ》の里《さと》駅がある。

[生駒]

古市《ふるいち》（城東区）『和名類聚抄』に摂津国東生《ひがしなり》郡の郷名としてみえ、その読みは「不留知」とされている。地名の由来は不明。明治二十二年（一八八九）に東成《ひがしなり》郡南島・森小路・今市・千林の四か村が合併した際、これを村名として採用した。〔藤田〕

古市《ふるいち》（羽曳野市）『日本書紀』景行天皇四十年条に、日本武尊《やまとたけるのみこと》の霊魂が伊勢国能褒野《のぼの》から白鳥となって飛び立ち、大和琴弾原《ことひきはら》陵を経て河内の「旧市村《ふるいちのむら》」にとどまったのでそこにも陵墓をつくったとある。『古事記』は陵墓を「河内国の志幾《しき》」とする。竹内街道と東高野街道の交点に発達した市場が起源にあると考えられるが、すでに奈良時代には「古市」になっていた。おそらく河内国府付近の大津道と東高野街道の交点「恵賀市」の繁栄によるものであろう。古代の古市郡古市郷《ふるいちのこおりふるいちごう》（『和名類聚抄』）にあたり、観心寺領の「古市庄」があったと考えられる。高屋城の城下町的な性格を帯び、西浦や誉田《こんだ》などとともに大坂本願寺の頭人《とうにん》などを務めた（『石山本願寺日記』天文九年〈一五五一〉九月二十八日条など）。地域内に「古市寺」（『伊呂波字類抄』）と称し、西文氏の氏寺であった西琳寺や、畠山氏の居城高屋城跡などがある。西琳寺は鎌倉時代に西大寺叡尊の活動拠点となり、甥の惣持に受けつがれた。現在は古市一〜七丁目、南古市一〜三丁目。〔中山〕

古川《ふるかわ》（門真市）現門真市の中央部を悪水路（排水路）として寝屋川に南流した川。周辺からの排水が流れ込み、古川を挟んだ東側（八箇所）と西側（十七箇所）で水論が起こった。一方で、水運ルートとして寝屋川とともに重要な役割を果たした。現在は排水路として川筋を残し、昭和十四年（一九三九）からの大字名である古川橋と昭和四十年からの町名である古川町にその名が残る。〔橋本〕

***古川《ふるかわ》**（西区）古川は元禄十一年（一六九八）に新川（安治《あじ》川）が開削されたときに、旧河道を古川と呼び、その古川に面したところから古川と呼ばれた。古川は慶応四年（一八六八）に川口居留地が設定されたときに、外国人が日本人の家屋を借りて住むことのできる雑居地ともなった。川は昭和二十七年（一九五二）に埋め立てられた。江戸期から明治五年（一八七二）までは古川、明治五

年以後は古川町となったが、昭和五十二年（一九七七）に川口一～四丁目に含まれた。［堀田］

＊豊後町　ぶんごまち　（中央区）　江戸時代から平成元年（一九八九）までの地名。東横堀川に架かる思案橋（現大手橋）東詰付近にあった町で、江戸時代は橋詰南方のみであったが、近代には東横堀川沿いに橋詰北方にも町域が拡大した。町名は明暦元年（一六五五）の「大坂三郷町絵図」にみえる。江戸時代は大坂三郷北組に属しており、明治二十二年（一八八九）に大阪市東区に属し、平成元年の中央区成立とともに消滅した。町域は現在の中央区内平野町三丁目・内淡路町三丁目・大手通三丁目・本町橋に含まれる。町名の由来は明らかでない。［大澤］

別院町　べついんちょう　（茨木市）　昭和四十年（一九六五）に大字茨木の地名改正を行った際に、浄土真宗大谷派茨木別院の所在地であることから名づけられた町名。茨木別院は慶長八年（一六〇三）茨木城主片桐且元《かつもと》が城地の一部を寄進し、教《きょう》如《にょ》によって創建されたと伝えられる。現在の本堂は安永六年（一七七七）の建立である。［飯沼］

＊別所町　べっしょちょう　（旭区）　昭和四十六年（一九七一）の住居表示変更前の町名。現在は新森《しんもり》六丁目、森小路《もりしょうじ》二丁目の各一部である。江戸時代の別所村に由来する町名。大正十四年（一九二五）、大阪市東成区に編入され別所町となった。町名の由来は、付近の集落がすべて剣道《つるぎみち》や野崎街道に面しているのに対し、この集落だけが南方の耕地中にあり、他から離れた別所であったからであるとする説がある（平凡社『日本歴史地名大系28　大阪府の地名』）。また、清水村の南部にあって地理的に離れたことによるともいう（『東成郡誌』、『大阪の町名』上）。また、中世の新開地を意味するという説もある（『角川日本地名大辞典27　大阪府』）。［野高］

別府　べふ　（摂津市）　昭和四十六年（一九七一）の町名変更によりできた町名で、一丁目から三丁目がある。近世には別府村のうちで、明治二十二年（一八八九）の町村制施行により味生《あじふ》村（昭和三十一年（一九五六）に三島町、四十一年に摂津市）が成立した後は同村の大字別府になったが、昭和三十八年（一九七三）には大字の一部が吹田市に編入された。ほかに東別府（一丁目～五丁目）、南別府町・北別府町がある。別府村は淀川右岸の低湿地、淀川低地に位置して一津屋《ひとつや》村・新在家《しんざいけ》村とともに水防上囲堤（輪中《わじゅう》）を形成し、「三か村」と呼ばれた。明治十一年（一八七八）の神崎川改修により河道を変更する以前はここで安威《あい》川と合流したため、堤防の決壊・損壊につねに悩まされた地域である。古代の鯵生野《あじふの》、中世の味原牧《あじはらのまき》、味府郷の一部といわれる。鯵生野は『続日本紀』延暦四年（七八五）正月十四日条に、三国川（神崎川）開削にちなんで名前が出てき、味原牧はまた西成郡江口村（現大阪市東淀川区）付近を中心にした典薬寮《てんやくりょう》の牧である。慶長十年（一六〇五）の摂津国絵図に一津屋村・新在家村とともに「別府村」の名がみえ、元和初年の「摂津一国高御改帳」に「別符」と記される。別府一丁目には味府神社が鎮座して旧別府村の中心地であった。摂津市の西南端に位置し、別府三丁目と南別府町の西側は大阪市東淀川区に接している。北は番田井路・鳥飼井路、東は府道正雀一津屋線、南はJR東海道新幹線に囲まれる。　［石原］

弁天《べんてん》（港区）　JR大阪環状線「弁天町」駅の北西に位置。地名の由来は、旧市岡新田の北部にあった新田会所に、弁財天が祀られていたことによる（『港区誌』）。昭和四十三年（一九六八）に、港区寿町・木屋町・磯路町・魁町《さきがけちょう》・千代見町・八雲町・市場通・吾妻町・西市岡町・石田芦花町・音羽町・桂町・南市岡町・東田中町・湊屋町・湊屋浜通・南安治川通《みなみあじがわどおり》の各一部が合併し、弁天となる。同地域は大阪市の西部副都心として開発され、現在「弁天町」駅前には、超高層マンションのほか、ショッピング街やグルメ街、各種文化学習施設や医療施設など、複合施設が所在する。　［松永］

＊弁天町《べんてんちょう》（中央区）　昭和二十七年（一九五二）から同五十四年（一九七九）までの町名。現在の城見一～二丁目にあたる。当地は寝屋川と平野川に挟まれた三角形の地で、江戸時代には京橋口定番下屋敷と大坂城の焔硝蔵があった。前身は東成区に属する北中浜町一丁目と旭区に属する鴫野町で、両町は昭和十八年（一九四三）に東区に編入され、さらに同二十七年に合体して弁天町となった。町名は三角形の土地にかつて弁天を祀った祠があり、弁天島と呼ばれていたことに由来する（『角川日本地名大辞典27　大阪府』）。　［大澤］

法円坂《ほうえんざか》（中央区）　江戸時代に「法眼坂」と呼ばれた坂がもとになっている。この坂は広小路の北から北西方向へ畠・芝地の間をぬけて伸びる道で（延享二年〈一七四五〉頃「大坂御家中屋敷割図」）、階段状を体していた（寛政九年〈一七九七〉「増修大坂指掌図」）。その名の由来には二説ある。一つは大坂城の地に慶長三年（一五九八）まで存在した生国魂《いくくにたま》神社の神宮寺であった法安寺が転訛したものとする説である。法安寺は現大阪城二の丸付近にあったと推測される大坂本願寺を中心とした大坂寺内町に包摂されていたが、永禄七年（一五六四）に出火したことからその責任をとってこの地を退き、法円坂に本坊を移転したといわれている。一方、文明年間（一四六九〜八七）前半頃、八尾市久宝寺にあった慈願寺の住職であった法円が本願寺蓮如の大坂進出に先立って来坂し、活動の拠点とする支坊（のちの浄照坊、現天王寺区）を建立したが、それがこの地にあったとすることから法円の名が残ったとみる説もある。この坂名をもとに明治十二年（一八七九）の東区成立とともに現在に至る町名が誕生した。同二十二年（一八八九）には大阪市東区、そして平成元年（一九八九）には中央区に属した。町域は大阪城の南西から南にかけての地域で、江戸時代には大坂城代屋敷や京橋口定番屋敷などがある武家地であった。〔大澤〕

＊箒屋町筋《ほうきやまちすじ》（中央区）　東横堀川が南本町の東で鍵形に屈曲することにより、堀川の西側に一町分の浜が生まれることで成立した南北方向の筋をいう（宝暦六年〈一七五六〉『大坂町鑑』）。江戸時代は大坂三郷南組に属した。現在の船場中央、久太郎町、北久宝寺町、南久宝寺町、博労町、南船場の各一丁目の東端部にあたる。箒屋町周辺には箒屋店があったことから（延享版『難波丸綱目』）、それにちなむ名と推定される。〔大澤〕

＊抱月町《ほうげつちょう》（港区）　昭和二年（一九二七）から同四十三年の町名。地名の由来は、地主和田家の茶室抱月庵の名による（『港区誌』）。昭和二年に市岡町の一部が抱月町となる。昭和四十三年に市岡元町・波除《なみよけ》の一部となる。〔松永〕

傍示《ほうじ》（交野市）　傍示とは、領地などの境界を示すために立てた杭・石・札などを意味する。また転じて境界そのものを意味することもある。当地は大和との国境にあたり、石清水八幡宮領と大和鷹山荘との境界でもあった。そのいずれかが地名の由来であろう。ちなみに当地から大和方面へ抜ける道を峡崖越《かいがけ》と呼ぶが、ここを越えた生駒市にも傍示の地名があり、地元では交野市側を西傍示、生駒市側を東傍示と呼んでいる。

［馬部］

北条《ほうじょう》（大東市）　市域の最も北に位置し、四條畷市南野と隣接する。河内国讃良《ささら》郡に属し古代条里制の讃良郡四条・五条にあたるとされる。これは地名に壱の坪から三十六の坪までで十ヶ所以上残っていることによる。地名の由来は、三条の北にあったから北条という説、正平三年（一三四八）正月の四條畷合戦に関する足利直義書状に「佐良々北四条」とあるように「北四条」が詰まって北条となったという説がある。江戸時代は幕府領、旗本領、大坂町奉行与力知行、京都守護職役知などであった。明治二十二年（一八八九）四条村の大字となり四条町を経て昭和三十一年（一九五六）から大東市の一部となった。なお、三好長慶《みよしながよし》の居城であった飯盛城の所在地は北条と四條畷市南野にまたがっていた。

［尾崎］

北條《ほうじょう》（藤井寺市）　古代の条里制による志紀郡の北条にちなむ地名と考えられるが、対する南条の地名は残っていない。『大阪府全志』（四）によれば古くは「国府庄《こうのしょう》」と称したが、後に北條村と改めたとしている。隣接する船橋村とともに、宝永元年（一七〇四）の大和川付け替え工事で村域の多くが河床になったが、この周辺に縄文時代から鎌倉時代におよぶ複合遺跡船橋遺跡がある。

［中山］

法善寺《ほうぜんじ》（柏原市）　地名の由来は、この地にあった寺院から名付けられたと見られる。兵庫県三原郡平等寺所蔵の康和六年（一一〇四）三月十日付の大般若経には、この地の武士であった坂戸源氏の源康季《やすすえ》が子孫の栄達を願って法禅寺に寄進したことが記されている。また、延元二年（一三三七）十月付「安満法橋了願軍忠状」（『紀伊続風土記』）によれば、法禅寺北で合戦が行われている。江戸時代では村が南北に分かれ、近代に入って一村となった。

［小谷］

北港《ほくこう》（此花区）　もとは大阪港内公有水面（国の所有に属するもの）で

あったが、島屋町地先の埋め立てにより、昭和十八年（一九四三）十二月二十三日に北港本町《ほくこうほんまち》の町名が新設された。その後同二十一年・二十四年の二度にわたり新たな埋め立て地が編入された。昭和五十年（一九七五）に、北港二丁目の全域と北港一丁目の一部となった。町名は、北港会社による埋め立て計画、北港計画の開始の地であったことによる（『大阪の町名』下）。

［吉田洋］

穂谷《ほたに》（枚方市）

嘉禄二年（一二二六）がその初見とされてきたが、これは江戸時代後期に創られた椿井文書と呼ばれる偽文書群に拠るもので、正しくは嘉吉二年（一四四二）の三之宮神社棟札写が初見（『ヒストリア』一九四）。ここ穂谷と隣の尊延寺・杉には古代に氷室が設けられたとされるが、これは一七〇〇年前後に創作された話である。なお、永正一七年（一五二〇）の年紀をもつ「氷室郷穂谷氷室遺址権輿紀」など、当該地域を氷室郷と呼称した史料はいずれも椿井文書に属する。

［馬部］

蛍池《ほたるがいけ》（豊中市）

現在、阪急宝塚線蛍池駅周辺に蛍池北・中・東・西・南町が広がる。蛍池の地名は、刀根山《とねやま》四丁目にあるため池に由来し、天保十四年（一八四三）南刀根山村明細帳に「蛍池」がみえる。ただし、蛍池駅周辺はもともと麻田村で、「蛍池」の地名はこの地域に何のゆかりもなかった。明治四十三年（一九一〇）三月に箕面有馬電気軌道が開通し、翌四月に石橋駅と岡町駅の間に「蛍ガ池駅」（現在は蛍池）が開業した。当初、蛍ガ池駅は「麻田駅」という名称の予定だったが（「箕面電車唱歌」）、風流な駅名を探していた電鉄創業者の小林一三が、駅の東方約四百メートルにある蛍ガ池を採用したという（『豊嶋文化』四など）。

［田村］

穂積《ほづみ》（茨木市）

穂積は『和名類聚抄』にみえる穂積郷に由来する地名である。また『新撰姓氏録』にみえる穂積氏の根拠地のひとつであり、穂積氏は嶋下《しましも》郡司に任ぜられていたと推測されている（『茨木市史』）。『元禄郷帳』には上穂積・中穂積・下穂積の三村が独立して記載されているので、元禄年間（一六八八～一七〇三）までには三村に分かれたと考えられている。正保期（一六四四～四七）には幕領と京都所司代板倉重宗《しげむね》領、その後板倉領も幕領となるが、元禄七年（一六九四）武蔵忍《おし》藩領、文政十年（一八二七）一橋領となり、幕末に至る。明治二十二年（一八八九）穂積三か村は近隣七か村と合併して、それぞれ春日村の大字となり、昭和二十三年（一九四八）には近隣三町村と合併して茨木市となった。穂積のつく現行町名には上穂積・中穂積・下穂積・西穂積町がある。　［飯沼］

穂積　ほづみ　（豊中市）

　地名の由来は不明である。中世は春日大社領南郷五か村の一つ。文治五年（一一八九）三月春日社領垂水西牧榎坂《えさか》郷検注加納田畠取帳（今西家文書）に「穂積村」が現れる。明治二十二年（一八八九）には南豊《みなみて》島《しま》村の大字となる。町名改正や住居表示実施により、穂積・服部（西町・寿町・南町）・野田町・稲津《いなづ》町《ちょう》などが成立した。　［田村］

*堀上　ほりあげ　（淀川区）

　下中島に含まれる村で、村名は、集落を作る際に四方に堀を掘り、その土を盛って屋敷地を作ったことによるとされる。明和元年（一七六四）には全村を焼く「三次右衛門焼け」があった。また、明和五年（一七六八）には中島大水道の堤の修復をめぐって、北中島二十三か村との争論が起こっている。「堀上元町」が集落の中心にあたり、昭和四十九年（一九七四）の住居表示に伴って三津屋南一丁目・野中北二丁目の一部となった。　［上田］

堀江　ほりえ　（西区）

　区の東部の南に位置し、道頓堀川と木津川に接する。北堀江一〜四丁目、南堀江一〜四丁目がある。元禄十一年（一六九八）、河村瑞軒《かわむらずいけん》（賢）によって、長堀川と道頓堀の間で、西横堀川から木津川にいたる東西の運河（堀江川）が開削された。同年七月十八日、「難波地向後堀江町」と改めるべしとの触れが出され、川によって造成された地域が堀江となった（『大阪市史』三）。川の北側を北堀江、南側を南堀江とし、両者で二十四町に分けた。また幸町ほかを併せ堀江三十三町と称した。この地域は、大阪相撲の発祥地でもある。遊郭、藍玉屋、木材屋などが軒を連ね、木村蒹葭堂《きむらけんかどう》や藤井藍《ふじいらん》田《でん》などの文人なども輩出した。遊郭は明治五年（一八七二）の遊女解放令で廃止されたが、貸座敷として営業され、昭和三十二年（一九五七）の売春防止法施行まで続いた。なお、昭和五年（一九三〇）には堀江盆唄が発表され、大阪唯一の盆踊り歌として流行した。家具を扱う橘通も有名であった。昭和二十年（一九四五）の大空襲や、昭和三十五年（一九六〇）の堀江川埋め立てによって、大きく姿を変容したが、近年は若者のファッションの町としてさらに変化を進行させている。

［堀田］

＊堀川町《ほりかわちょう》（北区）

江戸時代から明治五年（一八七二）までの町名。天満堀川を挟んだ両岸の町。東岸は天神小橋から堀川橋までで、旅籠町の西にあたり、北は越後町へと続く。西岸は堀川橋をさらに一筋北へ進み、伊勢町に続く。文字通り、天満堀川に由来する町名だと考えられる。明治五年の町域町名変更により、東岸は東堀川町、西岸は西堀川町となった。昭和五十三年（一九七八）の町域町名変更により、東西堀川町は消滅。西堀川町は現在の西天満三・五丁目、東堀川町は南森町一・二丁目に含まれる。

［八木］

堀越町《ほりこしちょう》（天王寺区）

大正十二年（一九二三）以来、現在に至るまでの町名。その名は延暦七年（七八八）、摂津大夫であった和気清麻呂《わけのきよまろ》が河内平野から西方の海へ河内川の新流路として開削した堀川に由来する（『摂津名所図会大成』）。実際には、この工事は未完成のまま中止となったが、この場所はもともと上町台地のなかでも東西方向の鞍部地形であったとみられる。地名としての登場は、遅くとも十五世紀までには「堀越」（「天王寺金堂舎利講記録」）が確認できるほか、江戸時代には南北の堀越町が天王寺村のなかに存在した（宝暦六年〈一七五六〉『大坂町鑑』）。

［大澤］

堀溝《ほりみぞ》（寝屋川市）

かつての河内国讃良《ささら》郡に属す。堀溝の地名は、「年代記抄節」天正二年（一五七四）九月九日条に「堀溝ノ寺内ヲ取」とみえる。当地には融通念仏宗（本山平野大念仏寺）の大念寺と真宗大谷派本覚寺があるが、「寺内（町）」が構成されていた可能性がある。寝屋川市域の村々は江戸時代には農村が多かったが、堀溝は清滝越の道沿いであり、寝屋川を行き来する川船の浜だったことから町場化していた。天正十二年（一五八四）の「河内国御給人之内より出米目録」には、斎藤吉兵衛方知行としてみえる。また元亀四年（一五七三）の奥書をもつ『細川両家記』には、永禄三年（一五六〇）八月十四日条に畠山高政《はたけやまたかまさ》側の臣安見直政《やすみなおまさ》が三《み》好長慶《よしながのり》側の池田長政《いけだながまさ》と堀溝で合戦し負けたと記される。堀溝村は明治二十二年（一八八九）寝屋川村の大字となり、昭和十八年（一九四三）寝屋川町、同二十六年（一九五一）に寝屋川市の一部となる。地名の由来は当地が深野池《ふこのいけ》北岸に位置し、讃良川と岡部川が流入してできた洲崎に溝を掘り舟を用いて耕作にあたったことによる（『寝屋川市誌』）という。

〔尾崎〕

本庄《ほんじょう》（北区）

区の北部に位置する。本庄西一～三丁目、本庄東一～三丁目がある。江戸時代からの地名で、江戸時代には西成《にしなり》郡本庄村であった。北長柄村・南長柄村の西にあり、村内を横関街道が通る。中津川を渡す本庄の渡し（対岸は川口村）があった。地名の由来は、草香《くさか》庄の本庄があった場所だからとも言われ、何らかの荘園の中心地だったのかもしれない。明治二十二年（一八八九）の市町村制により、西成郡豊崎村大字本庄となった（その後豊崎町）。西成郡豊崎村の一部は、明治三十年（一八九七）の第一次大阪市域編入の時に大阪市域となり、豊崎を冠称した。残部は大正十四年（一九二五）の第二次大阪市域拡張の時に大阪市域となった。

〔八木〕

本田《ほんでん》（西区）

区の西部の中央に位置する。本田一～四丁目がある。江戸期以前には九条村に属し、慶応四年（一八六八）の川口居留地設置の際には、雑居地の一部に組み入れられた。明治六年（一八七三）に九条村のうち字本田が分離され、本田町通一～三丁目となった。また明治七年には梅本町一番町～三番町を本田一番町～三番町とした。本田は新田に対するものである。昭和五十二年（一九七七）の、町区域変更に伴う町名改称により現町名となった（『本田地誌』）。

〔堀田〕

本西島《ほんとりしま》（此花区）

もとは西島新田と呼ばれたが、天保の頃（十九世紀半ば）に三箇に分け、本西島・南西島（現西淀川区）・北西島（同）と称するようになった。本新田は寛文十二年（一六七二）に、大坂の多羅尾《たらお》七郎右衛門が開発を手がけたが、天和年間（一六八一～八四）に、中島大《なかじまだい》水道《すいどう》の海表樋門《ひもん》をふさぐ位置にあるため開発が禁じられた。しかし貞享元年（一六八四）の安治《あじ》川開削によって排水がよくなったため再び多羅尾氏に還付され開発が進められた。地名の由来は、多羅尾氏の居住地である大坂から酉（西）の方角にあたることに由来するという説と、酉の年（寛文九年）に開発に着手したためとする説とがある。この地は明治以後変遷を経て、現在、此花区《このはな》西島一～六丁目と伝法《でんぽう》五～六丁目の一部となっている（『西成郡史』・平凡社『日本歴史地名大系28大阪府の地名』・『大阪の町名』下）。　［吉田洋］

本町《ほんまち》（中央区）　近世初めから現在に至る町名で、現在は東横堀川から旧西横堀川までがその範囲となっている。慶長五年（一六〇〇）には東横堀川に架かる橋として本町筋橋が存在しており（『当代記』）、すでに町が成立していたものと思われる。当町は江戸時代において大坂三郷南組に属したが、当町より北は北組となる境界にあたり、近世大坂の都市空間上、重要な位置にあったことから、本町という町名が付けられたものと推測される。明治二十二年（一八八九）に大阪市東区に属し、平成元年（一九八九）から中央区となった。　［大澤］

ま 行

舞町《まいちょう》（和泉市）　聖《ひじり》神社（信太《しのだ》明神）の祭礼の際に、舞を奉納する舞大夫が居住していたことにちなむ。舞人の成立は、中世にさかのぼるものと思われる。近世には諸役御免の陰陽師が四、五人いて、和泉暦（信太暦）を発行していた。売暦は認められていなかったが、暦を国中に売りさばいていたため、京の大経師《だいきょうじ》から土御門《つちみかど》家《け》に訴えられ、享保七年（一七二二）に暦の板行が停止された。最古の和泉暦は万治三年（一六六〇）のもので、版元は「泉州信太藤村勝政」である（神宮文庫蔵）。　［森下］

真上《まかみ》（高槻市）　『和名類聚抄』の「真上郷」に由来する。この地は奈良時代には「白髪《しらかみ》郷」と呼ばれていた（石川年足墓誌）。ところが桓武天皇が父の光仁天皇の諱《いみな》「白壁」を避けて、「白髪部《しらかべ》」の姓を「真髪部《まかべ》」と改めたことから、もとは「白髪部里」（平城宮出土木簡）と呼ばれていた白髪郷《しらかみ》も真髪郷《まかみ》と改称され、これがさらに「真上郷」に変化したと考えられている。中世には真上郷の郷司真上氏の寄進によって真上庄が成立した。真上氏は西国御家人として北摂に大きな勢力をもったが、得宗被官となった嫡流は鎌倉幕府の滅亡と運命を共にした。その後は庶子家が建武政権から本貫を安堵され、国人芥河《あくたがわ》氏と姻戚関係を結んでその中枢を担ったが、応仁の乱で芥河氏が滅ぶと勢力を失った。真上庄の庄域を引き継いだと思われる真上村は、慶長二十年（一六一五）以降幕末に至るまで高槻藩領。明治二十二年（一八八九）近隣三か村と合併して清水村の大字となり、昭和六年（一九三一）高槻町と合併した。真上のつく現行町名は、真上町・西真上がある。

〔飯沼〕

真上町《まかみちょう》（岸和田市）

承応元年（一六五二）から明暦元年（一六五五）に真壁新左衛門らによって開発されたことに由来する地名。初め真壁村と称したが、後に転訛して真上村となり、宝永三年（一七〇六）以後は真上新田村となった。明治二十二年（一八八九）以後、有真香《ありまか》村の大字真上新田となり、同四十三年から昭和十五年（一九四〇）には大字真上、昭和十六年から真上町となった。

〔山中〕

槇尾山町《まきおさんちょう》（和泉市）

西国三十三ヶ所第四番札所槇尾山施福寺《まきのおさんせふくじ》にちなむ。奈良時代の仏教説話集『日本霊異記《にほんりょういき》』に登場する「茅渟《ちぬ》の山寺」が、槇尾山施福寺の起源となる寺であり、現本堂付近からは奈良時代末期の土器も採集されている。平安時代には真言密教の寺、槇尾寺へと発展した。巻尾とも書く。法華経の巻物の末尾を槇尾山如法峯《にょほうみね》に埋めたことから、巻尾の名が付けられたといわれているが、槇尾山に埋めたと伝えられるのは、『法華経』二十八巻のうち二十巻目に当たる「常不軽《じょうふきょう》菩薩品《ぼさつほん》」である。十二世紀末から十三世紀初頭、槇尾寺は、槇尾山の麓に広がる寺領横山庄や本山仁和寺《にんなじ》との関係をてこに、一山寺院へと発展を遂げる。この時期の境内の伽藍と山中に子院が建ちならぶ繁栄した状況は、施福寺参詣曼荼羅《さんけいまんだら》甲本（大阪府指定文化財）などからうかがうことができるが、天正九年（一五八一）に信長の焼討ちを受けた。慶長八年（一六〇三）、秀頼の支援により本堂が再建され、七十の子院で寺中が運営された。また、太閤検地によって、槇尾山は横山庄から切り離され、六石の朱印地（寺屋敷）が与えられ、周辺の山には四十石の山年貢が課せられることになった。槇尾山と横山の村々との間では山論が絶えなかったが、山論も一つの契機となって、天台宗の政僧天海《てんかい》との結びつきを強め、東叡山《とうえいざん》の末寺となった。明治維新に伴い、槇尾山の所有する山林七百二十五町余が上地されたが、横山村や有力信徒の援助も得て、払い下げを受けた。しかし、子院の多くは無住となり、一山寺院としての実態を失った。明治二十二年（一八八九）、町村制施行により東横山村大字槇尾山となる。戦後は、桜・紅葉の名所としてにぎわいをみせ、昭和三十三年（一九五八）には、槇尾山一帯が金剛生駒《こんごういこま》国定公園に指定された。　［森下］

牧落《まきおち》（箕面市）

箕面市の南西部に位置し、南は豊中市に接する。地域のほぼ中央部分を西国街道が横断している。「牧落村」としての呼び名は江戸時代に入ってからで、近世初頭には牧村・落村などの名称で記されている。地名の由来は、『延喜式』に記載されている「右馬寮豊嶋《てしま》牧」に属していたことにある。右馬寮豊嶋牧は、諸国から貢上された馬の放飼・繋飼が行われた官牧で、箕面川流域に位置し、平安時代に成立した。　［西田］

牧野阪《まきのさか》（枚方市）

古代に朝廷が設けた楠葉牧（現在の枚方市楠葉）は次第に拡大し、枚方市域の大部分を覆う巨大な牧となった。そのうち船橋川より北は河北牧、南は河南牧と呼ばれていたが、中世後期になると河北牧は楠葉郷、河南牧は牧郷と呼称が変化する（『史敏』六）。明治二十二年（一八八九）の町村制施行によって、禁野《きんや》・磯島・渚・小倉《おぐら》・坂・宇山《うやま》・養父《やぶ》・上島・下島の九か村が合併すると、この牧郷の名をとって牧野村となった。昭和十年（一九三五）に招提《しょだい》村と合併して殿山町となり、自治体としては短命に終わったが、明治四十三年に開通した京阪電車の牧野駅などに名が残る。その後昭和四十年代に始まる住居表示によって、大字坂のうち、旧集落部分が牧野阪と命名された。なお、同四十年代末頃から、枚方市宇山で蝦夷の首長アテルイが処刑されたという説を援用して、当地内の牧野公園にあるマウンド（昭和二十九年に造成された際の削り残し）をアテルイの首塚とする噂が流れ始め、平成十九年（二〇〇七）には「伝阿弖流為母禮之塚」と刻まれた石碑ま

で建立されたが、これはいわゆる都市伝説の類である（『史敏』三）。［馬部］

***真砂町**《まさごちょう》（北区）　明治五年（一八七二）にできた町名。天満船大工町と天満十一丁目下半町の一部および西成《にしなり》郡曽根崎村の一部を加えてできた。船大工町にはその名の通り、船大工が集まっていたが、元禄元年（一六八八）の堂島新地の開発により船小屋が機能しなくなり、船大工の多くは堂島西端の替え地に移転したという（平凡社『日本歴史地名大系28　大阪府の町名』）。昭和五十三年（一九七八）の町域町名変更により消滅。現在の西天満二・四丁目に属する。［八木］

満寿美町《ますみちょう》（池田市）　大正七年（一九一八）池田町出身の北田栄太郎が経営する池田土地㈱が宅地開発し、販売する時に「満寿美」とつけられた名前である。小林一三によって開発された室町住宅に刺激を受け、室町よりも広い一戸あたり百五十坪から二百坪の宅地をつくり、さらに豪華さをイメージさせ、語調もよいところから満寿美と名づけたと思われる。大正初期に造られた川西の「鶴の荘」も北田栄太郎によって宅地開発されたものであり、満寿美住宅はそれにつぐものである。［室田］

馬瀬《まぜ》（忠岡町）　文禄三年（一五九四）の文禄検地が初見であり、条理地割りに即して、上馬瀬・下馬瀬の二村に村切りされた。文禄検地の村高は上馬瀬が八二石余、下馬瀬が五二石足らずで、天保三年（一八三二）「村々様子大概書」によれば、上馬瀬の村域は東西二丁、南北四丁で、家数五軒、人数二十九人、下馬瀬は東西二丁、南北二丁半、二十三軒八十八人という小村であった。村名の由来は、洪水の際、水面上にあたかも馬の背のように浮かぶ微高地があったからともいうが、詳細はわからない。［森下］

待兼山《まちかねやま》（豊中市）　千里丘陵の西端、豊中市・池田市・箕面市にまたがる標高七十七メートルの山である。昭和四十一年（一九六六）から豊中市の町名にもなる。町域の大部分を大阪大学豊中キャンパスが占めている。待兼山は古歌の歌枕にもなる著名な山である。十世紀後半頃に成立した『古今和歌六帖』には「つ《(津)》の国のまちかねやま」とあり、『枕草子』にも「山は、をぐら山、かせ山、三笠山（中略）まちかね山、たまさか山」と記される。地名の由来は、菅原道真が流罪になったときに、ここで船を「まちかねた」ことにちなむともいわれる（『新修豊中市史』民俗）。待兼山は「待ち兼ねる」の意味で用い、恋人を待ちわびる心情を詠んだ恋歌に登場する。山陽道（西国街道）沿いに位置し、情緒あふれる山名であったことから、京都の人々にもよく知られていたのだろう。　［田村］

松《まつ》（西成区）　区の中央部のやや西寄りに位置する。一～三丁目がある。もとは西成郡今宮町の小字名だが、その由来は不詳。大正十四年（一九二五）に大阪市に編入され、西成区松通一～九丁目となった。昭和四十八年（一九七三）十一月、住居表示変更に伴う町域変更町名改称により、松一～三丁目が成立。町域にはもとの梅南《ばいなん》通一～九丁目・橘通一～九丁目の各一部が含まれる。　［古川］

松ヶ枝町《まつがえちょう》（北区）　区の東部に位置する。明治六年（一八七三）にできた町名。鉄砲奉行の同心屋敷・弓奉行の同心屋敷跡と東寺町の一部を合わせてできた町。町名は、この地にあった松の大樹から名づけられたという（『北区史』）。鉄砲奉行・弓奉行は大坂城代支配下の奉行職でそれぞれ与力・同心が付けられており、町奉行所の同心とは異なる。　［八木］

松ヶ鼻町《まつがはなちょう》（天王寺区）　明治三十三年（一九〇〇）以来、現在までの町名。ただし、大正十四年（一九二五）までは南区の天王寺松ヶ鼻町で、それ以降現町名となる。明治二十一年（一八八八）刊の「大阪実測図」（内務省地理局、大阪府）に「字松ヶ鼻」とみえる。その名は、上町台地東辺の高台に位置し、桃林に混じって松が生えていたことによるという（『大阪史蹟辞典』）。　［大澤］

松崎町《まつざきちょう》（阿倍野区）　昭和四年（一九二九）から現在の町名。町名は、当町域が天王寺村に属していたときの字名長者ヶ崎の「崎」と、当町に存在した有名な一本松の「松」とを合成して名付けられたことに由来する（『阿倍野区史』）。また当町には、「阿倍野」の語源とも言われる、古代豪族阿倍氏の氏寺であった阿倍寺跡がある。阿倍寺跡からは、平成十・十一年（一九九八・九九）に行われた発掘調査によって、同寺の創建期である白鳳・奈良時代から廃寺となった室町期後期頃までの瓦や土器が多数出土しており（『大阪市埋蔵文化財発掘調査報告』一

九九八年度）、これまで不明な部分が多かった同寺の実態が明らかにされている。　〔生駒〕

茨田《まった》（鶴見区）　郡名・郷名などとして、古代から史料に現れる。『日本書紀』には、仁徳天皇が茨田堤を築き、茨田三宅を設けたことがみえる。また茨田宿禰等の氏族の存在も知られる。『日本書紀』宣化天皇元年（五三六）に「茨田郡屯倉」とみえる。『和名類聚抄』には茨田郷が現れており、その読み方は「万牟多」。しかし享和元年（一八〇一）の『河内名所図会』では「まつた」になっている。昭和十四年（一九三九）に北河内郡諸堤《もろつつみ》村・古宮村が合併した際、この地名を採用して茨田町となった。地名の意味は、「茨田」という字面からすると、荒れた土地といったものであったかとも思われるが、詳細は不明。　〔藤田〕

***茨田**《まった・まんだ》（守口市・門真市・寝屋川市・枚方市の一部）　『和名類聚抄』河内国の郡名の一つで「万牟多」と記される。『日本書紀』から、養老四年（七二〇）までには建郡されていたと考えられる。大宝令施行に伴い、交野郡が分離し、茨田郡は明治四年（一八七一）まで続いた。また、同郡茨田郷としてもみられる地名で、行基造営の樋の一つとして「茨田堤樋　同郡茨田里」とみえる。茨田堤に関しては『日本書紀』『古事記』にもみられ、古代以来再三、決壊し修築されたことがわかる。現宮野町に茨田堤と伝えられる堤防跡が残されており、当該地には式内社とされる堤根神社がある。廃藩置県で旧茨田郡は堺県と加納県に分かれたが、明治十二年の郡区町村編制法により茨田郡が成立し、同年中に堺県へ統合され、同二十九年に交野郡・讃良《ささら》郡と合併して北河内郡となった。　〔橋本〕

***松田町**《まつだちょう》（西成区）　区の北東端にあって、一～二丁目があった。町名は、付近が松樹の茂る平地であったことに由来する（『大阪の町名』上）。明治初頭、東成《ひがしなり》郡天王寺村の一部であったが、明治二十二年（一八八九）四月一日の町村制の施行に伴い、天王寺村大字天王寺字天下茶屋の一部となった。大正十四年（一九二五）四月一日大阪市に編入され、住吉区天王寺町の一部となった。昭和四年（一九二九）八月二十日住吉区松田町一～二丁目となった。同十八年四月一日の行政区画の変更に伴い、西成区に編入された。当地域は上町台地崖下の沼地を

大正末期頃畑地化した所で、天王寺カブ・ネギなどを栽培した（『天下茶屋小学校記念誌』）。また明治三十年（一八九七）頃には当町を中心に与吉芝（天王寺芝）が一万一千坪にわたり栽培された。天下茶屋の道野家が池田より苗木を購入してから天下茶屋一帯に栽培されるようになり、明治二十年頃から急増、同三十五～三十六年最盛期を迎え、栽培面積三十町歩、夜店に出荷する荷車は七十台に及んだという。昭和三十年頃でも三～四軒の植木屋が残っていたという（同前）。昭和期に入ってからは宅地化が進み、同五年には阪堺松田町駅が開設された。同四十八年天下茶屋東一～二丁目・山王一～三丁目となる。〔古川〕

＊松通《まつどおり》（西成区）　区の中央部にあって、一～九丁目があった。町名は今宮町の小字名によるが、由来は不詳（『大阪の町名』上）。明治初頭、西成郡今宮村および木津村の各一部であったが、明治三十年（一八九七）四月一日に今宮村の元今宮・元木津の各一部となった。大正二年（一九一三）十二月十日大字今宮・大字木津の各一部となり、同六年九月一日に今宮町の大字今宮・大字木津の各一部となった。同十一年四月一日今宮町字松通一～九丁目となった。同十四年四月一日に大阪市に編入され、西成区松通一～九丁目となった。昭和四十八年（一九七三）十一月、住居表示変更による町域および町名変更に伴い、花園南一丁目、松一～三丁目、天下茶屋一丁目の各一部となった。〔古川〕

松原市《まつばらし》（松原市）　大阪府の東部に位置する。市名は中世にあった松原荘に由来する。松原荘は京都の広隆寺の庄園で、寄進されたのは保安年間（一一二〇～二四）であるという（「広隆寺由来記」）。初見は久安四年（一一四八）に覚法法親王が閏十月一日に松原荘に到着したとあるものである（「御室御所高野山御参籠日記」）。松原については反正天皇の宮である丹比柴籬《たじひのしばがき》宮に松が生い茂ったことから、「松生いし、丹比の松原」と称されたという。〔堀田〕

＊松原通《まつばらどおり》（西成区）　区の東端南寄りにあって、一～三丁目があった。町名は、「岸の松原」といわれた往昔の景勝地が当町域に当たると伝えられることによる（『大阪の町名』上）。明治初頭、西成郡勝間《こつま》村の一部であったが、大正四年（一九一五）十一月十日玉出町の一部となった。大正十

四年四月一日大阪市に編入され、西成区玉出町の一部となった。昭和二年（一九二七）一月一日松原通一～三丁目となった。昭和四十八年十一月、住居表示変更に伴う町域および町名変更により、岸里東一～二丁目、天神ノ森二丁目、玉出東一丁目の各一部となった。〔古川〕

松虫通《まつむしどおり》（阿倍野区）

昭和四年（一九二九）から現在の町名。町名の由来は、当町域に所在する謡曲「松虫」で著名な松虫塚が道路名の通称となっていたことによる。松虫塚は、後鳥羽上皇に仕えた松虫・鈴虫の二人の宮女が法然に帰依して出家し、それを怒った上皇が法然を土佐に流したことにより、松虫がこの地に庵を結び隠棲した所と伝えられている（『住吉名勝図会』）。また、『摂陽《せつよう》群談《ぐんだん》』は、昔ある人が親友と二人で阿倍野の松原を通ったとき、親友が松虫の鳴く声に誘われてしばらく帰らなかったので、捜しに行くと友は草むらで死んでおり、これを葬ったのが松虫塚であるとする。松虫塚については、ほかにも諸説がある。〔生駒〕

松屋町《まつやまち》（中央区）

江戸時代初期から現在に至る町名。地元では普通「まっちゃまち」という。天神橋筋の南延長線上にあたる松屋町筋と内安堂寺町が交わる一帯に位置する。当初松屋町であったのが（「初発言上候帳面写」）、明暦元年（一六五五）と同二年の「水帳」では松屋町表丁と松屋町南裏丁が存在し、後者はさらに元禄七年（一六九四）に松屋町裏丁となった（『南区志』）。町名は松屋某の屋敷があったことによる（『南区志』）。明治五年（一八七二）に再び松屋町となり、同二十二年（一八八九）に大阪市南区を経て、平成元年（一九八九）に中央区に属した。〔大澤〕

松屋町住吉《まつやまちすみよし》（中央区）

江戸時代からの住吉屋町が母体となった町。住吉屋町は南組惣年寄の一人であり、当町を開発した町人の名をとり、住吉屋藤左衛門町と呼ばれていた（「初発言上候帳面写」）。明暦元年（一六五五）「大坂三郷町絵図」ではすでに住吉屋町の名がみえる。近代では明治五年（一八七二）に住吉町が誕生し、同二十二年（一八八九）には大阪市東区に属したが、平成元年（一九八九）の中央区の成立とともに松屋町住吉に町名変更した。〔大澤〕

馬伏《まぶし》（門真市）

初見は延応元年八月二十九日の「尊性法親王遺告状案」（『妙法院史料五』）にみられる河内国讃良《ささら》郡の荘園名で、当時は妙法院金剛三昧院領であった。室町期には本所が妙法院、領家職が北野社であったと推測されている。近世の上馬伏村と下馬伏村が馬伏荘に比定されており、讃良郡と茨田《まった》郡にまたがる荘園であったと考えられる。近世に上馬伏と下馬伏に分かれ、明治二十二年（一八八九）に周辺村と合併して四宮村の、昭和三十一年（一九五六）の合併で門真町の大字の一つとなった。　［橋本］

*馬渕町《まぶちちょう》（浪速区）

もとは南区今宮《いまみや》の一部で、「馬淵町」とも表記される。明治から大正時代にかけては畑地が大半を占める町であった。戦後は、北に隣接する恵美須町《えびすちょう》三丁目、南に連なる水崎町《みずさきちょう》とともに、戦災や不況でこの地に住み着いた不安定就労者がバラックを建てて生活していた。住民等は、地域有力者やバラック建設地の地主や簡易アパートの家主らを筆頭に「新興会」「共親会」などの自治会を結成し、住民自治を行っていた（『バラック住宅密集地域実態調査報告』）。しかし、こうした地域は「不法占拠」とみなされ、大阪市会でも対応策が議題にのぼっている（『大阪市会議録』）。これは、高度経済成長期以降に西成《にしなり》区の木賃宿街「釜ヶ崎」と一体となってとらえられていたからでもあり（『釜ヶ崎の実態』）、昭和三十七年（一九六二）には、更生施設として市立馬淵生活館が開設された。同館は、愛隣寮（西成区太子《たいし》）、みなと宿泊所（港区八幡屋《やはたや》）とともに、大阪市の社会福祉事業として運営され、市立保育所も併設されていたが、平成二十二年三月末に閉館された。また、民間高層マンションや日払いの簡易宿所が建ち並んでいる。　［吉村］

摩湯町《まゆちょう》（岸和田市）

江戸時代前期以前は舞村と呼ばれ、舞人集団がいたことから生まれた地名と考えられる。「元禄郷帳」（国立史料館蔵）摩湯村項に「古ハ舞村」と記され、年月日未詳（鎌倉期頃）「久米多寺免田注文」（「久米田文書」）には「摩伊里」と見える。一方、昔当地は温泉地として摩湯千軒と呼ばれる繁昌の地であったとの説もあるが、地名から生まれた俗伝であろう。地内に、前期古墳としては大和以外では最大の摩湯山古墳があり、国史跡に指定されている。　［山中］

丸山通《まるやまどおり》（阿倍野区）

町名は、町域に丸山古墳とよばれた円墳が所在したことに由来するとともに、この町域の道路が早くから通称名として丸山通を名のっていたことによる。明治初期、東成《ひがしなり》郡天王寺村の一部であったが、明治二十二年（一八八九）四月一日の町村制の実施に伴い天王寺村大字天王寺字丸山となり、昭和四年（一九二九）から現在の町名となった。また、『徒然草』の作者として知られる吉田兼好が、南北朝の戦乱を避けて家僕の故郷である丸山に居を営んだという伝説があり（『摂津名所図会』）、付近の海照山正圓寺《かいしょうざんしょうえんじ》（阿倍野区松虫通）には丸山から移された「吉田兼好法師隠棲庵址」という石碑が残る。〔生駒〕

三井《みい》（寝屋川市）

かつての河内国茨田《まった》郡に属す。三井郷は『和名類聚抄』茨田郡八郷の一つ。江戸時代は三井村と称し、明治二十二年（一八八九）友呂岐《ともろぎ》村の大字となる。昭和十八年（一九四三）寝屋川町、同二十六年（一九五一）に寝屋川市の一部となる。明治四十三年（一九一〇）京阪電気鉄道が開通すると隣村の郡《こおり》村とともに香里遊園として開発される。昭和七年（一九三二）二月より旧香里遊園地運動場跡に聖母女学院高等女学校が大阪市東区玉造より移転。同九年（一九三四）京阪電鉄が香里遊園地の跡地の一部を寄進し、成田山新勝寺の大阪別院として成田山明王院が創建された。昭和十五年（一九四〇）大日本帝国陸軍幹部子弟の教育を目的として偕行社中学校が開校、翌年第二山水中学校と改称した。戦後昭和二十三年（一九四八）に香里学園（中・高）と改称、同二十六年に同志社と合併し同志社香里中学・高校となる。地名の由来は「三井」と呼ばれる清泉があったことによる（『大阪府全志』四）、あるいは行基が掘った三ツ井にちなむ（『寝屋川市誌』）とするが詳細は不明。〔尾崎〕

箕形町《みがたちょう》（和泉市）

古墳時代中期の集落遺跡和泉丘陵A8地点遺跡があり、五世紀後半には、松尾谷の入り口に位置する箕形町あたりまで開発が及んでいたことがわかる。「三の坪」、「九の坪」などの条里制の小字名も残る。松尾川以南に上出《かみで》、以北には下出《しもで》という集落があった。延元三年（一三三八）、南朝方により箕形城が築かれたが、建武五年（一三三八）五月二十二日、北朝方の日根野《ひねの》道悟《どうご》に観音寺城とともに攻められ落城、廃墟となった

という。 ［森下］

美木多上《みきたかみ》（堺市南区）

泉北高速鉄道栂《とが》・美木多駅の南部に位置する。中世は和泉国大鳥郡若松庄のうち上村、江戸時代も上村。明治二十二年（一八八九）に美木多村大字上となり、昭和三十一年（一九五六）からは福泉町大字美木多上、昭和三十六年からは堺市美木多上となった。美木多村は、和田谷に位置した。美木多は、「にきた」、「にぎた」、「みぎた」とも読まれた「和田」の美称である。地名は、東側にある石津川の上流部を上神谷《にわだに》というのに対し、石津川の支流である和田川の上流部を和田谷、あるいは美木多谷と称したが、その和田川の上流部であったためであろうか。 ［吉田豊］

三国《みくに》（淀川区）

桓武天皇が長岡京造営時に開削させた神崎《かんざき》川を三国川とも称したとされることから、古くから三国の名があったことが知られる。江戸時代は当地は蒲田《かまた》村といい、村内西部に三国島という小字があった。蒲田村と新在家村の境と豊島郡菰江《こもえ》村字三国の間には、神崎川を挟んで三国の渡があり、能勢街道が走っていた。能勢地域の木炭・木材はここを通って大坂に運ばれた。明治六年（一八七三）には蒲田村と三津屋村によって橋がかけられた。 ［上田］

三国ヶ丘町《みくにがおかちょう》（堺市堺区）

大正十一年（一九二二）、江戸時代の中筋村（堺廻り三ヵ村の一つ）の北東部に成立。昭和十六年（一九四一）に、北・中・南三国ヶ丘町などに分かれる。地名の由来は、摂津・河内・和泉三国の境界に所在することによる。実際の国境は、古くは反正陵古墳に隣接する方違《かたたがえ》神社の北東部、すなわち北三国ヶ丘町三丁の北端あたりと思われる。『大阪府全志』（五）は向泉寺の旧記を引用し、行基が伏屋を建て旅人の休所とし後世に茶店が設けられた「三国ヶ辻」があったが、今は一基の標石を残せるのみとしている。江戸時代において、堺北組（旧市域北半）と北庄村が摂津国から和泉国に含まれるように変更された後は、三国の境も長尾街道を現在のJR阪和線堺市駅の方にやや移動していることになる。いずれにしろ、阪和線と南海高野線の三国ヶ丘駅よりも北部である。 ［吉田豊］

*三組《みくみ》（城東区）

江戸時代初めまでは新開池の池床であったところで、宝永元年（一七〇四）の大和川付替後、三組新田が開発・立村された。三組の名は田地が河川によって大きく三つの地域に分かれていたことからくるという。三組は大正十四年（一九二五）以降大阪市の町名となっていたが、昭和四十八年（一九七三）になくなった。三組新田のあった範囲は現在は今津・諏訪に含まれる。〔藤田〕

御厨《みくりや》（東大阪市）

東大阪市の中央に位置する。御厨一～六丁目、御厨西ノ町一～二丁目、御厨栄町一～四丁目、御厨中一～二丁目、御厨東一～二丁目、御厨南一～三丁目がある。御厨はもともと皇室の台所を指したが、のちに皇室の食材を調達する漁場、さらに皇室の荘園を意味するようになり、天皇家に隷属していた供御人《くごにん》がその領域で排他的な漁業権や交通権を持った。『類聚国史』によると天長八年（八三一）には河内国ではいくつかの供御江《くごえ》が点在していたが、それらは延喜五年（九〇五）に統合され、大江《おおえの》御厨と呼ばれるようになった。十二世紀初頭から十五世紀初頭にかけて水走《みずはや》家が兄部《このこうべ》として供御人を統率し、大江御厨を管理した。「水走文書」「藤原康高譲状」（建長四年〈一二五二〉）には「大江御厨山本河俣両執当職并 御 宣旨御牒 大治長承里券 氷野河并広見池細江等」とあり、大江御厨の領域が長瀬川や玉串川、寝屋川水系、新開池、深野池にまで及んでいた。このうち、西石切町に所在する西ノ辻遺跡の住人は供御人であり、山本御厨を活動領域にしていたと考えられている。水走家の大江御厨に対する権限は南北朝期を境に縮小し、応永十二年（一四〇五）には最後の御厨であった河俣御厨の知行が四天王寺の僧良誉に移管され（『教言卿記』）、文明十二年（一四八〇）には「近代不知行所々」となっている（『山科家礼記』）。大江御厨が地名の由来となったことは間違いないが、なぜ当地に御厨という地名が残ったのかは明らかではない。河俣は御厨の北方の「川俣」に比定され、西ノ辻供御人のように、河俣御厨を活動領域にする供御人が当地を拠点にしていた可能性がある。〔別所〕

御崎《みさき》（住之江区）

御崎一～八丁目。土地区画整理事業により昭和十九年（一九四四）、住吉区の南加賀屋・浜口・北島の一部が御崎町一～三丁目となった。区の南東部に位置する。東は阪神高速堺線が通り、北は住吉川が流れる。「御崎」の名称は、新田の名義人の一人であった桜井（加賀屋）甚兵衛が出身地である河内の喜志《きし》から神社を勧請し、高崎神社と命名したことにちなむという説と、港湾地帯に突き出た岬であったことにちなむという説がある（『大阪の町名』下）。〔野高〕

三先《みさき》（港区） みなと通沿いの夕凪《ゆうなぎ》の向かい側（南側）に位置。地名の由来は、尻無川へ入る三《み》つ樋《ひ》運河の地先に発展した町であることによる（『港区誌』）。大正十四年（一九二五）に新池田町の一部が三先町となる。昭和四十三年（一九六八）に三先町は三先と改められる。同地に所在する三先天満宮は、天保六年（一八三五）に池田新田の開発者池田屋大吉が勧請したものである。〔松永〕

岬町《みさきちょう》（岬町） 大阪府の最南端に位置する。町名は、大阪湾に突き出しているような地形からつけられた。〔堀田〕

***水崎町**《みずさきちょう》（浪速区） もとは南区今宮《いまみや》の一部で、町名は字名の水渡釜ケ《みずわたしかまが》崎《さき》の略称に由来する。紀州街道が縦貫しており、明治から大正時代にかけては畑地が大半を占め、小さな沼もある湿潤な土地であった。戦後は、北に隣接する恵《え》美須町《びすちょう》三丁目、馬渕町とともに、不況でこの地に住み着いた不安定就労者がバラックを建てて生活していた。住民等は、地域有力者やバラック建設地の地主や簡易アパートの家主らを筆頭に「第一光和会」「第二光和会」などの自治会を結成し、住民自治を行っていた（『バラック住宅密集地域実態調査報告』）。しかし、こうした地域は「不法占拠」とみなされ、大阪市会でも対応策が議題にのぼっている（『大阪市会議録』）。これは、高度経済成長期以降に西成区の木賃宿街「釜ヶ崎」と一体となってとらえられていたからでもあった（『釜ヶ崎の実態』）。化粧品と雑貨で繁盛した中山太陽堂（中山太一社長）が明治三十九年（一九〇六）から操業すると（『浪速区史』）、紀州街道を挟んで西に同社薬品部、東に金属工場が工場を構えていた（『大阪浪速区恵美地区実態調査資料集（その一）』）。現在、同社の跡地は広大な空き地となっている。〔吉村〕

水走《みずはい》（東大阪市） 東大阪市の中央部に位置する。一～五丁目がある。難解地名の一つ。かつては「みずはや」と呼んだ。地名は河内郡を拠点にした水走氏に由来すると考えられるが、「四天王寺御手印縁起」（寛弘四年〈一〇〇七〉発見）にはすでに「若江郡八条水走里」とみえ、土地の名称から氏を名乗った可能性もある。水走氏は皇室領大江御厨や寺社荘園の所職、枚岡神社の社務職などを掌握したいっぽう、鎌倉幕府の御家人でもあった。土地の人は旧水走村集落を「町《まち》水走」、式内大津神社付近を「古《ふる》水走」と呼ぶ。水走氏の邸宅は五条字山田にあった。［別所］

水間《みずま》（貝塚市）

市の中央より南に位置し、熊取町に接する。地名は二つの川が合流することに由来する。一方は、秬谷《きびたに》村に源を発する秬谷川を指す。他方は、蕎原《そぶら》村に源を発する蕎原川を指す。この二つの川がちょうど水間寺の北西部で合流し近木《こぎ》川となって大阪湾に注ぎ込む。水間寺は寺伝によれば天平十五年（七四三）に行基が建てた畿内四十九院の一つとも言われる。しかし、「水間寺縁起」には次の記述がある。すなわち、和銅元年（七〇八）に行基が南方に観音が出現するとの霊夢を見て、白い鳥と十六童子の導きにより当地に至り、霊気の立ちこめる滝で竜神の化身である一人の翁に、聖観音像を渡される。それを受けて行基は聖武天皇の勅願で伽藍の整備にあたったと記されている。［曽我］

*道本町《みちもとちょう》（北区）

区の中央から北寄りに位置する。大正十三年（一九二四）にできた町名。元は西成《にしなり》郡本庄村のうち。明治三十年（一八九七）の大阪市第一次市域拡張の時に大阪市に編入され、同三十三年に本庄東権現町と本庄横道町とになった。このうち大正十三年の町域町名変更の時に、横道の道と本庄の本をとって町名としたのではないかと推測される。昭和五十三年（一九七八）に町名町域変更により消滅した。現在の中崎西二丁目に含まれる。［八木］

*三日路町《みっかじちょう》（西成区）

区の中央からやや東寄りにあった。町名は旧小字名によるが、由来は不詳（『大阪の町名』上）。明治初頭、西成郡今宮村の一部であったが、明治三十年（一八九七）四月一日今宮村元今宮の一部となった。大正二年（一九一三）十二月十日大字今宮の一部となり、同六年九月一日に今宮町大字今宮の一部となった。同十一年四月一日に今宮町字三日路となった。同十四年四月一日大阪市に編入され、西成区三日路町となった。

昭和四十八年（一九七三）十一月、住居表示変更に伴う町域町名変更により、天下茶屋一丁目、天下茶屋北二丁目、萩之茶屋三丁目の各一部となった。〔古川〕

三ツ島《みつじま》（門真市）　天正十一年（一五八三）十一月の「河内国御給人御蔵入之内より出米目録」に「八ケ所之出来分」として「三ツしま」と見え、中世末には郷名としてあったと思われる。近世には三ツ島村として存在し、明治二十二年（一八八九）に稗島《ひえじま》村と合併し二島村となった。昭和三十一年（一九五六）に門真町の、同三十八年からは門真市の大字。また、当該地からは全長十七メートルのくり舟が出土している。〔橋本〕

***三津寺町**《みつてらちょう》（中央区）　上町台地の西方低地に位置する当地一帯は古代に御津と呼ばれた。八世紀の史料に登場する摂津国御津村は当地の集落を指すものと推測される（「行基年譜」天平十六年〈七四四〉条、『続日本紀』天平勝宝五年〈七五三〉九月五日条）。中世には石清水八幡宮領三津寺庄に含まれ、末社の御津宮が存在した。なお、当地にある現在の真言宗寺院三津寺は「行基年譜」にみえる大福院の法灯を継ぐといわれるが詳細は不明。近世初期には三津寺村が存在したが、元和六年（一六二〇）に大坂城下町に編入され町として成立した。その後、明治二十二年（一八八九）に大阪市南区を経て、平成元年（一九八九）の中央区成立に伴い消滅した。旧町域は西心斎橋二丁目に含まれる。〔大澤〕

***三ツ樋町**《みつひちょう》（港区）　昭和二年（一九二七）から同四十三年の町名。地名の由来は、町域内には尻無川に入る運河（井路）があり、その井路に三つの樋門があったことと、そこに三樋橋が架けられていたことによる（『港区誌』）。昭和二年に市岡町の一部が三ツ樋町となる。昭和四十三年に市岡・福崎の一部となる。〔松永〕

三津屋《みつや》（淀川区）　古くは三社と書いて「みつや」と訓じたとされ、『摂陽群談《せつようぐんだん》』では産土神《うぶすながみ》の八幡宮が三社あったためとされる。また、『西成郡史』は、三社浅右衛門がこの村を開発したことに由来するという説も載せる。元和（一六一五〜二四）初年「摂津一国高御改帳」には「三屋」とある。南北朝時代に楠木正行が築いたとされる三津屋城には、戦国時代三好長慶が拠点を置き、江口城の三好宗三を攻撃したとされる。江戸時代には、神《かん》

崎《ざき》川に面した村の北部分から川向こうの洲到止《すどうし》村への河虎《かわたろう》渡があった。　［上田］

御幣島《みてじま》（西淀川区）

神功皇后が朝鮮半島から凱旋した際、この地に着船し御幣を調したことから名付けられたとの伝承がある。難波八十島の一つ「御幣島」で、御帛島とも、「みてくらしま」とも表記された。中世には「幣島《てじま》」と呼ばれた。御幣島は奈良時代からみえる地名で、『住吉大社神代記』の「長柄船瀬本記」に登場する「幣島浜」も当地のことを指すと思われる。幣島浜は神功皇后が住吉社に寄進した土地で、船の航行を守護する姫神を祀ったという。嘉吉三年（一四四三）の「僧永巡祠堂田寄進状案」に「幣島庄」の地名が記される（「藻井家文書」）。戦国時代には「中島五ヶ所之衆」の一つとして幣島が挙げられ、真宗勢力の中核として位置づけられる。慶長十年（一六〇五）、「摂津国絵図」には「ミテ倉村」とある。『摂津名所図会』にも「みてぐらじま」「御手村」とある。浄土真宗本願寺派光明寺は、武内宿禰の子孫・紀貞之が蓮如の直弟子となって開基したとのいわれがある。江戸時代には住吉神社が村内にあったが、明治四十二年（一九〇九）に加島の香具波志《かぐはし》神社に合祀された。明治二十二年（一八八九）、加島・野里両村と合併して歌島村大字御幣島、大正十四年（一九二五）に大阪市西淀川区御幣島町となる。昭和三十六年（一九六一）、御幣島東・同中・同西などに変更されるが、昭和四十七年（一九七二）にこれらの一部を合わせて、御幣島一～六丁目となり、現在に至る。西淀川区の官庁街を担い、基幹道路となる国道二号線や、JR東西線御幣島駅開業と合わせて同区の中心地となっている。　［荒武］

緑《みどり》（鶴見区）

昭和四十九年（一九七四）に鶴見区が発足した際、もとの旭区貝脇町・上辻町・北清水町と古市大通・古市北通・古市中通・鶴見・別所町・両国町の各一部が鶴見区に属することになったが、それらを一括したもの。地名は鶴見緑地の西端の一部を含むことからとられた。　［藤田］

緑木《みどりぎ》（住之江区）

緑木一～二丁目。東は府道大阪臨港線、南は住吉川、西は敷津《しきつ》運河、北は南港通に囲まれた地域。もとは「嬰木《みどりぎ》」と表記した。町名は、嘉永四年（一八五一）、三代目加賀屋（桜井）甚兵衛らが開発した嬰木新田に由来する。この新田名は開発者の名字の一字「桜」の旧字「櫻」を「嬰」と「木」に分け、「嬰木」としたものである（『大阪府全志』三）。ちなみに『東成郡誌』では「わかぎ」と読んでいる。大正十四年（一九二五）、大阪市住吉区に編入され嬰木町となる。その後、住之江区の誕生とともに「緑木」の表記となった。

〔野高〕

水無瀬《みなせ》（島本町）

古くは「水生野《みなせの》」・「水生《みな》瀬《せ》」・「水成瀬《みなせ》」と書き、水の豊かな湿原であったことから付けられた地名と考えられている。平安京遷都後は嵯峨天皇など天皇・上皇がたびたび遊猟に訪れた。正治元年（一一九九）頃、後鳥羽上皇が離宮を造営。承久の乱で上皇が隠岐に配流されると、側近の水無瀬信成《のぶなり》・親成《ちかなり》父子は離宮を管理していたが、上皇の遺告によって信成父子は離宮の地に屋敷を構え、御影堂を建立して上皇の菩提を弔った。水無瀬御影堂は明治六年（一八七三）官幣中社となって水無瀬宮と改称され、昭和十四年（一九三九）後鳥羽上皇七百年忌に際して官幣大社となって水無瀬神宮と称し、現在に至っている。水無瀬の地は鎌倉時代初期に広瀬とも呼ばれるようになり、近世には広瀬村となった。広瀬村は明治二十二年（一八八九）近隣六か村と合併して島本村となり、広瀬はその大字となった。昭和十四年に開設された新京阪鉄道（現阪急）桜井ノ駅は、昭和二十三年（一九四八）水無瀬駅と改称され、昭和四十五年（一九七〇）の町名改正で駅周辺（阪急線西側）が水無瀬一丁目・二丁目となった。

〔飯沼〕

港区《みなとく》（大阪市）

大阪市の西部に位置する。大正十四年（一九二五）四月一日、西区と北区の一部をもって分離独立。のち大正区が分かれた。区名は、明治三十六年（一九〇三）に供用を開始した築港にちなむ。

〔堀田〕

湊町《みなとちょう》（堺市堺区）

江戸時代の堺のまち（旧市域）の東部には、北から北庄《きたのしょう》村、中筋村、舳松《へのまつ》村があり、南部には湊村があった。いわゆる堺廻り四ヵ村である。そのうちの湊村は、『大阪府全志』（五）などによれば、もとは舳松村の枝村であったが慶長元年（一五九六）に分村したという。しかし、それ以前の「今井宗久書札留」などの史料にも村名がみえる。また、湊村の鎮守社・氏神社である船待《ふなまち》神社は古代の塩穴《しおあな》郷に由来する塩穴天神の名を伝える古社であるのに対し、舳松村に鎮守社はなく、舳松神社（明治期に開口神社に合祀）は旧市域寺地町東の舳松町にあった。本村には中世以来の鎮守社があり分村にはないという原則からみても、湊村が慶長元年の分村でないことは明らかである。地名の由来は、大阪湾沿岸部に位置し現在でも出島漁港などがあることでわかるように、漁村として発祥したことによるものと思われる。初め大鳥郡、明治二十九年（一八九六）からは泉北郡湊村、大正四年（一九一五）に泉北郡湊町、同九年に堺市湊町、同十一年に東湊町、西湊町、出島町に分かれる。

［吉田豊］

湊町　みなとまち　（浪速区）

「湊《みなと》丁《ちょう》」は道頓堀八丁の一つに数えられており（『天保十三年増補　大坂町鑑』）、元和二年（一六一六）の町割りという（「大坂濫觴書一件」）。延宝七年（一六七九）までは、木津組に所属していたが、同年に木津組と樋屋敷とが合併し、道頓堀湊町となった（平凡社『日本歴史地名大系28　大阪府の地名』、『大大阪』三－四、三－六）。大阪三郷のうち南組に属し、明治五年（一八七二）までは道頓堀を冠していた。天保十四年（一八四三）には泊茶屋の指定地の一つとなり、「深里《ふかり》」と称され、明治四年（一八七一）に廃止されるまで続いた。明治二十二年（一八八九）に大阪鉄道の湊町駅（現ＪＲなんば駅）が開業すると、全町域が駅構内になった。同駅は、奈良・大和方面から大阪市内への玄関口として集客・集荷の拠点となっていた（『浪速区史』）。貨物用引き込み線の整備も進んでおり、ターミナル駅として機能してきたが、旧東《ひがし》円手《えんて》町《ちょう》と共に再開発が続けられてきた。現在は、Ｏ－ＣＡＴ（大阪シティーエアターミナル）の地下駅として生まれ変わり、長距離バス・路線バスのターミナルともなっている。千日前通を挟んで北側には、ウォーターフロント開発で整備された湊町リバープレイスが西道頓堀川に面して建っている。

［吉村］

*湊屋　みなとや　（港区）

安治《あじ》川の下流左岸に位置。地名の由来は、江戸時代に湊屋新田を開発した湊屋吉左衛門の名による（『西成郡史』）。湊屋新田は、宝暦四年（一七五四）に湊屋吉左衛門が開発した新田で、その後明和八年（一七七一）・安永五年（一七七六）・天保十三年（一八四二）・同十四年に開墾された。幕末の村高は六十八石余（『旧高旧領取調帳』）。天保十年刊「大坂湊口新田細見図」によると、当時の地主は瓦町二丁目米屋太兵衛とある。明治二十二年（一八八九）の町村制の施行に際して、川南村の大字名となる。明治三十年に大阪市西区に編入され、明治三十三年には湊屋町の一部となる。大正十四年（一九二五）、港区に編入。同年一部が湊屋浜通となる。昭和二十五年（一九五〇）の港湾地帯高潮対策事業に伴う安治川拡張工事によって、町内の一部が安治川の水面下となる。昭和四十三年に弁天・石田の一部となる。［松永］

*南方《みなみかた》（淀川区）

神崎《かんざき》川と淀川の間に位置し、寛正二年（一四六一）「中嶋崇禅寺領目録」にみえる柴島《くにじま》南方にあたると考えられる。「南方」はもともと「南潟」とも表記したとされる。慶長十年（一六〇五）には川口村・浜村と合わせて把握されていたが、寛永～正保期（一六二四～四八）の「摂津国高帳」では分村している。江戸時代には大坂へ青物類を出荷する近郊農村でもあった。明治二十二年（一八八九）周辺村々とともに西中島村となった。［上田］

南区《みなみく》（堺市）

平成十八年（二〇〇六）に、堺市が政令指定都市になった際に、堺市の南部分に位置するところからつけられた。［堀田］

*南島町《みなみじまちょう》（西淀川区）

大坂の多羅尾七郎右衛門によって開発された「西島新田」の一部である。西島の由来は開発に着手したのが寛文九年（一六六九）、この年が酉年であったためといわれる。天保年間（一八三〇～四四）に西島新田が「本」「北」「南」に三分割されたことに伴い、南西島新田として成立する。明治二十二年（一八八九）、福村と合併し、福村大字南西島新田となり、大正十四年（一九二五）に大阪市西淀川区南島町となる。昭和四十七年（一九七二）に福町のなかに含まれることになり、南島町の地名は消える。［荒武］

*南浜《みなみはま》（北区）

区の北端に位置する。江戸時代からの地名。はじめは浜村といったが、近くの中津川北岸に同名の浜村があったので、南浜村となったという（『西成郡史』）。浜は中津川の川岸（浜）に由来するものか。［八木］

南本町《みなみほんまち》（中央区）

近世初めから現在に至るまでの町名。本町の南に位置することによる町名である。慶長四年（一五九九）が初見である（『那波家文書』）。江戸時代は大坂三郷南組に属した。明暦元年（一六五五）の「大坂三郷町絵図」に一丁目から五丁目までの町名がみえるが、一丁目はのちに上半・下半に分かれた。このうち上半は米屋町という異名をもっていた（宝暦六年〈一七五六〉『大坂町鑑』）。明治二十二年（一八八九）に大阪市東区、そして平成元年（一九八九）に中央区に属した。〔大澤〕

南森町《みなみもりまち》（北区）

区の東部に位置する。一・二丁目がある。江戸時代から現在までの町名。昭和五十三年（一九七八）まで北森町もあった。明暦元年（一六五五）の「大坂三郷町絵図」に、南森町と北森町の名前がみえるが、貞享四年（一六八七）の「新撰増補大坂大絵図」では、北木挽町・南木挽町とみえる。天満宮の北西に位置し、『北区史』によれば、付近一帯は森が生い茂り、天満の森・天神の森・大将軍の森などと呼ばれていたことに由来するという。北森町は現在の南森町二丁目・天神橋三丁目に含まれる。〔八木〕

＊南綿屋町《みなみわたやまち》（中央区）

明治五年（一八七二）から昭和五十七年（一九八二）まで存続した町名。島之内のなかで東から三本目の南北道路の両側町で、明治五年（一八七二）に石灰町・道仁町・高津町を合わせて南綿屋町として成立した。同二十二年（一八八九）に大阪市南区に属した。旧町域は現在の島之内一～二丁目に含まれる。繰綿業者の集住に伴う町名と推測されるが、詳細は不明。〔大澤〕

箕面《みのお》（箕面市）

箕面市の北西部に位置し、北東は豊能町、西は池田市に接する。「蓑尾」と記載している文献もある。箕面の地名は、『扶桑略記』応和二年（九六二）四月日条に「摂州蓑尾山観音院」（『改定史籍集覧』第一冊）と記載されているものが初見。箕面の名称は、行政地名として近代以降の村名・町名・市名に引き継がれているが、近世村名としては箕面の名称はなく、平尾、西小路、新稲の各村の一部が現在の町名の範囲にあたる。しかし、箕面の地は箕面寺（滝安寺）や箕面滝で有名であり、寛政十年（一七九八）に刊行された地誌『摂津名所図会』にも図入りで紹介されている。この箕面寺は、勝尾寺とともに北摂山系の山岳修験の霊場である。当地は「箕面山」として役行者《えんのぎょうじゃ》が開いた霊場とされ、「箕面寺秘密縁起」（滝安寺文書『箕面市史』史料編三）には、滝面が箕に似ていることから箕面寺と号したと記されており、箕面山、箕面滝が地名の由来と考えられる。［西田］

耳原《みのはら》（茨木市）

耳原の地名は、耳麻呂という人物がこの地を開拓し、その家は富貴を極めて耳麻呂長者と呼ばれたことに由来するという伝承がある（「耳原村村誌」）。また『日本書紀』安閑天皇元年閏十二月四日条に、竹村屯倉《たかふのみやけ》の地名として記されている「上御野《かみみの》・下御野《しもみの》」をこの地にあてる説もある。文永四年（一二六七）四月十日付の「比丘尼蓮阿弥陀仏田地寄進状」（勝尾寺文書）が初見。西国街道に沿うことから、中世末期には商業が栄え、元亀二年（一五七二）白井河原の合戦の際には、和田惟政《これまさ》の軍勢が糠塚《ぬかづか》に陣を置いた（『茨木市史』）。江戸時代初期には幕領であったが、寛永十年（一六三三）永井直清《なおきよ》領、明暦二年（一六五六）牧野親成《ちかしげ》領、寛文十年（一六七〇）永井尚庸《なおつね》領となり、幕末に至った。耳原村は明治二十二年（一八八九）近隣七か村と合併して三島村の大字となり、昭和二十三年（一九四八）茨木市の成立によって、その大字となった。耳原のつく現行町名には耳原・南耳原がある。［飯沼］

美原区《みはらく》（堺市）

堺市の東端に位置する。元は美原町。平成十八年（二〇〇六）に、堺市が政令指定都市になった際に、堺市に合併するとともに、旧美原町の区域をもって美原区となった。美原は昭和三十一年（一九五六）に黒山村・平尾村・丹南村の三村が合併したときに、三村に野原が広がっていたことからつけられた。［堀田］

三宅《みやけ》（松原市）

古代大和王権が直轄領として設置した依網屯倉《よさみのみやけ》に由来する地名で、産土神《うぶすながみ》として屯倉《みやけ》神社が鎮座する。依網屯倉の初見は『日本書紀』仁徳天皇四十三年九月条で、依網屯倉の阿弭古《あびこ》が珍しい鳥を捕らえて天皇に献上した話が載せられている。また皇極天皇元年五月五日条には、河内国の依網屯倉の前に百済の使者翹岐《ぎょうき》等を召して射猟《うまゆみ》の様子を見せたことが記される。依網屯倉そのものは、松原市の三宅地区から天美《あまみ》地区、大阪市住吉区の庭井《にわい》から苅田《かりた》・我孫子《あびこ》・山之内・杉本・浅香など、広範囲に及んだが、屯倉を管理する官衙《かんが》・倉庫など、中核施設が当地に置かれたものと考えられる。『和名類聚抄』には河内国丹比郡十一郷の一つに「三宅郷」があり、天平勝宝二年（七五〇）三月二十三日付の勘籍には「上道人数　年卌一　河内国丹北郡三宅郷戸主大初位下上道波堤麻呂戸口」とみえる。［北川］

都島《みやこじま》（都島区）

都島本通《ほんどおり》一〜五丁目、都島北通一〜二丁目、都島中通一〜三丁目、都島南通一〜二丁目に分かれる。

都島区のほぼ中央。明治二十二年（一八八九）の市制町村制施行の際、旧善源寺《ぜんげんじ》・中野・沢上江《かすがえ》・毛馬《けま》・友淵《ともぶち》の五か村を合わせて都島村としたのが「都島」の始まりである。区の中央部に位置するため、「都島」は現在区の名称にもなっている。「都島」の由来として、仁徳天皇の高津宮《こうづのみや》や孝徳天皇の長柄豊碕宮《ながらとよさきのみや》がこの付近にあったと考えられたところから「都」を付けて都島と命名したとする説、当町付近はかつて難波宮からみて淀川の対岸にあった「宮向島」と呼ばれる島々であったと考えられ、この「宮向」に「都」の字を宛てて都島と表記したことに由来するという説がある。付称の「本通」は旧善源寺野江線（大阪環状線道路）が当町を縦貫していることによる。「中通」は「本通」に平行し、都島の中央部に位置することによる。「北通」は「本通」に平行し、都島の一番北寄りに位置することによる。「南通」は「本通」に平行し、都島の一番南寄りに位置することによる（『大阪の町名』上）。淀川に架かる都島橋が大川対岸の北区と結ぶ。同一丁目都島神社には府文化財の石造三重宝篋印塔がある。また同一丁目の母恩寺《ぼおんじ》は、仁安三年（一一六八）後白河法皇が母待賢門院の菩提寺として建立したという伝承をもつ。また同寺の東北には、近衛天皇のとき源頼政が宮中で退治した鵺《ぬえ》がこの地に漂着し祟りを恐れて埋めたといういわれのある鵺塚がある。江戸時代には東部（都島南通二丁目・同中通三丁目・同本通五丁目）に京街道が通じていた。街道沿いの都島中通三丁目付近には野江の刑場があった。［野高］

都塚《みやこづか》（八尾市）

玉串川・長瀬川が分岐する北側に位置する。

「政所賦引付」文明六年（一四七四）二月十日条に朝日孫三郎・同三郎が所持する田地に都塚とあるのが地名の初見である。この地域一帯は、称徳天皇が弓削道鏡との関係で造営した由義宮（西京）と関る地として理解されており、村内に複数の塚があることも関係してこの地名が付いたものであろう。［小谷］

***宮林町**《みやばやしちょう》（中央区）　旧東区と東成区にまたがっていた町名で、旧東区分は明治四十五年（一九一二）から昭和五十四年（一九七九）までその名が存在し、その年に玉造一丁目となって現在に至る。江戸時代には京都伏見からの移住者が住んだことから伏見坂町と呼ばれた。のち大坂三郷を離れ代官支配地となり、明治二十二年（一八八九）には東成《ひがしなり》郡中本村大字古屋敷となって、さらに同三十年（一八九七）に大阪市東区に編入された。その名の由来は、近くの半入《はんにゅう》町に所在する稲荷神社（現玉造稲荷神社）の周辺が樹木で鬱蒼としていたことによるという（清文堂『大阪の町名―大坂三郷から東西南北四区へ―』）。［大澤］

宮原《みやはら》（淀川区）　宮原の名は、鎌倉～戦国期の荘園名として古くからみえるが、由来については不詳である。村内には条里制の名残と考えられる六条の小字名がある。宮原庄には南庄・北庄があったことが知られ、春日社・興福寺による支配が行われた。南庄については史料が多く残されており、たびたび武士の押領を受け、春日社・興福寺は時の権力に支配の確認を求めたことが知られる。江戸時代から明治二十二年（一八八九）まで北宮原村・南宮原村が存在したが、町村制の施行で北中島村の一部となった。昭和十年（一九三五）には太洋鋳機株式会社が、同十二年には日本アルミニウム製造所（後、三菱軽合金工業）が当町に移転した。［上田］

宮山台《みややまだい》（堺市南区）　千里ニュータウンとほぼ同じ十五万人を収容する泉北ニュータウン内で、最も早い昭和四十二年（一九六七）に町開きをし、その時に付けられた町名。旧村部である和田と深阪の間に造成された。泉北高速鉄道泉ヶ丘駅の北西に位置する。町内に多治速比売《たじはやひめ》神社が所在するが、地名はこの神社の周囲にある宮山による。宮山は、堺市の荒山《こうぜん》公園などになっている。［吉田豊］

御幸町《みゆきちょう》（都島区）　御幸町一～二丁目。都島区の中央部。江戸時代の荒生《なぎ》・赤川・中・内代《うちんだい》の各村に由来する生江《いくえ》・赤川・中宮《なかみや》・内代の各町の一部が、昭和十九年（一九四四）御幸町一～三丁目になった。町名の由来は、治承四年（一一八〇）、高倉上皇が厳島神社に行幸した際に立ち寄った河尻寺江《かわじりのてらえ》と、『百錬抄』にみえる福原行幸の際の寺江頓宮《てらえのとんぐう》が当地にあたるという伝承をもとに、上皇が御幸された土地の意味で町名が付けられたという（河尻寺江・寺江頓宮は兵庫県尼崎市に所在すると考えられる）。隣接する高倉町も同じ伝承から採った名称である（『大阪の町名』上）。 ［野高］

向野《むかいの》（羽曳野市）　野と東除《ひがしよけ》川を間に挟んで対面する地形だから、「向野」であると伝えられる。現在は向野一〜三丁目。 ［中山］

室堂町《むろどうちょう》（和泉市）　槇尾川中流の右岸に位置し、町内を父鬼《ちちおに》街道が通る。室堂には、光明皇后に関する次のような伝承がある。藤原不比等《ふじわらのふひと》が勅使として槇尾山を訪れた帰り、室堂の「照田《てるた》・光田《ひかるた》」で田植えをしている男女の中に、光り輝く少女がおり、都に連れ帰った。そのとき母親である女鹿が坂の途中まであとを追ってきた。この少女がのちの光明皇后であるという。町内には、女《め》鹿坂《まざか》、照田という地名が残る。また、槇尾川上流の国《こく》分《ぶ》には、智海《ちかい》上人の小便を鹿がなめて、光明皇后が誕生したという伝説が伝わっている。昭和十一年（一九三六）、泉北《せんぼく》郡の水不足解消のため、室堂・和田の地に灌漑用ため池が築かれたが、国分町の光明の滝付近の槇尾川から取水し、室堂に本提が築かれたことから、光明皇后伝説にちなんで、光明池と名付けられた。光明池周辺の室堂町・和田町・三林町《みばやしちょう》の山林は、昭和五十三年（一九七八）に住宅公団によって宅地開発され、光明台一丁目〜三丁目となった。 ［森下］

室町《むろまち》（池田市）　室町は阪急電鉄㈱創設者の一人である小林一三の発案によるわが国初の分譲住宅地である。明治四十三年（一九一〇）三月に箕面有馬電気軌道㈱が梅田―宝塚、石橋―箕面間に電車を開通させた。それに合わせて、池田駅の南を住宅地として開発し二百戸を「池田新市街」として売り出した。百坪を一区画（邸宅）とし、建坪二十〜三十坪の二階建てを二千五百円から三千円で販売。販売方法は十年間の月賦販売というユニークな方法をとり大変好評であった。当初「池田新市街」と宣伝して販売していたが、すぐ後に「室町」と呼ばれるようになった。なぜ、室町にしたのか理由は不明であるが、クレハトリ・アヤハトリの織姫の墓と伝える「姫室」「梅室」の旧跡からつけられたと思われる。この二つの塚は池田駅の北側、猪名《いな》川よりにあ

ったが電車の路線敷設と池田車庫の建設に伴い消滅した。〔室田〕

百舌鳥《もず》（堺市北区）『日本書紀』仁徳天皇条に「百舌鳥野に幸して遊猟したまふ」とあるように、古くからの地名である。「毛受」、「万代」などとも表記した。仁徳天皇がこの地に陵墓を定め築造工事を始めたときに、鹿が走り出てきて倒れ、その耳からモズが出て飛び去ったので、そこを「百舌鳥耳原」と号したという。面積で日本最大とされる仁徳陵古墳など、百基以上あったという百舌鳥古墳群の造営地である。保元三年（一一五八）史料にみえる万代《もず》別宮は、百舌鳥八幡宮のこととされる（『堺市史続編』一）。古代は『和名類聚抄』の和泉国大鳥郡土師《はにし》郷のうちその北西部一帯であり、中世には万代庄があった。江戸時代には、万代《もず》を冠した赤畑・高田・西・百済・梅・東・金口の諸村、および夕雲開の新田があった。明治二十二年（一八八九）、前の四か村が合併し西百舌鳥村に、後の四か村が中百舌鳥村になり、大正八年（一九一九）に両村が合併し百舌鳥村になった。なお、土師《はぜ》村・土塔《どとう》新田の二か村が合併した東百舌鳥村は、現在は堺市中区に属している。〔吉田豊〕

***元伊勢町**《もといせちょう》（中央区）明治三十三年（一九〇〇）から昭和五十四年（一九七九）まで東区の町名として存続した。江戸時代には大坂三郷北組の西伊勢町と呼ばれ、明暦元年（一六五五）「大坂三郷町絵図」でもその名がみえる。町名は伊勢屋という「ほくち商」（燧石《ひうちいし》またはその付け竹などを扱った）が当地に住んでいたことによるという（『大阪の町名』上）。明治初期に東大組内の玉造西伊勢町となり、明治六年（一八七三）には東成《ひがしなり》郡西玉造村に所属したが同三十年（一八九七）に東区に編入、同三十三年に元伊勢町と改称された。現在の森ノ宮中央一～二丁目内に含まれる。〔大澤〕

元今里《もといまざと》（淀川区）鎌倉時代以降の賀島庄の地で、中津川の右岸に位置し、江戸時代には今里村と称した。今里の地名の由来は不詳である。明治二十二年（一八八九）神津《かみつ》町に組み込まれ、大正十四年（一九二五）大阪市に編入された。昭和五年（一九三〇）の区画整理完了時に東成区大今里に対し、元今里と「元」を付けて混乱を避けた。〔上田〕

＊元　町《もとまち》（天王寺区）　明治三十三年（一九〇〇）以来、昭和五十六年（一九八一）までの町名。ただし、大正十四年（一九二五）までは南区の天王寺元町で、それ以降、天王寺区の元町となった。現在の四天王寺一丁目・大道一丁目にあたり、四天王寺の境内地内である。四天王寺を町域の中心にもち、天王寺の元点であるという意味から命名されたという（『大阪の町名』上）。［大澤］

元　町《もとまち》（浪速区）　江戸時代の難波村の中心地に相当することに由来し、かつては難波を冠称していた。大正二年（一九一三）に木津魚市場と難波青物市場が合併して誕生した木津難波青物魚市場の西端にあたる。この市場は昭和六年（一九三一）に中央卸売市場の設置に伴い、木津配給所（のち木津分場）となった（『浪速区史』）。町内には難波八坂神社と瑞龍寺《ずいりゅうじ》（通称、鉄眼寺《てつげんじ》）がある。難波八坂神社は、古くは「難波下の宮」と称し、難波一帯の産土神《うぶすながみ》であった。もとは神仏混交で、明治維新の神仏分離令によって寺は廃絶したが、明治五年（一八七二）には郷社《ごうしゃ》となった。この神社の祭神、素戔嗚尊《すさのおのみこと》にまつわる綱引神事は、「牛頭天王《ごずてんのう》綱引」としても知られていた（『摂津名所図会』）。また、瑞龍寺はかつて鉄眼和尚が、全国行脚して募財の末、一切経《いっさいきょう》の木版六九五六巻三三万頁を完成させ、洪水と飢饉に苦しむ人々を救済するため、一切経の募財を投じて、三度目に目的を達し、その徳の高さから鉄眼寺と称されるようになった（『大阪府全志』二）。境内には「鉄眼禅師茶《た》毘処《びどころ》地」の碑もある。［吉村］

桃ヶ池町《ももがいけちょう》（阿倍野区）　昭和十九年（一九四四）から現在の町名。町名は、町域に古くから所在する「股ケ池《ももがいけ》」に由来する。「股ケ池」の「股」の字を「桃」の字に変えて名付けられた。現在は、股ケ池の池の名も桃ケ池に変わっている。『摂陽群談《せつようぐんだん》』は「股ケ池」について、昔、この池に住民を悩ます大蛇がすんでおり、聖徳太子が使いを大蛇の退治に向かわせたところ、池の深さが股の辺りまでしかなく容易に大蛇を退治できたため、「股ケ池」と名付けられたとする。また、桃ヶ池周辺の桃ヶ池遺跡からは、弥生時代から中世にかけての土器や建造物遺構が発掘されている（『大阪市埋蔵文化財発掘調査報告』一九九八年度、一九九九・二〇〇〇年度）。［生駒］

桃谷《ももだに》（生野区）　区の北西部、「鶴橋」の南側に位置する。昭和四十八年（一九七三）から現在の町名。ＪＲ環状線「桃谷駅」の東方に位置し、町名はその駅名にちなむ。桃谷の駅名は、その西方・天王寺区側の上町台地一帯に広大な桃畑が広がっていたことから、当初・明治二十八年（一八九五）に桃山駅と名付けられ、同三十八年（一九〇五）伏見桃山駅との混同を避けるために改称されたもの。なお、昭和四十八年以前に存在した「東桃谷町」（一～四丁目）は、現・桃谷よりも現・勝山北（一～四丁目）に重なり合う部分の方が多い。東桃谷町の東とは「南区北桃谷町・南桃谷町」との区別のために付されたもので、生野区の桃谷・東桃谷町と旧南区の北・南桃谷町との間には地理的・歴史的に何の関連もない。〔足代〕

桃山台《ももやまだい》（羽曳野市）　大阪府住宅供給公社による開発に伴って命名された。かつては「はびきの」にかけて桃畑が続いていたため、この名が付けられた。現在は一～四丁目。〔中山〕

森《もり》（泉大津市）　森村の字山王には、弘仁年中（八一〇～八二四）、伝教大師最澄が国家鎮護のため比叡山の地主神である「大山咋命《おおやまくいのみこと》」を勧請して創建されたと伝えられる、「五台山山王院」と「山王権現社」があった。天保八年（一八三二）の記録には、真言宗山王院と山王権現社がみえる。村名は、かつて山王院と権現社がこんもりとした森に囲まれたことによると思われる。神仏分離令により山王院は廃され、山王権現社は「日吉《ひよし》神社」と改称し、明治四十二年、（一九〇九）曽禰《そね》神社に合祀された。昭和四十八年（一九七三）二月一日、住居表示実施により、森一丁目～二丁目が、千原・北曽根の一部を含め新設された。〔森下〕

***森**《もり》（東成区）　『日本書紀』推古天皇六年条にある「難波杜」から地内の森之宮とし、この地名に発展したとの説がある。戦国時代には森庄、森三ヶ庄とも称した。江戸時代に入り、猫間川以西の高台は、大坂城代配下の玉造定番下屋敷、同定番組屋敷、大坂三郷南組の玉造森町となり、いわゆる森村の範囲は主として猫間川より東側の地域であった。『摂津名所図会』によると、森之宮は聖徳太子

が四天王寺を建立したときに用明天皇を祀ったとされ、明応年間（一四九二〜一五〇一）には本願寺御堂があり、蓮如が門徒繁盛などを聖徳太子に祈ったという蓮如上人祈松があった。明治二十二年（一八八九）、中本村大字森となり、大正十四年（一九二五）の大阪市編入によって東成区森町が成立する。昭和四十五年（一九七〇）を最後に森町の地名は消えるが、近隣地域で森之宮などの地名が現在に引き継がれている。［荒武］

＊守口《もりぐち》（守口市）　市の中央に位置する。古くは「森口」。室町期からみえる地名で、近隣の「千林」や「森小路」という地名から、一帯が森林であり、その入り口にあたる所であったとされる。正平六年（一三五一）十一月日付「土屋宗直軍忠状」に「守口」とみえ、『経覚私要鈔』享徳二年（一四五三）正月八日には「森口」とみえる（『大阪府の地名』二）。近世に入り、京街道の整備や東海道の宿への指定などで、往還の要所として発展した。近世初頭から守口村であったが、元禄七年（一六九四）より守口町とも唱えるようになった。また、大坂天満の宮前大根を主に使用する守口漬が名産品であったが、現在は名古屋方面で製造されている。明治七年（一八七四）に淀川の川中島で狼島と呼ばれた摂津国西成郡北大道・南大道・橋寺の三か村の属地を合併した。これは現在の市役所など市関連施設の建つ地域である。同二十二年には土居《どい》村と合併して守口町、昭和二十一年（一九四六）に三郷町と合併し、守口市として市制を施行した。町名としての守口は、昭和二十六年に消滅した。同三十二年に庭窪《にわくぼ》町を合併し現在に至る。［橋本］

森小路《もりしょうじ》（旭区）　森小路一〜二丁目。旭区の南東部に位置する。東は京阪本線、西は国道一号線、南西は城北《しろきた》川（運河）・阪神高速大阪森小路線で区画される。南東端には京阪本線森小路駅、西北端には大阪市営地下鉄千林大宮駅がある。江戸時代の森小路村。町域を旧京街道が通る。古来からこの一帯に榎の森があり、その中に小路が通っていたという伝承から、この地名が生まれたとする説がある（『大阪の町名』上、『旭区政誌』）。［野高］

森之宮《もりのみや》（城東区）　現中央区森ノ宮中央にある、鵲森宮《かささぎのもりみや》の通称に由来する。ただしこの地名になったのは昭和四十八年（一九七三）のことで、伝統的な地名は「森」（森村・森町）である。『日本書紀』推古天皇六年に、新羅国から到来した鵲《かささぎ》を「難波杜」で養ったとある。これが史料初出といえなくもないが、もっとはっきり地域名・村落名として「森」が現れてくるのは戦国時代で、『天文日記』に「森庄」「森三ヶ庄」がみえる。いずれにせよ上町台地付近の森林に由来する地名であることは間違いない。江戸時代の森村は大坂市中隣接農村の一典型で、村領は現在の城東区森之宮付近の農地だけから成り、居村は三郷町中に組み込まれて玉造森町となっていた。〔藤田〕

諸口《もろくち》（鶴見区）　もと河内国茨田《まった》郡内。「河内国一国村高扣帳」（正保郷帳写）、また正保の『河内国絵図』にみえる。さまざまな水路の口が集中していたところからきた地名ではないかといわれるが、明瞭ではない。〔藤田〕

や行

八尾《やお》（八尾市）　長瀬川・玉串川の三角洲上にある地域で、江戸時代は、八尾八ケ村（西郷村・木戸村・東郷村、庄之内村、成法寺村、今井村、八尾座村）とも呼ばれた。西郷村の中には、南禅寺金地院末の常光寺門前も含まれる。このほか、慶長十四年（一六〇九）に東本願寺門徒によって作られた八尾寺内村がある。八尾の地名の由来は、「吉野詣記」によれば、当地に八つ尾の鷺がおり、他の鷺よりも優れているため、八尾と称したという説を載せている。八尾の地名の初見は、承久の乱（一二二一年）のとき、後鳥羽上皇方として活動した武将に江則光《ごうのりみつ》がおり、その没収された所領を八尾水田と呼んだ。この土地は北条時盛領となり、河内で初めての北条領となった。その後、南北朝期に一時的に八尾城が見え、室町後期には幕府奉公衆領であったことが確認できる。天正八年（一五八〇）には、河内の守護所であった若江城が廃城となり、若江城を預かっていた若江三人衆（池田教正・野間康久・多羅尾綱知）が、八尾城を建設し移転する。しかし、天正十一年には、羽柴秀吉により八尾城は廃城となった。江戸時代には、八尾寺内村を中心に、河内木綿の仲買商人がたくさん現れ、在郷町として発展した。明治二十二年の町村制施行で寺内村・大信寺《だいしんじ》新田・西郷・木戸・東郷・庄ノ内・成法寺《じょうほうじ》・今井・別宮《べっく》・八尾座《やおざ》・穴太《あのう》・佐堂《さどう》・萱振《かやふり》・南萱振・八尾中野・山本新田・小阪合《こざかい》の十七村が合併し、八尾村が成立し、明治三十六年には町制施行、昭和二十三年市制が施行され、現在に至っている。　［小谷］

＊八尾町《やおちょう》（中央区）　元禄十三年（一七〇〇）の当町年寄が萱振屋四郎右衛門であったことから（萱振は現八尾市）、当町と八尾地域との間に何らかの関係があったものと推測されており、それが町名の由来になったと考えられる（『大阪の町名』上）。八尾町は江戸初期には南新町と称し（明暦元年〈一六五五〉「大坂三郷町絵図」）、その後八尾町と改称して明治六年（一八七三）まで存在した。この間、大坂三郷北組に属したが、明治五年には丸葉町と合併して東大組内の玉造八尾町となった。明治六年に東成《ひがしなり》郡西玉造村に所属したが、同三十三年（一九〇〇）の東区編入に伴い八尾町の名が復活し、その後昭和五十四年（一九七九）まで存続した。旧町域は現在の森ノ宮中央一～二丁目に含まれる。　［大澤］

＊八百屋町筋《やおやちょうすじ》（中央区）　東横堀川より西へ三筋目の南北道である。そのうち島之内部分を「鍛冶屋町筋」、備後町と安土町の間を「鳥屋町筋」と呼ぶ場合もあった。「鍛冶屋町筋」にあたる北久太郎町から長堀の間には実際に大工道具店や鍛冶職人が多く、「鳥屋町筋」付近には鳥商人が集まっていたとされる（『難波丸綱目』）。八百屋町筋という地名も、同様に八百屋が集まっていたことに由来すると考えることができるが、残念ながらこれを裏付ける資料は見つかっていない。　［豆谷］

＊八　木《やぎ》（岸和田市）　古代の八木郷に由来する。鎌倉・室町時代には国衙《こくが》領八木郷が存在し、南北朝時代には南朝方の和泉国目代八木法達の名や、その居館と推定される八木城が史料にみえる（『和田《みきた》文書』・「久米田寺文書」）。明治二十二年（一八八九）から昭和十年（一九三五）には行政村として八木村があり、現在の西大路・池尻・大町・箕土《みど》

路《ろ》・額原《がくはら》・下池田・小松里《こまつり》・荒木・中井の各町がこれに含まれる。中世以前の八木郷の郷域もほぼこの範囲に相当すると考えられる。夜疑《やぎ》神社（中井町）が八木郷の惣社で、久米田寺（池尻町）の縁起には、奈良時代に行基が久米田池を築造した際に日月星辰が「白人」となって現れ、堤を固めたといい、江戸時代にはこの白人を夜疑社の神とみなし、昼は現れて築堤するが、夜は姿を隠すため衆人は毎夜これを疑ったため夜疑の称が生まれたとの解釈がなされた（「隆池院総跡記」）。現在は行政区域としての八木はなく、小学校名などに残るのみである。　［山中］

＊薬師堂《やくしどう》（東淀川区）　村名は字夕陽《ゆうひ》にあった行基開基とされる薬師堂に由来するといわれる。もとは乗宗《じょうしゅう》寺と呼ばれたが、明応年間（一四九二〜一五〇一）浄土真宗安楽寺となった。明治二十八年（一八九五）からの淀川改修工事で村域が新淀川河床になったため、薬師堂は柴《くに》島《じま》の字本丸に移された。新淀川河底からは薬師堂廃寺の土器類が出土している。村内には亀山街道の長柄渡があった。明治二十二年（一八八九）周辺村とともに西中島村となり、昭和五十五年（一九八〇）柴島一〜三丁目になった。　［上田］

＊八雲町《やくもちょう》（港区）　昭和二年（一九二七）から同四十三年の町名。地名の由来は、地主和田家が所有していた茶器「八雲」の名による（『港区誌』）。昭和二年に市岡町の一部が八雲町となる。昭和四十三年に市岡元町・波除《なみよけ》・弁天の一部となる。　［松永］

＊矢倉《やぐら》（西淀川区）　神崎《かんざき》川河口の荒地を安永五年（一七七六）に京都の矢倉九右衛門が開発したことに始まる。九右衛門の姓をとり「矢倉新田」と命名する。天保十年（一八三九）の「大坂湊口新田細見図」によれば地主は京都の鍵屋九右衛門となっている。明治二十二年（一八八九）、川北村大字矢倉となる。同二十九年からの淀川改修工事によって大部分が河川敷となった。大正十四年（一九二五）に大阪市西淀川区矢倉町、昭和四十七年（一九七二）の町名変更により西淀川区西島二丁目に含まれ、矢倉の地名は消える。　［荒武］

＊櫓町《やぐらまち》（中央区）　明治五年（一八七二）、大阪南大組の道頓堀櫓町として誕生した。明治六年に相合橋をはさんで東・

西櫓町に分かれ、そのまま昭和五十七年（一九八二）まで存続した。ここは道頓堀川南岸に沿った東西に延びる町で、芝居小屋が集中する芸能のメッカであり、そのシンボルである櫓が立ち並んでいたことからこの町名が生まれたという。明治二十二年（一八八九）に大阪市南区に属した。旧町域は現在の道頓堀一丁目にあたる。［大澤］

焼　野《やけの》（鶴見区）

もと河内国茨田《まった》郡内。「河内国一国村高扣帳」（正保郷帳写）にはみえておらず、その後に同郡寺方（現守口市）から分村したと考えられている。『河内志』には、北寺方村・南寺方村とあわせて、「寺方荘」の地域名で呼ばれるとある。地名は、ヨシ焼きが行われていた野であったことからきたとみられている。茨田郡内でヨシを多く産したことは、「河内国一国村高扣帳」にもみえる。［藤田］

八坂町《やさかちょう》（寝屋川市）

もとは寝屋川市大利《おおとし》・平池の一部だったが、昭和四十一年（一九六六）から八坂町となる。地名の由来は、同地（小字楠木）に所在した八坂神社にちなむ。八坂神社は明治初年までは牛頭天王社だったという。［尾崎］

安　井《やすい》（福島区）

安治《あじ》川の右岸に位置する。安井九兵衛・平野次郎兵衛は道頓堀下流南岸を材木市場としていたが、元禄十一年（一六九八）の堀江開削にあたり、代地として西成郡野田村・下福島村の中津川堤外地があてられ、安井九兵衛・平野次郎兵衛請所《うけしょ》となった。その後、平野家の断絶により安井九兵衛請所と呼ばれた。明治十五年（一八八二）安井村となり、明治二十二年（一八八九）の町村制施行に伴い、下福島村大字安井となった（『大阪の町名』下、平凡社『日本歴史地名大系28　大阪府の地名』）。［吉田洋］

安　田《やすだ》（鶴見区）

もと河内国茨田《まった》郡内。当地円通寺（浄土真宗本願寺派）の由緒によれば、天文二年（一五三三）、河内国若江郡安田の住人が移住して開発したものというが、実際には『北野社家日記』明応二年（一四九三）二月二十三日にも「八ケ所村々名事」の一として名がみえる。地名の由来は不明。［藤田］

矢　田《やた》（東住吉区）

平安時代、石清水八幡宮寺領の荘園だった「矢田庄」に由来する地名。荘園整理令をうけて出された延久四年（一〇七二）の太政官牒のうちに、承平六年（九三六）以来の公験《くげん》をもち、同寺領として存続が認められる荘園の一つとして当庄の名がある（「石清水文書」）。しかし、以後の動向は不明。荘域は現在の東住吉区矢田・照ヶ丘矢田・住道《すんじ》矢田一帯に比定される。明治二十二年（一八八九）に住道村・矢田部村・枯木村・富田新田が合併して矢田村ができた。昭和五十五年（一九八〇）にそれまでの矢田矢田部町仲通・矢田矢田部町本通・矢田矢田部町・矢田富田町・矢田枯木町・矢田住道町の各一部が矢田になった。

〔跡部〕

*柳通《やなぎどおり》（西成区）

区の中央から南東寄りにあって、一〜七丁目があった。町名は旧字名によるが、由来は不詳（『大阪の町名』）。明治初頭、西成郡今宮村・木津村の各一部であったが、明治三十年（一八九七）四月一日に今宮村の元今宮・元木津の各一部となった。大正二年（一九一三）十二月十日大字今宮・大字木津の各一部となり、同六年九月一日に今宮町の大字今宮・大字木津の各一部となった。同十一年四月一日今宮町字柳通一〜七丁目となった。同十四年四月一日に大阪市に編入され、西成区柳通一〜七丁目となった。昭和四十八年（一九七三）十一月、住居表示変更に伴い町域町名の変更があり、岸里一丁目、花園南二丁目、潮路一〜二丁目、橘一〜三丁目、千本北二丁目の各一部となった。

〔古川〕

八幡屋《やはたや》（港区）

安治《あじ》川の最末流左岸に位置。地名の由来は、江戸時代に八幡屋新田を開発した八幡屋忠兵衛の名による（『西成郡史』）。八幡屋新田は、文政十二年（一八二九）に唐物《からもの》町《まち》の八幡屋忠兵衛が開発した新田で、幕末の村高は百七十六石余（『旧高旧領取調帳』）。天保十年（一八三九）刊「大坂湊口新田細見図」によると、当時の地主は、内平野町米屋長吉とある。明治二十二年（一八八九）の町村制の施行に際して、川南村の大字名となる。明治三十年に大阪市西区に編入され、明治三十三年には八幡屋町の一部となるが、大正十四年（一九二五）には港区に編入。大正十一年、第六回極東選手権大会開催を機に、テニスコート・水泳場などもある市立運動場が創設される。同十四年、一部が八幡屋元町・八幡屋宝町・八幡屋亀町・八幡屋浮島町・八幡屋錦町・八幡屋松之町・八幡屋雲井町・南八幡屋町・北八幡屋町・八幡屋大通・八幡屋中通・八幡屋新道・夕凪《ゆうなぎ》町・西田中町・田中元町となる。昭和四十三年（一九六八）に八幡屋一～四丁目となる。［松永］

山口　やまぐち　（東淀川区）　もとは北方（北潟）村と呼ばれ、西村と一村であった。寛正二年（一四六二）の「中嶋崇禅寺領目録」に柴島《くにじま》北方とみえる。江戸時代中期には山口村と改称している。由来としては、村内に字山之東・奥山・山之町などがあることと関連する可能性があるが、詳細は不明である。字山之町には崇禅寺があり、浄瑠璃「敵討崇禅寺馬場《かたきうちそうぜんじばば》」のもとになった、大和郡山藩士遠城治左衛門・喜八郎が異母弟の仇である生田伝八郎に返り討ちになった事件が正徳五年（一七一五）に起こっている。崇禅寺には明治二年（一八六九）三～八月摂津県・豊崎県の仮庁舎がおかれた。また、字総《そう》社馬場《じゃのばば》には孝徳天皇以来とされる中島惣社《そうしゃ》があり、江戸時代には周辺六か村の産土社《うぶすな》であった。［上田］

山坂　やまさか　（東住吉区）　古代は住吉郡田辺郷に属し、江戸時代は南田辺村の一部。昭和四年（一九二九）に山坂町の地名が登場するが、由来は当地の産土神《うぶすながみ》の山阪神社。同社は田辺史《たなべのふひと》の祖神を祭り、『三代実録』貞観四年（八六二）十一月十一日条で「田辺東神」とならび従五位下に叙されたことが記される「田辺西神」にあたると伝えられる。その場合、「東神」は中野の中井神社（牛頭天王社）をさすという。江戸時代には「田辺西神祠」のほか、「山坂明神」などとも呼ばれていた。社地は周囲よりも小高く、もとは前方後円墳だった可能性が指摘されている。［跡部］

山崎　やまざき　（島本町）　古くは「山前」とも書かれた。天王山山地が淀川に向かって突き出た突端部にあたる地形が地名の由来となったと考えられている。初見は『日本書紀』白雉元年（六五〇）是歳条。神亀二年（七二五）行基が山崎橋を架橋、長岡京造営に伴って山崎津が開かれ、山陽道の山崎駅も置かれるなど、古代から交通の要衝であった。嵯峨天皇の時代に山崎離宮（河陽離宮）が置かれ、貞観三年（八六一）離宮の建物を転用して山城国府が置かれた。中世には大山崎神人《おおやまざきじにん》が荏胡麻《えごま》油の独占販売権を獲得し、室町時代前期にその活動は全盛となった。中世後期の戦乱の激化を受けて惣中と呼ばれる自治共同体が形成されたが、近世に入っても惣中は近世領主として土地領有を認められ、自治共同体の存続に成功した。江戸時代には西国街道（山崎通）の宿駅として繁栄したが、元治元年（一八六四）の禁門の変の際に幕府軍の攻撃によって離宮八幡宮などの寺社や多くの民家が焼失した。中世に成立した上六保・下五保の十一保は、近世末期まで行政の単位であったが、このうち摂津国に属する関戸保・倉内保が近代になって大阪府に編入された。これが現在の島本町山崎である。

［飯沼］

山崎町《やまざきちょう》（北区）

区の中央部付近に位置する。もとは西成《にしなり》郡本庄村のうち。明治二十二年（一八八九）の町村制の時には、豊崎村大字本庄のうち、明治三十年の大阪市第一次市域拡張の時に大阪市に編入された。大正十三年（一九二四）に、本庄黒崎町・本庄葉村町・本庄横道町・本庄中野町の各一部を合わせて山崎町ができた。町名は、本庄横道町旧字名の山ノ鼻に由来する。大阪では、鼻《はな》は先端や崎を意味することから、山崎になったという。

［八木］

山田《やまだ》（太子町）

町域東部で二上山《にじょうさん》南西麓の科長原《しながはら》台地に位置し、飛鳥川が西流する。東西を横断する竹之内《たけのうち》街道は、竹之内峠（標高二八九メートル）で大和方面へ通じる。地名は山麓の田地に由来すると考えられる。古代に蘇我《そがの》倉山田石川麻呂《くらやまだいしかわまろ》ら石川朝臣一族の本拠地とされる。『延喜式』諸陵寮に推古天皇陵とある「磯長山田陵《しながやまだりょう》」や孝徳天皇陵とある「大坂磯長陵」などがある。研磨材の金剛砂（柘榴石）を産する。

［吉井］

山田市場《やまだいちば》（吹田市）

千里丘陵から安威《あい》川に注ぐ山田川と中世以来の山田村とその枝村名に由来する。『大阪府全志』（三）によれば、山田村のうち下村・市場村二村が、後に合併して山田下村になったという。慶長十年（一六〇五）の「摂津国絵図」には山田市場村・山田市場の名が上村・中村・山田村・下村・西寺《さいでら》村の各村とともにあがる（西宮市立郷土資料館蔵）。千里丘陵の東部、山田川上流の両岸一帯がもと山田村域で、承久二年（一二二〇）の「中臣能定質地去状」に山田村の名がみえ（『勝尾寺文書』）、「山田」の地名は、伊勢皇太神宮を伊勢の宇治田原から分祀したことから山田原という地名ができたとも、古代の垂水牧内にできた山の田に由来するとも考えられる（亘節『地名の由来』）。旧亀岡街道と府道道祖本《さいのもと》摂津線の分岐点で、町域中央を山田川が流れ安威川・神崎川合流部の吹田浜に至る。そうした陸上・河川交通の要路にあって、大坂と池田・伊丹などと結んで早くから開けた地域であったのが「市場」の由来だろうか。町の南西、現在は摂津市千里丘六丁目に市場池が今も残っている。明治二十二年（一八八九）の町村制施行に際して、山田上・中・小川・別所・下の山田五か村が合併して山田村になり、昭和三十年（一九五五）に吹田市に編入された。昭和四十八年（一九七三）の町名変更で山田下から分かれて、近世以来の山田市場が復活したのである。 ［石原］

山直中町《やまだいなかまち》（岸和田市）

江戸時代までは山直郷中村または単に中村と呼ばれた。山直の称は、古代氏族山直《やまのあたえ》氏に由来する。『続日本後紀』承和三年（八三六）十二月五日条に、和泉国の人山直池作とその弟池永らの本居を、左京五条の地に移貫する記事がある。山直氏の祖先神を祀る山直神社が内畑町にある。古代山直郷の範囲は、現在の内畑・積川《つがわ》・稲葉・山直中・包近《かねちか》・三田《みた》・摩《ま》湯《ゆ》・田治米《たじめ》・岡山・三ケ山《さんがやま》町一帯と推定され、明治二十二年（一八八九）から昭和十年（一九三五）まで、行政村として山直上村・山直下村があり、昭和十〜十七年には山直町があった。なお、邪馬台国との呼称の類似からその候補地の一つにあげられることもあったが、現在では否定されている。 ［山中］

*大和町《やまとちょう》（中央区）

江戸時代から昭和五十七年（一九八二）まで続く町名で、元和二年（一六一六）に町割りされたと伝える（「大坂濫觴書一件」）。明暦元年（一六五五）「大坂三郷町絵図」では大和町とみえる。島之内の南東隅に位置し、宿屋が多いところで特に金比羅宿と出船所を兼ねた旅籠屋が多かったという。近くに下大和橋があった。明治二十二年（一八八九）には大阪市南区に属した。旧町域は現在の島之内二丁目に含まれる。その名の由来は不明である。 ［大澤］

山之内《やまのうち》（住吉区）

浅香山の裾に位置することに由来すると推定される。南北朝時代にはすでに集落となっていたようで、嘉慶二年（一三八八）三月五日付「山名氏清奉行人奉書」（「離宮八幡宮文書」）に、近接する我孫子とともに「山内」がみえ、油の交易に携わった住民の存在を伝えている。江戸時代初期の郷帳では「山之内村」

とある。宝永元年（一七〇四）の大和川付け替えによって村域の一部が流路となった。［宮本］

***山之下町**《やまのしたちょう》（中央区）　明治三十三年（一九〇〇）から昭和五十四年（一九七九）まで存続した町名。宰相山の下にある町という意味でその名がつけられた。当地は江戸時代には西成《にしなり》郡に属する吉右衛門肝煎地であり、町の成立後は東区に属したが、その一部は昭和十八年（一九四三）に天王寺区に編入された。東区に属した地区は昭和五十四年に玉造一～二丁目（現中央区）となって消滅し、天王寺区へ編入された分は昭和四十年（一九六五）に玉造本町・玉造元町となって現在に至る。［大澤］

山本《やまもと》（八尾市）　近鉄大阪線山本駅付近に残された町名。宝永元年（一七〇四）に大和川が付け替えられた後、その川床が開発され、新しい耕地と村が生まれた。山本新田も付け替えによってつくられた新田のひとつで、山本の地名のはじまりである。この名称は、開発人である山中庄兵衛、本山弥右衛門の二人の名前を取って、山本新田と称したものである。しかし、享保十三年（一七二八）には、大坂の住友氏が購入し、住友の経営に替わった。明治二十二年の町村施行で八尾村に編入する。戦後、住友によって住宅開発が行われるが、これは八尾市内でも最も早い時期の住宅開発であった。［小谷］

弥生町《やよいちょう》（和泉市）　弥生後期の高地性集落跡が見つかったことから名付けられた。もとは観音寺《かんのんじ》町《ちょう》および箕形町《みがたちょう》・寺田《てらだ》町《ちょう》・寺門町《てらかどちょう》の一部で、昭和五十四年（一九七九）に弥生町となる。昭和四十三年（一九六八）、観音寺山丘陵一帯（標高六十数メートル）が、堺泉北《せんぼく》臨海工業地帯の後背地として、宅地開発（社宅および分譲地）されることになり、発掘調査が実施された。幅五メートル、深さ二メートルの二重の濠で囲まれた集落からは、百三基の竪穴住居跡が確認された。遺跡の大部分は消滅したが、一部は公園として残されている。［森下］

鎗屋町《やりやまち》（中央区）　江戸時代から現在まで存続している町名。江戸時代には大坂三郷南組に属し、明暦元年（一六五五）「大坂三郷町絵図」にその名がみえる。江戸初期に伏見町人が移住した町の一つであり（「初発言上候帳面写」）、伏見にも同名の町が存在したことからこの名がつけられた。井原西鶴の居宅のあった町として知ら

れる。明治二十二年（一八八九）に大阪市東区、そして平成元年（一九八九）に中央区に属した。　[大澤]

夕　凪《ゆうなぎ》（港区）

みなと通沿いの三先《みさき》の向かい側（北側）に位置。地名の由来は、築港《ちっこう》大道路（現みなと通）の建設の際、市岡新田と池田新田の間に架けられた夕凪橋の名による（『港区誌』）。夕凪橋の名は、大阪市が最初に建造したバケット式の浚渫《しゅんせつ》船夕凪丸に由来する。大正十四年（一九二五）に田中町・新池田町の各一部が夕凪町となる。昭和四十三年（一九六八）に夕凪町は、夕凪・三《み》先《さき》・池島・田中の各一部となる。　[松永]

夕凪町《ゆうなぎちょう》（泉大津市）

大阪湾圏域広域処理場整備事業（フェニックス事業）泉大津沖処分場として、平成元年（一九八九）から汐見町《しおみちょう》の地先の埋め立てが始まり、その一部約二〇ヘクタールが竣工したのに伴い、平成十七年（二〇〇五）四月十五日に新設された。竣工にあたって町名が公募され、市民に愛され簡潔でなじみやすく、新しい土地にふさわしい名前として夕凪町が選ばれた。全体の計画は二〇三ヘクタールにおよぶ。　[森下]

夕陽丘町《ゆうひがおかちょう》（天王寺区）

明治三十三年（一九〇〇）から現在まで続く町名。大正十四年（一九二五）までは南区の天王寺夕陽丘町で、それ以降、天王寺区の町名となる。この地は上町台地の西縁辺部にあり、平安時代後期に浄土信仰の広がりとともに、四天王寺を中心とするこの地一円が夕刻の落日に西方浄土を想念する日想観を修する場として注目を集めた。鎌倉時代初期の歌人藤原家隆が詠んだ「契あれは難波の里にやとりきて波のいりひを拝みける哉」（『古今著聞集』）は、家隆が晩年、この地に庵室をかまえ日想観を行った際の歌といわれている。家隆の庵室は夕陽庵と呼ばれていた。町名はこうした故事にちなむものである。なお現在、町内に藤原家隆の塚と呼ばれる五輪塔（大阪府指定文化財）が存在するが、本塔は江戸時代には存在しなかったようである（『摂津名所図会』等）。　[大澤]

*有楽町《ゆうらくちょう》（西成区）

区の東端やや中央寄りにあった。町名は旧字名によるが、由来は不詳（『大阪の町名』上）。明治初頭、西成郡勝間《こつま》村の一部であったが、大正四年（一九一五）十一月十日玉出町の一部となった。大正十四年四月一日大阪市に編入され、西成区玉出町の一部となった。昭和二年（一九二七）一月一日有楽町となった。昭和四十八年（一九七三）十一月、住居表示の変更に伴う町域町名の変更により、岸里東一丁目、天下茶屋三丁目の各一部となった。〔古川〕

行遇町《ゆきあいちょう》（岸和田市） 平成十一年（一九九九）に新設された町。町名は地内に存する行遇堂にちなむ。当地を含む津田川中流域の阿間河谷の村々で、惣社矢代寸《やしろぎ》神社（八田町）の祭礼の際に、上字（八田《はった》・神須屋《こうずや》）と、下字（畑《はた》・極楽寺・流木《ながれき》）の人々が行遇堂で落ち合ってから参拝したために、この名が生まれたという。一説には、戦国時代に戦乱で紛失した神於寺《こうのでら》（神於町）の寺宝の法螺貝が戻されたとき、迎えの者と出会った所との伝承からともいう。〔山中〕

弓削《ゆげ》（八尾市） 物部氏の一族弓削氏がいた地域で、現在は長瀬川を挟んで東弓削（若江郡）と弓削（渋川郡）に分かれる。「延喜式神名帳」では若江郡の項に「弓削神社二社」とある。中世では法隆寺庄弓削庄があった（「法隆寺文書」）。西弓削村は、寛文五年（一六六五）に公家の久我家領となった。その時の弓削村の視察報告によれば、高千四百十八石、百姓家数二百軒ばかりで、よき百姓たちで、地口土目がなかなか見事であるとする。また、綿をたくさん作っているとも書かれ、早い時期から綿作地帯であることが報告されている（「宮城八郎兵衛書状」『久我家文書』八〇八号）。〔小谷〕

湯里《ゆさと》（東住吉区） もとは湯屋島（湯谷島）といった。豊臣秀吉が正妻の北政所にあてた天正二十年（一五九二）の知行目録のうちに「ゆやの嶋」とある（「木下家文書」）。大正十四年（一九二五）に南百済村大字湯谷島が住吉区湯里町となった。往古には温泉が湧出したと伝承されており、これが湯屋島の地名の起源になったと推定される（『大阪府全志』）。江戸時代の『摂陽群談《せつようぐんだん》』には「湯屋の里」の念仏寺院内に「旧泉を慕ひ」掘られたという「湯屋の井」のことが記載されるが、当地の湯谷山覚林寺内に現存する井戸がこれにあたるかと伝えている。〔跡部〕

夢洲《ゆめしま》（此花区） 昭和三十年代から始まった南港《なんこう》（咲洲《さきしま》）造成事業、北港《ほくこう》北地区（舞洲《まいしま》）の造成事業に続き、昭和五十二年

（一九七七）には北港南地区の造成事業が始まった。これらの地区は昭和六十三年に策定された「テクノポート大阪」計画により、先端技術開発機能、情報・通信機能、国際交易機能、文化スポーツ・レクリエーション機能、住居機能などを併せ持つ「新都心」として開発されることとなった。また平成六年（一九九四）には、二〇〇八年開催のオリンピック招致が市議会で決議され、舞洲をメイン会場に、夢洲・咲洲を選手村や大会本部などとする計画が進められた。しかしオリンピック招致は失敗に終わり、また大阪市の財政悪化により「テクノポート大阪」計画も縮小されることとなった。地名は平成三年（一九九一）に、咲洲・舞洲とともに、公募により決定した。〔吉田洋〕

八尾木《ようぎ》（八尾市）

弘安元年（一二七八）九月二十日付の円覚上人導御の「持斎念仏人数目録」（「清水寺文書」）に「八尾木庄四百八人」と出てくるのが、初見である。永享十三年（一四四一）、河内守護畠山持国が将軍足利義教の勘気によって蟄居した場所が八尾木であった。地名の由来は不明。八尾木には金剛蓮華寺があった。三条西公条の「吉野詣記」によれば、公条はここで一泊している。また、永禄三年七月には、三好長慶が「八尾木」宛に禁制を発給している。長慶が村宛に禁制を発給した例は珍しい。近世の綿作に関する農書を書いた木下清右衛門は当村出身である（『日本農書全集』八）。〔小谷〕

横堤《よこづつみ》（鶴見区）

もと河内国茨田《まった》郡内。当地産須那《うぶすな》神社は延文五年（一三六〇）創建と伝える（『大阪府全志』）。同時代史料では、本願寺大坂御坊で天文元年（一五三二）以前から毎年七月二十八日（親鸞の月命日）の大坂御坊の風呂銭を負担していた「横堤」門徒集団が、『天文日記』天文七年（一五三八）七月二十八日等にみえる。地名の由来は明瞭でないが、大和川水系の堤防にかかわるものであろうと考えられている。〔藤田〕

横堀川《よこぼりがわ》（中央区）

土佐堀川より南へ入り、道頓堀川と結ばれる堀川のうち、天神橋西方に位置するものを東横堀川、錦橋付近に存在したものを西横堀川と称した。このうち、東横堀川は豊臣秀吉時代の惣構の西堀にあたり、上町台地の西縁辺に平行して存在した砂堆の浜堤列の間にあった後背湿地を開削・利用したものと推定されている。『時慶卿記』の慶長五年（一六〇〇）三月二十四日条では「新堀」と呼ばれている。一方、西横堀川は元和三年（一六一七）に初代木屋七郎右衛門の手により着工されたといい、同五年段階で「横堀」と称している。大坂城より見て横方向の堀であったためその名があると推測される。西横堀川は昭和四十六年（一九七一）に埋め立てが完了し、姿を消した。横堀川にちなむ町名としては、西横堀川に面して大川から長堀までの範囲で横堀という町が明治五年（一八七二）から存在した。当町は明治二十二年（一八八九）から大阪市東区に属したが、平成元年（一九八九）の中央区誕生とともに姿を消した。〔大澤〕

吉川《よしかわ》（豊能町）　豊能町の西端に位置し、西側は兵庫県川西市に接する。弘安二年（一二七九）十月の「れんけい等田地売券」（『勝尾寺文書』『箕面市史』史料編一）に「よしかハの四らう殿」とあるものが初見。地名の由来としては、源頼国政所が病床につき、小野仁海僧正が高代寺において水加持を行ったときより、水を吉《よ》くする事可なりとして「吉河」となったという説と、高代寺の山号を亀甲山と同音の「吉河山」に改めたことによるという説がある。〔西田〕

＊吉田町《よしだちょう》（西成区）　北吉田町と南吉田町があった。区の東端で中央寄りにあった。町名は今宮町の旧小字名によるが、由来は不詳（『大阪の町名』上）。明治初頭、西成郡今宮村の一部であったが、明治三十年（一八九七）四月一日今宮村元今宮の一部となった。大正二年（一九一三）十二月十日大字今宮の一部となり、同六年九月一日に今宮町大字今宮の一部となった。同十一年四月一日に今宮町字南吉田・北吉田となった。同十四年四月一日大阪市に編入され、西成区南吉田町・北吉田町となった。昭和四十八年（一九七三）十一月、住居表示変更に伴う町域町名変更により、北吉田町は天下茶屋二丁目の一部となり、南吉田町は岸里一丁目、天下茶屋一〜三丁目、花園南二丁目の各一部になった。〔古川〕

吉野《よしの》（福島区）　もとは野田村の一部であったが、明治三十年（一八九七）大阪市に編入され、北区西成野田の一部となった。同三十三年に西野田吉野東之町・西野田吉野西之町の全域と西野田今開町《いまひらきちょう》などの一部となった。大正十一年（一九二二）西野田吉野東之町・西之町・西野田玉川町四丁目をもって西野田吉野町となり、同十四年此花《このはな》区に編入され、昭和十八年（一九四三）に福島区に編入された。昭和五十年（一九七五）、平松町・安井町など八町を統合し、現在に至る（『大阪の町名』下）。名前の由来は不明である。 〔吉田洋〕

吉見 よしみ （田尻町） 町の南西部に位置する。『大阪府全志』（五）によれば、『万歳記』の記述から宝亀年間（七七〇～七八〇）に吉見小佐治が開墾したためとされるが、『万歳記』の存在は定かではない。史料上の初見は建久二年（一一九一）の『長講堂領目録』に「吉見菟田《うさいだ》庄」としてみられる。菟田は現在の泉南市兎田《うさいだ》に当たり、ともに長講堂領であった。室町時代前期には熊野山領となっている（『田尻町史』）。 〔曽我〕

***吉山町** よしやまちょう （北区） 区の中央よりやや北東部に位置する。もとは西成《にしなり》郡国分寺村・川崎村の一部。明治三十年（一八九七）の大阪市第一次市域拡張で大阪市に編入され、北区西成川崎、豊崎大字国分寺の一部となった。明治三十三年に、天神橋筋六丁目、天神橋筋東三～四丁目となり、大正十三年（一九二四）に、これらの一部が併せられて吉山町となった。町名の由来は、江戸期の大坂七墓の一つである葭原《よしはら》墓地が町域にあったことと、流山という字名をあわせ、かつ葭を音通の吉に替えたことに由来する（『大阪の町名』）。昭和五十三年（一九七八）の町域町名変更で消滅。現在の天神橋六丁目に含まれる。（『北区史』） 〔八木〕

五百住 よすみ （高槻市） 『日本書紀』安閑天皇元年条に見える大河内《おおしこうち》直《のあたえ》味張《あじはり》が竹村屯倉《たかふのみやけ》に差し出した春秋五百人ずつの钁丁《くわよろぼ》（屯倉の田地を耕作する農民）が居住した地であるという伝承と、平安時代の左大臣源融《みなもとのとおる》が尼崎から潮水を六条河原院に運ばせた際に五百人の人夫の休憩地であったことに由来するという伝承がある（「東五百住村誌」）。近世初頭までに東西に分村。東西ともに慶長二十年（一六一五）以降幕末に至るまで高槻藩領。明治二十二年（一八八九）近隣三か村と合併して如是《にょぜ》村の大字となり、昭和九年（一九三四）に高槻町と合併した。五百住のつく現行町名は東五百住町・西五百住町がある。 〔飯沼〕

***四ツ橋** よつばし （西区） 現在四ッ橋筋として名称が残っているが、今は埋め立

てられている長堀川と西横堀川が十字に交差しているところに四つの橋が架かっていたことから呼ばれるようになった。中央区と西区の境界に位置する。橋は長堀川に架かる橋が炭屋橋（東側）と吉野屋橋（西側）で、西横堀川に架かる橋が上繋橋《かみつなぎ》（北側）と下繋橋《しもつなぎ》（南側）であった。名所として知られ、『摂津名所図会』にも図が掲載されている。四ッ橋を詠んだ「涼しさに四ッ橋を四ツわたりけり」の句は、小西来山作とされていたが別人の作であるとされている。〔堀田〕

淀川区《よどがわく》（大阪市）

大阪市の北西部に位置する。区名は区の南部に接する淀川にちなむ。もともと、大正十四年（一九二五）四月一日の大阪市第二次市域拡張に際し、淀川以北の西成郡が編入され、東淀川区・西淀川区となった。その後、昭和四十九年（一九七四）に東淀川区の西側が淀川区として分離独立した。〔堀田〕

余野《よの》（豊能町）

豊能町のほぼ中央に位置し、北部と南西部の山地のほかはほぼ平坦地である。北西部から余野川、東部から切畑《きりはた》川が流入する。余野という地名は中世からみられ、僧真空が仏照寺を採銅所の祈禱所として寄進したことが記された建永二年（一二〇七）二月十五日の「僧真空寄進状」（「壬生家文書」『鎌倉遺文』第三巻）に「能勢郡銅山御領内与野」と記されているものが初見で、この寄進状にみられるように江戸時代以前の文書の多くには「与野」と記されている。地名の由来については、余った土地を開墾したという意や山に寄せた土地という意などの説があるが、定かではない。〔西田〕

与力町《よりきちょう》（北区）

区の東部に位置する。もとは大坂三郷天満組の附属地であったが、明治六年（一八七三）に西成《にしなり》郡川崎村に編入された。明治三十年（一八九七）の第一次大阪市域拡張の時に大阪市に編入された。北区西成川崎の字西町東・字西町西の一部となった。明治三十三年（一九〇〇）に、この両町の一部が与力町となった。町名は江戸時代に大坂町奉行所の与力の屋敷があったことにより名づけられた。同心屋敷は天満東寺町の北側の三郷市街地最北端に位置した。寺町から北の道が同心の屋敷があったところで、同心屋敷に挟まれる格好で存在していた。江戸時代から与力町と通称されていたと考えられる。与力の屋敷はほかにも新川崎町（現在の造幣局周辺）にもあった。大塩平八郎が蜂起した屋敷があったのは川崎の方である。大坂町奉行の与力が他の奉行の与力などと区別して「天満与力」と呼ばれるのは、このためである。［八木］

ら 行

龍造寺町《りゅうぞうじちょう》（中央区）　江戸時代から現在まで続く町名。江戸時代には大坂三郷南組に属した。豊臣秀吉の時代に龍造寺氏の邸宅があったことにちなむという。一説には龍造寺左衛門尉の屋敷跡ともいう（『摂津名所図会大成』）。明暦元年（一六五五）「大坂三郷町絵図」にその名がみえ、江戸時代は武家地であった。明治二十二年（一八八九）に大阪市東区、そして平成元年（一九八九）に中央区に属した。［大澤］

***両替町**《りょうがえまち》（中央区）　江戸時代から平成元年（一九八九）まで続いた町名。慶長十三年（一六〇八）、幕府は大坂両替町に銀座を設けた（『貨幣秘録』）。金融機能にちなむ町名と推測され、明暦元年（一六五五）「大坂三郷町絵図」には両替町としてその名がみえるものの、伏見町人の来住に伴い、一般的には伏見両替町と呼ばれていた。明治五

年（一八七二）の町割改正に伴って両替町と改称し、同二十二年（一八八九）から大阪市東区に属したが、平成元年の中央区の成立とともに消滅した。旧地は現在の常盤町一～二丁目、農人橋一～二丁目にまたがっている。〔大澤〕

＊両国町《りょうごくちょう》（旭区）　昭和四十六年（一九七一）の住居表示変更前の町名。現在は清水四～五丁目と新森六丁目の各一部である。江戸時代の般若寺《はんにゃじ》村。大正十四年（一九二五）、大阪市東成区に編入され、両国町の名称が生まれた。「両国」は摂津と河内両国の国境付近に位置したことに由来するといわれている（『旭区政誌』）。〔野高〕

緑地公園《りょくちこうえん》（鶴見区）　鶴見緑地はおおむね西半分が守口市、東半分と西端の一部が大阪市に属している。その大阪市側東半分は、もとは複数の町にまたがっていたが、昭和五十七年（一九八二）に一括してこの町名にしたものである。〔藤田〕

伶人町《れいにんちょう》（天王寺区）　明治三十三年（一九〇〇）以来、現在までの町名。ただし、大正十四年（一九二五）までは南区の天王寺伶人町で、それ以降現町名となる。古代以来、四天王寺には法会の際に舞楽で奉仕する楽人たちが属しており、彼らを伶人と呼んだ。町名はその居住地が四天王寺境内の西側に接する、現在の伶人町一帯であったことに由来する。伶人町は江戸時代、四天王寺領内に含まれ、通称楽人町と呼ばれていた（宝暦六年〈一七五六〉『大坂町鑑』）。〔大澤〕

＊六条通《ろくじょうどおり》（港区）　明治四十年（一九〇七）から昭和四十三年（一九六八）の町名。地名の由来は、築港《ちっこう》埠頭埋立地に町名をつける際に、安治《あじ》川左岸沿岸から順番に、一条から八条までの路線名を付したことによる（『大阪の町名』上）。明治四十年に大阪湾築港埠頭埋立地の一部が西区六条通となる。大正十四年（一九二五）に港区に編入。昭和二十五年（一九五〇）の港湾地帯高潮対策事業に伴う天保山運河拡張工事によって、町内の一部が天保山運河の水面下となる。昭和四十三年に港晴《こうせい》・海岸通の一部となる。〔松永〕

六　反《ろくたん》（平野区）　もとは「赤坂村」であったといい、産土神《うぶすながみ》の社名は赤阪神社。元弘三年（一三三三）、後醍醐天皇方として挙兵した楠木正成を攻めるため、鎌倉幕府の大軍が正成の拠る赤坂城（大阪府千早赤阪村）に押し寄せた。同じ河内にあるこの「赤坂」と混同されて幕府軍に攻撃されかねないと心配した村人が、「赤」の字の一部を取って「六」、「坂」の字から土偏《つちへん》を取って「反」とすることで、村名を「六反」に改めたと伝えられる。

［北川］

六万体町《ろくまんたいちょう》（天王寺区）　明治三十三年（一九〇〇）から現在に続く町名。大正十四年（一九二五）までは天王寺を冠した南区の町名であったが、同年の天王寺区誕生に伴い現町名となった。聖徳太子が六万体の石地蔵を造立し、天王寺郷中に安置したといわれており（『摂津名所図会』）、これが町名の由来となっている。江戸時代は四天王寺領として「六万体」の名がみえ（宝暦六年〈一七五六〉『大坂町鑑』）、明治二十一年（一八八八）刊「内務省大阪実測図」では「字六万体」が確認できる。
［大澤］

***六軒屋**《ろっけんや》（此花区）　江戸時代の宝暦年間（一七五一～六四）に川床清左衛門《せいざえもん》により開発されたことに始まる。六軒屋新田は、最初六軒の民家が建ったことから名付けられたとも、川床清左衛門の屋号が由来であるとも言う（『西成郡史』）。明和四年（一七六七）の六軒屋川開削により一部が川床となったため、湊屋《みなとや》新田（現港区）の北で代地が与えられた。また、六軒屋川左岸にあった西野新田や四貫島《しかんじま》村にも飛び地があった（『日本歴史地名大系28　大阪府の地名』）。西野新田にあった飛び地が、明治二十二年（一八八九）に川北村大字六軒屋新田の一部となり、同三十年（一八九七）大阪市に編入され、西区川北大字六軒屋の一部となった。その後変遷を重ね、大正十五年（一九二六）此花《このはな》区六軒町《ろっけんちょう》となった。現在は西九条七丁目の一部となっている（『大阪の町名』下）。六軒屋は六軒家とも表記され、現在は六軒家川にその地名の名残が見られる。
［吉田洋］

わ行

若江《わかえ》（東大阪市）

東大阪市中央部南端に位置する。若江本町一～四丁目、若江北町一～三丁目、若江南町一～五丁目、若江西新町一～五丁目、若江東町一～六丁目がある。近鉄若江岩田駅がある。当地の南西にも小若江という地名がある。令制下河内国の旧郡名で、八尾市から東大阪市にまたがるおおむね長瀬川と玉串川に挟まれた地域を指した。初見は『続日本紀』巻第八養老四年（七二〇）の「河内国若江郡人正八位上河内手人刀子作広麻呂。改賜下村主姓。免雑戸号。」である。若江北町三丁目（旧下若江村）に字巨摩《こま》があり、『和名類聚抄』にみえる若江郡巨麻郷に比定される。地元では下若江の一部を「今井」（今伎《いまき》の意）と呼ぶこともあり、周辺は渡来系技術者集団と関係があったと考えられる。若江南町二丁目に鎮座する式内若江鏡《わかえのかがみ》神社は、すでに『弘仁式』にも掲載されていたことがわかっている。また、『文徳天皇実録』斉衡元年（八五四）に「河内之国大雷火明之神従五位下」とみえ、これを若江鏡神社に比定する説もある。地名の由来については、神功皇后摂政御代四年に若江で大旱魃《かんばつ》があり、神前で大般若経を唱和し雨乞いをしたところ、神社裏の淵より清水が湧き出した。そこで大般若経の「若」と清水の意の「江」をとり、若江と呼ぶようになったという。同社が所蔵する大般若経六〇〇巻は元禄十一年（一六九八）に奉納されたものであり、この時に創作されたものであろう。古代から中世には若江寺があったが（『尊意贈僧正伝』）、正確な位置は特定できていない。若江鏡神社本殿の周辺や神社西側で行われた発掘調査では平安時代から鎌倉時代の土器や瓦が出土することがあり、神社本殿の西側に伽藍があったとする説がある。また、永徳二年（一三八二）に河内国守護畠山基国によって築かれた若江城は、発掘調査や小字の分布から若江北町三丁目の若江公民分館付近にあったことが確認されている。若江城は戦国期の戦況に左右されつつもたびたび河内国の守護所となったが、天正二年（一五七四）に織田信長軍の攻めによって陥落し、天正十一年（一五八三）には大阪城築城のために石垣や建材

が取り払われて廃城となった。　［別所］

若松台《わかまつだい》（堺市南区）　泉北ニュータウンの造成により、昭和四十四年（一九六九）に新設された町名。泉北高速鉄道泉ヶ丘駅の南西に隣接し、大蓮《おおはす》公園や堺市立泉北すえむら資料館がある。町名は、鎌倉時代末から戦国時代の荘園として泉北ニュータウン一帯にあった若松庄にちなみ、また大蓮池周辺に松林が多いことなどにより名付けられたとされる。　［吉田豊］

***若松町**《わかまつちょう》（北区）　明治五年（一八七二）の大規模な町域町名変更により、江戸時代の天満十一丁目が若松一〜三番町となった。同六年に若松一〜三番町が若松町になった。町名は、北に隣接する老松町に対して付けられた町名という。昭和五十三年（一九七八）の町域町名変更により消滅、現在の西天満一〜四丁目に含まれる。　［八木］

和　田《わだ》（熊取町）　町の南西部に位置する。古くは箕和田と表記し「みのわだ」と呼称したといわれる。地域の伝承として寛文年間（一六六一〜七三）前後に和田村に変わったとされる。その理由として、寛永十七年（一六四〇）に岸和田藩主となった岡部宣勝が「美濃守」を名乗っていたことから、音が同じ「みの」を使うことをはばかったためと伝えられる。　［曽我］

和　田《わだ》（堺市南区）　江戸時代の和泉国大鳥郡和田村。字荒山《こうぜん》には、式内社と伝える多治速比売《たじはやひめ》神社がある。石津川本流の上流が上神谷《にわ》であり、川に沿って古代には上神《かみつみわ》郷、中世には若松庄、近世には上神谷上条九ヵ村・下条四ヵ村が成立した。そのうち下条に属したのが、太平寺・大庭寺《おばでら》・小代《こだい》とこの和田村である（平凡社『日本歴史地名大系28　大阪府の地名』）。一方、石津川支流の和田川、和田谷に沿って古代には和田《にきた》郷、中世には和田《みきた》庄、近世には和田谷五ヵ村が成立したが、和田村はこちらには含まれない。和田村には、中世豪族の和田氏の居城が多聞寺あたりにあったと伝えており、それに由来する地名であろうか。しかし、放光寺のある上村（現在の美木多上）が和田氏の中心居住地と推定されるので、居城も美多弥《みたみ》神社や城山台あたりかとも思われる。堺市美原区大饗《おわい》にも、和田氏や楠木氏の大饗城跡がある。　［吉田豊］

＊渡辺町《わたなべちょう》（中央区）　昭和五年（一九三〇）から平成元年（一九八九）まで続いた町名。旧東区に属した。旧地は現在の久太郎町四丁目の西端付近、難波別院の裏側にあたる。その前身は江戸時代から昭和五年まで存続した南渡辺町である。渡辺とは今の天神橋周辺にあった平安時代以来の港津集落の名であったが、天正年間（一五七三〜九二）に、同地にあった座摩神社が当地に遷《うつ》り、それに伴い同社神官の渡辺氏やその氏子が移住したため渡辺を町名としたという（『大阪府全志』二）。なお江戸時代には北渡辺町も存在したが、その町域は渡辺町には継承されず、備後町・本町・南本町となった。〔大澤〕

＊綿屋町《わたやまち》（北区）　江戸時代からの町名。江戸時代は、天神橋筋の摂津国町の北に続く筋と天満堀川東岸の有馬町の北に続く筋の二筋からなる。両筋の間には、川崎村領や成正寺などの天満寺町の寺がある。『北区史』によれば、綿の打ち直しや製造・販売する人が多かったのが、地名の由来という。昭和五十三年（一九七八）の町域町名変更により町名が消滅。現在の扇町一丁目、南森町二丁目に含まれる。〔八木〕

主要参考文献

◉辞典

『角川日本地名大辞典27　大阪府』一九八三、角川書店
『日本歴史地名大系28　大阪府の地名』一九八六、平凡社
『大阪史蹟辞典』三善貞司、一九八六、清文堂出版

◉古記録

「行基年譜」安元元年（一一七五）〔『続々群書類従　第3 史傳部2』所収、一九〇七〕
「住吉大社神代記」天平三年（七三一）〔『住吉大社史』上巻所収、一九六三〕
「延喜式神名帳」〔『新訂増補国史大系』所収〕

◉古文書類

「水走文書」〔『枚岡市史』第三巻　史料編一、一九八六〕
「観心寺文書」〔『大日本古文書』家わけ第6、一九一七・一九七〇〕
「金剛寺文書」〔『大日本古文書』家わけ第7、一九二〇・一九七〇〕
「久米田寺文書」〔『岸和田市史史料　第1輯』一九七三〕
「松尾寺文書」〔『松尾寺所蔵史料調査報告書』和泉市史紀要第三集、一九九九〕
「九条政基公旅引付」〔一九六一、宮内庁圖書寮叢刊、『新修泉佐野市史　第五巻』（史料編　中世2）二〇〇一〕
「中家文書」〔『熊取町史』史料編1、一九九〇〕
「今西家文書」〔『豊中市史』史料編1（一九六〇）に使用されている〕
「勝尾寺文書」〔『箕面市史』史料編1、一九六八〕
「崇禅寺領目録」〔『吹田市史』第四巻　史料編1・一九七六、『大阪市史史料』第七十輯・二〇〇八〕

◉絵図・地図

「慶長十年摂津国絵図」慶長一〇年（一六〇五）〔尼崎市『地域史研究』10-1に解説、一九八〇〕
「大阪実測図」内務省地理局、大阪府、一八九八
「大坂三郷町絵図」〔『大阪歴史博物館研究紀要』第3号に解説、二〇〇四〕

❖『大阪府史』をはじめ市町村史の類は割愛した。

「河内国絵図」正保年間（一六四四―一六四七）
「堺大絵図」元禄二年（一六八九）

◉近世記録
「摂津一国高御改帳并領主村名附」天正一九年（一五九一）［尼崎市『地域史研究』8―3に解説、一九七九］
「河内国中支配所料物高輯録籙」［『羽曳野史』第2号、一九七七］
「河内国正保郷帳写」［『枚方市史資料』第八集、一九八四］
「和泉国正保村高」［『岸和田市史史料』第三輯、一九八六］

◉地誌類
『摂津名所図会』秋里籬島、寛政八年（一七九六）［『日本名所風俗図会』一九八〇］
『摂陽群談』岡田徯志、元禄十四年（一七〇一）［『大日本地誌大系九、一九一六・一九七一］
『難波名所蘆分船』一無軒道治、延宝三年（一六七五）
『摂津名所図会大成』暁鐘成、安政期（一八五四―五九）［『浪速叢書』七・八、一九二七］
『摂津志』並河誠所、享保一九年（一七三四、『五畿内志』）
『懐中難波すゝめ』延宝七年（一六七九）［『大阪市史史料第五十三輯』一九九九、『古版大坂案内記集成』一九九九］
『改正増補難波丸綱目』延享五年（一七四八）［『校本難波丸綱目』中尾松泉堂書店、一九七七］
『万代大坂町鑑』宝暦六年・天保十三年（一七五六・一八四二）［『大坂町鑑集成』清文堂出版、一九七六］
『河内志』並河誠所、享保一九年（一七三四、『五畿内志』）
『和泉志』並河誠所、享保一九年（一七三四、『五畿内志』）
『河内鑑名所記』三田浄久、延宝七年（一六七九）［『上方芸分叢刊』3、一九八〇］
『河内名所図会』秋里籬島、享和元年（一八〇一）［柳原書店・一九七五、『日本名所風俗図会』一九八〇］
『泉州志』石橋直之、元禄十三年（一七〇〇）
『和泉名所図会』秋里籬島、寛政八年（一七九六）［『日本名所風俗図会11 近畿の巻1』角川書店、一九八一］
『堺鑑』衣笠一閑、貞享元年（一六八四）［一九七七、小谷城郷土館］

◉近代地誌その他
『大阪府全志』井上正雄、一九二二、大阪府全志発行所
『西成郡史』西成郡役所、一九一五
『東成郡誌』東成郡役所、一九二二
『三島郡史蹟』山内平三郎、一九三一
『三島郡の史蹟と名勝』天坊幸彦、一九六一

『北河内郡史蹟秘話』北河内郡教育会、一九三一
『中河内郡誌』中河内郡役所、一九二三
『船場―風土記大阪―』宮本又次、一九六〇、ミネルヴァ書房
『キタ―風土記大阪―』宮本又次、一九六四、ミネルヴァ書房
『大阪古地図物語』矢守一彦編、一九八〇、毎日新聞社
『大阪の町名―大阪三郷から東西南北四区へ―』大阪町名研究会、一九七七、清文堂出版
『大阪の町名―その歴史―（上・下）』大阪市市民局、一九九〇・一九九二
『地名は語る（大阪市内編）』岡本良一・脇田修編、一九八二、大阪民主新報社
『大阪まち物語』なにわ物語研究会、二〇〇〇、創元社
『大阪難読地名がわかる本』創元社編集部編、二〇〇三、創元社
『大阪地名の由来を歩く』若一光司、二〇〇八、ベストセラーズ
『大阪地名の謎と歴史を訪ねて』若一光司、二〇〇九、ベストセラーズ
『大阪「駅名」の謎』谷川彰英、二〇〇九、祥伝社

●編者略歴

堀田暁生（ほった・あきお）

一九四五年大阪府生まれ。関西学院大学大学院修了。文学修士。関西学院大学・神戸山手女子短期大学・近畿大学講師、大阪市史料調査会調査員等を経て、一九九六年に大阪市史編纂所副所長、一九九七年同所長（現職）。

主要編著書に、『大阪川口居留地の研究』（思文閣出版、一九九六）、『大阪の国際交流史』（東方出版、一九九一）、『大阪府の歴史』（山川出版、一九九六）、『大阪市の歴史』（創元社、二〇〇〇）、『まちに住まう―大阪都市住宅史』（平凡社、一九八九）、『陸軍墓地がかたる日本の戦争』（ミネルヴァ書房、二〇〇六）、『大阪俘虜収容所の研究―大正区にあった第一次大戦下のドイツ兵収容所―』（大正区役所、二〇〇八）など。関与自治体史に『かわにし　川西市史』（兵庫県川西市）、『新修大阪市史』、『守口市史』、『門真市史』、『岸和田市史』など。

大阪の地名由来辞典

二〇一〇年七月二〇日　初版印刷
二〇一〇年八月一一日　初版発行

編　者　堀田暁生（ほった・あきお）

発行者　松林孝至

発行所　株式会社東京堂出版
〒一〇一-〇〇五一
東京都千代田区神田神保町一-一七
電話〇三-三二三三-三七四一
振替〇〇一三〇-七-二七〇

編集協力　日本アイアール株式会社
印刷所　株式会社フォレスト
製本所　渡辺製本株式会社

ISBN978-4-490-10774-6 C1521